イギリス性犯罪法論

横　山　潔　著

成　文　堂

はしがき

本書は、イギリスの現行性犯罪法律の中核となっている「二〇〇三年性犯罪法」（法律第四二号）（Sexual Offences Act 2003）（c. 42）を調査することが主たる目的である。「二〇〇三年性犯罪法」の法案は、二〇〇三年一月二八日に、イギリス議会の上院に上程され、同年一一月二〇日に裁可を得て、法律第四二号として成立した。同法は、「二〇〇四年「二〇〇三年性犯罪法」（施行）命令」（法律的文書第八七四号）（Sexual Offences Act 2003 (Commencement) Order 2004）（Statutory Instrument 2004 No. 874）[S.I.2004/874] をもって、二〇〇四年五月一日に施行された。性犯罪法案の概要は、二〇〇二年一一月に内務大臣から議会に宛てて提出された報告書『公衆の保護―性犯罪者に対応する保護の強化と性犯罪に関する法律の強化―』（『二〇〇二年白書』と呼称する）によって公表された。

『二〇〇二年白書』では、冒頭の序文で、デーヴィッド・ブランケット（David Blunkett）内務大臣の表明が掲載され、これに続けて、白書の概要、性犯罪法律の改革の必要性が提示され、そのあとに六つの章を設けて、性犯罪者に対応するための保護措置と個々の性犯罪の法規制に関する改正の要望が提案された。六つの章の章題は、次のとおりであった。

第一章　性犯罪者の登録の強化
第二章　同意に関する法律の明確化
第三章　同意のない罪
第四章　児童および社会的弱者に対する特別の保護
第五章　商業的性的搾取を含む罪
第六章　その他の罪

拙著『イギリスの少年刑事司法』は、その第九章で、「イギリス「二〇〇三年性犯罪法」の成立と性犯罪被害者の保護―旧性犯罪法律の包括的整備―」を掲載した。同章は、これまでに機会を得て執筆してきた「二〇〇三年性犯罪法」に関する論稿に付加して、専ら『二〇〇二年白書』を素材として、同白書中に記載されていたイギリス政府の性犯罪に関する改正提案を紹介することを主要な目的とし、「デーヴィッド・ブランケット内務大臣の表明」「二〇〇二年白書の概要」「性犯罪に関する法律を改革する必要性」、および上記の六つの章の内容を紹介するものであった。

次に、同第九章では、『二〇〇二年白書』の提案を受けて成立した「二〇〇三年性犯罪法」が、実際にどのような規定を擁するものであったかを検証するべく、同法全体の概要を紹介することとした。制定時の「二〇〇三年性犯罪法」は、三つの章から成る、全体が一四三か条の本文と、七つの附則をもって構成されていた。一四三か条の本文は、第一章「性犯罪」、第二章「届出及び命令」、第三章「通則」で構成されており、これらを、その正文の編成に沿って、第一章、第二章および附則の規定条項を分説・整理した。第一章「性犯罪」では、各種の性犯罪と量刑を要約し、第二章「届出及び命令」では、届出要求、届出命令、性犯罪防止命令、外国旅行禁止命令、性的危害禁止命令の意義を整理し、附則では、附則三中に列挙した性犯罪を行った者が届出要求、届出命令、外国旅行禁止命令の対象者であること、附則三中に列挙した性犯罪を行った者または附則五中に列挙した暴力犯罪を行った者が性犯罪防止命令の対象者であること、附則七は「二〇〇三年性犯罪法」の施行に伴って廃止される法律と削除される条項を一覧表示したものであることを記載した。そして末尾で、『二〇〇二年白書』の提案する要望に対する「二〇〇三年性犯罪法」の対応について検討した。

さて、「二〇〇三年性犯罪法」の成立から十数年が経過した。この期間中に、「二〇〇三年性犯罪法」に関係するいくつかの文献が発表され、当方自身も、いくつかの論稿を執筆する機会に恵まれた。そして、「二〇〇三年性犯罪法」の正文にも、数次の改正が施されることとなった。とりわけ、「二〇〇九年警備及び犯罪法」（法律第二六号）附則二第一条により、「二〇〇三年性犯罪法」第二章「届出及び命令」のあとに第二章Ａ「閉鎖命令」が追加された。この章は、売春の罪とポルノグラフィーの罪に関係する行為のために使用された敷地の閉鎖通知や閉鎖命令に関する規定を定めている。正文の改正により、制定当時の同法の邦訳中に、その後の改正・追加を織り込むことが必要となったことともに、発表してきた論稿にも加筆する必要に迫られた。これらの諸々の状況において、性犯罪法案と制定当初の「二〇〇三年性犯罪法」の概要の紹介および両者の対比に加えて、これまで書き溜めてきた、「二〇〇三年性犯罪法」中の個別の性犯罪の論稿に手を加え、さらに、これらの論稿のほかに、新たな書き下ろし論文をも含めて、「二〇〇三年性犯罪法」中の性犯罪全体を包括して把握することができないかと考えてみた。このような構想をどこまで進めることができたかは、おぼつかない限りではあるが、本書は、五点の既出論稿に対し、新たに入手した、二〇〇〇年七月にイギリス内務省が公表した、性犯罪に関する協議文書（『二〇〇〇年内務省報告書』と呼称する）やその他の資料を追加して加筆し、これに序章と五点の書き下ろし論文を加えて、本書を刊行する運びとなった。また、本書の出版に合わせて、本書刊行の基礎資料となっている「二〇〇三年性犯罪法」の邦訳について、二〇一一年命令による改正までの正文を含む『イギリス二〇〇三年性犯罪法』をも同時に出版することとなった。本書は、「二〇一一年「二〇〇三年性犯罪法」（救済）（スコットランド）命令」（スコットランド法律的文書第四五号）（Sexual Offences Act 2003 (Remedial) (Scotland) Order 2011）［S.S.I.2011/45］による改正までの正文を含む「二〇〇三年性犯罪法」が調査の基礎資料となっている。「二〇〇三年性犯罪法」には、そのあとも、幾多の重要な改正条項が加えられており、引き続き、調査が必要と考えている。

本書を出版するに至るまでの経緯の中で、多くの皆様からご指導・ご支援を賜った。国立国会図書館調査及び立法考査局の皆様、中央大学法学部の諸先生方、中央大学刑事法研究室・少年法研究会・『犯罪と非行に関する全国協議会』（ＪＣＣＤ）の諸先生方、諸先輩・同僚の皆様、個々の論文の雑誌掲載にご尽力してくださった方々のお力添えをいただいて、ここに本書を上梓する運びとなったことを、謹んでご報告申し上げます。

そして、何よりも、本書の出版に当たってご協力賜わった成文堂代表取締役の阿部成一様、編集・校正に多大なご協力をいただいた篠崎雄彦様に深甚の感謝を申し上げます。

我が国では、平成二六年一〇月、法務大臣の指示により、「性犯罪の罰則に関する検討会」が立ち上げられ、一二回の会合を経て、性犯罪の罰則に関して検討するべき論点の議論が重ねられ、平成二七年八月六日、『「性犯罪の罰則に関する検討会」取りまとめ報告書』が公表された。そして、法制審議会は、平成二八年六月一六日に、性犯罪の厳罰化に向けて刑法を改正する要項を取りまとめたとのことであり、法務大臣に答申された後、法務省が具体的な法改正作業を進める予定であるとのことである。

このような刑法改正作業が実施されようとしているさなか、本書による、イギリスの現行「二〇〇三年性犯罪法」の紹介がなにがしかの参考に資することができれば幸いである。

平成二九年五月

横　山　　潔

追　記

平成二九年六月一六日、参議院本会議において、性犯罪の厳罰化を盛り込んだ刑法改正案が、全会一致で可決された。

目次

はしがき
初出一覧
序章　イギリス「二〇〇三年性犯罪法」について ……… 1
はじめに ……… 1
第一節　イギリス性犯罪の認知件数 ……… 2
第二節　「二〇〇三年性犯罪法」中に定める性犯罪の量刑と罪名一覧 ……… 4
第三節　「二〇〇三年刑事司法法」に定める終身拘禁の最低期間算定方法 ……… 8
第四節　強姦の量刑に関するガイドライン ……… 19
第五節　本書各章に掲げた論文のあらまし ……… 23
第一章　「二〇〇三年性犯罪法」における「強姦」「膣又はアヌスへの挿入による暴行」「性的暴行」「同意を得ないで人に対し性的行為を行うように強制する罪」について ……… 41
はじめに ……… 41
第一節　『二〇〇〇年内務省報告書』による四基本性犯罪に関する提言 ……… 46

第二節　強姦（第一条）……50
一　『二〇〇二年白書』による提案と「二〇〇三年性犯罪法」中の強姦罪　50
二　「二〇〇三年性犯罪法」第一条の解説　52
第三節　膣またはアヌスへの挿入による暴行（第二条）……55
一　『二〇〇二年白書』による提案と「二〇〇三年性犯罪法」中の「膣又はアヌスへの挿入による暴行」の罪　55
二　「二〇〇三年性犯罪法」第二条の解説　56
第四節　性的暴行（第三条）……59
一　『二〇〇二年白書』による提案と「二〇〇三年性犯罪法」中の「性的暴行」の罪　59
二　「二〇〇三年性犯罪法」第三条の解説　60
第五節　同意を得ないで人に対し性的行為を行うように強制する罪（第四条）……63
一　『二〇〇二年白書』による提案と「二〇〇三年性犯罪法」中の「同意を得ないで人に対し性的行為を行うように強制する罪」　63
二　「二〇〇三年性犯罪法」第四条の解説　65
第六節　本章に定める罪の検討……67
小　括……70
第二章　「二〇〇三年性犯罪法」における対児童性犯罪について
―「一三歳未満の児童を対象とする強姦及びその他の罪」と「児童性犯罪」を中心にして―……71

はじめに……71
第一節　『二〇〇〇年内務省報告書』による「一三歳未満の児童を対象とする性犯罪」と「児童性犯罪」に関する提言……74
一　『二〇〇〇年内務省報告書』による提言　74
二　提言の要旨　76
第二節　一三歳未満の児童を対象とする性犯罪……77
一　一三歳未満の児童を対象とする性犯罪　77
二　各一三歳未満の児童を対象とする性犯罪の要件と量刑　78
第三節　児童性犯罪……84
一　児童性犯罪　84
二　各児童性犯罪の要件と量刑　86
第四節　対児童性犯罪の一覧と認知件数……97
小　括……98

第三章　「二〇〇三年性犯罪法」における「信用ある地位の濫用」の罪について
―児童接触業務への就業不適切者名簿の作成および「信用ある地位の濫用」の罪―……107
はじめに……107
第一節　児童接触業務への就業不適切者名簿の作成……109
第二節　『二〇〇〇年内務省報告書』による「ケア関係の違反」の罪を設けるべき旨の提言……113

第三節　「二〇〇〇年性犯罪（改正）法」における「信用ある地位の濫用」の罪……115
第四節　「二〇〇三年性犯罪法」における「信用ある地位の濫用」の罪……119
一　「二〇〇三年性犯罪法」における「信用ある地位の濫用」の罪の概要　119
二　各「信用ある地位の濫用」の罪の要件と量刑　120
第五節　「信用ある地位」が生ずる状況……130
一　「信用ある地位」が生ずる状況　130
二　各「信用ある地位」が生ずる状況　131
第六節　被告人の抗弁……143
第七節　就業不適切者名簿の作成と「信用ある地位の濫用」の罪の検討……146
小　括……150

第四章　「二〇〇三年性犯罪法」における家庭内性犯罪について
―「家庭内の児童性犯罪」と「親族関係にある成年者との性交」を中心にして―……151
はじめに……151
第一節　「一九五六年性犯罪法」における「近親相姦」の罪と「一九七七年刑事法律法」における「一六歳未満の女子に対し近親相姦に当たる性交を行うように勧誘する罪」……153
一　「一九五六年性犯罪法」における「近親相姦」の罪　153
二　「一九七七年刑事法律法」における「一六歳未満の女子に対し近親相姦に当たる性交を行うように勧誘する罪」　156

第二節　『二〇〇〇年内務省報告書』による家庭内性犯罪に関する提言……158
一　『二〇〇〇年内務省報告書』による提言　158
二　提言の解説　159
第三節　「二〇〇三年性犯罪法」における「家庭内の児童性犯罪」……163
一　「家庭内の児童性犯罪」の用語　163
二　「家庭内の児童性犯罪」（第二五条―第二九条）　164
第四節　「二〇〇三年性犯罪法」における「親族関係にある成年者との性交」……183
一　「二〇〇三年性犯罪法」における「親族関係にある成年者との性交」　183
二　「親族関係にある成年者との性交：膣又はアヌスへの挿入」（第六四条）　184
三　「親族関係にある成年者との性交：膣又はアヌスへの挿入についての同意」（第六五条）　186
第五節　家庭内性犯罪の検討……189
小　括……193
第五章　「二〇〇三年性犯罪法」における対精神障害者性犯罪について……195
はじめに……195
第一節　「一九五六年性犯罪法」による心身障害女性を対象とする性犯罪と、「一九五九年精神保健法」による精神障害女性患者を対象とする性犯罪……198
第二節　『二〇〇〇年内務省報告書』による、対精神障害者性犯罪に関する提言……201
第三節　精神障害者を対象とする性犯罪（第一類型）……204

一　選択能力に支障がある精神障害者との性的行為（第三〇条）　204
二　選択能力に支障がある精神障害者に対し性的行為を行うように強制または勧誘する罪（第三一条）　206
三　選択能力に支障がある精神障害者の面前で性的行為を行う罪（第三二条）　208
四　選択能力に支障がある精神障害者に対し性的行為を見つめるように強制する罪（第三三条）　209
第四節　勧誘・脅迫・詐害による、精神障害者を対象とする性犯罪（第二類型）……211
一　精神障害者との性的行為を得るための勧誘、脅迫または詐害（第三四条）　212
二　勧誘、脅迫または詐害によって、精神障害者に対し性的行為を行うように、または性的行為を行うことに同意するように強制する罪（第三五条）　213
三　精神障害者の面前で勧誘、脅迫または詐害によって得られた性的行為を行う罪（第三六条）　215
四　勧誘、脅迫または詐害によって、精神障害者に対し性的行為を見つめるように強制する罪（第三七条）　216
第五節　ケア・ワーカーによる、精神障害者を対象とする性犯罪（第三類型）……217
一　精神障害者との性的行為（第三八条）　218
二　精神障害者に対し性的行為を行うように強制または勧誘する罪（第三九条）　219
三　精神障害者の面前で性的行為を行う罪（第四〇条）　220
四　精神障害者に対し性的行為を見つめるように強制する罪（第四一条）　220
五　被害者が精神障害であったことを加害者が知っていた（または知ることを合理的に期待することができた）とみなされる場合　221

六　精神障害者を対象とする各性犯罪の量刑　221
七　ケア関係（第四二条）　222
八　ケア・ワーカーが性犯罪の成立を否定するための抗弁事由　224
第六節　対精神障害者性犯罪の検討　226
小　括　234
第六章　「二〇〇三年性犯罪法」における児童を対象とする品位を欠く写真の撮影等について―「一九七八年児童保護法」と「一九八八年刑事司法法」関係条項の改正―　235
はじめに　235
第一節　「一九七八年児童保護法」と「一九八八年刑事司法法」の関係正文　237
一　「一九七八年児童保護法」の関係正文　237
二　「一九八八年刑事司法法」の関係正文　244
第二節　「一九七八年児童保護法」の改正による児童を対象とする品位を欠く写真の撮影等　246
一　「品位を欠く」「わいせつ」の意義　246
二　児童を対象とする品位を欠く写真に関する四形態の罪　248
第三節　「一九八八年刑事司法法」の改正による児童を対象とする品位を欠く写真の所持　254
第四節　児童を対象とする品位を欠く写真の撮影等の検討　256
小　括　262

第七章　「二〇〇三年性犯罪法」における売春および人身売買の罪について
　　――「二〇〇三年性犯罪法」と関係法律・関係提言との対比――　265
　はじめに　265
　第一節　「一九五六年性犯罪法」および「一九五九年街頭犯罪法」における売春および人身売買の罪　267
　　一　「一九五六年性犯罪法」における売春および人身売買の罪　267
　　二　「一九五九年街頭犯罪法」における売春の罪　273
　　三　売春処罰の態様　274
　第二節　『二〇〇〇年内務省報告書』による売春および人身売買に関する提言　283
　第三節　「二〇〇二年国籍、亡命及び移民法」における人身売買の罪　287
　第四節　「二〇〇三年性犯罪法」における売春および人身売買の罪　290
　　一　「二〇〇三年性犯罪法」における売春および人身売買の罪　290
　　二　「二〇〇三年性犯罪法」における「売春およびポルノグラフィーによる児童売春」の罪　291
　　三　「二〇〇三年性犯罪法」における「売春の搾取」の罪　299
　　四　「二〇〇三年性犯罪法」における「売春に関する改正」　303
　　五　「二〇〇三年性犯罪法」における「人身売買」の罪　305
　　六　売春・ポルノグラフィーにかかわる、「二〇〇三年性犯罪法」中への第二章A「閉鎖命令」(Closure Orders) の追加　308
　第五節　売春および人身売買の罪の検討　310

小　括 …… 318
第八章　「二〇〇三年性犯罪法」における「予備的犯罪」および「その他の罪」について …… 321
はじめに …… 321
第一節　「二〇〇三年性犯罪法」における「予備的犯罪」 …… 323
一　「予備的犯罪」の要件と量刑　323
二　「予備的犯罪」の要件と量刑の解説　325
第二節　「予備的犯罪」に対応する旧法規定および『二〇〇〇年内務省報告書』による提言 …… 330
一　「予備的犯罪」に対応する旧法規定および『二〇〇〇年内務省報告書』による提言　330
二　旧法規定および『二〇〇〇年内務省報告書』の要旨　336
第三節　「二〇〇三年性犯罪法」における「その他の罪」 …… 338
一　「その他の罪」の要件と量刑　338
二　「その他の罪」の要件と量刑の解説　343
第四節　「その他の罪」に対応する旧法規定および『二〇〇〇年内務省報告書』による提言 …… 350
一　「その他の罪」に対応する旧法規定および『二〇〇〇年内務省報告書』による提言　350
二　旧法規定および『二〇〇〇年内務省報告書』の要旨　357
第五節　「予備的犯罪」と「その他の罪」の検討 …… 359
小　括 …… 369

第九章　性犯罪前歴者に対する性犯罪の再犯防止に向けた取組み
——我が国の新旧通達による性犯罪前歴者確認措置とイギリス「二〇〇三年性犯罪法」による性犯罪前歴者届出要求—— …… 373
はじめに …… 373
第一節　我が国における、子ども対象・暴力的性犯罪の出所者情報の共有および「子ども対象・暴力的性犯罪の出所者による再犯防止に向けた措置の実施について」（「旧通達」） …… 375
一　我が国における、子ども対象・暴力的性犯罪の出所者情報の共有　375
二　「子ども対象・暴力的性犯罪の出所者による再犯防止に向けた措置の実施について」（「旧通達」）　376
第二節　「旧通達」による再犯防止に向けた措置に対する評価と提言 …… 380
第三節　「子ども対象・暴力的性犯罪の出所者による再犯防止に向けた措置の実施について」（「新通達」） …… 382
第四節　イギリス「二〇〇三年性犯罪法」に定める性犯罪前歴者への届出要求 …… 386
一　性犯罪前歴者への届出要求の立法の経緯　386
二　イギリス「二〇〇三年性犯罪法」に定める届出要求　387
第五節　我が国の性犯罪前歴者確認措置とイギリス「二〇〇三年性犯罪法」による届出要求との対比 …… 398
小　括 …… 401

第一〇章　イギリスにおける性犯罪者の再犯防止措置
——「二〇〇三年性犯罪法」に定める対性犯罪前歴者裁判所命令と刑務所・地域社会における性犯罪者処遇プログラム—— …… 403

はじめに …… 403

第一節　「二〇〇三年犯罪法」の成立とその構成 …… 405

一　「二〇〇三年犯罪法」の成立 405

二　「二〇〇三年犯罪法」の構成 406

第二節　対性犯罪前歴者裁判所命令 …… 411

一　対性犯罪前歴者裁判所命令の意義 411

二　各裁判所命令の要件と効果 414

第三節　刑務所における性犯罪者処遇プログラム …… 423

一　イギリスにおける性犯罪者の処遇 423

二　刑務所における性犯罪者処遇プログラム 426

三　性犯罪処遇プログラムの要素 428

第四節　地域社会における性犯罪者処遇プログラム …… 431

一　認可性犯罪者処遇プログラム 431

二　認可性犯罪者処遇プログラムの概要 432

第五節　性犯罪者の再犯防止措置の検討 …… 435

小　括 …… 436

結語……441

初出一覧

序　章　イギリス「二〇〇三年性犯罪法」について　書き下ろし

第一章　「二〇〇三年性犯罪法」における「強姦」「膣又はアヌスへの挿入による暴行」「性的暴行」「同意を得ないで人に対し性的行為を行うように強制する罪」について
原題「イギリスにおける相手方の同意のない性的行為の罪について」ＪＣＣＤ第一〇〇号（ＪＣＣＤ機関誌百号記念論文集）（犯罪と非行に関する全国協議会）（二〇〇七（平成一九）年一月）八四―九九頁
原題の論文に加筆

第二章　「二〇〇三年性犯罪法」における対児童性犯罪について―「一三歳未満の児童を対象とする強姦及びその他の罪」と「児童性犯罪」を中心にして―
原題「イギリス「二〇〇三年性犯罪法」における対児童性犯罪について―「一三歳未満の児童を対象とする強姦及びその他の罪」と「児童性犯罪」を中心にして―」法学新報第一一七巻第七・八号（藤本哲也先生古稀記念論文集）（中央大学法学会）（平成二三年三月）八九九―九二六頁
原題の論文に加筆

第三章　「二〇〇三年性犯罪法」における「信用ある地位の濫用」の罪について―児童接触業務への就業不適切者名簿の作成および「信用ある地位の濫用」の罪―　書き下ろし

第四章　「二〇〇三年性犯罪法」における家庭内性犯罪について―「家庭内の児童性犯罪」と「親族関係にある成年者との性交」を中心にして―
書き下ろし

第五章　「二〇〇三年性犯罪法」における対精神障害者性犯罪について

原題「イギリス「二〇〇三年性犯罪法」における対精神障害者性犯罪について」JCCD第一〇四号（会長八木國之博士追悼記念論文集）（犯罪と非行に関する全国協議会）（二〇〇九（平成二一）年六月）二八―五三頁
原題の論文に加筆

第六章　「二〇〇三年性犯罪法」における児童を対象とする品位を欠く写真の撮影等について―「一九七八年児童保護法」と「一九八八年刑事司法法」関係条項の改正―
書き下ろし

第七章　「二〇〇三年性犯罪法」における売春および人身売買の罪について―「二〇〇三年性犯罪法」と関係法律・関係提言との対比―
書き下ろし

第八章　「二〇〇三年性犯罪法」における「予備的犯罪」および「その他の罪」について
書き下ろし

第九章　性犯罪前歴者に対する性犯罪の再犯防止に向けた取組み―我が国の新旧通達による性犯罪前歴者確認措置とイギリス「二〇〇三年性犯罪法」による性犯罪前歴者届出要求―
原題「性犯罪前歴者に対する性犯罪の再犯防止に向けた取組み―我が国とイギリスの対応―」八洲学園大学紀要第六号（二〇一〇年）五一―六一頁
原題の論文に加筆

第一〇章　イギリスにおける性犯罪者の再犯防止措置―「二〇〇三年性犯罪法」に定める対性犯罪前歴者裁判所命令と刑務所・地域社会における性犯罪者処遇プログラム―
原題「イギリスにおける性犯罪者の再犯予防措置」（『刑事法学の新展開』八木國之博士追悼論文集（酒井書店、二〇〇九年一〇月）所収
原題の論文に加筆

結　語　書き下ろし

序　章　イギリス「二〇〇三年性犯罪法」について

はじめに

本書は、第一章から第一〇章までの各章において、イギリス「二〇〇三年性犯罪法」中に定める各種の性犯罪を個別に検討することを主たる目的とした著作である。しかし、各章において個別に性犯罪を検討するに先立って、「二〇〇三年性犯罪法」で取り扱う性犯罪の全体にかかわる大枠をあらかじめ把握しておくことが、個別の性犯罪の位置付けを知る上で有効ではないか、との想定のもとに、序章を設けて、本書の全体にかかわりのあるいくつかの事項を提示することとする。

イギリスの性犯罪を理解するためには、まず、性犯罪の実数を知ることが必要である。そこで、第一節では、表一で、二〇〇二年から二〇一〇年までの各種性犯罪の認知件数を取りまとめることとした。統計表中の各種性犯罪の成立要件と量刑は、各章で取り上げる個別の性犯罪で検討することとなる。

次に、各種の性犯罪に対応する量刑が、「二〇〇三年性犯罪法」の全体の中で、どのような構成となっているかを把握することができるように、第二節で、同法中に定める性犯罪の量刑表を掲げた。表二では、「二〇〇三年性犯罪法」中の性犯罪の罪名すべてを、最高刑に当たる終身拘禁から罰金までの量刑別に一覧表示した。

第三節では、「表二　「二〇〇三年性犯罪法」の量刑と罪名一覧」の冒頭に掲げた「終身拘禁」に関係して、イギリス法における「終身刑」の言渡しに関する最低期間の決定方法に注目し、「二〇〇三年刑事司法法」（法律第四四号）（Criminal Justice Act 2003）（c. 44）第七章（第二六九条―第二七七条）に定める「終身刑の効力」と同法附則二一（第一条―第一二条）に定める「必要的終身刑に関する最低期間の決定」について紹介し、終身拘禁における最低期間の決定方法に関するガイドラインを提示することとした。

第四節では、同じく終身拘禁に関係して、性犯罪の解説書中に掲載された、強姦事案の量刑に関する「起点」と「加重要素」を示した表を紹介した。

第五節では、本書全体の概要を俯瞰することできるように、本書の各章に掲げた論文のあらましを掲載することとした。

第一節　イギリス性犯罪の認知件数

表一は、イギリスの統計書を基にして、性犯罪認知件数を示した表である。二〇〇二年四月をもって、「全英犯罪記録基準」（National Crime Recording Standard：NCRS）が導入されたので、二〇〇二年以降の認知件数を表示した。二〇〇四年五月に「二〇〇三年性犯罪法」が導入されたことをもって、性犯罪の定義と適用範囲が変更された。イギリスの統計算出期間には、会計年度（四月から翌年三月まで）が採用されている。

表一　イギリス性犯罪認知件数

罪名	2002/3	2003/4	2004/5	2005/6	2006/7	2007/8	2008/9	2009/10	2010/11
男性に対する品位を欠く暴行	4132	4110	1003	347	76	209	158		
13歳以上の男性に対する性的暴行			1316	1428	1450	1323	1161	1208	1287
13歳未満の男子児童に対する性的暴行			1227	1394	1237	1121	1004	1054	1125
女性を対象とする強姦	11445	12378	693	61	25	145	170		
16歳以上の女性を対象とする強姦			8192	8725	8222	7610	7768	9038	9509
16歳未満の女子児童を対象とする強姦			3014	3153	2853	2422	2537	2909	2880
13歳未満の女子児童を対象とする強姦			970	1388	1524	1487	1658	1964	2235
女性に対する強姦	**11445**	**12378**	**12869**	**13327**	**12624**	**11664**	**12133**	**13911**	**14624**
男性を対象とする強姦	850	894	81	22	18	10	22		
16歳以上の男性を対象とする強姦			444	438	413	332	317	368	392
16歳未満の男子児童を対象とする強姦			322	292	261	237	216	241	247
13歳未満の男子児童を対象とする強姦			297	364	458	430	408	564	671
男性に対する強姦	**850**	**894**	**1144**	**1116**	**1150**	**1009**	**963**	**1173**	**1310**
女性に対する品位を欠く暴行	25275	27240	5152	1215	267	768	575		
13歳以上の女子に対する性的暴行			15087	17158	16883	15793	15500	15694	16358
13歳未満の女子児童に対する性的暴行			4391	4647	4245	3984	3665	4149	4301
13歳未満の女子との不法な性交	183	212							
13歳未満の児童を含む性的行為			1510	1950	1936	1836	1650	1819	1773
16歳未満の女子との不法な性交	1515	1911	436	138	67	33	51		
16歳未満の児童を含む性的行為			2546	3283	3208	3123	3318	3986	4033
同意のない性的行為の強制			239	744	224	217	151	129	167
精神障害者との性的行為等			104	139	163	127	131	124	120
売春およびポルノグラフィーによる児童虐待			99	124	101	108	116	134	152
性的搾取のための人身売買			21	33	43	57	52	58	67
児童との重大な品位を欠く行為	1917	1987	398	120	64	149	121		
最も重大な性犯罪（上記の性犯罪すべての合計）	**45317**	**48732**	**47542**	**47163**	**43738**	**41521**	**40749**	**43439**	**45326**
反自然的性交	287	247	73	39	35	49	36		
男性間の重大な品位を欠く行為	245	260	49	20	12	17	14		
近親相姦および家庭内性犯罪	99	105	713	966	1344	1125	1041	1111	808
売春の搾取	127	186	117	153	190	184	173	148	153
女性誘拐	291	403	86	36	21	4	4		
公道売春勧誘	2111	1944	1821	1860	1290	1216	1071	1190	826
性的性質の信用ある地位の濫用	678	792	682	463	361	328	195	185	146
性的グルーミング			186	237	322	274	313	397	310
その他の雑性犯罪＊	9735	9873	11593	11363	10209	8848			
その他の雑性犯罪＊＊							298	354	199
反自然的性犯罪							5	15	12
性器の露出およびのぞき行為							7530	7516	7202
その他の性犯罪	**13573**	**13810**	**15320**	**14917**	**13784**	**12045**	**10680**	**10916**	**9656**
総合計性犯罪	**58890**	**62542**	**62862**	**62080**	**57522**	**53566**	**51429**	**54355**	**54982**

・本表は、Home Office Statistical Bulletin, *Crime in England and Wales 2010/11 Findings from the British Crime Survey and police recorded crime*（2nd Edition）July 2011 p.43中の性犯罪の表を基にし、これに手を加えて作成した。
・イギリスの統計算出期間は、会計年度（4月から翌年3月まで）を採用している。
・2002年4月をもって「全英犯罪記録基準」(National Crime Recording Standard：NCRS)が導入されたので、本表は、2002/3以降の認知件数を取り上げることとした。
・2004年5月に「2003年性犯罪法」が導入され、性犯罪の定義と適用範囲が変更された。
・「その他の雑性犯罪＊」について：Statistical Bulletin p.47の説明によれば、「その他の雑性犯罪＊」は、2004/5前は、旧罪の「品位を欠く性器の露出」のみで構成されていたが、この罪が「性器の露出」となり、2004年5月から「その他の雑性犯罪＊」中に組み込まれたとのことである。
・「その他の雑性犯罪＊＊」について：同じくStatistical Bulletin p. 47の説明によれば、「その他の雑性犯罪＊」は、2008/9から「その他の雑性犯罪＊＊」「反自然的性犯罪」「性器の露出およびのぞき行為」に分割され、この時点から、「性器の露出」は「性器の露出およびのぞき行為」として記録されたとのことである。

第二節　「二〇〇三年性犯罪法」中に定める性犯罪の量刑と罪名一覧

表二は、「二〇〇三年性犯罪法」中に定める性犯罪の罪名すべてを、最高刑に当たる終身拘禁から罰金までの量刑別に一覧表示した表である。「二〇〇三年性犯罪法」中に定める性犯罪は、正式起訴犯罪のみの罪、正式起訴犯罪と略式起訴犯罪のいずれかの罪、略式起訴犯罪のみの罪に区分され、正式起訴犯罪の量刑には終身拘禁と、一四年以下、一〇年以下、七年以下、五年以下、二年以下の有期拘禁が、また略式起訴犯罪の量刑には六か月以下の拘禁もしくは法定上限以下の罰金または両者の併科、六か月以下の拘禁もしくは基準等級表のレベル五以下の罰金または両者の併科、基準等級表のレベル三以下の罰金が法定されている。正式起訴犯罪と略式起訴犯罪の意義、ならびに表中に使用した「加重性的行為＊」と「単純性的行為＊」、「加重性的接触＊＊」と「単純性的接触＊＊」および「加重性的サービス＊」と「単純性的サービス＊」の文言の意義については、表二の欄外に注記した。

表二　「二〇〇三年性犯罪法」の量刑と罪名一覧

正式起訴に基づく有罪宣告	略式起訴に基づく有罪宣告	罪名（条項）
終身拘禁		強姦（第一条第四項）、膣またはアヌスへの挿入による暴行（第二条第四項）、同意を得ないで人に対し加重性的行為＊を行うように強制する罪（第四条第四項）、一三歳未満の児童を対象とする強姦（第五条第二項）、一三歳未満の児童を対象とする、膣またはアヌスへの挿入による暴行（第六条第二項）、一三歳未満の児童に対し加重性的行為＊を行うように強制または勧誘する罪（第八条第二項）、精神障害者との加重性的接触＊＊（第三〇条第三項）、精神障害者に対し加重性

		的行為＊を行うように強制または勧誘する罪(第三一条第三項)、精神障害者と加重性的接触＊＊を得るための勧誘、脅迫または詐害(第三四条第二項)、精神障害者に対し勧誘、脅迫または詐害によって加重性的行為＊を行うように、または加重性的行為＊を行うことに同意するように強制する罪(第三五条第二項)、一三歳未満の児童の加重性的サービス＊に対して利益給付を行う罪(第四七条第三項)、略取・誘拐または不法監禁によって性犯罪を行う目的で罪を犯す行為(第六二条第三項)
一四年以下の拘禁		児童との加重性的接触＊＊(第九条第二項)、児童に対し加重性的行為＊を行うように強制または勧誘する罪(第一〇条第二項)、家庭内の児童構成員との加重性的接触＊＊[加害者が一八歳以上](第二五条第四項a号)、家庭内の児童構成員に対し加重性的接触＊＊を行うように勧誘する罪[加害者が一八歳以上](第二六条第四項a号)、ケア・ワーカーによる精神障害者との加重性的接触＊＊(第三八条第三項)、ケア・ワーカーが精神障害者に対し加重性的行為＊を行うように強制または勧誘する罪(第三九条第三項)、一三歳以上一六歳未満の児童の加重性的サービス＊＊に対して利益給付を行う罪(第四七条第四項a号)
一四年以下の拘禁	六か月以下の拘禁もしくは法定上限(五〇〇〇ポンド)以下の罰金または両者の併科	一三歳未満の児童を対象とする性的暴行(第七条第二項)、一三歳未満の児童に対し単純性的行為＊を行うように強制または勧誘する罪(第八条第三項)、児童との単純性的接触＊＊[加害者が一八歳以上](第九条第三項)、児童に対し単純性的行為＊を行うように強制または勧誘する罪[加害者が一八歳以上](第一〇条第三項)、児童性犯罪の犯行を準備または促進する罪(第一四条第四項)、家庭内の児童構成員との単純性的接触＊＊[加害者が一八歳以上](第二五条第四項b号)、家庭内の児童構成員に対し単純性的接触＊＊を行うように勧誘する罪[加害者が一八歳以上](第二六条第四項b号)、精神障害者との単純性的接触＊＊(第三〇条第四項)、精神障害者に対し単純性的行為＊を行うように強制または勧誘する罪(第三一条第四項)、精神障害者と単純性的接触＊＊を得るための勧誘、脅迫または詐害(第三四条第三項)、精神障害者に対し勧誘、脅迫または詐害によって単純性的行為＊を行うように、または単純性的行為＊を行うこ

		とに同意するように強制する罪（第三五条第三項）、一六歳以上一八歳未満の児童の加重性的サービス＊＊＊に対して利益給付を行う罪（第四七条第四項b号）、児童を売春またはポルノグラフィーへと強制または勧誘する罪（第四八条第二項）、児童売春者またはポルノグラフィーにかかわった児童を管理する罪（第四九条第二項）、児童の売春またはポルノグラフィーへのかかわりを準備または促進する罪（第五〇条第二項）、性的搾取を目的とする連合王国内への人身売買（第五七条第二項）、性的搾取を目的とする連合王国内での人身売買（第五八条第二項）、性的搾取を目的とする連合王国外への人身売買（第五九条第二項）
一〇年以下の拘禁	六か月以下の拘禁もしくは法定上限以下の罰金または両者の併科	性的暴行（第三条第四項）、同意を得ないで人に対し単純性的行為＊を行うように強制する罪（第四条第五項）、児童の面前で性的行為を行う罪［加害者が一八歳以上］（第一一条第二項）、児童に対し性的行為を見つめるように強制する罪［加害者が一八歳以上］（第一二条第二項）、児童と会って、性的グルーミング等を行う罪（第一五条第四項）、精神障害者の面前で性的行為を行う罪（第三二条第三項）、精神障害者に対し性的行為を見つめるように強制する罪（第三三条第三項）、精神障害者の面前で、勧誘、脅迫または詐害によって得られた性的行為を行う罪（第三六条第二項）、精神障害者に対し勧誘、脅迫または詐害によって性的行為を見つめるように強制する罪（第三七条第二項）、ケア・ワーカーによる精神障害者との単純性的接触＊＊（第三八条第四項）、ケア・ワーカーが精神障害者に対し単純性的行為＊を行うように強制または勧誘する罪（第三九条第四項）、性的行為を行う目的の薬物投与（第六一条第二項）、性犯罪を行う目的で罪を犯す行為（第六二条第四項）、性犯罪を行う目的の敷地侵害（第六三条第三項）
七年以下の拘禁	六か月以下の拘禁もしくは法定上限以下の罰金または両者の併科	ケア・ワーカーが精神障害者の面前で性的行為を行う罪（第四〇条第三項）、ケア・ワーカーが精神障害者に対し性的行為を見つめるように強制する罪（第四一条第三項）、一八歳未満の児童の単純性的サービス＊＊＊に対して利益給付を行う罪（第四七条第五項）、利益を得る目的で売春を強制または勧誘する罪（第五二条第二項）、利益を得る目的で売春を管理する罪（第五三条第二項）

<table>
<tr><td rowspan="1">五年以下の拘禁</td><td>六か月以下の拘禁もしくは法定上限以下の罰金または両者の併科</td><td>児童との性的接触［加害者が一八歳未満］（第一三条第二項・第九条）、児童に対し性的行為を行うように強制または勧誘する罪［加害者が一八歳未満］（第一三条第二項・第一〇条）、児童の面前で性的行為を行う罪［加害者が一八歳未満］（第一三条第二項・第一一条）、児童に対し性的行為を見つめるように強制する罪［加害者が一八歳未満］（第一三条第二項・第一二条）、信用ある地位にある者による児童との性的接触（第一六条第五項）、信用ある地位にある者が児童に対し性的行為を行うように強制または勧誘する罪（第一七条第五項）、信用ある地位にある者が児童の面前で性的行為を行う罪（第一八条第五項）、信用ある地位にある者が児童に対し性的行為を見つめるように強制する罪（第一九条第五項）、家庭内の児童構成員との性的接触［加害者が一八歳未満］（第二五条第五項）、家庭内の児童構成員に対し性的接触を行うように勧誘する罪［加害者が一八歳未満］（第二六条第五項）、届出に関係する罪（第九一条第二項）、性犯罪防止命令・仮性犯罪防止命令違反の罪（第一一三条第二項）、外国旅行禁止命令違反の罪（第一二二条第二項）、性的危害禁止命令・仮性的危害禁止命令違反の罪（第一二八条第二項）</td></tr>
<tr><td rowspan="3">二年以下の拘禁</td><td>六か月以下の拘禁もしくは法定上限以下の罰金または両者の併科</td><td>親族関係にある成年者との性交：膣またはアヌスへの挿入［加害者が一六歳以上］（第六四条第五項）、親族関係にある成年者との性交：膣またはアヌスへの挿入についての同意［加害者が一六歳以上］（第六五条第五項）、性器の露出（第六六条第二項）、のぞき行為（第六七条第五項）、獣姦（第六九条第三項）、屍姦（第七〇条第二項）</td></tr>
<tr><td>六か月以下の拘禁もしくは基準等級表のレベル五（五〇〇〇ポンド）以下の罰金または両者の併科</td><td>公衆トイレでの性的行為（第七一条第三項）</td></tr>
<tr><td>基準等級表のレベル三（一〇〇〇ポンド）以下の罰金</td><td>公道売春勧誘（第五一条A第三項）、強制力等に服している売春者の性的サービスに対して利益給付を行う罪（第五三条A第四項）</td></tr>
</table>

・「加重性的行為＊」と「単純性的行為＊」の意義について：「加重性的行為＊」は、「①被害者のアヌスまたは膣へ挿入、②人のペニスを被害者の口へ挿入、③被害者の身体の一部を、または被害者が物を人のアヌスまたは膣へ挿入、④被害者のペニスを人の口へ挿入」のいずれかを指し、「単純性的行為＊」は、これらの加重性的行為に至らない性的行為を指す。

・「加重性的接触＊＊」と「単純性的接触＊＊」の意義について：「加重性的接触＊＊」は、「①加害者の身体の一部または物を被害者のアヌスまたは膣へ挿入、②加害者のペニスを被害者の口へ挿入、③被害者の身体の一部を加害者のアヌスまたは膣へ挿入、④被害者のペニスを加害者の口へ挿入」のいずれかを指し、「単純性的接触＊＊」は、これらの加重性的接触に至らない性的接触を指す。

・「加重性的サービス＊」と「単純性的サービス＊」の意義について：「加重性的サービス＊」は、「①加害者の身体の一部または物を被害者のアヌスまたは膣へ挿入、②加害者のペニスを被害者の口へ挿入、③被害者の身体の一部を、または被害者が物を加害者のアヌスまたは膣へ挿入、④被害者のペニスを加害者の口へ挿入」のいずれかを指し、「単純性的サービス＊」は、これらの加重性的サービスに至らない性的行為を指す。

・「正式起訴犯罪」（indictable offence）と「略式起訴犯罪」（summary offence）について：正式起訴犯罪は、重大な罪について、「治安判事裁判所」（マジストレート裁判所）（Magistrates' Court）が「予備審問」（preliminary hearing）を行った後、事件を「刑事法院」（Crown Court）へ送致し、刑事法院において、陪審によって審理される。略式起訴犯罪は、治安判事裁判所において、陪審によらないで審理される。ただし、事件により、正式起訴犯罪であっても、「正式起訴状」（indictment）によるもの、被告人の同意により、治安判事が「略式起訴状」（information）によって審理するもの、制定法が「選択的起訴犯罪」（either way offence）としているもの、略式起訴犯罪であっても、被告人の要求により正式起訴犯罪として審理されるものがあるとされている（田中英夫『英米法辞典』（東京大学出版会、一九九一年）四三九-四四〇頁参照）。

第三節　「二〇〇三年刑事司法法」に定める終身拘禁の最低期間算定方法

（一）　終身拘禁の言渡しにかかわる諸要素

表二において、「「二〇〇三年性犯罪法」の量刑と罪名一覧」を提示した。そして、表中の冒頭で、終身拘禁とその量刑を定めた罪名を掲載した。「二〇〇三年性犯罪法」中において、「強姦」「膣またはアヌスへの挿入による暴行」を初めとして、かなりの性犯罪に、終身拘禁が固定されている。それ故、終身拘禁を定めている各性犯罪ごとに、個別に終身拘禁について説明することを避け、本序章において、あらかじめ、終身拘禁の言渡しにかかわる諸要素をまとめて記しておきたいと思う。終身拘禁を論ずるに当たっては、終身拘禁の服役、理由の提示義務、服役

の最低期間（起点）の決定、加重要素・減軽要素等が検討されることになる。イギリスは、「二〇〇三年刑事司法法」（法律第四四号）(Criminal Justice Act 2003) (c. 44) 第七章（第二六九条―第二七七条）で「終身刑の効力」について規定し、同法附則二一（第一条―第一二条）で「必要的終身刑に関する最低期間の決定」について規定している。本節では、これらの条項の概要を紹介し、また終身拘禁における最低期間の決定方法に関するガイドラインを提示することとする[1]。

（二）「二〇〇三年刑事司法法」第七章「終身刑の効力」に関する事項

「終身刑の効力」に関する事項は、次のとおりである（括弧内の条項は「二〇〇三年刑事司法法」の条項を指している）。

・犯罪者が犯行時に二一歳以上であった場合において、罪の重大性や、その罪とそれに伴う罪の組合せの重大性の故に、裁判所が、その犯罪者に早期釈放規定（「一九九七年犯罪（量刑）法」（法律第四三号）(Crime (Sentences) Act 1997) (c. 43) 第二八条第五項から第八項までの規定）が適用される旨を命ずべきでないとの見解に至ったときは、裁判所は、その犯罪者に早期釈放規定を適用しない旨を命じなければならない（第二六九条第四項）。

・裁判所がその犯罪者に早期釈放規定を適用しない旨の命令を下さなかったときは、裁判所は、その犯罪者が本人の量刑部分を服役した後直ちに、その犯罪者に早期釈放規定が適用される旨を命じなければならない（同条第二項）。

・犯罪者の量刑部分は、罪の重大性（またはその罪とそれに伴う罪の組合せの重大性）と裁判所が与えた指示の効果を考慮して、裁判所が適切と思料する犯罪者の量刑部分とする（同条第三項）。

・罪の重大性や、その罪とそれに伴う罪の組合せの重大性を考慮するに当たっては、同法附則二一中に定める一般原則と、その事案に関係して、附則二一の規定に相反しない罪一般に関係するガイドラインを参酌しなければならない（同条第五項）。

・大法官は、命令をもって、附則二一を改めることができ、その命令を下すに先立って、「イングランド・ウェールズ量刑協議会」（Sentencing Council for England and Wales）と協議しなければならない（同条第六項・第七項）。
・「二〇〇三年刑事司法法第二六九条に基づいて命令を下す裁判所は、公開の法廷で、通常の言語を用いて、下した命令に関する決定の理由を表明しなければならない。その理由を表明するに当たっては、裁判所は、特に、附則二一中の「起点」（後述）のいずれを選択したか、その理由および起点から出発した理由を表明しなければならない（第二七〇条）。
・「特定の終身刑受刑者を釈放する義務」を定めた「一九九七年犯罪（量刑）法」第二八条第一項Aと第一項Bを読み替え、また同条中に第八項Aを加えた（第二七五条）。
①　第一条Aの読替えは、次のとおりである。
最短期間の命令を受けた終身刑受刑者に一九九七年法第二八条の規定を適用し、同条中の「本条中の受刑者の量刑の関係部分」は「最短期間の命令中に定める量刑部分」とする、とした。
②　第一条Bの読替えは、次のとおりである。
終身刑受刑者が二以上の終身刑を服役している場合については、これらの各量刑について、最短期間の命令が下されなかったときは、この者に本条の規定を適用しないものとし、この者が各量刑の関係部分を服役するまで、この者に関して第五項から第八項までの規定（即ち早期釈放規定）を適用しないものとする、とした。
③　第八項Aの追加
本条中の「最短期間の命令」（minimum term order）とは、「二〇〇〇年刑事裁判所権限（量刑）法」（法律第六号（Powers of Criminal Courts（Sentencing）Act 2000）（c. 6）第八二条A「「タリフ（tariff）（最低拘禁期間）」の決定」第二項（法律に固定されていない量刑についての最短期間の決定）か、「二〇〇三年刑事司法法」第二六九条第二項（必要的終身刑

についての最短期間の決定）のいずれかに基づく命令をいう。

理解を容易にするため、改正条項を織り込んだ「一九九七年犯罪（量刑）法」第二八条の条項を掲載する（同条は、第一項A、第一項B、第五項から第九項までの八つの項で構成されている）。

「一九九七年犯罪（量刑）法」第二八条「特定の終身刑受刑者を釈放する義務」

(1A)　本条の規定は、最短期間の命令を受けた終身刑受刑者に適用し、本条中の当該受刑者の量刑の関係部分とは、当該命令中に定める量刑の部分をいう。

(1B)　ただし、終身刑受刑者が、二以上の終身刑を服役しているときは、次の各号の両者の定めるところによる。

(a)　これらの各量刑について、最短期間の命令が下されないときは、この者に本条の規定を適用しない。

(b)　この者が、これらの各規定の関係する部分を服役するまで、この者に関して、第五項から第八項までの規定を適用しない。

(5)　次の各号の両者に該当したときは、主務大臣は、直ちに、許可書に基づいて、本条の規定が適用される終身刑受刑者を釈放しなければならない。

(a)　本条の規定が適用される終身刑受刑者が、本人の量刑の関係部分を服役したとき

(b)　仮釈放委員会が、本条に基づいてこの者の釈放を指示したとき

(6)　次の各号の両者に該当したときは、仮釈放委員会は、本条の規定が適用される終身刑受刑者について、前項に基づく指示を与えてはならない。

(a)　主務大臣が当該受刑者の事案を仮釈放委員会へ付託しなかったとき

(b)　公衆の保護のために当該受刑者を拘禁する必要がなくなった、と仮釈放委員会が確信しなかったとき

(7)　次の各号のすべてに該当したときはいつでも、本条の規定が適用される終身刑受刑者は、主務大臣に対し、自己の事

案を仮釈放委員会へ付託するように要求することができる。

(b) (a) 当該受刑者が自己の量刑の関係部分を服役した後

自己の事案の付託の処分から起算して二年の期間が終了した後に、自己の事案の仮釈放委員会への前の付託が存在していたとき

(c) 当該受刑者が自己の有期拘禁刑又は有期収容刑の二分の一を服役した後も、この者が、当該刑を服役しているとき

本項中の「前の付託」とは、第六項又は第三二条第四項に基づく付託(1)をいう。

(8) 第五項又は第七項の適用上、本条の規定が適用される終身刑受刑者が自己の量刑の関係部分を服役したか否かを決定するに当たって、当該受刑者がいつでも一九五二年刑務所法第四九条(2)の意味の枠内において不法に逃亡していた期間は、考慮されない。

(8A) 「本条中の「最短期間の命令」(minimum term order)とは、次の各号のいずれかに基づく命令をいう。

(a) 二〇〇〇年刑事裁判所権限(量刑)法第八二条A第二項(法律に固定されていない量刑についての最短期間の決定)

(b) 二〇〇三年刑事司法法第二六九条第二項(必要的終身刑についての最短期間の決定)

(9) 二〇〇〇年刑事司法及び裁判所業務法附則八により削除

(1) 「一九九七年犯罪(量刑)法」第三二条第四項は、召喚された終身刑受刑者の事案を仮釈放委員会へ付託する旨を規定している。

(2) 「一九五二年刑務所法」第四九条は「不法逃亡者」について規定している(「一九五二年刑務所法」の邦訳について、横山　潔「イギリス「二〇〇七年犯罪者管理法」について(二・完)」(共同研究)比較法雑誌第四六巻第一号(第一六一号)(平成二四年六月)一八七頁以下参照)。

・「ガイドライン」(guideline)とは、「二〇〇九年検屍官及び司法法」(法律第二五号)(Coloners and Justice Act 2009)(c. 25)第一二〇条に基づいて、終局ガイドラインとしてイングランド・ウェールズの量刑協議会が発付した量刑ガイダンスをいい、「終身刑」(life sentence)とは、①「終身拘禁刑」(a sentence of imprisonment for life)、②「御意にかなう間の収容刑」(a sentence of detention during Her Majesty's pleasure)、③「二〇〇〇年刑事司法及び裁判所業務法」(法律

第四三号）（Criminal Justice and Court Services Act 2000）（c. 43）第六一条第一項の施行前に言い渡した「終身拘束刑」（a sentence of custody for life）のいずれかをいう（第二七七条）。

・第七章「終身刑の効力」には、ほかに、上訴、イングランドとウェールズ地方に移送された終身刑受刑者その他が規定されている。

㈢「二〇〇三年刑事司法法」附則二一「必要的終身刑に関する最低期間の決定」に関する事項

「二〇〇三年刑事司法法」附則二一は、「1　本附則中の用語の解釈」、「2　必要的終身刑に関する最低期間を決定するに当たっての「起点」の選択」、「3　加重要素と減軽要素の考慮」について規定している。各事項について説明する。

1　本附則中の用語の解釈

「児童」（child）とは、一八歳未満の者をいう。

「必要的終身刑」（mandatory life sentence）とは、量刑が法律に固定されている状況において言い渡された終身刑をいう。

必要的終身刑に関する「最低期間」（minimum term）とは、第二六九条「必要的終身刑に関する最低期間の決定」第二条に基づく命令中に定める量刑の部分（即ち、命令中に定める量刑の部分を服役したときに直ちに早期釈放規定が適用される、その量刑の部分）をいう。

「完全終身命令」（whole life order）とは、第二六九条第四項に基づく命令（即ち、早期釈放規定が適用されない旨の命令）をいう。（以上第一条）

ほかに、「民族加重か宗教加重」(racially or religiously aggravated) と「性的志向による加重」(aggravated by sexual orientation) の意味について説明されている。(第二条・第三条)

2　必要的終身刑に関する最低期間を決定するに当たっての「起点」の選択

必要的終身刑に関する最低期間を決定するに当たっての「起点」(starting points) が、裁判所によって選択される。「起点」は、期間を示す語として用いられている。適格起点として、所定の要件に応じて、①完全終身命令、②三〇年、③二五年、④一五年、⑤一二年が規定されている。各起点の要件とそれに該当する事案は、次のとおりである。これらの起点のうちの前三者は、謀殺に該当する事案に対して選択されることが指定されている。

①　完全終身命令（第四条）

要件（次の両者に該当）

(a)　罪の重大性（またはその罪とそれに伴う罪の組合せの重大性）が極めて高いと裁判所が判断

(b)　犯行時の犯罪者が二一歳以上

(a)に該当する事案（次のいずれか）

・二人以上の謀殺で、各謀殺の中に、(i) 強度の予謀または計画、(ii) 被害者の略取・誘拐、(iii) 性的行為または残虐行為のいずれかが含まれるもの

・児童の略取・誘拐または性的動機もしくは残虐な動機が含まれる児童の謀殺

・政治的、宗教的、民族的またはイデオロギー的理由を前進させる目的で行う謀殺

・以前に謀殺の有罪宣告を受けたことがある犯罪者による謀殺

②　三〇年（第五条）
要件（次の両者に該当）
(a)　罪の重大性（またはその罪とそれに伴う罪の組合せの重大性）が特に高いと裁判所が判断
(b)　犯行時の犯罪者が一八歳以上

(a)に該当する事案（次のいずれか）
・職務の過程中にある警察官または刑務官の謀殺
・火器または爆発物の使用を含む謀殺
・利得を求めて行った謀殺（例：強盗または不法侵入の過程中、または促進中に行った謀殺）
・司法の過程で妨害または干渉することを想定した謀殺
・性的行為または残虐行為を含む謀殺
・二人以上の謀殺
・民族加重や宗教加重の謀殺または性的志向による加重の謀殺
・犯行時に二一歳未満の犯罪者による、「①完全終身命令」中に掲げた謀殺の事案
③　二五年（第五条A）
要件（次のすべてに該当）
(a)　罪の重大性（またはその罪とそれに伴う罪の組合せの重大性）について前二者に該当しないもの
(b)　犯罪者が罪を犯そうとする現場や、ナイフその他の武器を武器として使用に供しようとする現場に、ナイフその他の武器を携行し、謀殺の犯行に当たって、これらの武器を使用したこと

(c) 犯行時の犯罪者が一八歳以上

④　一五年（第六条）

要件（次の両者に該当）

(a) 罪の重大性（またはその罪とそれに伴う罪の組合せの重大性）について前三者に該当しないもの

(b) 犯行時の犯罪者が一八歳以上

⑤　一二年（第七条）

要件（次の(a)に該当）

(a) 犯行時の犯罪者が一八歳未満

上記の起点・要件・該当する事案を表に示しておく。

表三　起点・要件・該当する事案（「二〇〇三年刑事司法法」附則二一）

起点	要件	該当する事案
①完全終身命令（第四条）	次の両者に該当 (a)罪の重大性（またはその罪とそれに伴う罪の組合せの重大性）が極めて高いと裁判所が判断 (b)犯行時の犯罪者が二一歳以上	(a)に該当する事案（次のいずれか） ・二人以上の謀殺で、各謀殺の中に、（i）強度の予謀または計画、（ii）被害者の略取・誘拐、（iii）性的行為または残虐行為のいずれかが含まれるもの ・児童の略取・誘拐または性的動機もしくは残虐な動機が含まれる児童の謀殺 ・政治的、宗教的、民族的またはイデオロギー的理由を前進させる目的で行う謀殺 ・以前に謀殺の有罪宣告を受けたことがある犯罪者による謀殺

②三〇年 （第五条）	次の両者に該当 (a)罪の重大性（またはその罪とそれに伴う罪の組合せの重大性）が特に高いと裁判所が判断 (b)犯行時の犯罪者が一八歳以上	(a)に該当する事案（次のいずれか） ・職務の過程中にある警察官または刑務官の謀殺 ・火器または爆発物の使用を含む謀殺 ・利得を求めて行った謀殺（例：強盗または不法侵入の過程中、または促進中に行った謀殺） ・司法の過程で妨害または干渉することを想定した謀殺 ・性的行為または残虐行為を含む謀殺 ・二人以上の謀殺 ・民族加重や宗教加重の謀殺または性的志向による加重の謀殺 ・犯行時に二一歳未満の犯罪者による、「①完全終身命令」中に掲げた謀殺の事案
③二五年 （第五条A）	次のすべてに該当 (a)罪の重大性（またはその罪とそれに伴う罪の組合せの重大性）について前二者に該当しないもの (b)犯罪者が罪を犯そうとする現場や、ナイフその他の武器を武器として使用に供しようとする現場に、ナイフその他の武器を携行し、謀殺の犯行に当たって、これらの武器を使用 (c)犯行時の犯罪者が一八歳以上	
④一五年 （第六条）	次の両者に該当 (a)罪の重大性（またはその罪とそれに伴う罪の組合せの重大性）について前三者に該当しないもの (b)犯行時の犯罪者が一八歳以上	
⑤一二年 （第七条）	次の(a)に該当 (a)犯行時の犯罪者が一八歳未満	

3　加重要素と減軽要素の考慮

裁判所によって必要的終身刑に関する最低期間を決定するに当たっての適格起点が選択された後、罪の重大性に付加される①加重要素と②減軽要素が考慮される。これらの要素が考慮された結果、最短期間が加重・減軽され、また完全終身命令が下されることも生ずる。加重要素と減軽要素として、次のような事項が規定されている。

①　加重要素（第一〇条）

・計画または予謀の程度が重大
・被害者が年齢または能力の欠如の故に、特に脆弱であったという事実
・死亡前の被害者に加えられた精神的または身体的苦痛
・信用ある地位を濫用
・犯行を容易にするために他人に監禁または脅迫を用いた
・被害者が公益事業を提供していたという事実、または公務を行っていたという事実
・身体を秘匿、損壊または切断した

②　減軽要素（第一一条）

・人を殺す意思ではなく、人に重大な傷害を生じさせる意思であった
・加害者が、その有責性の程度を軽減する精神障害または精神的無能力であったという事実
・加害者が（例えばストレスの延長によって）挑発されたという事実
・加害者が自己防衛の範囲で、または暴力をおそれて行動したという事実
・謀殺が慈悲の行動であった、と加害者が確信した
・加害者の年齢

（1）　イギリスの量刑ガイドライン・終身拘禁の最低期間算定方法について、次の文献参照。
・吉戒純一「イギリスにおける量刑改革――二〇〇三年刑事裁判法」判例タイムズ第五八巻第一三号（第一二三五号）（二〇〇七年五月一五日）八五―九〇頁。
・井戸俊一「イギリスの量刑ガイドラインについて」判例タイムズ第五八巻第一六号（第一二三八号）（二〇〇七年七月一日）六七―九二頁。
・守山　正『イギリス犯罪学研究Ⅰ』（成文堂、二〇一一年）中の「第九章　終身刑としての不定期刑」一六九―一九五頁。

第四節　強姦の量刑に関するガイドライン

前節で言及した「二〇〇三年刑事司法法」第七章「終身刑の効力」と同法附則二一「必要的終身刑に関する最低期間の決定」の中では、罪の重大性について謀殺の事案が示されており、性犯罪自体については規定されていないが、性犯罪の解説書中に、強姦事案の量刑に関する「起点」と「加重要素」を示した表が掲載されていたので、紹介しておく。

表四　強姦の量刑に関するガイドライン

係争審理	起　点	加重要素
成人被害者に対する単独犯罪（適時に有罪答弁がある場合）	五年	過剰暴行
加害者が二人以上	八年	武器の使用
加害者が責任ある地位にある		
被害者が略取・誘拐されたか、不法に逮捕・拘束された		犯罪を計画

被害者が児童か、社会的弱者		
民族加重か、同性愛恐怖症		重大な身体的または精神的結果（妊娠）
一個の攻撃による強姦累犯、膣強姦、アナル強姦		
加害者が生命を危険にさらす性感染症に罹患していた		
同一の被害者に対する強姦累犯	一五年	その後に被害者を侮辱
被害者が多数		被害者の生活場所への立入りを強制
		児童の面前
		抵抗を抑圧するために内密に薬物を使用
加害者が変質性癖か、精神病質性癖であった	終身	性的暴行歴
加害者が人格障害であった		
女性への危害		
前に強姦か重大な罪の有罪宣告を受けていた（「二〇〇〇年刑事裁判所権限（量刑）法」第一〇九条）	自動的終身刑	

Kim Stevenson, Anne Davies, Michael Gunn, *Blackstone's Guide to the Sexual Offences Act 2003*, Oxford 2004, para.3.2.3参照。

上記の表の末尾には、加害者が前に強姦か重大な罪の有罪宣告を受けていた事案に対して、「自動的終身刑」（automatic life sentence）が起点として選択されるとしており、「二〇〇〇年刑事裁判所権限（量刑）法」第一〇九条が引用されている。

二〇〇〇年法第一〇九条は、「二回目の重大な罪に対する終身刑」について規定し、ある者が一九九七年九月三〇日後に犯した重大な罪により有罪宣告を受けた場合において、この者が犯行時に一八歳以上であって、連合王国のいずれの地域であるかを問わず、他の重大な罪により有罪宣告を受けていたときは、本条の規定を適用するとし、裁判所が終身刑を科さないことを正当とする、罪または加害者に関係する特別の状況が存在するとの見解に至らなかったときは、裁判所は、終身刑を科するものとし、終身刑について、加害者が重大な罪により有罪宣告を受けた時に二一歳以上であったときは、終身拘禁刑を科し、その時点に二一歳未満であったときは終身拘束刑を科するとした。そして、裁判官によって科せられたこれらの終身拘禁刑や終身拘束刑の罪は、量刑が法律に固定されている罪とはみなさないとした。

本条の適用上、イングランドとウェールズ地方において重大な罪とされる罪として、次のものが挙げられている。

・謀殺の未遂、謀殺の共謀、謀殺の勧誘
・謀殺の教唆（「一八六一年対人犯罪法」（法律第一〇〇号）（Offences Against the Person Act 1861）（c. 100）第四条に基づく罪）
・故殺
・意図的重大傷害、意図的重大身体傷害（「一八六一年対人犯罪法」第一八条に基づく罪）
・強姦または強姦未遂
・一三歳未満の女子との性交（「一九五六年性犯罪法」第五条に基づく罪）
・傷害を意図した火器の所持、逮捕に抵抗するための火器の使用、犯罪的意図をもってする火器の運搬（「一九六八年火器法」（法律第二七号）（Firearms Act 1968）（c. 27）第一六条、第一七条、第一八条に基づく罪）
・加害者が、犯行中のある時点に、同法の意味の枠内の火器または模造火器を所持した強盗

上記の記述と重複するが、「二〇〇〇年刑事裁判所権限（量刑）法」第一〇九条の条項を掲載しておく。

「二〇〇〇年刑事裁判所権限（量刑）法」第一〇九条　二回目の重大な罪に対する終身刑

(1)　次の各号の両者に該当したときは、本条の規定を適用する。
(a)　ある者が一九九七年九月三〇日後に犯した重大な罪により有罪宣告を受けたとき
(b)　この罪の犯行時に、この者が一八歳以上であって、連合王国のいずれの地域であるかを問わず、他の重大な罪により有罪宣告を受けていたとき
(2)　裁判所が終身刑を科さないことを正当とする、罪の一つに関係する特別の状況や、加害者に関係する特別の状況が存在しないという見解に至らなかったときは、裁判所は、次の各号に定める刑を科するものとする。
(a)　加害者が前条第一項a号に定める罪（訳者注：重大な罪）により有罪宣告を受けた時に二一歳以上であったときは、終身拘禁刑
(b)　加害者がその時点に二一歳未満であったときは、第九四条に基づく終身拘束刑（訳者注：第九四条は、特定の他の事案において、一八歳以上二一歳未満の加害者に終身拘束刑を科する権限について規定している）
(3)　裁判所が終身刑を科さないときは、裁判所がその見解であること、及び何が特別の状況であったかを、裁判所が公開の法廷で表明するものとする。
(4)　第二項に基づいて刑が科せられる罪（訳者注：第二項に基づいて終身拘禁刑・終身拘束刑が科せられる罪）は、その刑が法律に固定されている罪とみなされてはならない。
(5)　イングランドとウェールズで犯した罪が、次のいずれかであるときは、本条の適用上、重大な罪とする。
(a)　謀殺の未遂、謀殺の共謀、謀殺の勧誘
(b)　一八六一年対人犯罪法第四条に基づく罪（謀殺の教唆）
(c)　故殺
(d)　一八六一年対人犯罪法第一八条に基づく罪（意図的重大傷害、意図的重大身体傷害）
(e)　強姦又は強姦未遂
(f)　一九五六年性犯罪法第五条に基づく罪（一三歳未満の女子との性交）
(g)　一九六八年火器法第一六条、第一七条、第一八条に基づく罪（傷害を意図した火器の所持、逮捕に抵抗するための火器の使用、犯罪的意図をもってする火器の運搬）
(h)　加害者が、犯行中のある時点に、同法の意味の枠内の火器又は模造火器を所持した強盗

第五節　本書各章に掲げた論文のあらまし

本書の全体の概要を俯瞰することができるように、本書の第一章から第一〇章までに掲げた論文のあらましを掲載することとする。

（一）第一章「二〇〇三年性犯罪法」における「強姦」「膣又はアヌスへの挿入による暴行」「性的暴行」「同意を得ないで人に対し性的行為を行うように強制する罪」について

本章は、原題の「イギリスにおける相手方の同意のない性犯罪について」ＪＣＣＤ第一〇〇号（ＪＣＣＤ機関誌百号記念論文集）（二〇〇七（平成一九）年一月）（八四―九九頁）を表記の名称に改題して、これに加筆したものである。本章は、相手方の同意のない性犯罪の基本犯罪となる「二〇〇三年性犯罪法」中の「強姦」（第一条）、「膣又はアヌスへの挿入による暴行」（第二条）、「性的暴行」（第三条）、「同意を得ないで人に対し性的行為を強制する罪」（第四条）について検討したものである。二〇〇三年法は、この四性犯罪に続けて、「一三歳未満の児童を対象とする性犯罪」、「児童性犯罪」、「信用ある地位の濫用」の罪、「家庭内の児童性犯罪」「対精神障害者性犯罪」等の性犯罪を規定しているが、これらの性犯罪は、この四犯罪を基本としつつ、さらにこれを細分化し、また拡大化したものである。この四犯罪は、これらの各種性犯罪を理解するに当たっての基をなす基本形態となるものである。

本章は、「はじめに」において、強姦罪の発生件数、強姦の形態、「二〇〇三年性犯罪法」制定までの経緯を挙げ、『二〇〇〇年内務省報告書』中に示された、本章の四性犯罪に関する提言を紹介した。提言では、強姦の罪は、同意のないペニスの挿入として存続されるべきであること、口への挿入を含むように拡大するべきであること、この罪は、アヌス、口または生殖器への挿入と定義するべきであること、外科医学上再構成された男女の生殖器を規定中に定めるべきであること、強姦は、重大性に軽重のある罪に再分類するべきでないこと、挿入による性的暴行の罪を新設するべきであること等が提示されている。これらの提言は、『二〇〇二年白書』と併せて、「二〇〇三年性犯罪法」の制定に反映されている。

本章は、「強姦」「膣又はアヌスへの挿入による暴行」「性的暴行」「同意を得ないで人に対し性的行為を行うように強制する罪」の四罪について、『二〇〇二年白書』による提案を紹介し、この提案を踏まえて、上記四罪の成立要件と量刑を分別・整理し、同法の注解書と解説書を基にして解説した。

これらの作業を経て、本章で取り上げた性犯罪を検討し、末尾において、総括した。

(二)　第二章「二〇〇三年性犯罪法」における対児童性犯罪について―「一三歳未満の児童を対象とする強姦及びその他の罪」と「児童性犯罪」を中心にして―

本章は、法学新報第一一七巻第七・八号（藤本哲也先生古稀記念論文集）（平成二三年三月）（八九九―九二六頁）に掲載した、原題の「イギリス「二〇〇三年性犯罪法」における対児童性犯罪について―「一三歳未満の児童を対象とする強姦及びその他の罪」と「児童性犯罪」を中心にして―」に加筆したものである。本章は、「二〇〇三年性犯罪法」に定める「一三歳未満の児童を対象とする強姦及びその他の罪」（第五条―第八条）と、児童を主体とするか、または児童を客体（対象）とする「児童性犯罪」（第九条―第一五条）について検討したものである。本章で考察した罪は、相手方の同意のない性犯罪の基本類型として第一章で考察した「二〇〇三年性犯罪法」第一条から第四条までの罪の次に位置付けされ、性犯罪の基本類型を細分化し、拡大化し、緻密化した性犯罪類型中の一つに挙げられる。

本章は、初出論文に、『二〇〇〇年内務省報告書』による提言を追加した。同報告書の提言は、法律上の同意年齢を一六歳とすることを維持するべきであること、一三歳未満の児童は性的行為について有効に同意することができない、と表明するべきであること、成人（一八歳以上）による一六歳未満の児童を対象とする性的虐待の罪を設けるべきであること、被告人による、被害者の年齢に関する事実の誤認については、年齢を確認するための合理的なあらゆる措置を講じたことをもって抗弁とすることができること、避妊を含めて、性に関係する保健問題について児童に援助、助言、治療、支援を行う者は、罪を教唆・幇助するものとみなされるべきでないことを提言するものであった。

「一三歳未満の児童を対象とする強姦及びその他の罪」は、それぞれ、刑事責任年齢に達している者（一〇歳以上）による、一三歳未満の児童を対象とする「強姦」（第五条）、「膣又はアヌスへの挿入による暴行」（第六条）、「性的暴行」（第七条）、「性的行為を行うように強制又は勧誘する罪」（第八条）を定め、「児童性犯罪」は、一八歳以上の加害者による、一六歳未満の児童を対象とする「児童との性的行為」（第九条）、「児童に対し性的行為を行うように強制又は勧誘するする罪」（第一〇条）、「児童の面前で性的行為を行う罪」（第一一条）、「児童に対し性的行為を見つめるように強制する罪」（第一二条）、「児童性犯罪の犯行を準備又は促進する罪」（第一四条）、「児童と会って、性的グルーミング等を行う罪」（第一五条）を定めている。「児童性犯罪」中の前四条の罪（第九条から第一二条までの罪）が、一八歳未満の加害者によって行われることも規定している（第一三条）。

本章は、関係する罪について、旧法上の罪との関連を示し、これらの罪の条項に掲げる成立要件と量刑を分別・整理し、「二〇〇三年性犯罪法」の注解書と解説書を基にして、事例を挙げて解説した。これらの作業を踏まえて、本章で取り上げた性犯罪を検討し、総括した。

末尾において、表一「基本性犯罪（第一条―第四条）・一三歳未満の対児童性犯罪（第五条―第八条）一覧」、表二

「児童性犯罪（第九条—第一五条）一覧」、表三「対児童性犯罪の認知件数」を掲げた。

（三）第三章「二〇〇三年性犯罪法」における「信用ある地位の濫用」の罪について—児童接触業務への就業不適切者名簿の作成および「信用ある地位の濫用」の罪—

本章は、書き下ろし論文である。イギリスでは、一九九〇年代に入って、児童が、その児童をケアするべき立場にある者から性的虐待を受けるといった事態が発生し始めた。そのため、児童から信用されるべき地位にある者による、その信用を裏切るような性的行為に対する取組みと、児童に危害を加えるなどの行為により、児童と接触する業務に就くことが不適切と見られる人物の児童接触業務への就業を禁止するための方策も検討することが必要となった。前者は、児童に関して信用ある地位にある者による「信用ある地位の濫用」（Abuse of Position of Trust）からの性的行為対策であり、後者は、対児童危害者の児童対象業務への就業禁止対策である。本章は、これらの対策を考察したものである。

本章は、まず後者の対児童危害者の児童対象業務への就業禁止対策から検討し、「一九九九年児童保護法」第七条に定める三種の児童接触業務への就業不適切者名簿の作成について紹介した。同条は、これらの名簿の作成によって、児童に危害を加えるか、そのおそれのある違法行為により、児童と接触する業務に就くことが不適切な者や、学校や教育施設において、教師や被用者として児童に接触することが不適切な者の名簿の作成を義務付け、これをもって、名簿に掲載された者への業務や教育職の提供を規制して、児童へのケアを図るものである。同法には、名簿に記載された者による、名簿への記載に対する上訴や名簿記載の除去を求める手続措置を定めて、被記載者を保護する措置も講じられている。

前者の、信用ある地位にある者の「信用ある地位の濫用」による性的行為の対策について、本章は、『二〇〇〇年内務省報告書』が、「ケア関係の違反」という文言を用いて、患者と職員構成員間との性的関係、居住ケア中にある者と職員構成員間との性的関係等、四つのケア関係の地位にある両当事者間の性的関係を罰する「ケア関係の違反」の罪を設けるべき旨の提言と、両当事者間の性的関係がケア関係の前に存在していたとする抗弁を設ける旨の提言を提示したこと、「信用ある地位の濫用」の罪は、「二〇〇〇年性犯罪（改正）法」第三条から第五条までの規定で新設されたこと、同法の三か条の内容、その三か条が「二〇〇三年性犯罪法」の附則七により削除され、「二〇〇三年性犯罪法」第一六条から第一九条までの規定がこれにとって代わることとなったことを紹介した。

本章は、二〇〇三年法第一六条から第一九条までに定める四罪、即ち信用ある地位にある者による、「児童との性的行為」、「児童に対し性的行為を行うように強制又は勧誘する罪」、「児童の面前で性的行為を行う罪」、「児童に対し性的行為を見つめるように強制する罪」について、成立要件と量刑を分別・整理し、成立要件の各要素、「信用ある地位」が生ずる一一の状況、罪が不成立となる被告人の抗弁について、注解書と解説書を基にして、事例を加えて解説した。「信用ある地位の濫用」中の四行為は、前章で検討した「児童性犯罪」中の四行為と同一であるが、「児童性犯罪」の対象者が一六未満の者であるのに対し、「信用ある地位の濫用」の罪の対象者は一八歳未満の者であることが異なる。被告人の抗弁について、制定時は、被害者が行為の時点に一六歳以上であって、被告人と被害者が法律上婚姻していた場合と、信用ある地位が生ずる前に、両者間に性的関係があった場合を定めていたが、「二〇〇四年登録同性パートナーシップ法」（法律第三三号）附則二七第一七四条第二項により、行為の時点に両者が登録同性パートナーであった場合が追加された。

上記の紹介・解説の作業を経て、本章で取り上げた性犯罪を検討し、末尾において、総括した。

(四)　第四章　「二〇〇三年性犯罪法」における家庭内性犯罪について――「家庭内の児童性犯罪」と「親族関係にある成年者との性交」を中心にして――

本章は、「二〇〇三年性犯罪法」中の「家庭内の児童性犯罪」（第二五条―第二九条）と「親族関係にある成年者との性交」の罪（第六四条・第六五条）について考察した、書き下ろし論文である。

本章は、まず「家庭内の児童性犯罪」について、旧法には「男性・女性による近親相姦」（「一九五六年性犯罪法」第一〇条・第一一条）と「一六歳未満の女子に対し近親相姦に当たる性交を行うように勧誘する罪」（「一九七七年刑事法律法」第五四条）があったことを挙げ、二つの旧近親相姦の罪の成立要件と量刑、近親相姦罪を設けた根拠、「一九五六年性犯罪法」に定める近親相姦の罪の特徴を検討した。

次に、『二〇〇〇年内務省報告書』による家庭内性犯罪に関する提言を提示し、家庭内の性的虐待の罪は、家庭内の一八歳未満の児童をあらゆる形態の性的挿入から保護するべきであるとし、同報告書には、「家庭内の児童性犯罪」の成立要件とされる「家族関係」にある者として、①血縁関係と養子縁組関係にある者、②里親と継親、③世帯内において生活して、児童に対して信用や権限がある地位にある他人が列挙されている旨を紹介した。

「二〇〇三年性犯罪法」は、旧法で用いられた「近親相姦」の語を使用せず、「家庭内の児童性犯罪」の語を採用し、「家庭内の児童構成員との性的行為」（第二五条）と「家庭内の児童構成員に対し性的行為を行うように勧誘する罪」（第二六条）の二罪を定めている。本章は、この二罪について、成立要件と量刑を分別・整理し、注解書と解説書を基にして、事例を加えて解説した。

「二〇〇三年性犯罪法」中の両罪は、加害者が一八歳以上であったか、一八歳未満であったか、児童構成員との性的行為が単純接触であったか、加重接触であったか、また児童構成員に対して行う性的行為の勧誘が単純性的接触の勧誘であったか、加重性的接触の勧誘であったかによって、量刑が異なる。そして加害者と被害者の関係が家族関係に該当することが要求される。家族関係は、「一九五六年性犯罪法」の近親相姦に定める親族関係よりも広範囲で、三つのカテゴリーに分類される。被告人の抗弁について、現行法では、二つの抗弁が規定され、行為の時点に被害者が一六歳以上であって、被告人と被害者が合法的に婚姻していたか、登録同性パートナーであったこと、家族関係が生ずる前に、両者間に性的関係があったことを定めている。これらの成立要件、量刑、抗弁について、表を用いて解説した。

本章は、「家庭内の児童性犯罪」と関連して、「親族関係にある成年者との性交」についても考察した。「二〇〇三年性犯罪法」の立案者は、当事者の一方が未成年の時点に、年長の家族構成員から受けた近親相姦による抑圧が、本人が成年となった後にも影響を及ぼし、年長の家族構成員による家庭内での権限の濫用が続くおそれがあることを指摘し、「二〇〇三年性犯罪法」において、「親族関係にある成年者との性交：膣又はアヌスへの挿入」（第六四条）と「親族関係にある成年者との性交：膣又はアヌスへの挿入についての同意」（第六五条）の二罪を設けた。本章は、上記の二罪の成立要件と量刑を分別・整理し、解説書に基づいて解説した。

上記の紹介・解説を踏まえて、近親相姦に始まる新旧の家庭内性犯罪の全体を検討し、本章を総括した。

（五）　第五章　「二〇〇三年性犯罪法」における対精神障害者性犯罪について

本章は、ＪＣＣＤ第一〇四号（会長八木國之博士追悼記念論文集）（二〇〇九（平成二一）年六月）（二八―五三頁）に発表した、原題の「イギリス「二〇〇三年性犯罪法」における対精神障害者性犯罪について」に加筆したものである。

まず、初出論文中に、『二〇〇〇年内務省報告書』で提起した対精神障害者性犯罪に関する三つの提言を加筆した。三つの提言とは、性的問題に同意する能力の定義を制定法上に設けるべきであること、性的関係に同意する能力を有しない精神障害者との性的行為に関係する特別の罪を設けるべきであること、特定の脅迫や詐害による精神障害者との性交の取得の罪を設けるべきであることをいう。また『二〇〇二年白書』の中で、行為時における学習能力の欠如または精神障害により同意能力を喪失した者との性的行為、勧誘・脅迫・詐害による学習能力欠如者または精神障害者との性的行為、ケア関係の違反が提示された。これらの文書による提言や要望を受ける形で、「二〇〇三年性犯罪法」に、「選択能力に支障がある精神障害者に対する罪」（第三〇条―第三三条）、「精神障害者に対する勧誘等」（第三四条―第三七条）、「精神障害者のためのケア・ワーカー」（第三八条―第四四条）の規定が置かれた。

本章は、「二〇〇三年性犯罪法」に定める対精神障害者性犯罪を論ずるに先立って、「一九五六年性犯罪法」第七条に定める「心身障害の女性との性交」、同法第九条に定める「心身障害の女性に対する不法な性交の勧誘」、「一九五九年精神保健法」第一二八条に定める「ケア・ホームの職員等による、精神障害の女性患者との性交」の罪について、条項を示し、解説書に基づいて解説した。

本章は、「二〇〇三年性犯罪法」に定める対精神障害者性犯罪について、「選択能力に支障がある精神障害者を対象とする性犯罪」を対精神障害者性犯罪の基本類型となる第一類型と位置づけ、「勧誘・脅迫・詐害による、精神障害者を対象とする性犯罪」を第二類型、「ケア・ワーカーによる、精神障害者を対象とする性犯罪」を第三類型と呼称して、三類型中の各四種の性犯罪、即ち「精神障害者との性的行為」・「精神障害者に対し性的行為を行うように強制または勧誘する罪」（「勧誘・脅迫・詐害による、精神障害者を対象とする性犯罪」では「精神障害者に対し性的行為を行うように、また性的行為を行うことに同意するように強制する罪」）・「精神障害者の面前で性的行為を行う罪」・「精神障害者に対し性的行為を見つめるように強制する罪・人が性的行為を行っている画像を閲覧するように強制する罪」の各条項を、成立要件と量刑ごとに分別・整理し、「二〇〇三年性犯罪法」の注解書と解説書を基にして、各条に定める一六の性犯罪を表にまとめて解説した。第三類型の性犯罪は、加害者が被害者のケアにかかわっていたことが要件とされ、三種のケア関係が規定されている。さらに、ケア・ワーカーが対精神障害者性犯罪の成立を免れる抗弁として、行為の時点に被害者が一六歳以上であって、被告人と被害者が合法的に婚姻していた場合か、登録同性パートナーであった場合と、ケア関係が生ずる前に、両者間に性的関係があった場合を定めている。

上記の紹介・解説を踏まえて、対精神障害者性犯罪の全体を検討し、本章を総括した。

末尾において、表一「対精神障害者性犯罪一覧（二〇〇三年性犯罪法）」、表二「対心身障害者・精神障害者性犯罪（一九五六性犯罪法・二〇〇三年性犯罪法）」、表三「ケア関係一覧（二〇〇三年性犯罪法）」を掲げた。

（六）　第六章　「二〇〇三年性犯罪法」における児童を対象とする品位を欠く写真の撮影等について―「一九七八年児童保護法」と「一九八八年刑事司法法」関係条項の改正―

本章は、「二〇〇三年性犯罪法」において、「児童を対象とする品位を欠く写真」の見出しのもとに規定している、第四五条「一六歳又は一七歳の者を対象とする品位を欠く写真」と第四六条「刑事手続、調査等」の二か条について考察した書き下ろし論文である。

「児童を対象とする品位を欠く写真」や擬似写真の撮影、その撮影を受けさせる行為、その配布、提示、配布・提示目的の所持、単純所持、即ち所持する正当な理由を有しない所持等々の一連の行為に関係する罪を知るには、二〇〇三年法の第四五条と第四六条によって関係法律に加えられた事項を、その関係法律中に織り込んで理解することから始めなければならない。

「児童を対象とする品位を欠く写真」について定めている関係法律・関係条項は、「一九七八年児童保護法」（法律第三七号）（Protection of Children Act 1978）（c.37）と「一九八八年刑事司法法」（法律第三三号）（Criminal Justice Act 1988）（c. 33）第一六〇条・第一六〇条A・第一六一条である。二〇〇三年法第四五条第二項は、「一九七八年児童保護法」第二条「証拠」の第三項中と第七条「解釈」の第六項中に定める「児童」の年齢を「一六歳」から「一八歳」へと読み替え、二〇〇三年法第四五条第三項で、一九七八年法第一条の後に第一条A「婚姻及びその他の関係」を加え、さらにその第四項で、「一九八八年刑事司法法」に第一六〇条A「婚姻及びその他の関係」を加えた。そして二〇〇三年法第四六条第一項は、同法第四五条第三項によって一九七八年法に加えた第一条Aの後に、さらに第一条B「刑事手続についての例外、調査等」を加えた。

本章は、「二〇〇三年性犯罪法」第四五条と第四六条による改正条項を織り込んだ「一九七八年児童保護法」と「一九八八年刑事司法法」を把握するために、改正条項を含む「一九七八年児童保護法」の関係条項を訳出し、また「一九八八年刑事司法法」の第一六〇条・第一六〇条A・第一六一条を併置して、両法律に定める「児童を対象とする品位を欠く写真」に関する罪について検討した。

まず、「一九七八年児童保護法」の改正による「児童を対象とする品位を欠く写真」について考察した。「一九七八年児童保護法」は、「児童を対象とする品位を欠く写真」にかかわる次の四形態の行為を設定している。

① 児童を対象とする品位を欠く写真または擬似写真を撮影し、その撮影を受けさせ、またはそれを作成する行為
② 児童を対象とする品位を欠く写真または擬似写真を配布し、または提示する行為
③ 自己または他人が配布する目的または提示する目的で、自己が品位を欠く写真または擬似写真を所持する行為
④ 広告主が品位を欠く写真または擬似写真を配布するために、もしくは提示するために、またはそれを行おうとするために、運搬するものと理解されるような広告を公表し、またはその広告の公表を受けせる行為

これらの行為が罪とされない被告人の抗弁と量刑を分別・整理した。①に定める行為については、二〇〇三年法第四六条第一項によって追加された第一条B「刑事手続についての例外、調査等」により、被告人が刑事手続中で特定の事項を立証することをもって、罪とされないこととした。

次に、「一九八八年刑事司法法」の改正による児童を対象とする品位を欠く写真の所持について考察した。「一九

八八年刑事司法法」第一六〇条は、児童を対象とする品位を欠く写真または擬似写真を所持することをもって罪とし、この罪が不成立とされる被告人の抗弁と量刑を規定し、二〇〇三年法第四五条第四項によって追加された第一六〇条Aにより、被告人が刑事手続中、特定の事項を立証することをもって、罪とされないこととした。

本章は、児童を対象とする品位を欠く写真や擬似写真にかかわる行為について、「一九七八年児童保護法」と「一九八八年刑事司法法」の規定を考察し、また行為態様およびこれにかかわる被告人の抗弁と検察官の立証について検討し、関係する事項を整理するために、児童を対象とする品位を欠く写真の一覧を表示した。

末尾において、本章を総括した。

（七）　第七章　「二〇〇三年性犯罪法」における売春および人身売買の罪について——「二〇〇三年性犯罪法」と関係法律・関係提言との対比——

本章は、「二〇〇三年性犯罪法」（法律第四二号）（Sexual Offences Act 2003）（c. 42）に定める売春（第四七条—第五六条）および人身売買（第五七条—第六〇条C）の罪について考察した、書き下ろし論文である。売春に関する罪として扱う領域は、二〇〇三年法中の「児童及びポルノグラフィーによる児童虐待」「売春の搾取」「売春に関係する改正」に関係する箇所である。「児童及びポルノグラフィーによる児童虐待」は「児童売春」と「児童ポルノグラフィー」という異なる二つの課題対象を児童の搾取として一緒に取り扱い、「売春の搾取」は成人売春を対象とする。「売春に関係する改正」は、「一九五六年性犯罪法」への第三三条A「売春のために使用する売春施設の維持に対する刑」の追加と性別が特定している売春の罪の拡大適用について定めている。

本章では、最初に、児童売春、成人売春、人身売買について、「二〇〇三年性犯罪法」に先立って制定されていた性犯罪法律中の売春・人身売買関係法規を紹介した。対象となる法律は、「一九五六年性犯罪法」（法律第六九号）

(Sexual Offences Act 1956)（c. 69）と「一九五九年街頭犯罪法」（法律第五七号）(Street Offences Act 1959)（c. 57）である。「一九五六年性犯罪法」中の売春に関係する規定は、「売春、勧誘等」（第二二条―第三一条）、「公道売春勧誘」（第三二条）、「売春施設の規制」（第三三条―第三六条）である。本章は、同法中に定める性犯罪の規定をすべて紹介したが、現在効力を有している罪は、「売春施設の規制」の見出しのもとにある罪のみである。「一九五九年街頭犯罪法」中に定める性犯罪は、「公娼による公道売春勧誘」の罪（第一条）である。まず、これらの売春関係の罪の処罰態様を概観した。

本章は、『二〇〇〇年内務省報告書』による売春と人身売買に関する提言を紹介した。同報告書は、「一九五六年性犯罪法」第三二条「男性による公道売春勧誘」は廃止されるべきであること、売春目的のための男性による公道売春勧誘は、女性による公道売春勧誘と同一の基礎の上に立って、「一九五九年街頭犯罪法」第一条「公娼による公道売春勧誘」に基づいてその規制が考慮されるべきであること、特別の人身売買罪を設けるべきであり、その罪には、海外にまで資産を追求する権限を結びつけるべきであること等の提言を提示した。

次に、人身売買の罪を紹介した。対象となる法律は「二〇〇二年国籍、亡命及び移民法」（法律第四一号）(Nationality, Immigration and Asylum Act 2002)（c. 41）である。同法は、第一四五条において「連合王国内外における通行人による売春の管理」の罪を規定した。本章では、同法の人身売買条項を訳出し、これを要約した。

上記に掲げた各事項の考察を踏まえて、本書の課題の中心となる「二〇〇三年性犯罪法」における売春および人身売買の罪を論述した。売春に関する罪については、新設された罪を含む、同法中に規定する売春の罪の成立要件と量刑を分別・整理し、注解書、解説書を基にして解説・検討した。さらに「二〇〇三年性犯罪法」の関係性犯罪条項の改正や、同法への第二章A「閉鎖命令」の追加によって規定された、売春やポルノグラフィーの罪に関係する行為のために使用された敷地の閉鎖通知・閉鎖命令等についても説明を加えた。人身売買に関する罪については、制定後に改正・追加された現行法の成立要件と量刑を分別・整理し、これを解説した。

最後に、上記の考察・論述を踏まえて、売春および人身売買の罪の全体について検討し、末尾において、本章を総括した。

（八）　第八章　「二〇〇三年性犯罪法」における「予備的犯罪」および「その他の罪」について

本章は、「二〇〇三年性犯罪法」第一章中の、本書各章では未検討となっている性犯罪を課題テーマとすることとして、同法第一章中の見出しに挙げられている「予備的犯罪」（preparatory offences）と「その他の罪」（other offence）を考察した、書き下ろし論文である。「予備的犯罪」とは、目指すべき目標となっている性犯罪を行うための準備として行われる性犯罪をいい、「その他の罪」とは、本法の先順位に挙げられている主要な性犯罪には組み込まれていない、その他の性犯罪をいう。

「予備的犯罪」については、「性的行為を行う目的の薬物投与」（第六一条）、「性犯罪を行う目的で罪を犯す行為」（第六二条）、「性犯罪を行う目的の敷地侵害」（第六三条）の三罪が挙げられている。「性的行為を行う目的の薬物の投与」に類似する旧法の規定に「一九五六年性犯罪法」第四条「女性に対する、不法な性交を得る目的又は不法な性交を促進する目的のための薬物投与」の罪があること、「性犯罪を行う目的で罪を犯す行為」は新設の罪であること、「性犯罪を行う目的の敷地侵害」は「一九六八年盗罪法」第九条第一項a号に基づく、「女性を強姦する目的の不法侵入」の罪を読み替えた罪であることを示し、これら三罪の成立要件と量刑を分別・整理し、注解書と解説書を基にして、事例を加えて解説した。さらに、「予備的犯罪」について、『二〇〇〇年内務省報告書』による提言を紹介した。提言として、被害者が性的な挿入を受けるように、被害者を麻痺させる目的で薬物（等）を投与する罪が存続されるべきであること、強姦または挿入による性的暴行を行う目的の暴行の罪を設けるべきであること、重大な性犯罪を行う目的の誘拐の罪を設けるべきであること等が提示されている。本章は、新旧の「予備的犯罪」と『二〇〇〇年内務省報告書』による提言の比較・対置を行った。

「その他の罪」については、「性器の露出」（第六六条）、「のぞき行為」（第六七条・第六八条）、「獣姦」（第六九条）、「屍姦」（第七〇条）、「公衆トイレでの性的行為」（第七一条）の五罪が挙げられている。本章は、これらの五罪について、「予備的犯罪」におけると同様に、成立要件と量刑を分別・整理し、注解書と解説書を基にして、事例を加えて解説した。これらの罪に類似する旧法の規定を示し、『二〇〇〇年内務省報告書』による提言を紹介して、各罪ごとに比較・対置を行った。「性器の露出」に関して、「一八二四年放浪法」第四条は、女性を侮辱する目的の、街頭や道路上におけるわいせつな身体の露出を罪とし、「一八四七年都市警備条項法」第二八条は、街頭における、故意の、かつ品位を欠く方法による自己の身体の露出を罪としていた。『二〇〇〇年内務省報告書』の提言五四は、品位を欠く性器の露出の罪をもって、男性による、女性に恐怖、驚きまたは苦痛を生じさせるペニスの露出に適用されるべき旨を提言した。これに対し「二〇〇三年性犯罪法」に定める「性器の露出」（第六六条）は、男女を問わず、驚きまたは苦痛を生じさせる目的の性器の露出を罪としている。

本章は、「予備的犯罪」と「その他の罪」の検討の中で、それぞれの罪ごとに、旧法・提言・新法について、要件・提言内容、量刑を表にして整理した。

上記の考察を踏まえて、末尾において、本章を総括した。

(九)　第九章　性犯罪前歴者に対する性犯罪の再犯防止に向けた取組み──我が国の新旧通達による性犯罪前歴者確認措置とイギリス「二〇〇三年性犯罪法」による性犯罪前歴者届出要求──

本章は、八洲学園大学紀要第六号に掲載した、原題の「性犯罪前歴者に対する性犯罪の再犯防止に向けた取組み

—我が国とイギリスの対応—」（二〇一〇（平成二二）年三月）（五一—六一頁）を表記の名称に改題して、旧稿で使用した旧通達に、新たに発令された新通達を加えて、旧稿に加筆したものである。

我が国において、二〇〇四年（平成一六年）一一月に、元新聞販売員による女児誘拐殺害事件が発生した。この事件を契機にして、警察庁と法務省との間で、性犯罪前歴者に関する情報の共有について協議が重ねられ、情報を共有し、連携を図る仕組みが構築された。これを受けて、警察庁は、二〇〇五年五月に「子ども対策・暴力的性犯罪の出所者による再犯防止に向けた措置の実施について」と題する通達（「旧通達」と呼称する）を発令した。「旧通達」の実施から五年後に、措置の運用についての見直しが行われ、二〇一一年（平成二三年）一月に、「子ども対策・暴力的性犯罪の出所者による再犯防止に向けた措置の実施について」と題する同名の通達（「新通達」と呼称する）を発令した。

我が国では、通達をもって、警察行政機関が、関係する性犯罪前歴者の所在を確認するという方途を採用しているのに対し、イギリスでは、「二〇〇三年性犯罪法」により、性犯罪前歴者に対し、警察に氏名、住所等の届出を行うことを要求する方法が採用されている。

本章は、我が国の新旧の通達による「子ども対象、暴力的性犯罪の出所者による再犯防止に向けた措置」を紹介し、これと対比して、イギリス「二〇〇三年性犯罪法」に定める、性犯罪前歴者に対する届出要求の措置を紹介するものである。

旧通達について、通達発令の経緯、通達の目的、被害者、対象となる暴力的性犯罪、再犯防止措置対象者、措置実施の仕組み等をまとめ、旧通達による再犯防止に向けた措置に対する評価と提言について検討した。また新通達について、新通達を発令することになった経緯と新通達の趣旨をまとめた。新通達は、旧通達における、対象者の様子を外部から見守るという確認方法を改めて、本人の同意を条件にして、定期的に警察官が自宅訪問や面談を行うという新たな取組みが決定された。

次に、イギリス「二〇〇三年性犯罪法」に定める性犯罪前歴者への届出要求措置について、届出要求の立法の経緯を述べ、同法に定める届出要求の関係事項を、届出要求に服する者、届出続行期間、最初の届出、届出事項の変更、定期の届出、連合王国外への旅行の届出、届出要求に違反する罪その他に分別・整理した。届出要求の対象となる性犯罪の種類については、「二〇〇三年性犯罪法」中の性犯罪に絞って、加害者の年齢・性犯罪の量刑の条件を付して、一覧にまとめた。

我が国の性犯罪前歴者確認措置とイギリス「二〇〇三年性犯罪法」による届出要求についての対比を踏まえて、両国における性犯罪の再犯防止に向けた取組みを検討し、末尾において、本章を総括した。

(一〇)第一〇章　イギリスにおける性犯罪者の再犯防止措置―「二〇〇三年性犯罪法」に定める対性犯罪前歴者裁判所命令と刑務所・地域社会における性犯罪者処遇プログラム―

本章は、『刑事法学の新展開』(八木國之博士追悼論文集)(酒井書店、二〇〇九年)所収の、原題の「イギリスにおける性犯罪者の再犯予防措置」(二五五―二七三頁)を表記の名称に改題し、これに加筆して掲載したものである。

前章において、我が国における新旧の通達「子ども対象・暴力的性犯罪の出所者による再犯防止に向けた措置の実施について」の採用する性犯罪者の所在確認措置と、イギリス「二〇〇三年性犯罪法」に定める性犯罪前歴者に対する届出要求の措置を対置して、両者を比較・検討した。本章は、前章の届出要求措置に関連して、性犯罪前歴者の再犯防止措置として「二〇〇三年性犯罪法」で採用されている「裁判所命令」の発令について検討した。

また、我が国において、ワーキング・グループによって、「性犯罪者処遇プログラム」の運用の具体的な作業が進められてきたことに関連して、入手することができた資料を基にして、イギリスにおける刑務所と地域社会における性犯罪者の処遇について紹介した。

裁判所命令には四種あり、いずれも、マジストレート裁判所（治安判事裁判所）が下す命令である。「二〇〇三年性犯罪法」は、連合王国内外で附則三中に列挙した性犯罪を行った者について、警察局長の申立てにより、所定の条件を具備している者に対し、届出命令を下さなければならないこととした。また、附則三中に列挙した性犯罪や附則五中に列挙した暴力犯罪を行った者に対し、公衆保護のために性犯罪防止命令を下すことができることとした。そして、附則三中に列挙した性犯罪を行った者に対し、外国旅行禁止命令を下すことができることとし、二回以上児童を対象とする性的行為を行った者に対し、児童保護のために性的危害禁止命令を下すことができることとした。本章は、これらの各命令について考察した。

また本章は、刑務所における性犯罪者の処遇について、性犯罪者の処遇の経緯、性犯罪者処遇プログラムの適用、認知行動グループ療法、処遇チームの職員・指導監督、性犯罪者処遇プログラムの各要素について分説した。

さらに本章は、地域社会における性犯罪者の処遇について、イギリスでは、一九九六年にプログラムの認可制が導入され、保護局が二〇〇二年までに三つの性犯罪者処遇プログラムを認可したことを挙げ、これらの三つの性犯罪者処遇プログラムの適用資格とプログラムの概要を分説した。

上記事項の考察と分説を踏まえて、性犯罪者の再犯防止措置について検討し、末尾において、本章を総括した。

第一章　「二〇〇三年性犯罪法」における「強姦」「膣又はアヌスへの挿入による暴行」「性的暴行」「同意を得ないで人に対し性的行為を行うように強制する罪」について

はじめに

イギリス「二〇〇三年性犯罪法」（法律第四二号）（Sexual Offences Act 2003）（c. 42）（「二〇〇三年法」と略称する）の冒頭に、「強姦」「膣又はアヌスへの挿入による暴行」「性的暴行」「同意を得ないで人に対し性的行為を行うように強制する罪」の四か条を定めている。これらの罪は、相手方の同意のない性的行為の典型であり、その筆頭に挙げられた犯罪が強姦罪である。イギリスでは、強姦罪の有罪宣告率が極めて低いということに、公衆が高い関心を寄せている。イギリス内務省が示した数字によれば、一九九九年に発生した強姦事件は六万一〇〇〇件であるが、警察への報告件数は、七分の一の九〇〇八件に過ぎず、うち有罪宣告は一三件に一件の割合である。有罪宣告率は、一九八五年の二五パーセントから二〇〇〇年の七パーセントへと下降している。

強姦の形態では、夫婦強姦、知人強姦、非知人強姦、男性強姦、輪姦、デート強姦、児童強姦等、多様な形態が知られているが、デート強姦や知人強姦のような形態では、訴追に持ち込んで有罪宣告を確保することが困難であることが指摘されている。また、被害者や第三者に対する脅迫や暴力の行使、薬物・アルコールの使用、性的無知の利用、詐害を弄するなどの方法により、見せかけの同意を得て強姦が行われることも知られている。強姦を一つの型で括るというこれまでのアプローチでは把握することができなくなってきているのが現状である。(1)

強姦罪は、制定法上、「一八六一年対人犯罪法」（法律第一〇〇号）（Offences Against the Person Act 1861）（c. 100）に初めて登場し、「男性が女性を強姦することをもって重罪とする」と定められた。そこでは、強姦の構成要素を確定し、脅迫、恐怖、詐害による被害者の見せかけの同意を無効とする要素を解明することが裁判官の役割とされた。「一九五六年性犯罪法」（法律第六九号）（Sexual Offences Act 1956）（c. 69）（「一九五六年法」と略称する）第一条は、制定当初、「強姦」の見出しのもとに、第一項で、「男性が女性を強姦することをもって重罪とする」とし、第二項で、「男性が既婚女性に対しその夫を装って自己と性交するように勧誘したときは、強姦したものとする」と定めていた。「一九七六年性犯罪（改正）法」（法律第八二号）（Sexual Offences (Amendment) Act 1976）（c. 82）第一条第一項は、一九五六年法第一条にいう「強姦」の意味について、男性が、性交の時点に、「不法な性交」（unlawful sexual intercourse）に同意していない女性と性交した場合において、男性が、性交の時点に、その女性が同意していないことを知っていたか、女性が性交に同意しているか否かに関して、男性が「顧慮しなかった」（reckless）ときは、(2)男性は、強姦したものとすると定めていた。「強姦」をもって「不法な性交」に同意していない女性と性交することと定義したことにより、「不法な性交」が「婚姻外の性交」を意味するという解釈の余地を残していたとされている。(3)一九七六年法第一条第一項は、「一九九四年刑事司法及び公共の秩序法」（法律第三三号）（Criminal Justice and Public Order Act 1994）（c. 33）附則一一によって削除された。「不法な性交」が「婚姻外の性交」を指すものと解釈することができれば、強姦をもって同意のない「不法な性交」とする規定が削除されたことにより、配偶者間においても強姦罪が成立する余地が残される。そして一九九四年法第一四二条により、一九五六年法第一条が「女性又は男性に対する強姦」の見出しに改められ、次のような規定に変更された。

(1) 男性が女性又は他の男性を強姦することをもって罪とする。

(2) 次の各号の両者に該当したときは、性交したものとする。

(a) 男性が（膣であるとアナルであるとを問わず）性交の時点に、同意を得ていない者と性交したとき

(b) 性交の時点に、この者が性交に同意していないことを男性が知っていたか、この者が性交に同意しているか否かに関して、男性が顧慮しなかったとき

(3) 男性が既婚女性に対し、その夫を装って自己と性交するように勧誘したときも、男性は、強姦したものとする。

(4) 第二項の規定は、すべての制定法のために適用する。

ここでは、強姦罪のみを取り上げたが、性犯罪が、一九五六年法の成立から半世紀の間、統一性を欠いたままの多数の制定法によって規制されてきたとして、包括的に整備した法律をもって性犯罪被害者を保護しようとする要請が提示された。この要請は、二〇〇二年一一月に、内務大臣から議会に宛てて『公衆の保護―性犯罪者に対応する保護の強化と性犯罪に関する法律の改革―』（『二〇〇二年白書』と呼称する）(4)と題する報告書の提出によって行われた。この中で、従前の性犯罪に関する法律が、旧態依然で、一貫性がなく、差別的な扱いも行われていることが指摘され、性犯罪者に関する法律の一層の強化と、公衆に対しより大きな確信と保護を与えるための性犯罪法律の改革が提案された。

一九五六年法は、当時における性犯罪の中核立法として位置付けられ、この法律を含む関係性犯罪立法によって、性犯罪が規制されてきた。しかし制定後五〇年が経過する中で、これらの法律が社会情勢の変化に対応していないこと、断片的な改革では今日の社会的需要を満たすことができず、包括的な法改革が再検討されるべきであること、性犯罪における性的行為については、被害者の同意が重要な要素となっており、本人が誘拐された場合や権力に従属していた場合等の特定の状況のもとで性的行為が行われた場合には、被害者が同意していないものとするべきで

あること等の要望が示された。

これを受けて、二〇〇三年一月二八日に性犯罪法案がイギリス議会の上院に上程され、同年一一月二日に裁可を得て、「二〇〇三年性犯罪法」が成立した。

本法は、第一章「性犯罪」中の「強姦」の見出しのもとに、第一条「強姦」を置き、「暴行」の見出しのもとに、第二条「膣又はアヌスへの挿入による暴行」と第三条「性的暴行」を定め、「同意を得ないで性的行為を強制する罪」の見出しのもとに、第四条「同意を得ないで人に対し性的行為を行うように強制する罪」を規定して、相手方の同意のない性的行為の典型を「二〇〇三年性犯罪法」の冒頭部分に配置した。なお、一九五六年法第一条「強姦」は、二〇〇三年法附則六第一一条と同附則七により削除された。

矯正施設や地域社会における性犯罪者の処遇をめぐる議論が各国で展開されている現在、本章では、規制の面から性犯罪をとらえることとして、イギリス二〇〇三年法を素材にして右の四犯罪を選択した。これらの罪について個別にその成立のための要素を検討し、考察することとする。文中に掲載した性犯罪事案は、専ら参考資料中に引用されたものである(5)。

ちなみに、イギリスにおける、二〇〇九年四月—二〇一〇年三月会計年度と二〇一〇年四月—二〇一一年三月会計年度の「女性に対する強姦」と「男性に対する強姦」の認知件数は、次のとおりである（本書の序章「イギリス「二〇〇三年性犯罪法」について」の第一節中の表一「イギリス性犯罪認知件数」〔三頁〕参照）。

強姦の認知件数

強　姦	二〇〇九／一〇	二〇一〇／一一
女性に対する強姦	一三九一一	一四六二四
男性に対する強姦	一一七三	一三一〇

（1） Kim Stevenson, Anne Davies, Michael Gunn, *Blackstone's Guide to the Sexual Offences Act 2003*, Oxford 2004, para. 3. 1.

（2） reckless について、「無謀な」「無思慮な」「(行為の結果に) まったく無頓着な」「きわめて軽率な」などの訳語が充てられている。本書では「顧慮しなかった」とした。recklessness について、「故意にはいたらないが、通常の過失よりも非難性は大きく、わが国の未必の故意および認識ある過失を独立のカテゴリとしたものにあたる．その情況のもとで、他人の生命、身体の安全等に危険な結果を生じることをまったく配慮しないで行為をすることをいう．」と説明されている（田中英夫『英米法辞典』（東京大学出版会、一九九一年）七〇二頁。「二〇〇三年性犯罪法」中で、reckless が要件とされている罪について、「性犯罪を行う目的の敷地侵害」（第六三条）・「獣姦」（第六九条）・「屍姦」（第七〇条）（本書第八章「二〇〇三年性犯罪」における「予備的犯罪」および「その他の罪」について」中の第一節一(二)(3)〔三二五頁〕・第三節一(二)(3)〔三四一頁〕・同節一(二)(4)〔三四二頁〕参照)。

（3）「いわゆる性犯罪の配偶者規定に関する主要国の法制度の概要等」（性犯罪の罰則に関する検討会第四回会議（平成二六年一二月二四日）配布資料二二）一頁。

（4） *Protecting the Public, Strengthening protection against sex offenders and reforming the law on sexual offences, Presented to Parliament by the Secretary of the Home Department by Command Her Majesty November 2002*. Cm. 5668.

（5） 本稿の作成に当たっては、右の注に掲げた資料のほか、次の資料を参考にした。

・*Setting the Boundaries-Reforming the Law on Sex Offences*, Published by Home Office Communication Directrate July 2000.
・Sexual Offences Act 2003（c. 42).
・Sexual Offences Act 2003 *Explanatory Notes*.
・横山　潔『イギリスの少年刑事司法』（成文堂、二〇〇六年）。
・横山　潔「性犯罪者と性犯罪に対するイギリス政府の公衆保護強化の取組（その二）—同意に関する法律の明確化と同意のない罪—」青少年問題第五一巻第五号（平成一六年五月）。
・横山　潔「イギリス「二〇〇三年性犯罪法」の成立—旧性犯罪法律の包括的整備—」（共同研究）比較法雑誌第三八巻第二号（第一三〇号）（平成一六年九月）。
・横山　潔「イギリス「二〇〇三年性犯罪法」（法律第四二号）（一）-（三・完）」（共同研究）比較法雑誌第三八巻第二号-第四号（第一三〇号-第一三二号）（平成一六年九月-平成一七年三月）（「二〇〇三年性犯罪法」（法律第四二号）の改正を含む邦訳については、横山　潔『イギリス二〇〇三年性犯罪法』（成文堂、二〇一七年）参照）。
・川本哲郎「イギリスにおける性刑法の改革」（大阪弁護士会人権擁護委員会性暴力被害検討プロジェクトチーム『性暴力と刑事

司法』（二〇一四年、信山社）第一二章）。
・仲道祐樹「イギリスにおける性犯罪規定」刑事法ジャーナル第四五巻（二〇一五年）一三―四〇頁。

第一節　『二〇〇〇年内務省報告書』による四基本性犯罪に関する提言

（一）本章は、「二〇〇三年性犯罪法」第一条から第四条までに定める「強姦」「膣又はアヌスへの挿入による暴行」「性的暴行」「同意を得ないで人に対し性的行為を行うように強制する罪」について検討するが、同法の制定に先立って、イギリス内務省は、二〇〇〇年七月に、性犯罪に関する法律の改革に向けた協議文書（『二〇〇〇年内務省報告書』と呼称する）を公表した。(1) この文書は、九つの章と二つの附属文書で構成され、性犯罪に関する当時の現行法を考慮して、児童と社会的弱者を虐待と搾取から保護し、虐待者に対する適切な処罰を可能にするために立ち上げた検討会によって作成された報告書である。この報告書の中で、六二の提言が提示されている。本章で検討する「二〇〇三年法」中の四つの基本性犯罪とこれらの罪に関連する条項を理解するために、同報告書の第二章「強姦および性的暴行」中に示された提言の中から、本章に関係する、次の一五の提言を紹介することとする（数字は提言の順序を示している）。

> 提言一　「強姦」（rape）の罪は、同意のないペニスの挿入として存続されるべきであり、口への挿入を含むように拡大されるべきである。

この罪は、アヌス、口または生殖器への挿入と定義されるべきであり、疑問を回避するために、外科医学上再構成された男女の生殖器が、法律中の定義の中に規定されるべきである。(para. 2. 8. 5)

提言二　「強姦」(rape) は、重大性に軽重のある罪に再分割されるべきではない。(para. 2. 8. 8)

提言三　同意のない他のすべての挿入のために使用される、新設の、「挿入による性的暴行の罪」(sexual assault by penetration) を置くべきである。

この罪は、アヌスまたは生殖器への挿入と定義されるべきであり、疑問を回避するために、外科医学上再構成された生殖器が、定義の中に規定されるべきである。

挿入方法が明白でない状況にあっては、挿入による性的暴行の罪が適用される。(para. 2. 9. 2)

提言四　「同意」(consent) は、「自由な合意」(free agreement) として法律中に定義されるべきである。(para. 2. 10. 5)

提言五　法律中に、同意が存在しない「非包括的な状況のリスト」(a non-exhaustive list of circumstances) を定めるべきである。(para 2. 10. 6)

提言六　人について、法律中に、次に定める場合のような、「同意が存在しない事例」(examples of where consents is not present) の非包括的な状況のリストを定めるべきである。

・強制力の故に、または強制力のおそれの故に、人が服従するか、または抵抗することができない場合
・脅迫の故に、またはある類型の重大な危害のおそれもしくは重大な損傷のおそれの故に、脅迫やおそれに、または他人に服従する場合
・人が睡眠中であったか、無意識であったか、またはアルコールもしくは薬物の影響を受けていたかによって自由な合意を与えることができなかった場合
・行為の目的に関して、理解力を欠いていたが故か、詐害を受けていたが故かを問わず、人がその行為の目的を理解していなかった場合

・人の同一性に関して、または行為の性質に関して、人が誤認していたか、または詐害を受けていた場合
・誘拐されていたか、または不法に収容されていたが故に、人が服従するか、または抵抗することができない場合
・第三者が本人に代わって合意を与えた場合（para. 2. 10. 9）

提言八　「強姦・挿入による性的暴行」（rape/sexual assault by penetration）は、「故意にまたは顧慮しないで」（intentionally or recklessly）犯すことができる罪であり、性犯罪における「顧慮しない」の定義の中には、同意に関して思考を欠くことが含まれるべきであって、これは、「同意について注意を欠くことはあり得ない」と言うことができる。（para. 2. 12. 6）

提言九　自招酩酊があったか、同意に関して顧慮しなかったか、または被告人が、その時点において自由な合意を確認する状況において、合理的なあらゆる措置を講じなかったときは、「自由な合意における真摯な確信」（honest belief in free agreement）があったとの抗弁は、用いるべきでない。（para. 2. 13. 14）

提言一〇　被害者の同意なくして行われる（通常の傍観者であれば性的と思料する行為と定義される）性的接触を含む、新設の「性的暴行」（sexual assault）の罪を設けるべきである。（para. 2. 14. 4）

提言一一　新設の、「強姦または挿入による性的暴行を行う目的の暴行」（assault to commit rape or sexual assault by penetration）の罪を設けるべきである。（para. 2. 15. 3）

提言一二　強姦目的の不法侵入は、新設の、「重大な性犯罪を行う目的の敷地侵害」（trespass with intent to commit a serious sex offence）の性犯罪をもって、読み替えるべきである。（para. 2. 16. 3）

提言一三　新設の、「重大な性犯罪を行う目的の誘拐」（abduction with intent to commit a serious sex offence）の罪を設けるべきである。（para. 2. 15. 3）

提言一四　世界のいずれの地域であるかを問わず、「脅迫または詐害によって性的挿入を得る」（obtaining sexual penetration by threats or deception）罪を設けるべきである。（para. 2. 18. 7）

提言一五　被害者が性的な挿入を受けるように、被害者を麻痺させる目的で「薬物（等）を投与する」（administrating drugs (atc.)）罪を存続するべきである。（para. 2. 19. 3）

提言一六　被強制行為の性質に依拠する、いくつかのレベルの重大性を伴う、新設の、「他人に対し性的行為を行うように強制する」（compelling another to perform sexual acts）罪を設けるべきである。（para 2. 20. 4）

（二）『二〇〇〇年内務省報告書』が提示したこれらの提言は、提言一一から提言一五までを除き、第二節以下において検討されることになる。本章で検討する四つの性犯罪に関係する提言について示せば、提言一の「強姦行為」「生殖器の定義」、提言二の「強姦罪の再分割」、提言五・六の「同意が存在しない非包括的な状況や事例」は、主として第二節「強姦」において検討され、提言三の「挿入による性的暴行」は第三節「膣又はアヌスへの挿入による暴行」において、提言一〇の「性的接触」は第四節「性的暴行」において、提言一六の「他人に対し性的行為を行うように強制する」は第五節「同意を得ないで人に対し性的行為を行うように強制する罪」において、そして提言四・八・九の「自由な合意とその確信」「故意」「同意に関して顧慮しない」その他については、関係する罪の中で検討される。

四つの性犯罪に関係しない提言一一の「強姦または挿入による性的暴行を行う目的の暴行」・提言一二の「重大な性犯罪を行う目的の敷地侵害」・提言一三の「重大な性犯罪を行う目的の誘拐」の新設と、提言一五の「被害者を麻痺させる目的の薬物（等）の投与」の存続の提言は、「二〇〇三年性犯罪法」中の「予備的犯罪」の見出しのもとに置かれている第六一条「性的行為を行う目的の薬物投与」・第六二条「性犯罪を行う目的で罪を犯す行為」・第六三条「性犯罪を行う目的の敷地侵害」の規定によって採用されたものと見ることができる。第六三条「性犯罪を行う目的の敷地侵害」は、「一九六八年盗罪法」（法律第六〇号）（Theft Act 1968）（c. 60）第九条第一項に基づく「女性を強姦する目的の不法侵入」の罪を読み替えた規定である。(2) 提言一四の「脅迫または詐害によって性的挿入を得る罪」の脅迫・詐害の手段の使用は、「二〇〇三年法」中の「精神障害者に対する勧誘等」（第三四条―第三七条）中に規定された「精神障害者を対象とする勧誘、脅迫又は詐害による性的行為」において採用されている。(3)

（1）『境界線を設定する―性犯罪に関する法律の改革』：*Setting the Boundaries-Reforming the Law on Sex Offences*, Published by Home Office Communication Directrate July 2000.（『二〇〇〇年内務省報告書』と呼称する）について、本書第七章「「二〇〇三年性犯罪法」における売春および人身売買の罪について―「二〇〇三年性犯罪法」と関係法律・関係提言との対比―」の第二節「『二〇〇〇年内務省報告書』による売春および人身売買に関する提言」〔一八三頁以下〕参照。

（2）本書第八章「「二〇〇三年性犯罪法」における「予備的犯罪」および「その他の罪」について」参照。

（3）本書第五章「「二〇〇三年性犯罪法」における対精神障害者性犯罪について」参照。

第二節　強姦（第一条）

一　『二〇〇二年白書』による提案と「二〇〇三年性犯罪法」中の強姦罪

（一）イギリス政府は、『二〇〇二年白書』の中で、強姦罪について、ペニスを膣へ挿入する行為のほかに、アヌスや口へ挿入する行為も含めること、生殖器には、外科医学上再構成された男女の生殖器も含めること、量刑は終身拘禁とすること、デート強姦も強姦であって、重大な罪と重大でない罪に分けることができないこと、そして強姦は男性が女性または他の男性の同意を得ないでペニスを挿入する罪であって、女性はその共犯として有罪となるに過ぎず、女性が男性に対しその同意を得ないで自己へのペニスの挿入を強制する行為は、「同意を得ないで他人に対し品位を欠く行為を行うように強制する罪」に当たることを提案した。(1)

(二)「二〇〇三年性犯罪法」第一条「強姦」の規定は、次のとおりである。

(1)　次の要件のすべてに該当すること

(a)　加害者（A）が故意に自己のペニスを他人（B）の膣、アヌスまたは口へ挿入したこと

(b)　Bがその挿入に同意しなかったこと

(c)　Bが同意する、とAが合理的に確信していなかったこと（第一項）

(2)　Bが同意すると確信することが合理的か否かは、Bが同意するか否かを確認するためにAが講じたあらゆる措置を含むすべての状況を考慮して、決定するものとする（第二項）

(3)　第七五条「同意についての証拠上の推定」と第七六条「同意についての確実な推定」の規定を、本条に基づく罪に適用する（第三項）

(4)　量刑は、正式起訴に基づく有罪宣告により終身拘禁とする（第四項）

二　「二〇〇三年性犯罪法」第一条の解説

（一）二〇〇三年法の注解書[2]と解説書[3]を基にして、本法第一条に定める強姦について解説することとする。

第一項は、一九五六年法第一条の「強姦」を読み替えて、適用範囲を拡大した一般的強姦規定である。強姦の被害者は、女性のほか、男性も含まれるが、ペニスの挿入が要件となっているので、加害者は、一〇歳以上の男性に限られる。膣またはアヌスへの挿入に限定されず、それ以外に、心理的に有害を生じさせるおそれがあるとされる口への挿入も強姦に含まれる。女性が男性に対してペニスを自己に挿入するように強制した場合には、本条には該当しないが、「同意を得ないで人に対し性的行為を行うように強制する罪」（第四条）によって告発することが可能である。イギリス政府は、外科医学上再構成された男性器や女性器について、強姦の法的定義の中に規定するべきであると勧告したが、この勧告は、第一条中には、直接には規定されなかった。しかし第七九条第三項により、ペニスには、性再帰因治療により、外科医学上構成された一部も含まれることが確認されている。同項により、男性から女性へ性転換した者の人工的に構成された膣へペニスを挿入する行為も、強姦に当たることになる。

（二）強姦罪が成立するためには、次の四要素が立証されなければならない。

1　加害者が「故意に」自己のペニスを女性または他の男性の膣、アヌスまたは口へ挿入したこと

同意のない性的行為の罪は、故意犯である。強姦については、加害者は、自己が法的に被害者に対し挿入行為を行っていることを知ることは必要ではなく、法律に定める挿入に当たる行為を行うという認識があれば十分である。加害者が被害者の下着を脱がせて挿入しようとする認識があるときは、その行為の完了が最終的には物理的に不可

能であっても、故意の存在が認められる。

2　加害者のペニスが物理的に被害者の膣、アヌスまたは口へ挿入されたこと

「挿入」は、第七九条第二項により、「入から出までの継続行為」とされている。挿入の開始時点では挿入に同意していたが、その後に同意を撤回した場合にも、挿入を続行したときは、「挿入」により有罪とされる。膣には、外陰部も含まれる（第七九条第九項）。女性被害者が膣とアヌスの両者へ挿入されて強姦されたときは、一連の身体的障害によって、強姦が立証されることになる。

3　被害者が加害者による強姦行為に同意しなかったこと

同意は、陪審員が、有効な証拠と状況のすべてを基礎にして、かつ本人自身の経験と常識を用いて決定する事実問題である。被害者が選択によって同意した場合において、被害者がその選択を行う自由と選択を行う能力を有していたときは、被害者は同意したものとされる（第七四条）。

4　被害者が同意する、と加害者が合理的に確信していなかったこと

被害者が同意すると確信することが合理的か否かの判断は、加害者が被害者の同意を確認するために講じたあらゆる措置を含むすべての状況を考慮して決定される（第一条第二項）。

同意に関して、①加害者が強姦行為を行ったこと、②次に掲げる状況があったこと、③これらの状況があったことを、加害者が知っていたことのすべてが立証された場合において、被害者が強姦行為に同意したか否かに関する争点になる証拠が提出されなかったときは、被害者は、強姦行為に同意しなかったものとみなされる。②③に掲げ

る状況とは、次のような状況をいう。

・強姦行為の時点に、または強姦行為が開始される前の時点に、被害者に対し、または他人に対し暴力を用いたか、直接暴力を用いると思料される恐怖心を被害者に生じさせたこと

・強姦行為の時点に、被害者が不法収容されており、加害者が不法収容されていなかったこと

・強姦行為の時点に、被害者が睡眠中であったか、無意識の状態であったこと

・被害者の身体的無能力により、強姦行為の時点に、被害者が自己の同意の有無を加害者に伝えることができなかったと思料されたこと

・強姦行為の時点に、被害者の同意を得ないで、被害者の精神的・肉体的機能を喪失させる能力のある薬物を投与し、または服用させたこと

また、同意に関するこれらの一連の条件のもとにおいて、被害者が強姦行為に同意したと加害者が合理的に確信していたか否かに関する争点となる十分な証拠が提出されなかったときは、加害者は、被害者が強姦行為に同意したと合理的に確信していなかったものとみなされることとした（第七五条第一項・第二項、第七七条）。

さらに、強姦罪に対する手続中で、①加害者が強姦行為を行ったこと、および②加害者が強姦行為の性質や目的に関して故意に被害者を欺いたことと、加害者が被害者の個人的な知人を詐称して故意に被害者を強姦行為に同意するように勧誘したことが立証されたときは、①被害者が強姦行為に同意しなかったこと、および②被害者が強姦行為に同意したと加害者が確信していなかったことが、確実に推定されるものとした（第七六条）。

（1）*Protecting the Public, Strengthening protection against sex offenders and reforming the law on sexual offences*, para. 39-42. 横山

潔「性犯罪者と性犯罪に対するイギリス政府の公衆保護強化の取組（その二）―同意に関する法律の明確化と同意のない罪―」青少年問題第五一巻第五号（平成一六年五月）五四頁。横山　潔『イギリスの少年刑事司法』（成文堂、二〇〇六年）三二五―三二六頁。

（2）Sexual Offences Act 2003 *Explanatory Notes*, para. 10, 139-143.

（3）Kim Stevenson, Anne Davies, Michael Gunn, *Blackstone's Guide to the Sexual Offences Act 2003*, Oxford 2004,para. 3. 2-3. 2. 3. 1.

第三節　膣またはアヌスへの挿入による暴行（第二条）

一　『二〇〇二年白書』による提案と「二〇〇三年性犯罪法」中の「膣又はアヌスへの挿入による暴行」の罪

（一）イギリス政府は、『二〇〇二年白書』において、「膣又はアヌスへの挿入による暴行」の罪を提案するに当たって、一九五六年法に定める、「女性に対する品位を欠く暴行」（第一四条）と「男性に対する品位を欠く暴行」（第一五条）の罪中に定める暴行の程度を示し、当該暴行の中には、比較的軽い暴行から重大な暴力的攻撃までの広い範囲の性的犯行が含まれていることを説明した。そしてペニス以外の身体の一部または物の膣またはアヌスへの挿入を伴う暴行については、従前の品位を欠く暴行の規定では、罪の重さが十分に反映されていなかったことを反省し、これらの罪について、何が挿入されるかを被害者が確信していない場合をも含めて、別途に規定することを提案した。[1] なお、一九五六年法に定める「女性に対する品位を欠く暴行」と「男性に対する品位を欠く暴行」の両罪は、二〇〇三年法附則六第一一条・同附則七により削除された。

(二) 二〇〇三年法第二条「膣又はアヌスへの挿入による暴行」の規定は、次のとおりである。

(1) 次の要件のすべてに該当すること

(a) 加害者（A）が故意にペニス以外の自己の身体の一部または物を他人（B）の膣またはアヌスへ挿入したこと

(b) その挿入が性的であったこと

(c) Bがその挿入に同意しなかったこと

(d) Bが同意する、とAが合理的に確信していなかったこと（第一項）

(2) Bが同意すると確信することが合理的か否かは、Bが同意するか否かを確認するためにAが講じたあらゆる措置を含むすべての状況を考慮して、決定するものとする（第二項）

(3) 第七五条「同意についての証拠上の推定」と第七六条「同意についての確実な推定」の規定を、本条に基づく罪に適用する（第三項）

(4) 量刑は、正式起訴に基づく有罪宣告により終身拘禁とする（第四項）

二　「二〇〇三年性犯罪法」第二条の解説

「膣又はアヌスへの挿入による暴行」が成立するためには、次の五要素が立証されなければならない。

1　加害者が「故意に」ペニス以外の自己の身体の一部または物を女性または他の男性の膣またはアヌスへ挿入し

たこと

「膣又はアヌスへの挿入による暴行」は故意犯である。ペニス以外の身体の一部または物を女性または他の男性の膣またはアヌスへ挿入するという認識が必要である。

2　加害者のペニス以外の身体の一部または物が物理的に被害者の膣またはアヌスへ挿入されたこと

「挿入」については、強姦の場合と同様に、第七九条第二項（入から出までの継続行為）が適用される。「身体の一部」として、手や足の指、握りこぶし、舌が例示されている。また外科医学上再構成された一部も含まれる（第七九条第三項）。「物」については定義がないが、その中には、ボトルの口、銃身、バイブレーター、スクリュー・ドライバー等が含まれるとされ、ペニス強姦以上に恐怖心や苦痛を生じさせ、また身体障害を生じさせるおそれもあることが指摘されている。

3　その挿入が性的であったこと

「性的」か否かの解釈について、第七八条は、次のように定義している。

通常人であったとすれば、その挿入が次のいずれかに該当するときは、性的であったものとする。

(a)　挿入の状況や挿入に関する加害者の目的が何であれ、その性質により、それが性的であったと思料されるとき

(b)　挿入の性質により、それが性的である可能性がある場合において、挿入の状況や挿入に関する加害者の目的により（またはその両者により）、それが性的であったと思料されるとき

ａ号は、挿入の状況や加害者の目的にかかわりなく、挿入の性質上、性的であることが明瞭で、通常人が性的と思料する場合をいい、ｂ号は、挿入の性質上、性的か否かが不明瞭であるために、挿入の状況や加害者の目的によって、その挿入が通常人によって性的と思料される場合があることを指している。挿入が性的か否かは、陪審員が、このテストを採用して決定することになる。

二〇〇三年法の注解書（Sexual Offences Act 2003 *Explanatory Notes*, para. 146-147）によれば、「ａ号は、通常人であれば、性交のように、行為の性質上、常に性的と思料される行為を定めている。ｂ号は、行為の性質上、加害者の状況やその目的により、またはその両者により、性的となる場合とならない場合が生ずると通常人が思料する行為を定めている。例えば、膣への指の挿入は、性的に行われる場合もあれば、医療上の理由で行われる場合もある。行為がオーラル・セックスであれば、それが性的であることを決定するには、通常人は、行為の性質を考慮することだけが必要であると思われる。しかしそれが膣への指の挿入である場合には、通常人は、行為の性質（性的である場合もあれば性的でない場合ある）、行為が行われた状況（例・医師の手術）、関与者の目的（医師の目的が医療であれば、その行為は性的ではない。医師の目的が性的であれば、その行為も性的となるおそれがある）を考慮する必要がある。行為の性質を見て、その行為を通常人が性的と認めないときは、特定の個人がその行為を行うことによって性的満足を得るかもしれない場合であっても、その行為は、ａ号のテストもｂ号のテストも受けない。この効果は、あいまいな対象物は、性的行為の定義に該当しないということである」と説明している。

４　被害者が加害者による膣またはアヌスへの性的挿入に同意しなかったこと

４の要素の説明は、強姦罪の立証要素中の「３　被害者が強姦行為に同意しなかったこと」で行った説明が、ここにそのまま当てはまる。

5　被害者が同意する、と加害者が合理的に確信していなかったこと

5の要素の説明は、強姦罪の立証要素中の「4　被害者が同意する、と加害者が合理的に確信していなかったこと」で行った説明のうち、「強姦行為」を「膣またはアヌスへの性的挿入」と読み替えることによって、その説明が、ここにそのまま当てはまる。[2][3]

（1）*Protecting the Public, Strengthening protection against sex offenders and reforming the law on sexual offences*, para. 44. 横山　潔「性犯罪者と性犯罪に対するイギリス政府の公衆保護強化の取組（その二）―同意に関する法律の明確化と同意のない罪―」青少年問題第五一巻第五号（平成一六年五月）五四頁。横山　潔『イギリスの少年刑事司法』（成文堂、二〇〇六年）三二六―三二七頁。

（2）Sexual Offences Act 2003 *Explanatory Notes*, para. 11, 139-147.

（3）Kim Stevenson, Anne Davies, Michael Gunn, *Blackstone's Guide to the Sexual Offences Act 2003*, Oxford 2004, para. 3.3-3.3.1.3.

第四節　性的暴行（第三条）

一　『二〇〇二年白書』による提案と「二〇〇三年性犯罪法」中の「性的暴行」の罪

（一）イギリス政府は、『二〇〇二年白書』の中で「性的暴行」の罪を提案するに当たって、一九五六年法中の「品位を欠く暴行」のうち、挿入を伴わない暴行がこれに当たるものであると説明し、「性的暴行」の被害者が児童である場合には、高度の恐怖やトラウマを引き起こすおそれがあるとしている。量刑は、被害者が一三歳未満であ

る場合には上限一四年の拘禁とし、それ以外の場合には上限一〇年の拘禁とするとの提案を行った。(1)

（二）二〇〇三年法第三条は、見出しでは「性的暴行」としているが、条項中では「接触が性的である」(the touching is sexual) という表現が用いられている。同法第三条「性的暴行」の罪は、次のとおりである。

(1) 次の要件のすべてに該当すること

(a) 加害者（A）が故意に他人（B）に接触したこと

(b) その接触が性的であったこと

(c) Bがその接触に同意しなかったこと

(d) Bが同意する、とAが合理的に確信していなかったこと（第一項）

(2) Bが同意すると確信することが合理的か否かは、Bが同意するか否かを確認するためにAが講じたあらゆる措置を含むすべての状況を考慮して、決定するものとする（第二項）

(3) 第七五条「同意についての証拠上の推定」と第七六条「同意についての確実な推定」の規定を、本条に基づく罪に適用する（第三項）

(4) 量刑は、正式起訴に基づく有罪宣告により一〇年以下の拘禁、略式起訴に基づく有罪宣告により六か月以下の拘禁もしくは法定上限（五〇〇〇ポンド）以下の罰金または両者の併科（第四項）とする。

二　「二〇〇三年性犯罪法」第三条の解説

「性的暴行」の罪が成立するためには、次の五要素が立証されなければならない。

1　加害者が「故意に」女性または男性に接触したこと

「性的接触」の罪、即ち品位を欠く暴行は、故意による場合に限定した。第七九条第八項は、「接触」の態様について、「身体の一部との接触」「物との接触」「物を通しての接触」と定めている。解説書は、故意の接触について、他の要素である「性的」と結び付けて解釈することが必要であるとし、上院は、外見上、加害者の行為から暴行の状況が明白でない場合について、それが品位を欠いているか否かを決定するために、三つの指針を示したが、それが、第七八条の「性的」の定義の基礎となった。

(1)　その暴行が本質的に「品位があった」と通常の観察者が思料するかどうか

その行為が本質的に品位があるときは、その行為は、品位を欠く暴行、すなわち性的暴行に当たらない。人の髪に櫛を入れる行為や人の足に接触する行為は、性的暴行に当たるほどの本質的な性的行為ではないであろうとしている。

(2)　その暴行を取り巻く状況が明瞭であるために、その暴行が実際に品位を欠いているということを明らかにすることができるかどうか

この指針は、第七八条a号の「定義」中に規定され、本質的に性的で、暴行の性的性質に関して、それ故に加害者の故意に関して疑いや不明瞭さがない暴行に適用される。本質的に性的で、それ故に明白な性的暴行に当たる行為の中には、女性の性的部分や男性のペニスに接触することが含まれるであろうとしている。

(3)　その暴行を取り巻く状況が明瞭でない場合において、加害者の故意が判明すれば、状況が明白となるかどうか

この指針は、第七八条b号の「定義」中に採用され、隠されている性的故意が重要な要素となる。性的動機を立証することができないときは、「本質的に品位がある」接触は性的とすることはできないであろうとしている。

2　実際に女性または男性に接触したこと

第三条第一項は、実際に女性または男性に接触することを要求している。「接触」には、前述したように、性的満足を得るために、人の衣服を通して人の私的な部分に触れる行為を含む、広範囲の行為が含まれる。

3　その接触が性的であったこと

接触が「性的」であったか否かの解釈については、「膣又はアヌスへの挿入による暴行」の場合と同様に、第七八条の「性的」の定義が適用される。

4　被害者がその接触に同意しなかったこと

4の要素の説明は、強姦罪の立証要素中の「3　被害者が強姦行為に同意しなかったこと」で行った説明が、ここにそのまま当てはまる。

5　被害者が同意する、と加害者が合理的に確信していなかったこと

5の要素の説明は、強姦罪の立証要素中の「4　被害者が同意する、と加害者が合理的に確信していなかったこと」で行った説明のうち、「強姦行為」を「性的接触」と読み替えることによって、その説明が、ここにそのまま当てはまる。(2)(3)

（1）　*Protecting the Public, Strengthening protection against sex offenders and reforming the law on sexual offences*, para. 45. 横山　潔「性犯罪者と性犯罪に対するイギリス政府の公衆保護強化の取組（その二）―同意に関する法律の明確化と同意のない罪―」青

少年問題第五一巻第五号（平成一六年五月）五四頁。横山　潔『イギリスの少年刑事司法』（成文堂、二〇〇六年）三二七頁。

（2）Sexual Offences Act 2003 *Explanatory Notes*, para. 12, 139-147.

（3）Kim Stevenson, Anne Davies, Michael Gunn, *Blackstone's Guide to the Sexual Offences Act 2003*, Oxford 2004,para. 3. 4-3. 4. 1. 4.

第五節　同意を得ないで人に対し性的行為を行うように強制する罪（第四条）

一　『二〇〇二年白書』による提案と「二〇〇三年性犯罪法」中の「同意を得ないで人に対し性的行為を行うように強制する罪」

（一）『二〇〇二年白書』による提案によれば、現行法には、他人に対し、その意思に反して、自らに、もしくは加害者に性的行為を行うように強制する行為や、他人と性的行為を行うように強制する行為を処罰する規定がないが、これらの行為を人に強制する行為は、被強制者にとって、罪悪感と羞恥心を起こさせるものであって、同意を得ないで、他人に対し品位を欠く行為を行うように強制する行為は、女性が男性に対し、その同意を得ないで自己と性交するように強制する場合における、強姦に相当する行為であると説明して、性的挿入があった場合には終身拘禁とし、性的挿入がなかった場合には上限一〇年の拘禁とするとの提案を行った。[1]

（二）二〇〇三年法第四条「同意を得ないで人に対し性的行為を行うように強制する罪」の規定は、次のとおりである。

(1) 次の要件のすべてに該当すること
(a) 加害者（A）が故意に他人（B）に対しある行為を行うように強制したこと
(b) その行為が性的であったこと
(c) Bがその行為を行うことに同意しなかったこと
(d) Bが同意する、とAが合理的に確信していなかったこと（第一項）
(2) Bが同意すると確信することが合理的か否かは、Bが同意するか否かを確認するためにAが講じたあらゆる措置を含むすべての状況を考慮して、決定するものとする（第二項）
(3) 第七五条「同意についての証拠上の推定」と第七六条「同意についての確実な推定」の規定を、本条に基づく罪に適用する（第三項）
(4) 強制された行為の中に、(a)Bの膣またはアヌスへ挿入、(b)人のペニスをBの口へ挿入、(c)Bの身体の一部を、またはBが物を人のアヌスまたは膣へ挿入、(d)Bのペニスを人の口へ挿入、が含まれているときは、量刑は、終身拘禁とし（第四項）、その他の場合にあっては、正式起訴に基づく有罪宣告により一〇年以下の拘禁、略式起訴に基づく有罪宣告により六か月以下の拘禁もしくは法定上限（五〇〇〇ポンド）以下の罰金または両者の併科とする（第五項）。

二　「二〇〇三年性犯罪法」第四条の解説

「同意を得ないで人に対し性的行為を行うように強制する罪」が成立するためには、次の五要素が立証されなければならない。

1　加害者が「故意に」女性または男性に対し性的行為を行うように強制したこと

この罪は、加害者が女性または男性に対し性的行為を行う認識があったことを立証する必要はなく、性的行為を行うように強制する認識があったことを立証することで足りる。

2　実際に女性または男性に対し性的行為を行うように強制したこと

加害者の行為とそれに巻き込まれた女性または男性の性的行為との間に直接の因果関係があること、即ち加害者の行為がなかったならば結果が生じなかったであろうということを示す証拠が提示されなければならない。

3　加害者による性的行為の強制が性的であったこと

性的行為の強制の中には、加害者が被害者に対して自己に性的行為を行うように強制すること（例：女性が男性に対し自己に挿入するように強制する）、加害者が被害者に対し自らが性的行為を行うように強制すること（例：被害者に対し自慰を強制する）、加害者が被害者に対し他人に性的行為を行うように強制すること（例：被害者に対し他人が自慰をするように強制する）が挙げられる。

加害者による性的行為の強制が「性的」であったか否かの解釈については、「膣又はアヌスへの挿入による暴行」と「性的暴行」の場合と同様に、第七八条の「性的」の定義が適用される。

4　被害者が加害者による性的行為の強制に同意しなかったこと

4の要素の説明は、強姦罪の立証要素中の「3　被害者が強姦行為に同意しなかったこと」で行った説明が、ここにそのまま当てはまる。

5　被害者が同意する、と加害者が合理的に確信していなかったこと

5の要素の説明は、強姦罪の立証要素中の「4　被害者が同意する、と加害者が合理的に確信していなかったこと」で行った説明のうち、「強姦行為」を「加害者による性的行為の強制」と読み替えることによって、その説明が、ここにそのまま当てはまる。[2][3]

（1）*Protecting the Public, Strengthening protection against sex offenders and reforming the law on sexual offences*, para. 46. 横山　潔「性犯罪者と性犯罪に対するイギリス政府の公衆保護強化の取組（その二）―同意に関する法律の明確化と同意のない罪―」青少年問題第五一巻第五号（平成一六年五月）五五頁。横山　潔『イギリスの少年刑事司法』（成文堂、二〇〇六年）三二七頁。

（2）Sexual Offences Act 2003 *Explanatory Notes*, para. 13, 139-147.

（3）Kim Stevenson, Anne Davies, Michael Gunn, *Blackstone's Guide to the Sexual Offences Act 2003*, Oxford 2004, para. 3. 5-3. 5. 1. 4.

第六節　本章に定める罪の検討

本章で解説してきた罪は、相手方の同意のない性的行為の典型とされて、「二〇〇三年性犯罪法」の冒頭に規定された、「強姦」「膣又はアヌスへの挿入による暴行」「性的暴行」「同意を得ないで人に対し性的行為を行うように強制する罪」の四罪である。「強姦」は、「強姦」の見出しのもとに置かれ、また「膣又はアヌスへの挿入による暴行」と「性的暴行」は、「暴行」の見出しのもとに置かれている。そして「同意を得ないで人に対し性的行為を行うように強制する罪」は、「同意を得ないで性的行為を強制する罪」の見出しのもとに置かれており、その配列によって、重要度が位置づけられているものと思われる。四罪の行為の相違について強調しておく。

「強姦」（第一条）の行為は、加害者が故意に自己のペニスを他人の膣、アヌスまたは口へ挿入する行為として把握され、加害者は男性に限られている。我が国の強姦罪と対比した場合、「自己のペニスを他人の膣へ挿入」は、我が国と同じであるが、「アヌスや口へ挿入」は、我が国の強姦罪の要件とされていない。また、我が国では、被害者への暴行・脅迫が要件とされ、しかも被害者の抗拒を著しく困難ならしめる程度のものであることが要件とされているが、イギリス「二〇〇三年性犯罪法」では、これを要件とせず、専ら、ペニスの膣・アヌス・口への挿入という暴力行為を要素としていることに注目するべきである。「強姦」には、最高刑に当たる、正式起訴に基づく終身拘禁が法定されている。

「膣又はアヌスへの挿入による暴行」（第二条）の行為は、加害者がペニス以外の自己の身体の一部または物を女性または他の男性の膣またはアヌスへ挿入することとしている。強姦との違いは、加害者につき男女の別を問わず、ペニス以外の身体の一部や物を被害者の膣やアヌスへ挿入することである。量刑は、強姦と同じく正式起訴に基づく終身拘禁である。

「性的暴行」（第三条）の行為は、挿入を伴わない性的接触であって、これが、前二者の性犯罪と異なる。なお、「性的暴行」に関する『二〇〇二年白書』による提案の中で、量刑について、被害者が一三歳未満である場合には上限一四年の拘禁を提案し、それ以外の場合には上限一〇年の拘禁を提案しているが、提案どおり、第三条に定める「性的暴行」の正文は、一〇年の拘禁に処するとし、第七条に定める「一三歳未満の児童を対象とする性的暴行」の正文は、一四年以下の拘禁に処するとしている。

これらの三罪のうち、前二者は、我が国の強姦罪を検討するに当たって、イギリスの性犯罪がどのような立法方法を講じているかを知る上で、参考素材となるであろう。

「性的暴行」は、前二者の罪と「同意を得ないで人に対し性的行為を行うように強制する罪」との接点となる罪であるが、「暴行」の枠の中に組み入れられている。

「同意を得ないで人に対し性的行為を行うように強制する罪」（第四条）中に定める「性的行為」には、特定の挿入行為が含まれている場合（第四項）（本書の序章「イギリス「二〇〇三年性犯罪」について」第二節中の表二「「二〇〇三年性犯罪法」の量刑と罪名一覧」（四頁以下）で、これらの挿入行為を「加重性的行為」と呼称した）と、挿入行為が含まれていない場合（第五項）（「単純性的行為」と呼称した）に区分され、前者の場合には、量刑は終身拘禁である。

我が国では、「ペニスを膣へ挿入」を強姦罪とし、それ以外の性的行為を強制わいせつ罪としているのに対し、イギリス法では、冒頭の四罪につき、「ペニスを膣・アヌス・口へ挿入」を「強姦罪」（第一条）とし、挿入行為に関係する罪として「身体の一部・物を膣・アヌスへ挿入」の「膣又はアヌスへの挿入による暴行」（第二条）と「加重性的行為を行うように強制」（第四条第四項）の二罪を設けて、これらの三罪を、罪の重大性を考慮して、終身拘禁（正式起訴）で処罰し、それ以外を、挿入を含まない罪として「性的暴行」（第三条）と「単純性的行為を行うように強制」（第四条第五項）の二罪を置いて、この両罪を一〇年以下の拘禁（正式起訴）か略式起訴犯罪としている。四か条について、量刑で区分すれば二分類（①終身拘禁（正式起訴）、②一〇年以下の拘禁（正式起訴）か略式起訴犯罪）とされるが、挿入の相違と挿入の有無で区別すれば三分類（①「ペニスを膣・アヌス・口へ挿入」、②「身体の一部・物を膣・アヌスへ挿入」と「加重性的行為を行うように強制」、③「性的暴行」と「単純性的行為を行うように強制」）の構成が採用されている。我が国の強姦罪と強制わいせつ罪を検討するに当たっての比較法上の素材となるであろう。

「二〇〇三年性犯罪法」中の冒頭の四罪の分類

二分類　量刑で分類

①終身拘禁（正式起訴）	強姦（第一条）・膣またはアヌスへの挿入（第二条）・加重性的行為を行うように強制（第四条第四項）
②一〇年以下の拘禁（正式起訴）か略式起訴犯罪	性的暴行（第三条）・単純性的行為を行うように強制（第四条第五項）

三分類　挿入方法・挿入の有無で分類

①ペニスを膣・アヌス・口へ挿入（第一条）
②身体の一部・物を膣・アヌスへ挿入（第二条）・加重性的行為を行うように強制（第四条第四項）
③性的暴行（第三条）・単純性的行為を行うように強制（第四条第五項）

小括

「二〇〇三年性犯罪法」は、本章で取り挙げた相手方の同意のない四性犯罪に関係して、第七五条第二項で、被害者が関係行為に同意しなかったものとされる状況を列挙し、また第七六条で、被害者が関係行為に同意したと加害者が確信していなかったと推定される状況を規定した。加えて第七七条において、第七五条と第七六条に定める四性犯罪の「関係行為」が何を指すかを法文上に明示するという規定方法を採用した。そして強姦を除く三性犯罪に関係して、第七八条で、「性的」の定義が明示された。解釈にあいまいさを伴う「同意」と「性的」の二要素について明文規定をもって規準を設定することにより、社会的弱者の保護を表明した。

二〇〇三年法は、同意のない罪として、右の四性犯罪を基本としつつ、さらにこれを細分化し、また拡大化して、一三歳未満の児童を対象とする強姦およびその他の罪（第五条―第八条）、児童性犯罪（第九条―第一五条）、信用ある地位の濫用の罪（第一六条―第二四条）、家庭内の児童性犯罪（第二五条―第二九条）、対精神障害者性犯罪（第三〇条―第四四条）その他の性犯罪を定めている。これらの罪について、本書の各章で個別に考察していく。

第二章　「二〇〇三年性犯罪法」における対児童性犯罪について
―「一三歳未満の児童を対象とする強姦及びその他の罪」と「児童性犯罪」を中心にして―

はじめに

現在、イギリスにおいて、性犯罪規制の中核となる法律は、二〇〇三年一一月二〇日に成立した「二〇〇三年性犯罪法」（法律第四二号）（Sexual Offences Act 2003）（c. 42）である。同法は、「一九五六年性犯罪法」（法律第六九号）（Sexual Offences Act 1956）（c. 69）を中心とする性犯罪法律を整備・統合する形で制定された。新法の制定が要望された経緯は、二〇〇二年一一月に、内務大臣より、議会に宛てて提出された報告書『公衆の保護―性犯罪者に対応する保護の強化と性犯罪に関する法律の改革―』[1]で詳しく説明されている。この中で、性犯罪法律の改革が必要とされる理由について、旧性犯罪法律は、一貫性がなく、「一九五六年性犯罪法」は、社会情勢の変化を反映していないこと、新しい罪の枠組みは、強姦や性的暴行から児童や社会的弱者を保護するものでなければならないこと、強姦は耐え難い罪であり、これに対しては、法律が執行されるべきであるという強いメッセージを加害者に向けて送ることが目標であること、特定の状況のもとで性的行為が行われたことを検察官が合理的な疑いの余地のない程度に立証したときは、被害者が同意したことを被告人が立証すること、等の諸点が提示されている[2]。

「二〇〇三年性犯罪法」は、第一章で、各種の性犯罪類型を列挙し、第一条で「強姦」、第二条で「膣又はアヌスへの挿入による暴行」、第三条で「性的暴行」、第四条で「同意を得ないで人に対し性的行為を行うように強制する罪」を配置し、この四か条の性犯罪を相手方の同意のない性的行為の基本類型（基本性犯罪）と位置付けた(3)（表一参照）。この基本行為類型に関係して、次の五つの行為類型が配列されている。

・「一三歳未満の児童を対象とする強姦及びその他の罪」（第五条―第八条）
・「児童性犯罪」（第九条―第一五条）
・「信用ある地位の濫用」（第一六条―第二四条）
・「家庭内の児童性犯罪」（第二五条―第二九条）
・「選択能力に支障がある精神障害者に対する罪」（第三〇条―第四四条）

さらに、基本行為類型とは別に、「児童を対象とする品位を欠く写真」（第四五条・第四六条）、「売春及びポルノグラフィーによる児童虐待」（第四七条―第五一条）その他の罪が規定されている。「二〇〇三年性犯罪法」の制定に、児童や社会的弱者の保護への大きな期待が寄せられたことが理解される。

さて、本章では、「一三歳未満の児童を対象とする強姦及びその他の罪」と「児童性犯罪」に焦点を当てて、対児童性犯罪の成立にどのような要件が求められているか、それに対してどのような量刑（法定刑）が付されているかなどを検討し、比較法上の素材を提供したいと思う(4)。

イギリス内務省は、二〇〇〇年七月に、性犯罪に関する法律の改革に向けた協議文書（『二〇〇〇年内務省報告書』と呼称する）を公表した(5)。この文書は、性犯罪に関する現行法を考慮し、児童と社会的弱者を虐待と搾取から保護して、虐待者を適切に処罰することを可能にするために立ち上げた検討会によって作成された、九つの章と二つの附属文書で構成された報告書である。『二〇〇〇年内務省報告書』は、この中で、六二の提言を行っている。本章では、これらの提言の中から、本章に関係する提言を紹介した上で、「二〇〇三年性犯罪法」中に定める「一三歳未満の児童を対象とする性犯罪」と「児童性犯罪」を検討していくこととする。

（1）*Protecting the Public, Strengthening protection against sex offenders and reforming the law on sexual offences, Presented to Parliament by the Secretary of the Home Department by Command Her majesty November 2002.* Cm. 5668.

（2）横山　潔「イギリス「二〇〇三年性犯罪法」の成立―旧性犯罪法律の包括的整備―」（共同研究）比較法雑誌第三八巻第二号（第一三〇号）（二〇〇四年）三二六―三二七頁。

（3）性犯罪の基本行為類型として第一条から第四条までに規定する四性犯罪の解説について、横山　潔「イギリスにおける相手方の同意のない性的行為について」ＪＣＣＤ第一〇〇号（ＪＣＣＤ機関誌百号記念論文集）（平成一九年一月）八四―九九頁（本書第一章「「二〇〇三年性犯罪法」における「強姦」「膣又はアヌスへの挿入による暴行」「性的暴行」「同意を得ないで人に対し性的行為を行うように強制する罪」について」）参照。

（4）制定時の「二〇〇三年性犯罪法」の邦訳として、横山　潔「イギリス「二〇〇三年性犯罪法」（法律第四二号）（共同研究）」（一）―（三・完）比較法雑誌第三八巻第二号（第一三〇号）（二〇〇四年）―第四号（第一三二号）（二〇〇五年）がある（「二〇〇三年性犯罪法」の改正を含む邦訳については、横山　潔『イギリス二〇〇三年性犯罪法』（成文堂、二〇一七年）参照）。同法に関する文献として、前注に記載したもののほか、警察大学校警察政策研究センター『英国の性犯罪者対策関係資料集』平成一八年三月、横山　潔『イギリスの少年刑事司法』（成文堂、二〇〇六年）中の「第九章　イギリス「二〇〇三年性犯罪法」の成立と性犯罪被害者の保護―旧性犯罪法律の包括的整備―」三一三―三五四頁、同「性犯罪者と性犯罪に対するイギリス政府の公衆保護強化の取組（その一）―（その四・完）」青少年問題第五〇巻第一一号―第五一巻第七号（平成一五年一一月―平成一六年七月）、「諸外国における性犯罪の実情と対策に関する研究―フランス、ドイツ、英国、米国―」『法務総合研究所研究部報告三八』（二〇〇八）（「英国」について大場玲子・明石史子執筆一〇一―一五四頁）、横山　潔「イギリス「二〇〇三年性犯罪法」における対精神障害者性犯罪について」ＪＣＣＤ第一〇四号（会長八木國之博士追悼記念論文集）（平成二一年六月）二八―五三頁（本書第五章「「二〇〇三年性犯罪法」における対精神障害者性犯罪について」）、同「性犯罪前歴者に対する性犯罪の再犯防止に向けた取組み―我が国とイギリスの対応―」八洲学園大学紀要第六号（二〇一〇年三月）五一―六一頁（本書第九章「性犯罪前歴者に対する性犯罪の再犯防止に向けた取組み―我が国の新旧通達による性犯罪前歴者確認措置とイギリス「二〇〇三年性犯罪法」による性犯罪前歴者届出要求―」）、同「イギリスにおける性犯罪者の再犯予防措置」『刑事法学の新展開』（八木國之博士追悼論文集）（酒井書店、二〇〇九年）二五七―二六二頁（本書第一〇章「イギリスにおける性犯罪者の再犯防止措置―「二〇〇三年性犯罪法」に定める対性犯罪前歴者裁判所命令と刑務所・地域社会における性犯罪者処遇プログラム）等がある。本書では、犯罪統計書として、Home Office Statistical Bulletin, *Crime in England and Wales 2010/11 Findings from the British Crime Survey and police recorded crime* （2nd Edition）July 2011を使用した。

（5）『境界線を設定する―性犯罪に関する法律の改革』：*Setting the Boundaries-Reforming the Law on Sex Offences*, Published by Home Office Communication Directrate July 2000.（『二〇〇〇年内務省報告書』）について、本書第七章「『二〇〇三年性犯罪法』における売春および人身売買の罪について―「二〇〇三年性犯罪法」と関係法律・関係提言との対比―」の第二節「『二〇〇〇年内務省報告書』による売春および人身売買に関する提言」〔一八三頁以下〕参照。

第一節　『二〇〇〇年内務省報告書』による「一三歳未満の児童を対象とする性犯罪」と「児童性犯罪」に関する提言

一　『二〇〇〇年内務省報告書』による提言

『二〇〇〇年内務省報告書』は、その第三章「児童」の中で、一三の提言を提示している。本章で取り上げる「一三歳未満の児童を対象とする強姦及びその他の罪」と「児童性犯罪」に関連して、次のような六つの提言を提示している（数字は提言の順序を示している）。

提言一七　公共政策の問題として、法律上の同意年齢は、一六歳を維持するべきである。（para. 3. 5. 7）

提言一八　児童に対し特別の罪を定める法律は、性的行為について、一三歳未満の児童は有効に同意することができない、と表明するべきである。（para. 3. 5. 11）

提言一九　児童（一六歳未満）を対象とする成人（一八歳以上）の性的虐待の罪を設けるべきである。この罪には、児童が含まれていることを理由とする、違法な性的行為のすべてが規定される。この罪は、強姦、挿入による性的暴行および性的暴行のような、他の重大な、同意のない罪を補完する罪である。（para. 3. 6. 5）

提言二一　年齢における事実の誤認は、次のような限定、即ち、それが真摯で、合理的な確信がある場合に限られるべきであるということ、および被告人が年齢を確認するための合理的なあらゆる措置を講じたということの限定をもってのみ、有効とされるべきである。（para. 3. 6. 13）

提言二六　性的保健問題において、児童と少年に援助、助言、治療および支援を提供すると認められた者は、刑事犯罪を教唆・幇助するものとみなされるべきでなく、また、避妊を含めて、性的保健問題について援助と助言を求める児童と少年にそれらを提供すると認められた者も、刑事犯罪を教唆・幇助するものとみなされるべきでない。（para. 3. 8. 1）

提言二七　現行の、不法な性交、反自然的性交、児童との品位を欠く行為および児童に対して禁止される性的行為の罪を読み替えて、未成年者間の性的行為の罪を設けるべきである。この罪は、同意年齢に満たない者を含む一八歳未満の児童に適用されるべきである。（para. 3. 9. 13）

二　提言の要旨

提言一七は、法律上の同意年齢を一六歳とすることを維持するべきであるとするものである。『二〇〇〇年内務省報告書』は、同意年齢を一六歳とする現在の採用方法は、十分に認められ、理解され、支持されている、としている。「二〇〇三年性犯罪法」に定める「児童性犯罪」は、性的行為に対して同意能力を有しない一六歳未満の児童を対象としている。

提言一八は、一三歳未満の児童は、性的行為に有効に同意することができないとするものであり、「二〇〇三年性犯罪法」に定める「一三歳未満の児童を対象とする強姦及びその他の罪」は、「一三歳未満の児童」を対象とする特別枠の性犯罪を規定した。また「児童性犯罪」は、対象者が一三歳未満であったときは、対象者が一六歳以上であったと合理的に確信していた旨の加害者の抗弁は規定していない。

提言一九は、成人による一六歳未満の児童を対象とする性的虐待の罪の設置を要望するものであり、「二〇〇三年性犯罪法」に定める「児童性犯罪」は、まさにこれに関係する罪である。

提言二一は、被告人による、被害者の年齢に関する事実の誤認について、年齢を確認するための合理的なあらゆる措置を講じたことを抗弁とすることができるとするものである。「児童性犯罪」は、被害者が一六歳以上であった、と加害者が合理的に確信したことをもって抗弁としている。

提言二六は、避妊を含めて、性に関係する保健問題について、児童と少年に援助、助言、治療、支援を行う者は、罪を教唆・幇助するものとみなされるべきでないと提言している。「児童性犯罪」中の第一四条「児童性犯罪の犯行を準備又は促進する罪」の第三項は、児童に対する治療、助言、援助等の行為が児童性犯罪を構成する行為を強制、助長するためでなかったときは、児童の保護のために行ったものとする、としている。

提言二七は、未成年者間の性的行為の罪の設置を提言するものである。「二〇〇三年性犯罪法」第一三条は、一八歳未満の児童による対児童性犯罪を規定している。

『二〇〇〇年内務省報告書』に掲げた提言が、これから紹介する「二〇〇三年性犯罪法」の児童に関する性犯罪の規定に反映されていることを知ることができる。

第二節　一三歳未満の児童を対象とする性犯罪

一　一三歳未満の児童を対象とする性犯罪

一三歳未満の対児童性犯罪では、被害者の同意の有無は、性犯罪の成立にかかわりがないこととし、「二〇〇三年性犯罪法」は、この行為類型に該当する罪として、「強姦」、「膣又はアヌスへの挿入による暴行」、「性的暴行」（性的接触）、「性的行為を行うように強制又は勧誘する罪」を配置した。本章の第二節で検討する性犯罪は、一三歳未満の児童を対象とする性犯罪であって、前章で考察した「強姦」「膣又はアヌスへの挿入による暴行」「性的暴行」「性的行為を行うように強制する罪」と区別されなければならない。さらに、一三歳未満の児童を対象とする性犯罪では、第四条と対比して、第八条では、「性的行為を行うように勧誘する罪」が付加されていることにも注意しなければならない。

二　各一三歳未満の児童を対象とする性犯罪の要件と量刑

(一)　一三歳未満の児童を対象とする強姦（第五条）

(1)　成立要件（第一項）

次の要件の両者に該当すること

・加害者が故意に自己のペニスを被害者の膣、アヌスまたは口へ挿入したこと

・被害者が一三歳未満であったこと

この罪は、「一九五六年性犯罪法」第五条「一三歳未満の女子との不法な性交」(1)を実質上読み替えたものである（同条は「二〇〇三年性犯罪法」附則六第一一条と同附則七により削除された）。ペニスの挿入が要件とされていることにより、加害者は、刑事責任年齢(2)（一〇歳以上）の男性に特定されるが、被害者は、性別を問わない。第一条「強姦」と本質的に同一の規定であるが、ペニスの挿入についての被害者の「同意」(consent) は、要件とされない。故意にペニスを挿入したこと、被害者が一三未満であったことの立証は、検察官が負担する。「挿入」(penetration) は、第七九条の定義により、「入から出までの継続行為」とされる。本罪には、被害者が一六歳以上であったと合理的に確信していた旨の抗弁は存在しない。(3)

(2)　量刑（法定刑）（第二項）

正式起訴に基づく有罪宣告により、終身拘禁に処せられる。

(二)　一三歳未満の児童を対象とする膣またはアヌスへの挿入による暴行（第六条）

(1)　成立要件（第一項）

次の要件のすべてに該当すること

・加害者が故意に自己の身体の一部または物を被害者の膣またはアヌスへ挿入したこと
・その挿入が性的であったこと
・被害者が一三歳未満であったこと

この罪は、本質的には、第二条「膣又はアヌスへの挿入」と同一の規定である。ペニスの挿入が要件となっていないので、加害者は、刑事責任年齢を備えていれば、男性・女性を問わない。被害者も、男性・女性を問わない。検察官は、加害者が故意に身体の一部（例・指）または物（例・玩具、ボトル、バイブレーター）を挿入したこと、被害者が一三歳未満であったことを立証しなければならない。その挿入が「性的」（sexual）か否かは、第七八条の定義に従い、通常人であれば、それが、行為の状況や行為に関する目的にかかわりなく、その性質上、性的であったと思料されるか（a号）、または行為の性質上、性的となる可能性がある場合において、行為の状況やそれに関する人の目的によって性的であったと思料されるか（b号）によって判断される。このテストに基づいて、陪審員が、「性的」の肯否を決定することになる。(4)

(2)　量刑（第二項）

正式起訴に基づく有罪宣告により、終身拘禁に処せられる。

(三)　一三歳未満の児童を対象とする性的暴行（第七条）

(1)　成立要件（第一項）

次の要件のすべてに該当すること

・加害者が故意に被害者に接触したこと
・その接触が性的であったこと
・被害者が一三歳未満であったこと

この罪は、「一九五六年性犯罪法」第一四条「女性に対する品位を欠く暴行」を読み替えたものである（同条は「二〇〇三年性犯罪法」附則六第一一条と同附則七により削除された）。同条は、女性に対する品位を欠く暴行について、正式起訴に基づく有罪宣告の場合にあっては、一〇年以下の拘禁に処せられ、略式起訴に基づく有罪宣告の場合にあっては、六か月以下の拘禁もしくは所定の額以下の罰金に処せられ、または両者が併科されるとし、一六歳未満の女子は、法律上、品位を欠く暴行に同意する能力を有しないとされた。また、「一九四九年婚姻法」（法律第七六号）（Marriage Act 1949）（c. 76）第二条や「一九二九年婚姻年齢法」（法律第三六号）（Age of Marriage Act 1929）（c. 36）第一条により、妻が一六歳未満の女子であったときは、その女子との婚姻が無効とされる場合において、夫がその女子を妻と確信し、そのように確信したことに合理的な理由を有していたときは、同条に基づいて処罰されないと規定していた(5)。

本条は、一九五六年法第一四条に定める「品位を欠く暴行」（indecent assault）を、児童の性的部分や、または加害者の目的上や暴行の状況上、性的であると立証することができるその他の身体の部分への直接接触を禁止する「性的暴行」（sexual assault）に読み替えた。加害者は、刑事責任年齢であれば、男性・女性を問わず、また被害者も、男女を問はない。本条の行為形態は、本質的には、第三条「性的暴行」と同一である。検察官に立証することが要求される、加害者の抱いた意思は、児童に対して、「性的に」暴行を加える意思ではなく、性的に「暴行を加える」意思、現実には「接触する」意思であって、「性的」の判断は、第七八条に基づいて判断される（性的の判断について、本節中の二（二）「一三歳未満の児童を対象とする膣またはアヌスへの挿入による暴行（第六条）」〔七九頁〕参照）。しかし、故意の接触は、「性的」と結び付けて解釈することが必要であるとされている。(6)

「接触」（touching）の態様には、「身体の一部との接触」「物との接触」「物を通しての接触」が挙げられ、「挿入に至るまでの接触」も含まれるとされている（第七九条第八項）。例えば、児童の性的部分に指、口、ペニスで接触する、バイブレーター等の性具や玩具で接触する、子どもの衣類や下着の上から接触するなどの行為が挙げられている。(7)

(2)　量刑（第二項）

本条の罪は、選択的起訴犯罪とされ、正式起訴に基づく有罪宣告の場合にあっては、一四年以下の拘禁に処せられ、略式起訴に基づく有罪宣告の場合にあっては、六か月以下の拘禁もしくは法定上限（五〇〇〇ポンド）以下の罰金に処せられ、または両者が併科される（以下、他の罪において本条と同一の量刑である場合には、「一三歳未満の児童を対象とする性的暴行（第七条）の量刑と同じ」と表記する）。

(四)　一三歳未満の児童に対し性的行為を行うように強制または勧誘する罪（第八条）

(1)　単純性的行為を行うように強制・勧誘する罪（第一項）

次の要件の両者に該当すること

・加害者が、故意に被害者（B）に対し性的行為を行うように強制または勧誘したこと

・Bが一三歳未満であったこと

この罪は、第四条「同意を得ないで人に対し性的行為を行うように強制する罪」と本質的に同一形態であり、この罪に性的行為を行うように勧誘することが追加された。加害者も被害者も男女を問わないことは、前二条と同じである。検察官の立証事項は、加害者の被害者に対する性的行為の故意の強制または勧誘があったこと、および被害者が一三歳未満であったことである。

「強制」（causing）があったことを立証するためには、加害者の強制が、その意図した究極の結果を確保するのに十分本質的なものであったとするだけの証拠となるものでなければならない。即ち、加害者の作為・不作為と、結果は発生しなくても、意図した結果との間に、因果の連鎖が存在しなければならない。それ故、強制の中には、脅迫・強制力・威嚇力を用いること、不適切な抑圧を用いること、権力を用いること等が含まれることがあり得る。児童の側に黙認があっても、因果の連鎖は破られない。

「勧誘」（inciting）については、「一九六〇年対児童淫行法」（法律第三三号）（Indecency with Children Act 1960）（c. 33）第一条を新たに読み替えて、同条中の勧誘を第八条に追加した形態となっている。一九六〇年法第一条は、一六歳未満の児童と重大な品位を欠く行為を行った者、またはその児童に対し、自己もしくは他人との重大な品位を欠く行為を行うように勧誘した者は、正式起訴に基づく有罪宣告の場合にあっては、一〇年以下の拘禁に処せられ、略式起訴に基づく有罪宣告の場合にあっては、六か月以下の拘禁もしくは所定の額以下の罰金に処せられ、または両者が併科されるとしている（同法は「二〇〇三年性犯罪法」附則六第一四条と同附則七により削除された）[8]。勧誘が行われた場合において、それによって実際に性的行為が行われたことまでを立証することは、必要ではない。勧誘の形態には、①加害者が、被害者に対し、自己に性的行為を行うように勧誘する場合（例・加害者が、児童に対し、自己に自慰行為を行うように勧誘する）、②加害者が、被害者に対し、被害者自身が性的行為を行うように勧誘する場合（例・加害者が、児童に対し、脱衣するように勧誘する）、③加害者が、被害者に対し、第三者に性的行為を行うように勧誘する場合

（例・加害者が、児童に対し、加害者の友人と性交するように勧誘する）が挙げられている。

(2)　加重性的行為を行うように強制・勧誘する罪（第二項）

強制または勧誘された性的行為の中に、次に掲げる接触のいずれかが含まれていたときは、量刑が加重される。

・被害者（B）のアヌスまたは膣へ挿入
・人のペニスをBの口へ挿入
・Bの身体の一部を、またはBが物を人のアヌスまたは膣へ挿入
・Bのペニスを人の口へ挿入

検察官の立証事項は、単純性的行為を行うように強制・勧誘する罪における場合と同一である。(9)

(3)　量刑（第二項・第三項）

単純性的行為を行うように強制・勧誘する罪は、選択的起訴犯罪とされ、一三歳未満の児童を対象とする性的暴行（第七条）の量刑と同じ。加重性的行為を行うように強制・勧誘する罪は、正式起訴犯罪とされ、終身拘禁に処せられる。

(1)　正式起訴に基づく有罪宣告により、既遂は、終身を上限とする拘禁に処せられ、未遂は、七年以下の拘禁に処せられる（横山潔『イギリスの少年刑事司法』（成文堂、二〇〇六年）九一頁）。

(2)　「一九三三年児童及び少年法」（法律第一二号）(Children and Young Persons Act 1933)（c. 12）第五〇条により、一〇歳未満の児童は、刑事責任能力を有しない。ただし、一四歳未満の男子は性交不能であるとして、強姦、反自然的性交その他の、性交を要件とする罪の正犯に処することができないとする刑事法の性的能力の推定は、「一九九三年性犯罪法」（法律第三〇号）(Sexual Offences Act 1993)（c. 30）によって廃止された（横山　潔『イギリスの少年刑事司法』一一一―一一二頁）。

(3)　Sexual Offences Act 2003 *Explanatory Notes*, para. 14.; Kim Stevenson, Anne Davies, Michael Gunn, *Blackstone's Guide to the Sexual Offences Act 2003*, Oxford 2004, para. 4. 2. 1-4. 2. 1. 1.

（4）Sexual Offences Act 2003 *Explanatory Notes*, para. 15. ; Kim Stevenson, Anne Davies, Michael Gunn, *ibid*, para. 4. 2. 2-4. 2. 2. 1.
（5）横山　潔『イギリスの少年刑事司法』（成文堂、二〇〇六年）九五―九六頁。
（6）「イギリスにおける相手方の同意のない性的行為について」ＪＣＣＤ第一〇〇号（ＪＣＣＤ機関誌百号記念論文集）九四頁以下参照（本書第一章「二〇〇三年性犯罪法」における「強姦」「膣又はアヌスへの挿入による暴行」「性的暴行」「同意を得ないで人に対し性的行為を行うように強制する罪」について」中の第四節「性的暴行（第三条）」〔五九頁以下〕参照）。
（7）Sexual Offences Act 2003 *Explanatory* Notes, para. 16. ; Kim Stevenson, Anne Davies, Michael Gunn, *Blackstone's Guide to the Sexual Offences Act 2003*, Oxford 2004, para. 4. 2. 3-4. 2. 3. 1.
（8）横山　潔『イギリスの少年刑事司法』（成文堂、二〇〇六年）一〇二―一〇三頁。
（9）Sexual Offences Act 2003 *Explanatory* Notes, para. 17. ; Kim Stevenson, Anne Davies, Michael Gunn, *Blackstone's Guide to the Sexual Offences Act 2003*, Oxford 2004, para. 4. 2. 4-4. 2. 4. 3.

第三節　児童性犯罪

一　児童性犯罪

「一三歳未満の児童を対象とする強姦及びその他の罪」に続けて、七か条の「児童性犯罪」の規定が置かれている。これらの罪で対象とされる被害者は、性的行為に対して同意する能力を有しない一六歳未満の児童であるが、加害者は、一八歳以上であった場合と、一八歳未満であった場合に区別される。これらの罪は、「一九五六年性犯罪法」第六条「一三歳以上一六歳未満の女子との性交」（同条は「二〇〇三年性犯罪法」附則六第一一条と同附則七により削除された）や、「一九六〇年対児童淫行法」第一条の罪を全面的に読み替えた罪である（「一九六〇年対児童淫行法」第一条の罪について、第二節「一三歳未満の児童を対象とする性犯罪」中の二（四）「一三歳未満の児童に対し性的行為を行うように強制または勧誘する罪（第八条）」〔八一頁以下〕参照）。児童性犯罪を設けた目的は、一六歳未満の児童に対する性的虐待やその強制・勧誘を行う者に対して、重大な罪を犯しているという自覚を促すメッセージを送ることにあるとしている。

「一九五六年性犯罪法」第六条は、男性が一六歳未満の女子と不法な性交を行ったことをもって罪とし（第一項）、正式起訴に基づく有罪宣告の場合にあっては、既遂・未遂とも、二年以下の拘禁に処せられ、略式起訴に基づく有罪宣告の場合にあっては、六か月以下の拘禁もしくは所定の額以下の罰金に処せられ、または両者が併科される（附則二第一章）。同条は、所定の例外事項に従うことを条件とすると定め、同法第一四条「女性に対する品位を欠く暴行」で記したように（「一九五六年性犯罪法」第一四条「女性に対する品位を欠く暴行」について、第二節「一三歳未満の児童を対象とする性犯罪」中の二（三）「一三歳未満の児童を対象とする性的暴行（第七条）」〔八〇頁以下〕参照）、妻が一六歳未満の女子であったときは、婚姻は無効とされるが、夫がその女子と性交した場合において、その女子を妻と確信し、かつそのように確信したことに合理的な理由を有したときは、同条に基づいて処罰されないと規定していた（第二項）。さらに、男性が一六歳未満の女子と不法な性交を行った場合において、その男性が二四歳未満で、以前に同様の罪によって告発されたことがなく、かつ女性が一六歳以上であったと確信し、かつそのように確信したことに合理的な理由を有したときも、同条に基づいて処罰されないと規定していた[1]（第三項）。

二　各児童性犯罪の要件と量刑

(一)　児童との性的行為（第九条）

(1)　単純性的接触（第一項）

次の要件のすべてに該当すること

・加害者（A）が一八歳以上であった場合において、故意に一六歳未満の被害者（B）に接触したこと

・その接触が性的であったこと[2]

・次のいずれかであったこと

（i）Bが一三歳以上一六歳未満であったときは、Bが一六歳以上であった、とAが合理的に確信していなかったこと

（ii）Bが一三歳未満であったこと

検察官には、加害者が故意に被害者に接触したこと、および被害者が一六歳未満であったことを立証することが要求される。これに対し、加害者には、被害者が一六歳未満であった場合において、一六歳以上であったと合理的に確信していた旨の抗弁をもって、本条の罪の不成立を主張することができる。加害者が抗弁を行ったときは、検察官は、例えば、被害者はまだ通学していた、他の一六歳未満の者と仲間であった、加害者が被害者の真の年齢を認識しようと努めなかったなどを挙げて、一六歳以上であったと合理的に確信していなかったことを立証することが必要となる。被害者が一三歳未満であったときは、加害者が一六歳以上であったと合理的に確信していた旨の加害者の抗弁は認められない。

⑵　**加重性的接触（第二項）**

加害者（A）が一八歳以上であった場合において、性的接触の中に、次のいずれかが含まれていたときは、量刑が加重される。

・Aの身体の一部または物をBのアヌスまたは膣へ挿入
・AのペニスをBの口へ挿入
・Bの身体の一部をAのアヌスまたは膣へ挿入
・BのペニスをAの口へ挿入[3]

⑶　**量刑（第二項・第三項）**

単純性的接触の罪は、選択的起訴犯罪とされ、一三歳未満の児童を対象とする性的暴行（第七条）の量刑と同じ。加重性的接触の罪は、正式起訴犯罪とされ、一四年以下の拘禁に処せられる。

（二）　児童に対し性的行為を行うように強制または勧誘する罪（第一〇条）

⑴　**単純性的行為を行うように強制・勧誘する罪（第一項）**

次の要件の両者に該当すること

・加害者（A）が一八歳以上であった場合において、故意に一六歳未満の被害者（B）に対し、性的行為を行うように強制または勧誘したこと
・次のいずれかであったこと

（i）Bが一三歳以上一六歳未満であったときは、Bが一六歳以上であった、とAが合理的に確信していなかったこと

（ii）Bが一三歳未満であったこと

検察官に要求される立証は、加害者が故意に被害者に対し性的行為を行うように強制または勧誘したこと、および被害者が一六歳未満であったことである。加害者の抗弁は、児童との性的行為（第九条）の場合と同様である。

(2)　**加重性的行為を行うように強制・勧誘する罪（第二項）**

加害者（A）が一八歳以上であった場合において、強制または勧誘された性的行為の中に、次に掲げる接触のいずれかが含まれていたときは、量刑が加重される

・Bのアヌスまたは膣へ挿入

・人のペニスをBの口へ挿入

・Bの身体の一部を、またはBが物を人のアヌスまたは膣へ挿入

・Bのペニスを人の口へ挿入(4)

(3)　**量刑（第二項・第三項）**

単純性的行為を行うように強制・勧誘する罪は、選択的起訴犯罪とされ、一三歳未満の児童を対象とする性的暴行（第七条）の量刑と同じ。加重性的行為を行うように強制・勧誘する罪は、正式起訴犯罪とされ、一四年以下の拘禁に処せられる。

(三)　**児童の面前で性的行為を行う罪（第一一条）**

(1)　**成立要件（第一項）**

次の要件のすべてに該当すること

・加害者（A）が一八歳以上であった場合において、故意に性的行為を行ったこと

・Aが、次の両者を具備している場合において、性的満足を得るために、その行為を行ったこと
（ⅰ）被害者（B）が現在していた場合か、またはBがAを観察することができる場所に居た場合
（ⅱ）Aがその行為を行っていることにBが気づいていることを知りながら、もしくはBが気づいていると確信しながら、またはAがその行為を行っていることにBが気づくことを意図しながら
・次のいずれかであったこと
（ⅰ）Bが一三歳以上一六歳未満であったときは、Bが一六歳以上であった、とAが合理的に確信していなかったこと
（ⅱ）Bが一三歳未満であったこと

この罪の目的は、児童が成人の行う不適切な性的行為を観察することから児童を保護すること、また児童が成人の不適切な性的行為を観察することによって、成人が性的満足を得るために、成人が児童を性的行為に巻き込むことから児童を保護することである。

検察官には、加害者が故意に性的行為を行ったこと、被害者が現在していたこと、加害者が性的行為を行っていることに被害者が気づいていることを知りながらなどの一連の状況、それが性的満足を得るためであったこと、被害者が一六歳未満であったことの立証が要求される。被害者が一三歳以上一六歳未満であったときは、加害者には、被害者が一六歳以上であったと合理的に確信していた旨の抗弁が認められる。

「観察」（observation）は、直接であると、画像を閲覧することによるとを問わない（第七九条第七項）。児童が両親の寝室に居ることを知りながら、また児童が観察しているにもかかわらず、両親が何らの阻止もしないで、性的行為を続行した場合には、児童が気づいていることを「知っている」（knowing）ことの証拠となること、また両親が児童の存在を無視して性的行為を続行した場合には、児童が気づいていると「確信している」（believing）ことの証

拠と考えられるとされる。事例として、児童が部屋の中に居るにもかかわらず、ペドファイル（小児性愛者）が、性的満足を得るために、自慰行為を行う場合や、顔を覆っている児童の面前で、自分が何をしているかを説明しながら自慰行為を行う場合が挙げられている。売春宿に用いられる敷地内で居住している児童が、スクリーンで遮蔽されて保護されていないような場合にも、本条の罪に該当することが考えられるとされている。(5)

(2) 量刑（第二項）

この罪は、選択的起訴犯罪とされ、正式起訴に基づく有罪宣告の場合にあっては、一〇年以下の拘禁に処せられ、略式起訴に基づく有罪宣告の場合にあっては、六か月以下の拘禁もしくは法定上限以下の罰金に処せられ、または両者が併科される（以下、他の罪において本条と同一の量刑である場合には、「児童の面前で性的行為を行う罪（第一一条）の量刑と同じ」と表記する）。

(四) 児童に対し性的行為を見つめるように強制する罪（第一二条）

(1) 成立要件（第一項）

次の要件の両者に該当すること

・加害者（A）が一八歳以上であった場合において、性的満足を得るために、故意に、被害者（B）に対し第三者が性的行為を行っている状況を見つめるように強制し、または人が性的行為を行っている画像を閲覧するように強制すること

・次のいずれかであったこと

（i）Bが一三歳以上一六歳未満であったときは、Bが一六歳以上であった、とAが合理的に確信していなかったこと

（ii）Bが一三歳未満であったこと

検察官には、故意に被害者に対し性的行為を見つめるように強制したことや人の性的画像を閲覧するように強制したこと、それが性的満足を得るためであったこと、被害者が一六歳未満であったことの立証が要求される。被害者が一三歳以上一六歳未満であったときは、加害者には、被害者が一六歳以上であったと合理的に確信していた旨の抗弁が認められている。性的行為を見つめるように強制することや人の性的画像を閲覧するように強制することについては、「一三歳未満の児童に対し性的行為を行うように強制または勧誘する罪」（第八条）の説明（第二節「一三歳未満の児童を対象とする性犯罪」中の二（四）「一三歳未満の児童に対し性的行為を行うように強制または勧誘する罪（第八条）」〔八一頁以下〕参照）が参考となるが、「性的行為を見つめること」は「第三者が行う性的行為を見つめること」に限定され、加害者自身が行う性的行為が含まれていないことが、この罪の特徴である。「画像」（image）の中には、フィルム、写真、擬似写真のような方法によって作成された活動画像や静止画像、およびコンピュータで作成されたグラフィックや視覚映像のような立体画像が含まれる(6)（第七九条第四条）。

(2)　量刑（第二項）

この罪は、選択的起訴犯罪とされ、児童の面前で性的行為を行う罪（第一一条）の量刑と同じである。

(五)　一八歳未満の者が行う、次に掲げる児童性犯罪

・児童との性的行為（第一三条・第九条）
・児童に対し性的行為を行うように強制または勧誘する罪（第一三条・第一〇条）
・児童の面前で性的行為を行う罪（第一三条・第一一条）
・児童に対し性的行為を見つめるように強制する罪（第一三条・第一二条）

第一三条は、一八歳未満の者が、第九条から第一二条までの規定に基づく罪に当たる行為を行った場合の量刑を定めている。本条を設けた目的は、第一に、未成年者による性犯罪に対しても、これを処理する適切な規定を確保すること、第二に、加害者が一八歳未満であったことを考慮して、軽い量刑を確保することである。

未成年者による性犯罪の告発を受理するか否かについて、性的虐待の被害者を保護するためには、未成年者による性的行為も含まれていなければならないとされ、未成年者を公共の利益上訴追するか否かは、「公訴官法典」(Code for Crown Prosecutors) 中に定める原則に従って、公訴官によって決定される。公訴官は、両当事者の年齢・情緒的成熟性、両当事者が任意に性的関係に入ったか否か、人による強制や職務上の不正、両当事者間の関係、ケア義務や信用違反があったか否かなどの要素を考慮して、訴追の要否を決定することになる。

未成年者によるこれらの罪の量刑は、成年者による場合と比較して、正式起訴に基づく有罪宣告の場合に限って軽減され、五年以下の拘禁に処せられるが、略式起訴に基づく有罪宣告の場合には、成年者による場合と同様に、六か月以下の拘禁もしくは法定上限以下の罰金に処せられ、または両者が併科される。

(六)　児童性犯罪の犯行を準備または促進する罪（第一四条）

第一四条は、第九条から第一三条までの規定中に定める児童性犯罪、即ち一八歳以上の者と一八歳未満の者が行う「児童との性的行為」「児童に対し性的行為を行うように強制または勧誘する罪」「児童の面前で性的行為を行う罪」「児童に対し性的行為を見つめるように強制する罪」について、その準備または促進を行う罪を規定している。

(1)　成立要件（第一項）

次の要件の両者に該当すること

・次に掲げる事項のいずれかを故意に準備または促進したこと

（ⅰ）自己が自ら犯行に及ぶことを意図している事項
（ⅱ）他人が犯行に及ぶことを自己が意図している事項
（ⅲ）他人が犯行に及ぶであろうと自己が確信している事項
・その犯行の中に、第九条から第一三条までの規定に基づく罪の犯行が含まれていること
それぞれの事項に該当する、次のような事例が提示されている。

（ⅰ）の事例：自己が児童と性的行為を持つように仲介者に要望するために、仲介者に接近する。

（ⅱ）の事例：友人が児童と性的行為を持つように自己が仲介者に要望するために、仲介者に接近する。

（ⅲ）の事例：Xが児童と性的行為を持つであろうと自己が確信して、Xがその児童と会うように、Xを仕向ける。


この罪には、児童性犯罪の犯行を「準備すること」（arranging）と「促進すること」（facilitating）の二つの選択肢が挙げられている。「準備」は、事例に示されているように、仲介者に接近して、自己や他人のために、児童との性的行為を得るように要望するシナリオに適用されることが想定されている。「促進」には、自己の行為を通して、児童性犯罪の犯行を促す状況が目標に立てられている。例えば、①一六歳未満の児童との不法な性交が行われることを意図して、またはそれを確信して、自己の寝室を使用させる、②児童を性的虐待へと巻き込む行為を映像化するために、他人が使用することを意図するか、またはそれを確信して、カメラ、オーディオ製品、ヴィジュアル製品を購入する、③コンドームやその他のセックス補助具の購入者や使用者が児童との性的行為のために用いることを認識しながら、それを販売し、または提供するなどの例が挙げられている。「準備」「促進」のいずれの選択肢も、適用範囲が広いこと、またそれが拡大することが懸念されている。

(2) 量刑（第四項）

この罪は、選択的起訴犯罪とされ、一三歳未満の児童を対象とする性的暴行（第七条）の量刑と同じである。

(3) **抗弁（第二項・第三項）**

警察官や保健ワーカー等のように、児童を保護するために活動する者には、本条の罪が成立しない例外が規定されている。次の要件のすべてに該当するときは、本罪が不成立とされる。

①本罪が不成立とされる要件は、次のとおりである。

(i) 他人が犯行に及ぶであろうと自己が確信している事項［成立要件（第一項）の(iii)］であって、しかし自己が自ら犯行に及ぶことを意図していない事項か、または他人が犯行に及ぶことを自己が意図していない事項を準備または促進したこと

(ii) その犯行の中に、第九条から第一三条までの規定に基づく罪の犯行が含まれていること

(iii) これらの児童性犯罪が、児童を保護するために行われたものであること（第二項）

②児童を保護するために行われたものとされる次の四つの事項が列挙されている。次に掲げる事項のいずれかのために行為を行った場合において、その行為が性的満足を得るために行われたものでなかった場合、または児童性犯罪を強制・助長するためのものでなかった場合に、児童の保護のために行われたものとされる。

(a) 性感染症から児童を保護するため
(b) 児童の身体の安全を保護するため
(c) 妊娠から児童を保護するため
(d) 助言を与えることによって、児童の情緒的安寧を促進するため（第三項）

保健ワーカーが、性的満足を得るためではなく、病気や妊娠を予防するために、避妊器具や避妊薬を提供する行為は、本条の罪に該当しない。ソーシャル・ワーカーが児童を保護し、救助するために、内密の取決めを行ったり、性教育の専門家が、学校における性教育や性的知識・性的責任を高める政府の方策に関連して、一〇代の若者をカ

ウンセリングすることも、罪に問われない。これらと同一の事項は、児童に対する特定の罪の幇助、教唆、勧誘を無罪とする事項としても挙げられている[7]（第七三条）。

（七）児童と会って、性的グルーミング等を行う罪（第一五条）

「性的グルーミング」は、第一五条で新設された罪である。「グルーミング」（grooming）は、一般的には、動物が身体の清掃や衛生のための毛繕いや身繕い等を指す語として用いられている。この犯罪は、マイケル・ウィーラー（Michael Wheeler）事件が関係しているとされている。この事件は、ペドファイルである犯人が、児童に会おうとする前に、児童の信用を得るために、児童に対し、インターネットを通して働きかけをする行動が焦点となった事件である[8]。この罪の加害者は、一八歳以上の者である。

⑴　成立要件（第一項・第二項）

次の要件のすべてに該当すること

・加害者（A）が、事前に少なくとも二回、世界のいずれの地域であるかを問わず被害者（B）と会って、または世界のいずれの地域からの発信やその地域への発信であるかを問わずBと連絡をとって、故意にBと会ったこと、または会う目的で旅行をしたこと

・Bと会う時点か、会う目的の旅行の時点において、本人と会っている間か、または会った後に、本人と何らかの行為を行う目的があり、その行為の中に、関係性犯罪（relevant offence）（「二〇〇三年性犯罪法」第一章中に定める性犯罪等）の犯行が含まれていること

・Bが一六歳未満であったこと

・Bが一六歳以上であった、と合理的に確信していなかったこと

成立要件は、遺漏なきを期するために、複雑な規定となっているが、要件を簡潔に要約すれば、一八歳以上の者が、故意に一六歳未満の児童と会う行為、また会う目的で旅行をする行為であって、事前に少なくとも二回、その児童と会っているか、連絡をとっていることを要求し、会っている間か、その後の機会のいずれかに、その児童と関係性犯罪を行う意思があった場合を罪とするものである。その児童が一六歳以上であったと合理的に確信していたときは、本条の罪に問われない。

本条の罪は、一八歳以上の者が、一六歳未満の児童に対して関係性犯罪を行うために、事前に会合を持つか、通話、インターネット通信を通して児童と接触を持つことによって、児童の信用と信頼を得る状況を作ることが要求されている。性的接触に先立つ行為の過程で、女子児童との性的行為の会話や成人ポルノ画像の送信といった、明白な性的内容の表明がある場合もあるが、それは、必ずしも必要な条件ではなく、単に加害者が児童にスイミングのレッスンを行うとか、偶然に会うだけの場合もある。二回以上の事前の会合や連絡後に、その児童と性犯罪を行うことを意図して会ったとき、または児童と会う目的で旅行をしたときに、本条の罪が完成する。本条の罪の故意の立証は、児童との事前の会合や連絡の中から引き出すこともできれば、旅行に際して、コンドーム等の性的製品を携帯していたなどの状況から引き出すことも可能であるとされている。児童との事前の会合や連絡には、世界のいずれの地域であるかを問わないので、外国での会合や、外国からのEメールの発信や通信も含まれるが、会合や旅行の少なくとも一部は、国内で行われなければならないとされている。[9]

(2) 量刑(第四項)

この罪は、選択的起訴犯罪とされ、児童の面前で性的行為を行う罪(第一一条)の量刑と同じである。

(1) 横山 潔『イギリスの少年刑事司法』(成文堂、二〇〇六年)九三―九四頁。

（2）「性的接触」について、第二節中の二（三）「一三歳未満の児童を対象とする性的暴行（第七条）」における説明参照。

（3）Sexual Offences Act 2003 *Explanatory Notes*, para. 18. ; Kim Stevenson, Anne Davies, Michael Gunn, *Blackstone's Guide to the Sexual Offences Act 2003*, Oxford 2004, para. 4. 3. 2-4. 3. 2. 2. 1.

（4）Sexual Offences Act 2003 *Explanatory Notes*, para. 19. ; Kim Stevenson, Anne Davies, Michael Gunn, *ibid*, para. 4. 3. 3-4. 3. 3. 2.

（5）Sexual Offences Act 2003 *Explanatory Notes*, para. 20. ; Kim Stevenson, Anne Davies, Michael Gunn, *ibid*, para. 4. 3. 4-4. 3. 4. 1.

（6）Sexual Offences Act 2003 *Explanatory Notes*, para. 21. ; Kim Stevenson, Anne Davies, Michael Gunn, *ibid*, para. 4. 3. 5.

（7）Sexual Offences Act 2003 *Explanatory Notes*, para. 23-25. ; Kim Stevenson, Anne Davies, Michael Gunn, *ibid*, para. 4. 3. 7-4. 3. 7. 3.

（8）犯人は、インターネットを通して、自分が一三歳であると称して二人の児童に接近し、一三歳未満の児童との不法な性交の罪の法定刑が高いので、これを回避するために、二人が一三歳になるのを待って性交し、一六歳未満の女子との性交の罪と品位を欠く暴行の罪に問われた。法務総裁は、インターネットを介した性的接触に悪質性を認めて、より重い科刑を想定すべきである旨を表明した（Kim Stevenson, Anne Davies, Michael Gunn, *ibid*, para. 4. 3. 8.）。

（9）Sexual Offences Act 2003 *Explanatory Notes*, para.30. ; Kim Stevenson, Anne Davies, Michael Gunn, *Blackstone's Guide to the Sexual Offences Act 2003*, Oxford 2004, para. 4. 3. 8.

第四節　対児童性犯罪の一覧と認知件数

対児童性犯罪について、成立要件と量刑を中心に検討してきたが、加害者と被害者の年齢、行為態様、媒介方法の利用等、多様な要素が組み合わさって、説明が冗長になってしまったきらいがあるので、各犯罪を一覧表示して、まとめておく（表一・表二）。イギリス「二〇〇三年性犯罪法」は、「強姦」の定義を明記したこと、一三歳未満の児童に対する性犯罪を特記したこと、新しい媒介手段を利用した「性的グルーミング」の罪を新設したこと等、我が国を含む諸外国の性犯罪立法に多大の示唆を与えるものということができる。また量刑について敷衍すれば、一三歳未満の児童を対象とする性犯罪では、①終身拘禁（正式起訴のみ）と、②一四年以下の拘禁（正式起訴）か六か月以下の拘禁もしくは法定上限以下の罰金または両者の併科（略式起訴）［選択的起訴］に分けられるが、児童性犯罪では、①一四年以下の拘禁（正式起訴のみ）と、②一四年以下、一〇年以下、五年以下のいずれかの拘禁（正式起訴）か六か月以下の拘禁もしくは法定上限以下の罰金または両者の併科（略式起訴）［選択的起訴］に分けられる。性犯罪が正式起訴による場合には、五年以下の拘禁から終身拘禁までが規定されているが、略式起訴による場合には、すべて同一の法定刑となっている。

最後に、統計書を基にして、本章で取り扱った対児童性犯罪の最近の認知件数を掲げておく（表三）。

小　括

特定の対児童性犯罪を検討し、これらの罪を一覧表示して、一応の整理を行ってきた。本章で取り扱った性犯罪は、「二〇〇三年性犯罪法」第五条から第一五条までに定める児童性犯罪に限られている。対児童性犯罪の全体を理解するためには、「はじめに」に掲げたように、児童に向けられた多様な加害行為に対する法的対応も把握しなければならない。とりわけ本章とのかかわりでいえば、児童を対象とする「信用ある地位の濫用」「家庭内の児童性犯罪」「売春および人身売買の罪」「品位を欠く写真の撮影等」等で、「二〇〇三年性犯罪法」上どのような措置が講じられているかとも対比して理解することが重要である。本書では、第三章「「二〇〇三年性犯罪法」における「信用ある地位の濫用」の罪について―児童接触業務への就業不適切者名簿の作成および「信用ある地位の濫用」の罪―」、第四章「「二〇〇三年性犯罪法」における家庭内性犯罪について―「家庭内の児童性犯罪」と「親族関係にある成年者との性交」を中心にして―」、第六章「「二〇〇三年性犯罪法」における児童を対象とする品位を欠く写真の撮影等について―「一九七八年児童保護法」と「一九八八年刑事司法法」関係条項の改正―」、第七章「「二〇〇三年性犯罪法」における売春および人身売買の罪について―「二〇〇三年性犯罪法」と関係法律・関係提言との対比―」において、それぞれの関係する分野における児童への対応措置を検討・考察している。

表一　基本性犯罪（第一条―第四条）・一三歳未満の対児童性犯罪（第五条―第八条）一覧（二〇〇三年性犯罪法）

性犯罪	成立要件・量刑（法定刑）
基本性犯罪	**強姦（第一条）** 次の要件のすべてに該当すること ・加害者が故意に自己のペニスを被害者の膣、アヌスまたは口へ挿入した ・被害者がその挿入に同意しなかった ・被害者が同意する、と加害者が合理的に確信していなかった（以上第一項） ・被害者が同意すると確信することが合理的か否かは、被害者が同意するか否かを確認する
	膣またはアヌスへの挿入による暴行（第二条） 次の要件のすべてに該当すること ・加害者が故意に自己の身体の一部または物を被害者の膣またはアヌスへ挿入した ・その挿入が性的であった ・被害者がその挿入に同意しなかった ・被害者が同意する、と加害者が合理的に確信していなかった（以上第一項） ・被害者が同意すると確信することが合理的か否かは、被害者が同意するか否かを確認する
	性的暴行（第三条） 次の要件のすべてに該当すること ・加害者が故意に被害者に接触した ・その接触が性的であった ・被害者がその接触に同意しなかった ・被害者が同意する、と加害者が合理的に確信していなかった（以上第一項） ・被害者が同意すると確信することが合理的か否かは、被害者が同意するか否かを確認する
	同意を得ないで人に対し性的行為を行うように強制する罪（第四条） 次の要件のすべてに該当すること ・加害者が故意に被害者に対し性的行為を行うように強制した ・被害者が性的行為を行うことに同意しなかった ・被害者が同意する、と加害者が合理的に確信していなかった（以上第一項） ・被害者が同意すると確信することが合理的か否かは、被害者が同意するか否かを確認するために加害者が講じたあらゆる措置を含むすべての状況を考慮して決定する（第二項） ・同意についての証拠上の推定（第七五条）と同意についての確実な推定（第七六条）を適用する（第三項） 一〇年以下の拘禁（正式起訴） 六か月以下の拘禁もしくは法定上限以下の罰金または両者の併科（略式起訴）（第五項）

	一三歳未満の対児童性犯罪
ために加害者が講じたあらゆる措置を含むすべての状況を考慮して決定する（第二項） ・同意についての証拠上の推定（第七五条）と同意についての確実な推定（第七六条）を適用する（第三項） 終身拘禁（正式起訴）（第四項）	**強姦（第五条）** 次の要件の両者に該当すること ・加害者が故意に自己のペニスを被害者の膣、アヌスまたは口へ挿入した ・被害者が一三歳未満であった（以上第一項） 終身拘禁（正式起訴）（第二項）
ために加害者が講じたあらゆる措置を含むすべての状況を考慮して決定する（第二項） ・同意についての証拠上の推定（第七五条）と同意についての確実な推定（第七六条）を適用する（第三項） 終身拘禁（正式起訴）（第四項）	**膣またはアヌスへの挿入による暴行（第六条）** 次の要件のすべてに該当すること ・加害者が故意に自己の身体の一部または物を被害者の膣またはアヌスへ挿入した ・その挿入が性的であった ・被害者が一三歳未満であった（以上第一項） 終身拘禁（正式起訴）（第二項）
ために加害者が講じたあらゆる措置を含むすべての状況を考慮して決定する（第二項） ・同意についての証拠上の推定（第七五条）と同意についての確実な推定（第七六条）を適用する（第三項） 一〇年以下の拘禁（正式起訴） 六か月以下の拘禁もしくは法定上限以下の罰金または両者の併科（略式起訴）（第四項）	**性的暴行（第七条）** 次の要件のすべてに該当すること ・加害者が故意に被害者に接触した ・その接触が性的であった ・被害者が一三歳未満であった（以上第一項） 一四年以下の拘禁（正式起訴） 六か月以下の拘禁もしく
加重性的行為を行うように強制する罪 強制された行為に中に次のいずれかが含まれていた ・被害者の膣またはアヌスへ挿入 ・人のペニスを被害者の口へ挿入 ・被害者の身体の一部を、または被害者が物を人のアヌスまたは膣へ挿入 ・被害者のペニスを人の口へ挿入（第四項） 終身拘禁（正式起訴）（第四項）	**性的行為を行うように強制または勧誘する」罪（第八条）** **単純性的行為を行うように強制または勧誘する罪** 次の要件の両者に該当すること ・加害者が故意に被害者に対し性的行為を行うように強制または勧誘した ・被害者が一三歳未満であった（以上第一項） 一四年以下の拘禁（正式起訴） 六か月以下の拘禁もしくは法定上限以下の罰金または両者の併科（略式起訴）（第三項） **加重性的行為を強制または勧誘する罪** 強制または勧誘された行為に中に次のいずれかが含まれていた

			は法定上限以下の罰金または両者の併科(略式起訴)(第二項)	・被害者の膣またはアヌスへ挿入 ・人のペニスを被害者の口へ挿入 ・被害者の身体の一部を、または被害者が物を人のアヌスまたは膣へ挿入 ・被害者のペニスを人の口へ挿入(第二項) 終身拘禁(正式起訴)(第二項)

表二　児童性犯罪(第九条—第一五条)一覧(二〇〇三年性犯罪法)

性犯罪	成立要件・量刑(法定刑)					
成年者(一八歳以上)による児童(一六歳未満)性犯罪	**児童との性的行為(第九条)** **単純性的接触** 次の要件のすべてに該当すること ・加害者が故意に被害者に接触した ・その接触が性的であった	**児童に対し性的行為を行うように強制または勧誘する罪(第一〇条)** **単純性的行為を行うように強制または勧誘する罪** 次の要件の両者に該当すること ・加害者が故意に被害者に対し性的行為を行うように強制または勧誘した	**児童の面前で性的行為を行う罪(第一一条)** 次の要件のすべてに該当すること ・加害者が故意に性的行為を行った ・次の両者を具備している場合において、加害者が性的満足を得るためにその行為を行った ①被害者が現在していた場合か、加害者を観察すること	**児童に対し性的行為を見つめるように強制する罪(第一二条)** 次の要件の両者に該当すること ・加害者が性的満足を得るために故意に被害者に対し第三者が性的行為を行っている状況を見つめるように強制したか、人が性的行為を行っている画像を閲覧するように強制した	**児童性犯罪の犯行を準備または促進する罪(第一四条)** 次の要件に該当すること 加害者が行うことを意図している事項、他人が行うことを加害者が意図している事項、他人が行うであろうと加害者が確信している事項のいずれかで、その犯行の中に第九条から第一三条までの規定に	**児童と会って、性的グルーミング等を行う罪(第一五条)** 次の要件のすべてに該当すること ・加害者が二回以上児童と会うか、連絡をとった後、故意に児童と会い、その時点かその後に、関係性犯罪を行う意思があった ・被害者が一六歳未満であった ・被害者が一六歳以

		・次のいずれかであった ①被害者が一六歳未満であった場合において、被害者が一六歳以上であった、と加害者が合理的に確信していなかった ②被害者が一三歳未満であった（以上第一項）
		・次のいずれかであった ①被害者が一六歳未満であった場合において、被害者が一六歳以上であった、と加害者が合理的に確信していなかった ②被害者が一三歳未満であった（以上第一項）
ができる場所に居た場合 ②加害者がその行為を行っていることに被害者が気づいていることを知りながら、ほか		・次のいずれかであった ①被害者が一六歳未満であった場合において、被害者が一六歳以上であった、と加害者が合理的に確信していなかった ②被害者が一三歳未満であった（以上第一項）
		・次のいずれかであった ①被害者が一六歳未満であった場合において、被害者が一六歳以上であった、と加害者が合理的に確信していなかった ②被害者が一三歳未満であった（以上第一項）
基づく罪の犯行が含まれていることを、故意に準備または促進した	他人が行うであろうと自己が確信し、自己が行うことを意図していないか、または他人が行うことを自己が意図していない児童性犯罪を準備または促進する者について、それが児童の保護のために行われたものであることが立証されたときは、罪は成立しない（第二項・第三項）	
上であった、と加害者が合理的に確信していなかった（以上第一項）		

一四年以下の拘禁（正式起訴）六か月以下の拘禁もしくは法定上限以下の罰金または両者の併科（略式起訴）（第三項）	**加重性的接触** 接触の中に次のいずれかが含まれていた ・加害者の身体の一部または物を被害者のアヌスまたは膣へ挿入 ・加害者のペニスを被害者の口へ挿入 ・被害者の身体の一部を加害者のアヌスまたは膣へ挿入 ・被害者のペニスを加害者の口へ挿入 （第二項） 一四年以下の拘禁（正式起訴）（第二項）
一四年以下の拘禁（正式起訴）六か月以下の拘禁もしくは法定上限以下の罰金または両者の併科（略式起訴）（第三項）	**加重性的行為を行うように強制または勧誘する罪** 強制または勧誘された行為に中に次のいずれかが含まれていた ・被害者のアヌスまたは膣へ挿入 ・人のペニスを被害者の口へ挿入 ・被害者の身体の一部を、または被害者が物を人のアヌスまたは膣へ挿入 ・被害者のペニスを人の口へ挿入（第二項） 一四年以下の拘禁（正式起訴）（第二項）
一〇年以下の拘禁（正式起訴）六か月以下の拘禁もしくは法定上限以下の罰金または両者の併科（略式起訴）（第二項）	
一〇年以下の拘禁（正式起訴）六か月以下の拘禁もしくは法定上限以下の罰金または両者の併科（略式起訴）（第二項）	
一四年以下の拘禁（正式起訴）六か月以下の拘禁もしくは法定上限以下の罰金または両者の併科（略式起訴）（第四項）	
一〇年以下の拘禁（正式起訴）六か月以下の拘禁もしくは法定上限以下の罰金または両者の併科（略式起訴）（第四項）	

	未成年者（一八歳未満）による児童（一六歳未満）性犯罪	
被害者が一六歳以上であったと合理的に確信していた旨の抗弁（第一項）	同上の行為（第九条・第一三条）	五年以下の拘禁（正式起訴）六か月以下の拘禁もしくは法定上限以下の罰金または両者の併科（略式起訴）（第二項）
被害者が一六歳以上であったと合理的に確信していた旨の抗弁（第一項）	同上の行為（第一〇条・第一三条）	五年以下の拘禁（正式起訴）六か月以下の拘禁もしくは法定上限以下の罰金または両者の併科（略式起訴）（第二項）
被害者が一六歳以上であったと合理的に確信していた旨の抗弁（第一項）	同上の行為（第一一条・第一三条）	五年以下の拘禁（正式起訴）六か月以下の拘禁もしくは法定上限以下の罰金または両者の併科（略式起訴）（第二項）
被害者が一六歳以上であったと合理的に確信していた旨の抗弁（第一項）	同上の行為（第一二条・第一三条）	五年以下の拘禁（正式起訴）六か月以下の拘禁もしくは法定上限以下の罰金または両者の併科（略式起訴）（第二項）
被害者が一六歳以上であったと合理的に確信していた旨の抗弁（第一項）		

表三　対児童性犯罪の認知件数

罪	二〇〇六／〇七年	二〇〇七／〇八年	二〇〇九／〇九年
一三歳未満の男子児童に対する強姦	四五八	四二八	四〇八
一三歳未満の女子児童に対する強姦	一五二四	一四八五	一六四七
一六歳未満の男子児童に対する強姦	二六一	二三七	二一七
一六歳未満の女子児童に対する強姦	二八五三	二四一三	二五二四
一六歳以上の男子に対する強姦	四一三	三三三	三一六
一六歳以上の女子に対する強姦	八二二二	七五八八	七七七八
一三歳未満の男子児童に対する性的暴行	一二三七	一一一四	一〇〇一

105　表

一三歳未満の女子児童に対する性的暴行	四二四五	三九七二	三六五五
一三歳以上の男子に対する性的暴行	一四五〇	一三二四	一一六四
一三歳以上の女子に対する性的暴行	一六八八三	一五七七九	一五五一〇
一三歳未満の児童を含む性的行為	一九三六	一八三六	一六四九
一六歳未満の児童を含む性的行為	三二〇八	三一〇四	三三一七
性的グルーミング	三二二	二七二	三一五

Crime in England and Wales 2008/09 Volume 1 Findings from the British Crime Survey and police recorded crime, July 2009 p. 31を基にして作成した。

第三章　「二〇〇三年性犯罪法」における「信用ある地位の濫用」の罪について―児童接触業務への就業不適切者名簿の作成および「信用ある地位の濫用」の罪―

はじめに

イギリスでは、一九九〇年代に入って、児童が、その児童をケアするべき立場にある者から性的虐待を受けるといった事態が登場し始めた。このような、いわば、児童の立場から信用されるべき地位にある者による、その信用を裏切るような性的行為に対する取組みに加えて、児童に危害を加えるなどの行為により、児童と接触する業務に就くことが不適切と見られる人物が児童接触業務に就業することを禁止するための方策も検討することが急務とされることになった。前者は、児童に関して信用ある地位にある者による「信用ある地位の濫用」(Abuse of Position of Trust) に対する性犯罪対策であり、後者は、対児童危害者の児童対象業務への就業禁止対策である。

前者の「信用ある地位の濫用」に対する性犯罪対策については、「二〇〇〇年性犯罪(改正)法」(法律第四四号) (Sexual Offences (Amendment) Act 2000) (c. 44) において、「信用ある地位の濫用」の罪が新設された。その後、「二〇〇三年性犯罪法」(法律第四二号) (Sexual Offences Act 2003) (c. 42) が制定され、「二〇〇〇年性犯罪(改正)法」中に定めた「信用ある地位の濫用」の規定は二〇〇三年法によって廃止され、同罪が二〇〇三年法に引き継がれて、同法中の「信用ある地位の濫用」の規定に読み替えられた。

後者の対児童危害者の児童対象業務への就業禁止対策については、「一九九九年児童保護法」（法律第一四号）（Protection of Children Act 1999）（c. 14）により、主務大臣が、児童を対象とする業務への就業に不適切とみなされる者の名簿を作成することとし、児童ケアを行う組織が、児童ケアを行う地位においてある者に雇用の提供を行おうとするときは、その組織は、この者が就業不適切者名簿に記載されているか否かを確認するものとし、その名簿に記載されているときは、児童ケアの地位においてこの者を雇用してはならないとした。また「二〇〇〇年刑事司法及び裁判所業務法」（法律第四三号）（Criminal Justice and Court Services Act 2000）（c. 43）は、「対児童犯罪」（Offence against a Child）により児童に危害を生じさせた者に対し、裁判所が児童を対象とする業務に就く資格を剥奪する「資格剥奪命令」（Disqualification Orders）を発することとし、これに違反して、規制対象となっている職において関係業務の申込み、提供、受入れ等を行った者は、所定の刑に処することとしている。

さて、本章は、「二〇〇三年性犯罪法」における「信用ある地位の濫用」の罪を中心に置いて検討するが、関連して、児童保護対策として挙げられる、児童接触業務への就業不適切者名簿の作成についても考察することとする。なお、「二〇〇〇年刑事司法及び裁判所業務法」に定める「資格剥奪命令」については、既に別稿で紹介した。(1)

本章では、まず、「児童接触業務への就業不適切者名簿の作成」について考察し、そのあとで「信用ある地位の濫用」の罪について検討することとする。「信用ある地位の濫用」の罪は、先に述べたように、「二〇〇〇年性犯罪（改正）法」中に初めて設置されたが、イギリス内務省が二〇〇〇年七月に公表した性犯罪に関する法律の改革に向けた協議文書（『二〇〇〇年内務省報告書』と呼称することとする）(2)が、「性犯罪（改正）法案」を取り上げて、同法案が、閉鎖ユニットや刑務所のような閉鎖施設内に収容されている一六歳・一七歳の児童と、これらの者に対して責任ある地位にある者との間の性的行為を禁止している旨に言及しているので、(3)「信用ある地位の濫用」の罪については、まずは『二〇〇〇年内務省報告書』が提示する「ケア関係の違反」(a breach of a relationship of care) の罪の提言を紹介することとし、これに続けて、「二〇〇〇年性犯罪(改正)法」における「信用ある地位の濫用」の罪と「二〇〇三年性犯罪法」における「信用ある地位の濫用」の罪を検討することとする。

(1) 「資格剥奪命令」について、横山　潔「イギリスにおける対児童犯罪・少年犯罪・性犯罪に対する最近の立法措置―イギリス「二〇〇〇年刑事司法及び裁判所業務法」による資格剥奪命令・コミュニティ命令・「一九九七年性犯罪者法」改正―」外国の立法第二一八号(平成一五年一一月)三四-四六頁(横山　潔『イギリスの少年刑事司法』(成文堂、二〇〇六年)一八七-二一二頁所収)参照。

(2) 『境界線を設定する―性犯罪に関する法律の改革』: *Setting the Boundaries-Reforming the Law on Sex Offences*, Published by Home Office Communication Directrate July 2000.『二〇〇〇年内務省報告書』について、本書第七章「『二〇〇三年性犯罪法』における売春および人身売買の罪について―『二〇〇三年性犯罪法』と関係法律・関係提言との対比―」の第二節「『二〇〇〇年内務省報告書』による売春および人身売買に関する提言」〔二八三頁以下〕参照。

(3) *Setting the Boundaries-Reforming the Law on Sex Offences*, ibid, para. 4. 8. 16.

第一節　児童接触業務への就業不適切者名簿の作成

(一)「一九九九年児童保護法」は、児童接触業務への就業不適切者名簿の作成、名簿への記載、記載の除去、名簿への記載に対する上訴、名簿への記載の効力その他について規定し、「保健省名簿」(第一条―第四条C)、「教育・雇用省名簿」(第五条・第六条)、「通則」(第七条―第九条)、「補則」(第一〇条―第一四条)で構成されている。

一九九九年法第一条は、主務大臣の名簿作成義務について規定して、第一項で、「主務大臣は、児童を対象とする業務に就くことが不適切と思料される者の名簿を作成するものとする」と定め、第七条は、名簿への記載の効力について、次のように規定している。

「一九九九年児童保護法」（法律第一四号）

第七条　いずれかの名簿への記載の効力

(1)　児童ケアを行う組織が、児童ケアの地位においてある者に対し雇用の提供を行おうとするときは、当該組織は、次の各号に定める事項を行うものとする。

(a)　この者が次の名簿中のいずれかに記載されているか否かを確認するものとする。

(i)　第一条に基づいて作成された名簿

(ii)　一九八八年法第二一八条第六項に基づいて定めた規則のために作成した名簿（一九八八年法名簿）

(iii)　一九九六年教育法第四七〇条又は第四七一条に基づいて、主務大臣又はウェールズ国民議会が作成した就業資格被剥奪者の名簿（一九九六年法名簿）

(b)　この者が当該名簿に記載されているときは、児童ケアの地位においてこの者に対し雇用を提供してはならない。

(c)　この者は児童を対象とする業務に就くことが不適切である、という理由が付されたときは、この者が二〇〇二年教育法第一四二条に基づく指示に服するか否かを確認するものとする。

(d)　これらの理由が付された場合において、この者が同条に基づく指示に服するときは、児童ケアの地位においてこの者に対し雇用を提供してはならない。

(二)　第七条第一項は、児童ケアを行う組織が、ある者に対し児童ケアを行うという地位の雇用を提供しようとする場合には、この組織は、この者が次に掲げる三名簿に記載されているか否かを確認し、その名簿に記載されているときは、その雇用を提供してはならないとしている。「児童ケアを行う組織」（a Child Care Organization）とは、

①児童への収容施設、社会事業、保健ケア事業の提供に関係する組織や②児童に対する指導監督に関係する組織をいい、その組織は、制定法によって活動が規制され、所定の条件を具備していなければならない（第一二条第一項）とされている。三名簿とは、次に掲げる名簿である。

1　本法第一条に基づいて作成される名簿（一九九九年法名簿）

一九九九年法名簿は、児童を対象とする業務への就業が不適切と思料される者の新名簿で、主務大臣に作成義務がある。本法には、児童ケアを行う地位において雇用されている者が児童に危害を加える違法行為により、児童ケアを行う組織によって解雇されたか、辞職や退職をしなかったとすれば解雇されたであろうと思料される状況で辞職や退職をした場合には、その組織が、この者を主務大臣へ付託するなどの条件が規定されている。この新名簿には、第一条の施行前の、児童を対象とする業務への就業が不適切と思料される者に限定した旧名簿中に記載されている者も転記される。

2　一九八八年法第二一八条第六項に基づいて定めた規則のために作成した名簿（一九八八年法名簿）

一九八八年法とは、「一九八八年教育改革法」（法律第四〇号）（Education Reform Act 1988）（c. 40）をいう。一九八八年法第二一八条第六項は、「一九九九年児童保護法」第五条第一項によって一部が読み替えられ、同じ一九九九年法の第五条第二項によって、第六項の次に第六項ZAが加えられ、その第六項ZA中に定める、人の雇用を禁止または制限する理由により、主務大臣が、規則をもって、学校や高等教育施設の教師としての人の雇用や、地方教育自治体による、学校や高等教育施設以外の教師等としての人の雇用を禁止または制限する規定を定めることができる、と規定している。第六項ZA中に定める、人の雇用を禁止または制限する理由には、①医療上の理由、②違法行為を行ったという理由、③関係する者が教師として雇用されるのに適材適所の人物でないという理由、④関係する者が「一九九九年児童保護法」第一条に基づいて主務大臣が作成する名簿（1に定める、児童を対象とする業務への就業が不適切と思料される者の新名簿）中に記載されているという理由、⑤教師としての雇用に関しての教育上の理由、が挙げられている。

3　一九九六年教育法第四七〇条や第四七一条に基づいて、主務大臣やウェールズ国民議会が作成した就業資格被剥奪者の名簿（一九九六年法名簿）

「一九九六年教育法」（法律第五六号）（Education Act 1996）（c. 56）第四七〇条は、登録された学校に雇用されている教師やその他の被雇用者が児童を対象とする業務への就業に不適切か、またはその他の理由により教師もしくはその他の被雇用者であることに不適切である、と主務大臣が確信したときは、主務大臣は、不服申立てを審判所へ付託し、審判所がその旨を確信したときは、命令をもって、この者の就業資格を剥奪すると定め、第四七一条は、不服申立てについて主務大臣が行う決定について定めているが、教師や被雇用者の不適切についての上記の事案について、不服申立てを審判所へ付託したときは、主務大臣は決定を行うことができないとしている。

第七条第一項c号に定める、「二〇〇二年教育法」（法律第三二号）（Education Act 2002）（c. 32）第一四二条は、人について、「一九九九年児童保護法」第一条に基づいて作成される名簿（児童を対象とする業務への就業が不適切と思料される者の名簿）に記載されているという理由や児童を対象とする業務への就業に不適切であるという理由によるときは、イングランド地方に関しては主務大臣が、またウェールズ地方に関しては主務大臣とウェールズ国民会議との合同により、学校における教育の提供やその他の教育施設における教育の提供を行うことができない旨の指示を行うことができると定めている。この者について、第一四二条に基づく指示に服するか否かを確認し、その指示に服すると確認されたときは、児童ケアの地位においてこの者に雇用が提供されてはならないとしている。

児童接触業務への就業不適切者名簿の作成は、児童に危害を加えるか、加えるおそれのある違法行為により、児童と接触する業務に就くことが不適切な者や、学校・教育施設における教師・被雇用者として児童に接触することが不適切な者の名簿の作成を義務付け、名簿に記載された者への業務の提供や教育職の提供を規制することによって、児童のケアを図る制度であるが、名簿に記載された者について、名簿への記載に対する上訴や名簿記載の除去等の詳細な手続措置を定めて、被記載者の保護のための手段が講じられていることも忘れてはならない。

第二節　『二〇〇〇年内務省報告書』による「ケア関係の違反」の罪を設けるべき旨の提言

(一)　「ケア関係の違反」に関する二つの提言

『二〇〇〇年内務省報告書』は、「ケア関係の違反」という文言を用いて、二つの提言、即ち、①下記に掲げた、四つのケア関係の地位にある両当事者間の性的関係を罰する「ケア関係の違反」の罪を設けるべき旨の提言、および②両当事者がある程度の同意能力を有する場合において、これらの者の間の性的関係が、ケア関係の前に存在していた性的関係であったとする抗弁を設ける旨の提言を行っている。『二〇〇〇年内務省報告書』が提示した二つの提言を紹介する。

(二)　「ケア関係の違反」の罪を設けるべき旨の提言

提言三二　次の事項を禁止するケア関係の違反の罪を設けるべきである。
・入院患者であると、外来患者であるとを問わない、精神障害を有する患者と、有償・無償を問わない、職員構成員間との性

的関係
・居住ケア中にある者と、有償・無償を問わない、職員構成員間との性的関係
・コミュニティー内で特定のケア・サービスを受けている者と、有償・無償を問わない、指定されたケア提供者間との性的関係
・医師とその患者間との性的関係、およびセラピストと依頼者間との性的関係（para 4. 8. 15）

『二〇〇〇年内務省報告書』は、提言二二において、①患者と職員構成員間との性的関係、②居住ケア中にある者と職員構成員間との性的関係、③コミュニティー内でケア・サービスを受けている者とケア提供者間との性的関係、④医師とその患者間との性的関係、およびセラピストと依頼者間との性的関係の四者を禁止する「ケア関係の違反」の罪を設けるべきである旨の提言を行った。そしてその性的関係について、アヌスか生殖器への挿入または口へのペニスの挿入を含む、社会的弱者への挿入か、社会的弱者による挿入に限定されるべきか、通常の傍観者が性的と思料する、より広義の性的行為とするべきかを考えた、とのことである。(1)

(三)　ケア関係の前に存在していた性的関係であったとする抗弁を設ける旨の提言

提言二三　ある程度の同意能力が存在する場合におけるケア関係の違反の罪に対しては、ケア関係の前に存在していた性的関係であった旨の抗弁を設けるべきである。（para 4. 8. 17）

『二〇〇〇年内務省報告書』は、当事者が同意能力を有している状況にあっては、カップルの私生活に立ち入ることは悪であり、正当ではなく、それ故、ケアラーと患者が婚姻していたか、または現に性的関係にある場合には、罪は存在していない、とすることが重要である、とし[2]、提言三三において、ある程度の同意能力が存在する場合におけるケア関係の違反の罪には、ケア関係の前に存在していた性的関係であった旨の抗弁を設けるべきであると提言した。

（1） *Setting the Boundaries-Reforming the Law on Sex Offences*, Published by Home Office Communication Directrate July 2000, para. 4. 8. 15.
（2） *Setting the Boundaries-Reforming the Law on Sex Offences*, ibid, para. 4. 8. 17.

第三節　「二〇〇〇年性犯罪（改正）法」における「信用ある地位の濫用」の罪

（一）「二〇〇〇年性犯罪（改正）法」は、七か条で構成され、うち第三条から第五条までの規定で、「信用ある地位の濫用」の罪を定めている。第三条は、新設の「信用ある地位の濫用」の罪に該当する性犯罪の行為類型、行為者が「信用ある地位の濫用」の罪の不成立を立証する抗弁、「信用ある地位の濫用」の罪の不成立の要件、量刑、「性的行為」（Sexual Activity）の定義を定め、第四条では、「信用ある地位」が存在するとする四条件と用語の定義を定めている。そして第五条において、「一九九七年性犯罪者法」（法律第五一号）（Sex Offenders Act 1997）（c. 51）附則一第一条中に、g号で二〇〇〇年法第三条に基づく「信用ある地位の濫用」の罪を加えることによって、この罪を二〇〇〇年法第一条「性犯罪者のための届出要求」の規定が適用される罪とし、これにより、同罪の犯罪者は、警

察へ氏名・住所等を届け出ることが義務付けられることとした。(1)

これらの三か条は、「二〇〇三年性犯罪法」附則六第四五条と同附則七によって削除され、第四節以下で検討する二〇〇三年法第一六条から第二四条までの規定やその他の規定が、これにとって代わることとなった。「信用ある地位の濫用」の罪を定めた二〇〇〇年法と二〇〇三年法を比較・対置する関係上、二〇〇〇年法の第三条と第四条の規定を掲げておく。

「二〇〇〇年性犯罪（改正）法」（法律第四四号）

第三条　信用ある地位の濫用

(1)　第二項及び第三項に従うことを条件にして、一八歳以上の者が、（次の各号のいずれかの事案において）一八歳未満の者に関して信用ある地位にある場合において、次の各号のいずれかを行うことをもって、罪とする。

(a)　（膣であるとアナルであるとを問わず）一八歳未満の者と性交する罪

(b)　一八歳未満の者と、又は一八歳未満の者に向けて、その他の性的行為を行う罪

(2)　ある者（A）が他の者（B）と性交し、又は他の者と、若しくは他の者に向けてその他の性的行為を行い、本条に基づく罪により告発されたときは、Aが性交時又はその他の性的行為時に次の各号のいずれかであったことを立証することをもって、抗弁とする。

(a)　Bが一八歳未満であったことを知らず、かつそれを知ることを合理的に期待することができなかったこと

(b)　Bに関して、Aが信用ある地位にあったことを知らず、かつそれを知ることを合理的に期待することができなかったこと

(c)　AがBと合法的に婚姻していたこと

(3)　本法の施行前に、次の各号の両者に該当したときは、ある者（A）が他の者（B）と性交し、又は他の者と、若しくは他の者に向けてその他の性的行為を行うことをもって、罪としない。

(a)　AがBに関して信用ある地位にあったこと
(b)　AB間に性的関係があったこと
(4)　本条に基づく罪により有罪となった者は、次の各号の定めるところによる。
(a)　略式起訴に基づく有罪宣告により六か月以下の拘禁若しくは法定上限以下の罰金又は両者の併科
(b)　正式起訴に基づく有罪宣告により五年以下の拘禁若しくは罰金又は両者の併科
(5)　本条において
(a)　「性的行為」(Sexual Activity)の中には、通常人が当事者の意思、動機又は感情を認識するのみで性的とみなすものと思料される行為は含まれない。ただし
(b)　これに従うことを条件にして、「性的行為」とは、通常人がすべての状況において性的とみなすものと思料される行為をいう。

第四条　「信用ある地位」(Position of Trust)の意味

(1)　第三条の適用上、次の各項に定める四条件のいずれか、又は主務大臣が法律的文書をもって定める命令中に規定する条件のいずれかを満たしているときは、一八歳以上の者(A)は、一八歳未満の者(B)に関して信用ある地位にあるものとする。
(2)　第一の条件は、Aが裁判所命令によって、又は制定法に基づいて、ある施設に収容されている一八歳未満の者の世話をする場合において、Bが当該施設に収容されていることをいう。
(3)　第二の条件は、Aが次の各号のいずれかに該当するホーム又はその他の場所に居住する一八歳未満の者の世話をする場合において、Bが当該場所に居住し、かつ当該場所で収容と扶養の提供又は収容の提供を受けていることをいう。
(a)　一九八九年児童法第二三条第二項又は一九九五年児童(北アイルランド)命令第二七条第二項に基づいて、自治体が収容と扶養を提供したホーム又はその他の場所
(b)　一九八九年児童法第五九条第一項又は一九九五年児童(北アイルランド)命令第七五条第一項に基づいて、ボランタリー組織が収容を提供したホーム又はその他の場所
(c)　一九九五年児童(スコットランド)法第二六条第一項に基づいて、自治体が収容を提供したホーム又はその他の場所
(4)　第三の条件は、Aが次の各号のいずれかに該当する施設に収容され、かつケアを受けている者の世話をする場合において、

Bが当該施設に収容され、かつケアを受けていることをいう。
(a) 病院
(b) 居住ケア・ホーム、看護ホーム、精神看護ホーム又は私立病院
(bb) ケア・ホーム局が提供する施設
(c) コミュニティー・ホーム、ボランタリー・ホーム、児童ホーム又は居住施設
(d) 一九八九年児童法第八二条第五項に基づいて提供されるホーム

(5) 第四の条件は、Aが教育施設において全日制の教育を受けている一八歳未満の者の世話をする場合において、Bが当該施設において当該教育を受けていることをいう。

(6) 命令の草案がまだ起草されておらず、かつ議会の各院の決議によって承認されていなかったときは、命令は、第一項によって定められていないものとする。

(7) Aが一八歳未満の者を定期的にケアすること、訓練すること、指導監督すること又は単独で保護することにかかわったときは、Aは、本条の適用上、この者の世話をしたものとする。

(8) ある者が次の各号のいずれかに該当したときは、この者は、本条の適用上、教育施設において全日制の教育を受けたものとする。
(a) 当該施設において全日制の生徒又は学生として登録を受け、その他名簿に記載されたとき
(b) 登録を受け、その他名簿に記載された別の教育施設との取決めに基づいて、当該施設において教育を受けたとき

(9) (「自治体」「ケア・ホーム局」「児童ホーム」等の用語の定義を記載している)

(二)『二〇〇〇年内務省報告書』は、提言三二において、四種のケア関係にある当事者間の性的関係を禁止する「ケア関係の違反」の罪の設置を提言し、また提言三三において、ケア関係の前の性的関係であったとする抗弁の設置を提言した。報告書における二つの提言と「二〇〇〇年性犯罪(改正)法」を対比すれば、二〇〇〇年法は、報告書と同様の趣旨のもとに、「信用ある地位の濫用」の罪の立法化を図ったものと解せられ、第三条において

「信用ある地位の濫用」の罪を規定し、第四条において「信用ある地位」を満たす四条件を定めた。そして「性的関係」について、第三条第一項で、一八歳未満の者と性交することとその他の性的行為を行うこととし、第五項で、「性的行為」は「通常人が当事者の意思、動機又は感情を認識するのみで性的とみなすものと思料される行為」は含まず、「通常人がすべての状況において性的とみなすものと思料される行為」とした。また被告人の抗弁について、第三条第二項は、性交時や性的行為時に当事者が合法的に婚姻していたことを被告人が立証することをもって抗弁とする旨を定めた。

(1)　「二〇〇〇年性犯罪（改正）法」の紹介について、横山　潔『イギリスの少年刑事司法』（成文堂、二〇〇六年）一一九―一二〇頁、「一九九七年性犯罪者法」の紹介について、同書一一六―一一九頁、「一九九七年性犯罪者法」の邦訳について、黒澤美絵「一九九七年性犯罪者法」外国の立法第二〇五号（特集　イギリスの刑事司法）（平成一二年三月）二六一―二七二頁参照。

第四節　「二〇〇三年性犯罪法」における「信用ある地位の濫用」の罪

一　「二〇〇三年性犯罪法」における「信用ある地位の濫用」の罪の概要

「二〇〇三年性犯罪法」における「信用ある地位の濫用」の罪は、第一六条から第二四条までの規定で構成されている。行為者（加害者）は、一八歳未満の児童（被害者）に対し信用ある地位にある一八歳以上の者である。第一六条から第一九条までの規定は、信用ある地位にある者による、「児童との性的行為」、「児童に対し性的行為を行うように強制又は勧誘する罪」、「児童の面前で性的行為を行う罪」、「児童に対し性的行為を見つめるように強制する罪」の要件を定めている。これらの行為は、「二〇〇三年性犯罪法」の「児童性犯罪」中の第九条から第一二条までの規定中に定める四行為と同一であるが、「児童性犯罪」の対象者が一六歳未満の者であるのに対し、「信用ある地位の濫用」の罪の対象者が一八歳未満の者であることが異なる。第二〇条は、イングランド地方とウェールズ地方で行われたとすれば上記の条項に基づく罪を構成すると思料される何らかの行為が、スコットランド地方や北アイルランド地方で行われたとすれば、これらの行為も、上記の罪を構成するとしている。第二一条は、制定当初は、上記の罪において加害者に要求される「信用ある地位」が生ずるとされる一二の状況を規定していたが、現行の規定では、一一の状況を規定している。第二二条は、前条中に用いた文言の解釈規定である。第二三条と第二四条は、上記の罪が成立しないとされる抗弁について規定している。これらの各事項について、順次検討していくこととする。

二　各「信用ある地位の濫用」の罪の要件と量刑

(一)　信用ある地位にある者による、児童との性的行為（第一六条）

(1)　成立要件

次の要件のすべてに該当すること

・加害者（A）が故意に被害者（B）に接触したこと
・その接触が性的であったこと
・AがBに関して信用ある地位にあったこと

・Aが、第二一条「信用ある地位」の第二項、第三項、第四項または第五項に該当する状況により、Bに関して信用ある地位にあって、その他の状況によっては、信用ある地位になかった場合において、信用ある地位にあったという状況を、Aが知っていたか、または知ることを合理的に期待することができたこと

・次のいずれかであったこと

（i）Bが一三歳以上一八歳未満であったときは、Bが一八歳以上であった、とAが合理的に確信していなかったこと

（ii）Bが一三歳未満であったこと（以上第一項・第二項）

(2) 量　刑

正式起訴に基づく有罪宣告の場合にあっては、五年以下の拘禁に処せられ、略式起訴に基づく有罪宣告の場合にあっては、六か月以下の拘禁もしくは法定上限（五〇〇〇ポンド）以下の罰金に処せられ、または両者が併科される（第五項）。

(二) 信用ある地位にある者による、児童に対し性的行為を行うように強制または勧誘する罪（第一七条）

(1) 成立要件

次の要件のすべてに該当すること

・加害者（A）が故意に被害者（B）に対し性的行為を行うように強制または勧誘したこと

・AがBに関して信用ある地位にあったこと

・Aが、第二一条第二項、第三項、第四項または第五項に該当する状況により、Bに関して信用ある地位にあって、その他の状況によっては、信用ある地位になかった場合において、信用ある地位にあったという状況を、Aが知ってい

たか、または知ることを合理的に期待することができたこと
・次のいずれかであったこと
（ｉ）　Ｂが一三歳以上一八歳未満であったときは、Ｂが一八歳以上であった、とＡが合理的に確信していなかったこと
（ⅱ）　Ｂが一三歳未満であったこと（以上第一項・第二項）

⑵　量　刑

正式起訴に基づく有罪宣告の場合にあっては、五年以下の拘禁に処せられ、略式起訴に基づく有罪宣告の場合にあっては、六か月以下の拘禁もしくは法定上限以下の罰金に処せられ、または両者が併科される（第五項）。

㈢　信用ある地位にある者による、児童の面前で性的行為を行う罪（第一八条）

⑴　成立要件

次の要件のすべてに該当すること
・加害者（Ａ）が故意に性的行為を行ったこと
・次の両者を具備している場合において、Ａが、性的満足を得るために、その行為を行ったこと
（ｉ）　被害者（Ｂ）が現在していた場合か、またはＢがＡを観察することができる場所に居た場合
（ⅱ）　Ａがその行為を行っていることにＢが気づいていることを知りながら、もしくはＢが気づいていると確信しながら、またはＡがその行為を行っていることにＢが気づくことを意図しながら
・ＡがＢに関して信用ある地位にあったこと
・Ａが、第二一条第二項、第三項、第四項または第五項に該当する状況により、Ｂに関して信用ある地位にあって、そ

の他の状況によっては、信用ある地位になかった場合において、信用ある地位にあったという状況を、Aが知っていたか、または知ることを合理的に期待することができたこと

・次のいずれかであったこと

（i）　Bが一三歳以上一八歳未満であったときは、Bが一八歳以上であった、とAが合理的に確信していなかったこと

（ii）　Bが一三歳未満であったこと（以上第一項・第二項）

(2)　量　刑

正式起訴に基づく有罪宣告の場合にあっては、五年以下の拘禁に処せられ、略式起訴に基づく有罪宣告の場合にあっては、六か月以下の拘禁もしくは法定上限以下の罰金に処せられ、または両者が併科される（第五項）。

(四)　信用ある地位にある者による、児童に対し性的行為を見つめるように強制する罪（第一九条）

(1)　成立要件

次の要件のすべてに該当すること

・加害者（A）が、性的満足を得るために、故意に、被害者（B）に対し第三者が性的行為を行っている状況を見つめるように強制し、または人が性的行為を行っている画像を閲覧するように強制したこと

・AがBに関して信用ある地位にあったこと

・Aが、第二一条第二項、第三項、第四項または第五項に該当する状況により、Bに関して信用ある地位にあって、その他の状況によっては、信用ある地位になかった場合において、信用ある地位にあったという状況を、Aが知っていたか、または知ることを合理的に期待することができたこと

・次のいずれかであったこと
（i）Bが一三歳以上一八歳未満であったときは、Bが一八歳以上であった、とAが合理的に確信していなかったこと
（ii）Bが一三歳未満であったこと（以上第一項・第二項）

(2) 量　刑

正式起訴に基づく有罪宣告の場合にあっては、五年以下の拘禁に処せられ、略式起訴に基づく有罪宣告の場合にあっては、六か月以下の拘禁もしくは法定上限以下の罰金に処せられ、または両者が併科される（第五項）。

(五) 成立要件に関連する加害者（被告人）の抗弁

成立要件の立証は、検察官が負担する。「接触」（touching）の定義は、第七九条第八項で規定され、「身体の一部との接触」「物との接触」「物を通しての接触」による、挿入に至るまでの接触が含まれる。「接触」の中には、すべての形態の接触が含まれる。

「性的」（sexual）の定義は、第七八条で規定され、通常人により、行為の状況や人の目的にかかわりなく、接触が性質上性的であると思料される場合と、状況上または目的上性的であると思料される場合の二種類に分けられる。

成立要件に関連して、加害者（被告人）（A）に二つの抗弁が存在する。

①加害者は、被害者に関して「信用ある地位」にあったことが要件とされる。「信用ある地位」にあったとされる状況は、第二一条の第二項から第一三項までに規定されているが、このうち、第六項の規定が削除されたので[1]、現行規定は一一の状況を列挙している。これらの状況のほか、「二〇〇〇年性犯罪（改正）法」第四条で定めていたと同様に、主務大臣が定める命令中で、「信用ある地位」にあったとされる状況を定めることができるとしている

（第二一条第一項b号）。「信用ある地位」については、後述の第五節「「信用ある地位」が生ずる状況」で説明するが、上記の「信用ある地位の濫用」の四罪について、被告人が被害者に関して「信用ある地位」にあったとされる状況のうち、第二項、第三項、第四項、第五項のいずれかに該当する状況（後述の第五節に列挙する一一の状況中の前四者を指す）により「信用ある地位」にあって、その他の状況によっては、「信用ある地位」になかった場合において、被告人がこれらの状況を知っていたか否か、または知ることを合理的に期待することができたか否かに関する争点を提起する十分な証拠が提出されなかったときは、当該被告人は、自己がその「信用ある地位」にあったという状況を知っていたか、または知ることを合理的に期待することができたものとみなされる（第一六条から第一九条までの各第四項）。例えば、加害者が病院や学校のような大きな施設に勤めていたので、関係する児童がその施設内にいることを知ることができなかったという立証を加害者が行わない場合には、加害者は、「信用ある地位」が生ずる事実を知っていたか、または知ることを合理的に期待することができたとみなされるとしているが、このような被告人の抗弁は、かなり制限されると想定するのが合理的であるとされる。(2) 被告人は、十分な証拠を提出しない限り、「信用ある地位」にあったという状況を知っていたか、知ることを合理的に期待することができたとみなすことによって、児童を保護している。被告人は、これらの状況を知らなかったか、または知ることを合理的に期待することができなかったとする十分な証拠を提出することによって、その罪の不成立を主張することができる。この主張は、被告人による、自己が「信用ある地位」にあったという状況を知らなかったか、または知ることを合理的に期待することができなかったとする抗弁である（本書では、この主張を、成立要件に関連する被告人の第一の抗弁と呼称することとする）。

②被害者が一三歳以上一八歳未満であったときは、被害者が一八歳以上であった、と加害者が合理的に確信していなかったことを要する。それ故、加害者は、被害者が一八歳以上であったと合理的に確信していたとして、その罪

の不成立を主張する抗弁を有するが、被害者が一三歳未満であったときは、加害者は、この抗弁を用いることができない。被害者が一八歳未満であったことが立証された場合において、被害者が一八歳以上であったと被告人が合理的に確信していたか否かに関する争点を提起する十分な証拠が提出されなかったときは、被告人は、被害者が一八歳以上であったと合理的に確信していなかったものとみなされる（第一六条から第一九条までの各第三項）。被告人は、証拠を提出しない限り、被害者が一八歳以上であったとみなすことによって、児童を保護している。被告人は、被害者が一八歳以上であったと合理的に確信していたとする十分な証拠を提出することをもって、その罪の不成立を主張することができる(3)。この主張は、被告人による、被害者が一八歳以上であったと合理的に確信していたとする抗弁である（本書では、この主張を、成立要件に関連する被告人の第二の抗弁と呼称することとする）。その他の抗弁については、第六節「被告人の抗弁」で説明する。

「信用ある地位の濫用」の罪の成立要件と量刑を表に示しておく。

表一　「信用ある地位の濫用」の罪（二〇〇三年性犯罪法）

児童との性的行為（第一六条）	児童に対し性的行為を行うように強制または勧誘する罪（第一七条）	児童の面前で性的行為を行う罪（第一八条）	児童に対し性的行為を見つめるように強制する罪（第一九条）
成立要件 次の要件のすべてに該当すること ・加害者が故意に被害者に接触	成立要件 次の要件のすべてに該当すること ・加害者が故意に被害者に対し	成立要件 次の要件のすべてに該当すること ・加害者が故意に性的行為を	成立要件 次の要件のすべてに該当すること ・加害者が、性的満足を得るた

した ・その接触が性的であった	・加害者が被害者に関して信用ある地位にあった（第五節「信用ある地位」が生ずる状況」参照） ・加害者が、第五節「「信用ある地位」が生ずる状況」中の1から4までのいずれかにより、被害者に関して信用ある地位にあって、その他の状況によっては、信用ある地位になかった場合において、信用ある地位にあったという状況を、加害者が知っていたか、または知ることを合理的に期
性的行為を行うように強制または勧誘した	・加害者が被害者に関して信用ある地位にあった（第五節「信用ある地位」が生ずる状況」参照） ・加害者が、第五節「「信用ある地位」が生ずる状況」中の1から4までのいずれかにより、被害者に関して信用ある地位にあって、その他の状況によっては、信用ある地位になかった場合において、信用ある地位にあったという状況を、加害者が知っていたか、または知ることを合理的に期
行った ・被害者が現在していた場合か、被害者が加害者を観察することができる場所に居た場合で、かつ加害者がその行為を行っていることに被害者が気づいていることを知りながら、被害者が気づいていると確信しながら、または加害者がその行為を行っていることに被害者が気づくことを意図しながら、加害者が性的満足を得るために、その行為を行った	・加害者が被害者に関して信用ある地位にあった（第五節「信用ある地位」が生ずる状況」参照） ・加害者が、第五節「「信用ある地位」が生ずる状況」中の1から4までのいずれかにより、被害者に関して信用ある地位にあって、その他の状況によっては、信用ある地位になかった場合において、信用ある地位にあったという状況を、加害者が知っていたか、または知ることを合理的に期
めに、故意に、被害者に対し第三者が性的行為を行っている状況を見つめるように強制し、または人が性的行為を行っている画像を閲覧するように強制した	・加害者が被害者に関して信用ある地位にあった（第五節「信用ある地位」が生ずる状況」参照） ・加害者が、第五節「「信用ある地位」が生ずる状況」中の1から4までのいずれかにより、被害者に関して信用ある地位にあって、その他の状況によっては、信用ある地位になかった場合において、信用ある地位にあったという状況を、加害者が知っていたか、または知ることを合理的に期

待することができた（被告人は、信用ある地位にあったという状況を知らなかったか、知ることを合理的に期待することができなかったとする十分な証拠を提出することによって、その罪の不成立を主張することができる：成立要件に関連する被告人の第一の抗弁―第四節二（五）「成立要件に関連する加害者（被告人）の抗弁」〔一二四頁以下〕参照）

・次のいずれか

①被害者が一三歳以上一八歳未満であったときは、被害者が一八歳以上であった、と被告人が合理的に確信していなかった

（被告人は、被害者が一八歳以上であったと合理的に確信していたとする十分な証拠を提出することをもって、その罪の不成立を主張することができる：成立要件に関連する被告人の第二の抗弁―第四節二（五）「成立要件に関連す

待することができた（被告人は、信用ある地位にあったという状況を知らなかったか、知ることを合理的に期待することができなかったとする十分な証拠を提出することによって、その罪の不成立を主張することができる：成立要件に関連する被告人の第一の抗弁―第四節二（五）「成立要件に関連する加害者（被告人）の抗弁」〔一二四頁以下〕参照）

・次のいずれか

①被害者が一三歳以上一八歳未満であったときは、被害者が一八歳以上であった、と被告人が合理的に確信していなかった

（被告人は、被害者が一八歳以上であったと合理的に確信していたとする十分な証拠を提出することをもって、その罪の不成立を主張することができる：成立要件に関連する被告人の第二の抗弁―第四節二（五）「成立要件に関連す

待することができた（被告人は、信用ある地位にあったという状況を知らなかったか、知ることを合理的に期待することができなかったとする十分な証拠を提出することによって、その罪の不成立を主張することができる：成立要件に関連する被告人の第一の抗弁―第四節二（五）「成立要件に関連する加害者（被告人）の抗弁」〔一二四頁以下〕参照）

・次のいずれか

①被害者が一三歳以上一八歳未満であったときは、被害者が一八歳以上であった、と被告人が合理的に確信していなかった

（被告人は、被害者が一八歳以上であったと合理的に確信していたとする十分な証拠を提出することをもって、その罪の不成立を主張することができる：成立要件に関連する被告人の第二の抗弁―第四節二（五）「成立要件に関連す

待することができた（被告人は、信用ある地位にあったという状況を知らなかったか、知ることを合理的に期待することができなかったとする十分な証拠を提出することによって、その罪の不成立を主張することができる：成立要件に関連する被告人の第一の抗弁―第四節二（五）「成立要件に関連する加害者（被告人）の抗弁」〔一二四頁以下〕参照）

・次のいずれか

①被害者が一三歳以上一八歳未満であったときは、被害者が一八歳以上であった、と被告人が合理的に確信していなかった

（被告人は、被害者が一八歳以上であったと合理的に確信していたとする十分な証拠を提出することをもって、その罪の不成立を主張することができる：成立要件に関連する被告人の第二の抗弁―第四節二（五）「成立要件に関連す

る加害者（被告人）の抗弁」〔一二四頁以下〕参照） ②被告人が一三歳未満であった（第一項・第二項） 量刑 五年以下の拘禁（正式起訴） 六か月以下の拘禁もしくは法定上限以下の罰金または両者の併科（略式起訴）（第五項） 「被告人の抗弁」について表二参照	る加害者（被告人）の抗弁」〔一二四頁以下〕参照） ②被告人が一三歳未満であった（第一項・第二項） 量刑 五年以下の拘禁（正式起訴） 六か月以下の拘禁もしくは法定上限以下の罰金または両者の併科（略式起訴）（第五項） 「被告人の抗弁」について表二参照	る加害者（被告人）の抗弁」〔一二四頁以下〕参照） ②被告人が一三歳未満であった（第一項・第二項） 量刑 五年以下の拘禁（正式起訴） 六か月以下の拘禁もしくは法定上限以下の罰金または両者の併科（略式起訴）（第五項） 「被告人の抗弁」について表二参照	る加害者（被告人）の抗弁」〔一二四頁以下〕参照） ②被告人が一三歳未満であった（第一項・第二項） 量刑 五年以下の拘禁（正式起訴） 六か月以下の拘禁もしくは法定上限以下の罰金または両者の併科（略式起訴）（第五項） 「被告人の抗弁」について表二参照

（1）　第六項は、「二〇〇八年性犯罪（北アイルランド派生的改正）命令」（法律的文書第一七七九号）［S. I. 2008/1779］第六条第四項により削除された。

（2）　Kim Stevenson, Anne Davies, Michael Gunn, *Blackstone's Guide to the Sexual Offences Act 2003*, Oxford 2004, para.5.3. ; Sexual Offences Act 2003 *Explanatory Notes*, para. 33.

（3）　Kim Stevenson, Anne Davies, Michael Gunn, *ibid*, para. 5. 5. 1. ; Sexual Offences Act 2003 *Explanatory Notes*, para. 32.

第五節　「信用ある地位」が生ずる状況

一　「信用ある地位」が生ずる状況

「信用ある地位の濫用」の罪の適用上、要件とされる「信用ある地位」が生ずる状況は、「二〇〇三年性犯罪法」第二一条の第二項以下に規定されているが、これとは別に、「二〇〇〇年性犯罪（改正）法」第四条「信用ある地位」の意味」の第一項の規定と同様に、主務大臣が規則で定めることもできることになっている。ここでは、第二一条第二項に列挙する「信用ある地位」が生ずる状況について検討する。同項には、「信用ある地位」が生ずる一一の状況が列挙されている。これらの状況のうち、前四者は、被告人がこれらの状況を知っていたか否か、または知ることを合理的に期待することができたか否かに関する争点を提起する十分な証拠が提出されなかったときは、被告人は、自己がその「信用ある地位」にあったという状況を知っていたか、または知ることを合理的に期待することができたものとみなされる。それ故、被告人が罪の不成立を主張するためには、これらの状況を知らなかったか、または知ることを合理的に期待することができなかったとする十分な証拠を提出することによって、抗弁を行うことになる（「成立要件に関連する被告人の第一の抗弁」第四節二（五）「成立要件に関連する加害者（被告人）の抗弁」〔一二四頁以下〕参照）。「信用ある地位」が生ずる状況について、イングランド地方とウェールズ地方の、改正を含む関係法規が挙げられているが、スコットランド地方や北アイルランド地方において、関係する法規に基づいて、同様の罪を構成する行為が行われたときも、これらの罪を構成するとしている（第二〇条）。

二　各「信用ある地位」が生ずる状況

1　加害者（A）が裁判所命令によって、または制定法に基づいて、ある施設に収容されている一八歳未満の者の世話をする場合において、被害者（B）がその施設に収容されている場合（第二一条第二項）

「世話をする」（look after）の文言は、他の状況の中にも使用されている。「世話をする」とは、第二二条第二項で、「ある者が一八歳未満の者を定期的にケアすること、訓練すること、指導監督すること又は単独で保護することにかかわった場合」をいうと定義し、「二〇〇〇年性犯罪（改正）法」第四条第七項にも、同一の規定が置かれている。この規定は、ある者が、有償・無償を問わず、職業を基礎にして、単独で一八歳未満の者の世話をしていなければならないと述べているのではなく、これらのケアラーの中に親族やその他の家族ケアラーが含まれない、「信用ある地位」が存在する所定の状況によるという意味である、と説明されている[1]（家族ケアラーによる性犯罪については、「家庭内の児童性犯罪」（第二五条—第二九条）が規定されている。本書第四章「二〇〇三年性犯罪法」における家庭内性犯罪について—「家庭内の児童性犯罪」と「親族関係にある成年者との性交」—」参照）。

施設の例として、少年犯罪者施設、閉鎖訓練センター、プロベーション・ホステル等が挙げられている。加害者がこれらの施設の被収容者の世話をする場合において、被害者が有罪宣告を受けて、これらの施設に収容されている場合がこれに当たる[2]。

2　加害者（A）が次のいずれかに該当するホームまたはその他の場所に居住する一八歳未満の者の世話をする場合において、被害者（B）がその場所に居住し、かつその場所で収容と扶養の提供または収容の提供を受けている場合（同第三項）

・「一九八九年児童法」（法律第四一号）（Children Act 1989）（c. 41）第二三条C第六項に従って、自治体が収容と扶養の提供を行うホームまたはその他の場所

・同法第五九条第一項に基づいて、ボランタリー組織が収容の提供を行うホームまたはその他の場所

「一九八九年児童法」第二三条Cは、「世話を受ける児童が収容と扶養を受ける方法」について規定する。児童が親や養育責任を有する者等と生活を共にするための取決めを行うことができないときは、その見解において、使用することができる最適な場所に児童を託置しなければならないと定め、第六項で、児童ホームへの託置や本条のために定めた規則を遵守するその他の取決めに従った託置等について規定している。

また同法第五九条は、「ボランタリー組織による収容施設の提供」について規定する。第一項で、ボランタリー組織が児童のために収容施設を提供するときは、所定の方法によって行うものとし、児童ホームで児童を扶養すること、ボランタリー組織にとって適切と思料されるその他の取決めを行うこと等について規定している。

施設の例として、フォスター・ケアや居住ケアを含む広範囲の居住施設、閉鎖収容施設、半独立の収容施設、ドクター・バーナード・ホーム、全国児童ホーム等が挙げられている。加害者がこれらのホーム等に居住する者の世話をする場合において、被害者がこれらの場所に居住し、これらの場所に収容されて扶養を受けているか、または収容されている場合がこれに当たる。(3)

3　加害者（A）が次のいずれかに収容され、かつケアを受ける者の世話をする場合において、被害者（B）がその施設に収容され、かつケアを受けている場合（同第四項）

・病院
・ウェールズ地方において、独立クリニック
・ケア・ホーム
・コミュニティー・ホーム、ボランタリー・ホームまたは児童ホーム
・「一九八九年児童法」第八二条第五項に基づいて提供されたホーム

第二二条第五項は、「病院」「独立クリニック」「ケア・ホーム」「コミュニティー・ホーム」「ボランタリー・ホーム」「児童ホーム」についての定義規定を置いている。「病院」の定義について例示すれば、従前の定義が、次のような新定義に読み替えられた。

「病院」の新定義

「病院」（hospital）とは、次の各号のいずれかをいう。
(a)　二〇〇六年国民保健業務法（法律第四一号）第二七五条又は二〇〇六年国民保健業務（ウェールズ）法（法律第四二号）第二〇六条で定義する病院
(b)　その他の施設―
(b)（i）イングランド地方においては、次項中に列挙する業務（注：後述）のいずれかを提供する施設
（ii）ウェールズ地方においては、二〇〇〇年ケア基準法（法律第一四号）第二条第三項によって付与された意味の枠内における病院に当たる施設

「病院」の新定義中には、三法律の条項が引用されており、そのうち、前二者の「二〇〇六年国民保健業務法」（法律第四一号）（National Health Service Act 2006）（c. 41）第二七五条と「二〇〇六年国民保健業務（ウェールズ）法」（法律第四二号）（National Health Service（Wales） Act 2006）（c. 42）第二〇六条の各第一項は同一文言であって、次のように規定している。

> (1)　本法において（文脈上、別段の要求をしている場合を除き）「病院」（hospital）とは、次の各号に定める施設をいい、この中には、当該ホーム又は施設に関連して維持されるクリニック、薬局及び外来患者部門が含まれ、「病院収容施設」（hospital accommodation）は、これに応じて解釈されなければならない。
> (a)　疾病に苦しむ者の受入れと治療のための施設
> (b)　出産ホーム
> (c)　回復中の者又は医療リハビリテーションを要求する者の受入れと治療のための施設

そして、新定義のb号i中に定める「次項中に列挙する業務」が、新設の第二二条第六項に規定されている。

新設の第六項

> (6)　病院の定義のb号i中に記載した業務は、次のとおりとする。
> (a)　麻酔状態のもとで、又は静脈注射による沈静状態のもとで行う内科治療

(b)　通常の麻酔状態のもとで行う歯科治療
(c)　分娩業務、及び出産に関連する内科業務
(d)　妊娠中絶
(e)　次の業務を除く整形外科
(i)　イア・ピアス及びボディー・ピアス
(ii)　刺青
(iii)　美容目的で行う、薬物の皮下注射
(iv)　電熱を応用した毛根や皮膚小痕の除去

「一九八九年児童法」第八二条は、「主務大臣による金銭的支援」について定めている。第五項で、主務大臣が、特別の便宜と役務を必要とする児童収容施設のためのホームの提供、設置および維持を取り決めることができるとしている。

児童は、上記の施設において、医療、治療、支援の文脈において収容され、ケアを受ける。この施設の中には、児童の医療状況や疾病、身体障害、学習障害、行動上の問題により、内科治療、精神科治療その他の治療や支援を受ける施設があり、国民保健業務と私的施設の両者が含まれる。加害者が上記の施設に収容され、ケアを受ける者の世話をする場合において、被害者がこれらの施設に収容され、ケアを受けている場合がこれに当たる。(4)

4　加害者（A）が教育施設において教育を受けている一八歳未満の者の世話をする場合において、被害者（B）がその施設において教育を受け、Aが教育を受けていない場合（同第五項）

第二二条第四項は、「教育施設において教育を受ける」について、「ある者が当該施設において生徒又は学生とし

て登録を受け、その他名簿に記載されたとき」または「本人が登録を受け、その他名簿に記載された別の教育施設との取決めに基づいて、ある者が当該施設において教育を受けたとき」は、Bは「教育施設において教育を受けた」ものと定義している。

教育施設には、公立・私立を問わず、小学校、中学校、継続教育の大学が含まれ、加害者が、その勤務するこれらの教育施設において、生徒や学生として登録を受けるか名簿に記載されて、寄宿生や通学生として教育を受けている者や、別の教育施設との取決めにより、学生交換その他のプログラムにより、加害者の勤務していない教育施設において教育を受けている者の世話をする場合がこれに当たる(5)。

5　加害者（A）が次のいずれかに基づいて、またはそれに基づいて行う何らかの行為に従って、役務の提供に従事するに当たって、その能力により、個人的に被害者（B）の世話をする場合（同第七項）

・「一九七三年雇用及び訓練法」（法律第五〇号）（Employment And Training Act 1973）（c. 50）第八条から第一〇条までの規定

・「二〇〇八年教育及び技能法」（法律第二五号）（Education and Skill Act 2008）（c. 25）第六八条、第七〇条第一項b号または第七四条

第二二条第三項は、「個人的にBの世話をする」について、「AがBを定期的にケアすること、訓練すること、指導監督することにかかわった場合」において、「Bへのかかわりの過程で、（対面であると、その他の方法によるとを問わず）Aが指導監督なくして、定期的にBと接触したとき」は、Aは「個人的にBの世話をした」ものと定義し、「その他の方法による」は、電話やインターネットの方法による、と解釈されている。

「一九七三年雇用及び訓練法」第八条は、「主務大臣が生徒・大学生のための進路指導役務の提供を確保する義

務」について定めている。第一項で、主務大臣は、教育施設への全日制や定時制の出席を含む教育を受けている者に対し、雇用、訓練、教育を取得するように支援し、これらの教育を受けていない者に対し、雇用等の取得を支援するための役務の提供を確保しなければならない、と規定している。同法第九条は、前条に定める生徒・大学生の進路指導役務に対置して、「主務大臣がその他の者のための進路指導役務の提供を取り決める権限」について定めている。同法第一〇条は、「役務の提供」について定め、第一項で、主務大臣は、第八条により自己に課せられた義務を履行し、第九条により自己に付与された権限を行使することができ、これらの取決めに基づいて、地方教育自治体やその他の者は、役務を提供し、または役務の提供の取決めを引き受け、主務大臣は、義務の履行や権限の行使に当たって、身体障害者の要求を考慮するものとする、と規定している。

「二〇〇八年教育及び技能法」第六八条は、「地方教育自治体の支援役務と役務の提供」について定めている。第一項で、地方教育自治体は、その自治体が少年と若年成人の教育や訓練への有効な参加を助長し、可能にし、支援することが適切であると思料される役務を使用させなければならない、と規定している。同法第七〇条は「地方教育自治体の補充権限」について規定し、第一項b号で、地方教育自治体は、第六八条や前号（第七〇条第一項a号）に従う場合のほか、少年や若年成人の教育や訓練への有効な参加を助長し、可能にし、支援するために、役務を提供し、役務の提供を確保し、また役務の提供に参加することができる、と定めている。同法第七四条は、「主務大臣のインターネット・電話支援役務」について規定し、第二項で、主務大臣による少年や若年成人の教育や訓練への有効な参加を助長し、可能にし、支援するための役務の提供方法について、電子によると、その他によるとを問わない情報、助言、指導の公表の方法と、少年・若年成人の要望に応えて行う、電話やその他の電子的手段による情報、助言、指導の提供の方法を挙げている。

加害者が、これらの条項に基づき、またはその条項に基づいて行う行為に従って、役務の提供に従事するに当

たって、その能力により、個人的に被害者の世話をする場合が、これに当たる。(6)

6 （対面であると、その他の方法によるとを問わず）加害者（A）が、「一九八九年児童法」（法律第四一号）第二〇条または第二一条に基づく地方自治体の職務の執行において、指導監督なくして、定期的に被害者（B）と接触する場合（同第八項）

「一九八九年児童法」第二〇条は、「児童のための収容施設の提供：通則」について定めている。第一項は、すべての地方自治体が、児童の養育責任を有する者が存在しない結果として、または児童が遺棄されたなどの結果として、児童がその地域内で収容施設を要求していると認められる児童のために、収容施設を提供するものとし、第二項は、地方自治体が他の地方自治体の地域内に通常居住している児童のために前項に基づいて収容施設を提供したときは、他の地方自治体は、所定の期間内に、その児童のために、収容施設の提供を引き継ぐことができる、と定めている。第三項では、すべての地方自治体は、収容施設を提供しなければ、福祉に著しい不利益をまねくおそれがあると思料する、その地域内の一六歳以上の児童に、収容施設を提供するものとするとし、地方自治体による児童のための収容施設の提供を規定している。

同法第二一条は、「警察保護中や収容中の児童又は再勾留中の児童のための収容施設の提供」について定めている。第一項は、すべての地方自治体が、ホームからの転居や離脱を受けた児童の受入れと収容のための規定を定めるものとし、第二項は、すべての地方自治体が、警察保護中で、受け入れるように要望されている児童や再勾留中の児童等を受け入れ、これらの児童等に収容施設を提供するものとする、と定めている。

これらの規定によって、地方自治体が関係児童へ収容施設を提供する職務が定められている。加害者が、これらの職務の執行において、指導監督なくして、定期的に被害者に接触する場合が、これに当たる。児童のための養育責任を有している者の世話を受けていない児童のために収容施設の取決めをし、収容施設が見つかった場合には、被害者の世話をチェックすること、例えば、地方自治体職員のソーシャル・ワーカーや家庭センター職員が、被害者の福祉を監視するために、被害者が置かれている収容施設を訪問すること等が、例に挙げられている。(7)

7　（対面であると、その他の方法によるとを問わず）加害者（A）が、「一九八九年児童法」第七条に基づいて、被害者（B）の福祉に関係する事項に関して報告するべき者として、指導監督なくして、定期的にBと接触する場合（同第九項）

「一九八九年児童法」第七条は、「福祉報告書」について定めている。第一項は、児童に関する問題を考慮する裁判所が、「児童・家庭裁判所助言・支援局」(Children and Family Court Advisory and Support Service) の担当官やウェールズ家庭事件担当官に対し、その報告書中で取り扱うように要求される、児童の福祉に関係する事項に関して、その裁判所へ報告するように要求することができ、地方自治体に対しては、その自治体の担当官やその自治体が適切と思料する、上記の担当官以外の者が福祉事項に関してその裁判所へ報告する取決めをするように要求することができる、と規定している。これらの担当官等が裁判所に宛てて児童福祉事項を報告するために、指導監督なくして、定期的に被害者と接触する場合が、これに当たる。(8)

なお、「児童・家庭裁判所助言・支援局」は、「二〇〇〇年刑事司法及び裁判所業務法」に基づいて新設され（第一一条）、児童の福祉が関係する家庭裁判所の手続において、児童の福祉を保護・促進すること、その裁判所への申立てについて助言を与えること、児童を代理する規定を定めること、児童とその家庭のために情報・助言その他の支援を提供することを主たる職務とする（第一二条）。(9)

8　加害者（A）が、「一九八九年児童法」第二三条B第二項または附則二第一九条Cに定める規定に基づいて、被害者（B）のために任命された個人アドバイザーである場合において、その能力により、個人的にBの世話をする場合（同第一〇項）

「一九八九年児童法」第二三条Bは、「関係する児童について責任を有する地方自治体の追加職務」について定めている。第二項は、各地方自治体が、関係する児童のための個人アドバイザーを任命しなければならない、と規定し、また同法附則二第一九条Cは、地方自治体が、所定の期間世話をしている一六歳または一七歳の児童ための個人アドバイザーを持つ資格を有する児童（「有資格児童」（eligible child）と称する）について取り決めるものとする、と規定している。これらの規定に基づいて、例えば、児童の「メンター」（mentor）として地方自治体によって任命されたソーシャル・ワーカーが、その能力により、個人的に児童の世話をする場合が、これに当たる。(10)

9　被害者（B）がケア命令、指導監督命令または教育指導監督命令に服し、これらの命令によって加害者（A）に権限が付与され、またはこれらの命令で指名された自治体によってAに権限が付与されて、その職務の執行において、Aが個人的にBの世話をする場合（同第一一項）

「ケア命令」（care order）・「指導監督命令」（supervision order）・「教育指導監督命令」（education supervision order）は、第二二条第五項で定義されている。加害者が、個人的に、これらの命令に服している被害者の世話をし、またはこれらの命令の許可に基づいて助言をする場合が、これに当たる。(11)

10　加害者（A）が次のいずれかに該当する場合において、（対面であると、その他の方法によるとを問わず）その能力により、指導監督なくして、定期的に被害者（B）の世話をする場合（同第一二項）

・「一九八九年児童法」第四一条第一項に基づいて、Ｂのために任命された「児童・家庭裁判所助言・支援局」の担当官または（「二〇〇四年児童法」第三五条によって付与された意味の枠内における）ウェールズ家庭事件担当官であった場合

・「一九八四年養子縁組準則」（法律的文書第二六五号）［S. I. 1984/265］の準則六または準則一八に基づいて、Ｂの児童後見人に任命された場合

・「一九九一年家庭事件準則」（法律的文書第一二四七号）［S. I. 1991/1247］の準則九・五に基づいて、Ｂの訴訟のための後見人に任命された場合

「一九八九年児童法」第四一条は、「児童の代理」について定めている。第一項は、裁判所が、関係する児童の利益を保護するために、「児童・家庭裁判所助言・支援局」の担当官やウェールズ家庭事件担当官を任命することが必要である、と確信したときは、その担当官を任命するものとする、と規定している。また「二〇〇四年児童法」（法律第三一号）（Children Act 2004）（c. 31）第三五条は、「家庭事件に関係するウェールズ議会の職務」について定め、第二項は、ウェールズ議会が、ウェールズ家庭事件担当官に付与された職務の執行のための規定を定めなければならない、と規定している。「一九八四年養子縁組準則」の準則六と準則一八は、「訴訟のための後見人の任命とその義務」について定め、児童の親権者または後見人が、養子縁組命令を下すことに同意しないと認められるときは、開始手続が提起された後、実施可能な限り速やかに、権限を有する担当官がその児童の訴訟のための後見人を任命するものと規定し、「一九九一年家庭事件準則」の準則九・五は、「児童の別個代理」について定め、家庭事件において、児童が別個に代理を受けるべきであると裁判所が認めたときは、その裁判所は、公認ソリシタやその他の適切な人を任命し、本人の同意があれば、この者が児童に代わってその事件に参加する権限を得て、その児童の訴訟のための後見人となることができる、と規定している。これらの法律や準則に基づいて、被害者のために担当官や

後見人に任命された者が、その能力により、指導監督なくして、定期的に被害者の世話をし、接触を持つ場合が、これに当たる。(12)

11　被害者（B）が制定法によって、もしくはそれに基づいて、犯罪による収容からの釈放に当たって課せられた要求に服している場合、または犯罪手続で命ぜられた裁判所命令により課せられた要求に服している場合において、加害者（A）が、その要求に従って、個人的にBの世話をする場合（同第一三項）

「少年犯罪対策チーム」（Youth Offending Teams : YOT）構成員や薬物更生業務について裁判所が許可したカウンセラーが、個人的に、課せられた要求に服している被害者の世話をする場合が、これに当たる。(13)

ここに類別された一一の状況は、かなり包括的であるとの指摘があり、非専門職や事務職員、学校用務員、バス運転手、料理人等は、これらの規定の中には含まれないと解されている。(14)

（1）Kim Stevenson, Anne Davies, Michael Gunn, *Blackstone's Guide to the Sexual Offences Act 2003*, Oxford 2004, para. 5. 2.

（2）Kim Stevenson, Anne Davies, Michael Gunn, *ibid*, para.5. 2. : Sexual Offences Act 2003 *Explanatory Notes*, para. 37.
なお、「少年犯罪者施設」と「閉鎖訓練センター」および「少年犯罪者施設準則」と「閉鎖訓練センター準則」について、次の資料参照。
横山　潔「イギリス「少年犯罪者施設準則」について—「少年犯罪者施設準則」の解説および「二〇〇〇年少年犯罪者施設準則」の邦訳—」（一）（二・完）比較法雑誌（日本比較法研究所）第四五巻第四号（二〇一二年三月）三四七-三七二頁・同第四六巻第一号（二〇一二年六月）二二三-二六七頁。
横山　潔「イギリス「少年犯罪者施設準則」および「閉鎖訓練センター準則」について—少年院法案に関連して—」ＪＣＣＤ（犯罪と非行に関する全国協議会）第一一〇号（二〇一三年八月）二二-五三頁。

横山　潔「イギリス「一九九八年閉鎖訓練センター準則」―少年矯正施設に関する法令（二〇一三年準則による改正を含む）の邦訳―」ＪＣＣＤ（犯罪と非行に関する全国協議会）第一一一号（二〇一三年一一月）一-三五頁。

（3）Kim Stevenson, Anne Davies, Michael Gunn, *ibid*, para. 5. 2 ; Sexual Offences Act 2003 *Explanatory Notes*, para. 38.

（4）Kim Stevenson. Anne Davies, Michael Gunn, *ibid*, para. 5. 2 ; Sexual Offences Act 2003 *Explanatory Notes*, para. 39.

（5）Kim Stevenson, Anne Davies, Michael Gunn, *ibid*, para. 5. 2 ; Sexual Offences Act 2003 *Explanatory Notes*, para. 40.

（6）Kim Stevenson, Anne Davies, Michael Gunn, *ibid*, para. 5. 2 ; Sexual Offences Act 2003 *Explanatory Notes*, para. 42.

（7）Kim Stevenson, Anne Davies, Michael Gunn, *ibid*, para. 5. 2 ; Sexual Offences Act 2003 *Explanatory Notes*, para. 43.

（8）Kim Stevenson, Anne Davies, Michael Gunn, *ibid*, para. 5. 2 ; Sexual Offences Act 2003 *Explanatory Notes*, para. 44.

（9）横山　潔『イギリスの少年刑事司法』（成文堂、二〇〇六年）二八八-二八九頁。

（10）Kim Stevenson, Anne Davies, Michael Gunn, *Blackstone's Guide to the Sexual Offences Act 2003*, Oxford 2004, para.5.2. ; Sexual Offences Act 2003 *Explanatory Notes*, para.45.

（11）Kim Stevenson, Anne Davies, Michael Gunn, *ibid*, para. 5. 2 ; Sexual Offences Act 2003 *Explanatory Notes*, para. 46.

（12）Kim Stevenson, Anne Davies, Michael Gunn, *ibid*, para. 5. 2 ; Sexual Offences Act 2003 *Explanatory Notes*, para. 47.

（13）Kim Stevenson, Anne Davies, Michael Gunn, *ibid*, para. 5. 2 ; Sexual Offences Act 2003 *Explanatory Notes*, para. 48.

（14）Kim Stevenson, Anne Davies, Michael Gunn, *ibid*, para. 5. 2.

第六節　被告人の抗弁

「信用ある地位の濫用」の罪の成立要件に関連して生ずる被告人の抗弁については、前述した[1]。「二〇〇三年性犯罪法」は、これらの抗弁のほかに、さらに、次の二つの抗弁を規定している。この抗弁は、家庭内の児童性犯罪に設けられている抗弁（第二八条・第二九条）と類似する抗弁である。

(一)　行為の時点に、被害者が一六歳以上であって、被告人と被害者が法律上婚姻していたか、相互に登録同性パートナーであった場合（第二三条）

「信用ある地位の濫用」の罪の成立要件を具備している場合であっても、性的行為の時点に、被害者が一六歳以上であって、かつ被告人と被害者が法律上婚姻していたか、相互に登録同性パートナーであった場合には、罪が成立しないこととした。「登録同性パートナー」(civil partner) は、同性の両者間で、相互に同性パートナーとして登録した場合に形成される関係である。(2) 合法的に婚姻していたこと、登録同性パートナーであったことの立証は、被告人が負担する（第二項）。

事例：一七歳の女子が、両親の同意を得て、本人の教師やプロベーション・オフィサーと婚姻していた場合には、罪を犯していないことになる。(3)

(二)　信用ある地位が生ずる前に、被告人と被害者との間に性的関係があった場合（第二四条）

この抗弁は、性的関係が合法的である場合のみが想定されており、両者間の性交が違法であったと思料されるときは、抗弁は認められない（第二項）。性的関係があったことの立証は、被告人が負担する（第三項）。

事例：一七歳の女子が、本人の通う学校で実習教師の職を得た被告人と、職を得る前に性的関係にかかわった場合には、被告人は、「信用ある地位の濫用」の罪について抗弁を有するが、性的関係があった当時、その女子が一五歳であったときは、就職以前に性的関係があった旨の抗弁は、認められない。(4)

被告人の抗弁について、成立要件に関連する被告人の第一の抗弁と第二の抗弁をも含めて、表に示しておく。

表二　被告人の抗弁

1　信用ある地位にあったという状況を知らなかったか、知ることを合理的に期待することができなかったとする十分な証拠を提出すること：成立要件に関連する被告人の第一の抗弁

2　被害者が一八歳以上であったと合理的に確信していたとする十分な証拠を提出すること：成立要件に関連する被告人の第二の抗弁

3　行為の時点に、被害者が一六歳以上であって、被告人と被害者が法律上婚姻していたか、相互に登録同性パートナーであったこと（第二三条第一項）
合法的に婚姻していたこと、登録同性パートナーであったことの立証は、被告人が負担する（同第二項）
例：一七歳の女子が、両親の同意を得て、本人の教師やプロベーション・オフィサーと婚姻していた場合

4　信用ある地位が生ずる前に、被告人と被害者との間に性的関係があったこと（第二四条第一項）
両者間の性交が違法であったと思料されるときは、抗弁は認められない（同第二項）
性的関係があったことの立証は、被告人が負担する（同第三項）
例：一七歳の女子が、本人の通う学校で実習教師の職を得た被告人と、職を得る前に性的関係にかかわった場合

（1）第四節「「二〇〇三年性犯罪法」における「信用ある地位の濫用」の罪」中の二（五）〔一二四頁以下〕参照。
（2）「登録同性パートナー」について、本書第四章「「二〇〇三年性犯罪法」における家庭内性犯罪について—「家庭内の児童性犯罪」と「親族関係にある成年者との性交」を中心にして—」の第三節「「二〇〇三年性犯罪法」における「家庭内の児童性犯罪」」中の注（13）〔一八二頁〕参照。
（3）Kim Stevenson, Anne Davies, Michael Gunn, *Blackstone's Guide to the Sexual Offences Act 2003*, Oxford 2004, para. 5. 5. 2.;

Sexual Offences Act 2003 *Explanatory Notes*, para. 49.

（4）Kim Stevenson, Anne Davies, Michael Gunn, *ibid*, para. 5. 3. 1. ; Sexual Offences Act 2003 *Explanatory Notes*, para. 50.

第七節　就業不適切者名簿の作成と「信用ある地位の濫用」の罪の検討

（一）本章は、児童に対する危害行為や性的虐待に対し、イギリス政府が対処した二つの方策を紹介した。その一は、児童に危害を加えるおそれのある者を児童と接触する業務に就くことが不適切な人物とし、これらの者の児童接触業務への就業を禁止するために、就業不適切者名簿を作成することとした。児童ケアを行う組織が、児童ケアの地位においてある者に雇用を提供するに当たっては、関係名簿を確認し、その名簿に記載がある者に雇用を提供してはならないこととした。その二は、児童に関して「信用ある地位」にある者がその地位を濫用して性的行為を行った場合には、「信用ある地位の濫用」の罪に処するとする措置である。前者の「就業不適切者名簿の作成による児童接触業務への就業禁止」は、「一九九九年児童保護法」「一九八八年教育改革法」「一九九六年教育法」「二〇〇二年教育法」等の行政法規に基づく、行政法規上の児童保護対策であるのに対し、後者の「「信用ある地位の濫用」の罪による処罰」は、「二〇〇〇年性犯罪（改正）法」およびそれを引き継いだ「二〇〇三年性犯罪法」による、刑事法規上の児童保護対策である。

（二）後者の「信用ある地位の濫用」の罪による処罰は、「信用ある地位の濫用」の罪について、同罪を創設した「二〇〇〇年性犯罪（改正）法」から、性犯罪法規を包括して整備した「二〇〇三年性犯罪法」へと移設することによって、関係する性犯罪の規制を他の性犯罪の規制と整合させて、統一した立法措置を講ずることであった。「二

○○○年性犯罪（改正）法」による同罪の規定と「二〇〇三年性犯罪法」による包括的整備は、次のとおりである。

1　「二〇〇〇年性犯罪（改正）法」に定める「信用ある地位の濫用」は、次のように規定していた。

・加害者：一八歳以上で、被害者に関して「信用ある地位」にある者

・被害者：一八歳未満の者

・行為：（膣であるとアナルであるとを問わず）被害者と性交するか、被害者と、または被害者に向けて、その他の性的行為を行う。

「性的行為」の中には、通常人が当事者の意思、動機、感情を認識するのみで性的とみなすものと思料される行為は含まれず、これに従うことを条件にして、「性的行為」とは、通常人がすべての状況において性的とみなすものと思料される行為をいう。

・抗弁：次のいずれかを立証すること

①加害者が、行為時に、被害者が一八歳未満であったことを知らず、かつそれを知ることを合理的に期待することができなかった。

②加害者が被害者に関して「信用ある地位」にあったことを知らず、かつそれを知ることを合理的に期待することができなかった。

③加害者が被害者と合法的に婚姻していた。

④加害者が被害者と性交するか、その他の性的行為を行った場合において、本法の施行前に、加害者が被害者に関して「信用ある地位」にあり、かつ被害者と合法的に婚姻していた。

・量刑：五年以下の拘禁もしくは罰金または両者の併科（正式起訴）・六か月以下の拘禁もしくは法定上限以下の罰金または両者の併科（略式起訴）

・「信用ある地位」が生ずる状況：次のいずれか（主務大臣が命令中に「信用ある地位」が生ずる状況を規定することもできる）

①加害者が裁判所命令によって、または制定法に基づいて、ある施設に収容されている一八歳未満の者の世話をする場合において、被害者がその施設に収容されている場合

②加害者が関係するホームやその他の場所に居住する一八歳未満の者の世話をする場合において、被害者がその場所に居住し、かつその場所で収容と扶養の提供や収容の提供を受けている場合

③加害者が関係する施設に収容され、かつケアを受ける者の世話をする場合において、被害者がその施設に収容され、かつケアを受けている場合

④加害者が教育施設において全日制の教育を受けている一八歳未満の者の世話をする場合において、被害者がその施設において関係する教育を受けている場合

・届出要求：「信用ある地位の濫用」の罪の犯罪者に警察へ氏名・住所等を届け出ることを義務付けた。

2 「二〇〇〇年性犯罪（改正）法」に定める「信用ある地位の濫用」の上記の要件と効果は、「二〇〇三年性犯罪法」中に採用され、他の性犯罪の要件や効果と統一して、次のように整備・統合された。

・加害者、被害者、行為、抗弁、量刑について、他の性犯罪におけるそれと同様に、統一した規定形式が採用されている。

・二〇〇〇年法において、性的行為が「性交」と「その他の性的行為」の行為態様に区分されていたが（第三条第一項）、二〇〇三年法では、「児童との性的行為」「児童に対し性的行為を行うように強制又は勧誘する罪」「児童の面前で性的行為を行う罪」「児童に対し性的行為を見つめるように強制する罪」の四形態が採用された（第一六条―第一九条）。この行為態様は、「児童性犯罪」（第九条―第一二条）・「精神障害者を対象とする性犯罪」（第三〇条―第三三条）等においても用いられている。また二〇〇〇年法は、第三条第五項中で個別に「性的行為」を定義したが、二〇〇三年法では、通則規定の中で、「性的」を定義した（第七八条）。

・二〇〇〇年法において、四つの「信用ある地位」が生ずる状況を掲げていたが（第四条）、現行の二〇〇三年法では、二〇〇〇年法中の四状況を含む一一の状況が列挙されている（第二一条）。

・二〇〇〇年法において、抗弁として「行為者が被害者と合法的に婚姻していた」とする事由が挙げられていたが（第三条第二項）、二〇〇三年法において、さらに「相互に登録同性パートナーであった」とする事由が追加された（第二三条）。追加された抗弁事由は、第二八条において「家庭内の児童性犯罪」にも、また第四三条において「対精神障害者性犯罪」にも採用されている。

・二〇〇〇年法第五条に定める「信用ある地位の濫用」の罪の届出要求は、二〇〇三年法では、第八一条第一項において、附則三中に列挙した罪により有罪宣告を受けた者は、届出要求に服するものとすると定め、附則三中の第一六条で、二〇〇〇年法第三条に基づく「信用ある地位の濫用」の罪を犯した二〇歳以上の者を掲げて、この者が二〇〇三年法第二章の施行から届出要求続行期間の終了までの間、二〇〇三年法第二章に定める届出要求に服するものとした。

（三）　現行の「信用ある地位」が生ずる一一の状況には、第五節「「信用ある地位」が生ずる状況」（一三〇頁以下）の中で、用語の定義のほか、「信用ある地位」が生ずる根拠法規として、「一九八九年児童法」「一九七三年雇用及び訓練法」「二〇〇八年教育及び技能法」等の関係法律が挙げられている。我々は、これらの根拠法規等を通して、より具体的な「信用ある地位」が生ずる状況を知ることができる。イギリス法の特徴を示す規定ぶりが表明されているといえよう。

小括

本章では、児童保護の一環として講じられている、児童接触業務への就業を禁止するための就業不適切者名簿の作成による行政上の措置と、「信用ある地位の濫用」の罪の創設による刑事上の措置を見てきた。就業不適切者名簿の作成を検討するにおいても、「信用ある地位」が生ずる状況を考えるに当たっても、児童の雇用、訓練、教育、養育、福祉等々の、さまざまな行政法規が関係している。「信用ある地位」が生ずる根拠については、「一九八九年児童法」「一九七三年雇用及び訓練法」「二〇〇八年教育及び技能法」等々の関係条項が、法文上に個別に示されている。イギリス法の特徴を示す規定ぶりの一端を知ることができる。児童接触業務への就業不適切の措置は、この就業不適切者が児童に関して「信用ある地位」にある者となった場合に犯すおそれのある「信用ある地位の濫用」の罪を予防するための事前措置となることも考えられる。

第四章　「二〇〇三年性犯罪法」における家庭内性犯罪について
―「家庭内の児童性犯罪」と「親族関係にある成年者との性交」を中心にして―

はじめに

これまで、家庭内の性的行為は、人倫に反する行為として、これについて言及することがタブー視され、日常の話題に挙げることが憚られてきた感があった。家庭内の性犯罪を考えるに当たっては、まず、「近親相姦」(incest)を取り上げなければならない。イギリスにおいては、「近親相姦」は、一九〇八年まで、刑事上の犯罪ではなく、通常は、教会法上の倫理に反する事件として、教会裁判所により、教会が課す贖罪行為として処理されてきたとのことである。「一九五六年性犯罪法」(法律第六九号)(Sexual Offences Act 1956)(c. 69)は、家庭内の性犯罪として近親相姦の罪を規定し、「男性による近親相姦」(第一〇条)と「女性による近親相姦」(第一一条)を設け、「一九七七年刑事法律法」(法律第四五号)(Criminal Law Act 1977)(c. 45)は、「一六歳未満の女子に対し近親相姦に当たる性交を行うように勧誘する罪」(第五四条)を設けた。近親相姦の訴追件数は、下降していく傾向にあった。訴追された者の数は、男性については、一九八七年に一八四名、一九九七年に二五名、女子についてはごく稀で、一九八七年に六名、一九九七年に一名に過ぎず、多くは刑事事件としての適用を見なかった、とのことである。訴追件数が少ない理由には、「一九五六年性犯罪法」において、訴追の開始に先立って、公訴局長官の同意が必要であったことが挙げられ、また、「近親相姦」に替えて、「女性又は男性に対する強姦」（第一条）や「一三歳未満の女子との不法な性交」（第五条）、「一三歳以上一六歳未満の女子との不法な性交」（第六条）、「心身障害の女性との不法な性交」（第七条）による告発も可能であったということが挙げられる。しかし、他方で、「近親相姦」の場合には、本人の同意が不要であり、検察側にとっては、「近親相姦」の罪が存在することが有効であったという点も挙げられる。(1)(2)

新規に制定された「二〇〇三年性犯罪法」（法律第四二号）(Sexual Offences Act 2003)（c. 42）は、「家庭内の児童性犯罪」（第二五条―第二九条）を設けて、「家庭内の児童構成員との性的行為」の罪と「家庭内の児童構成員に対し性的行為を行うように勧誘する罪」の両罪を置き、その条項の後に、成立要件の要素中に挙げられる「家族関係」(family relations) の定義の条項と、両罪が成立しない旨を主張する被告人の抗弁の条項を規定した。また「親族関係にある成年者との性交」の罪（第六四条・第六五条）を設けて、「一六歳以上の者による、一八歳以上の親族関係にある者との膣又はアヌスへの挿入」の罪を規定した。そして新法は、附則六第一一条と同附則七をもって、「一九五六年性犯罪法」の「男性による近親相姦」（第一〇条）と「女性による近親相姦」（第一一条）を削除し、附則六第二一条と同附則七をもって、「一九七七年刑事法律法」の「一六歳未満の女子に対し近親相姦に当たる性交を行うように勧誘する罪」（第五四条）を削除した。

本章は、最新の「二〇〇三年性犯罪法」において、家庭内性犯罪に対しどのような立法措置が講じられているかを検討することが主たる目的であるが、まずは、家庭内性犯罪を考える上で基本となる「近親相姦」について、「一九五六年性犯罪法」に定める「近親相姦」の罪を取り上げることとする。そして、「近親相姦」の罪に関連して、「一九七七年刑事法律法」第五四条「一六歳未満の女子に対し近親相姦に当たる性交を行うように勧誘する罪」を紹介する。後述する「二〇〇三年性犯罪法」第二六条「家庭内の児童構成員に対し性的行為を行うように勧誘する罪」は、一九七七年法第五四条を読み替えた規定である。次に、二〇〇〇年七月に公表された『二〇〇〇年内務省報告書』(3) の中で、家庭内性犯罪についてのいくつかの提言が提示されており、「二〇〇三年性犯罪法」の制定に当たって、多大な影響を及ぼしたと解せられるので、関係する提言を紹介することとする。

これに続けて、「二〇〇三年性犯罪法」に定める、児童を対象とする「家庭内の児童性犯罪」と成年を対象とする「親族関係にある成年者との性交」の規定を取り上げ、イギリスにおける家庭内性犯罪の取組みを考察することとする。

(1) Kim Stevenson, Anne Davies, Michael Gunn, *Blackstone's Guide to the Sexual Offences Act 2003*, Oxford 2004, para. 7.1.
(2) 「一九五六年性犯罪法」に定める「近親相姦」その他の罪について、横山　潔『イギリスの少年刑事司法』(成文堂、二〇〇六年)九〇-一〇一頁参照。
(3) 『境界線を設定する—性犯罪に関する法律の改革』: *Setting the Boundaries-Reforming the Law on Sex Offences*, Published by Home Office Communication Directrate July 2000.　本章では『二〇〇〇年内務省報告書』と引用する。

第一節 「一九五六年性犯罪法」における「近親相姦」の罪と「一九七七年刑事法律法」における「一六歳未満の女子に対し近親相姦に当たる性交を行うように勧誘する罪」

一 「一九五六年性犯罪法」における「近親相姦」の罪

(一) 「一九五六年性犯罪法」は、「近親相姦」について、次のように規定している。

第一〇条　男性による近親相姦

⑴　男性が、自己の孫娘、娘、姉妹又は母親であることを知りながら、これらの者と性交したことをもって、罪とする。

⑵　前項中の「姉妹」(sister) の中には、異父母姉妹が含まれ、同項の適用上、両者の関係が合法的な婚姻に由来していると否とを問わず、両者の関係を示す文言が適用されるものとみなすものとする。

第一一条　女性による近親相姦

⑴　一六歳以上の女性が、自己の祖父、父親、兄弟又は息子であることを知りながら、これらの者と性交したことをもって、罪とする。

⑵　前項中の「兄弟」(brother) の中には、異父母兄弟が含まれ、同項の適用上、両者の関係が合法的な婚姻に由来していると否とを問わず、両者の関係を示す文言が適用されるものとみなすものとする。

そして、両罪につき、同法の附則二第二章において、正式起訴犯罪とされ、既遂・未遂とも、公訴局長官の同意によるか、同意を得なければ、訴追することができない、とされている。量刑は、「男性による近親相姦」について、既遂は、一三歳未満の女子との性交の場合にあっては終身拘禁、その他の場合にあっては七年以下の拘禁、未遂は、一三歳未満の女子との性交の場合にあっては七年以下の拘禁、その他の場合にあっては二年以下の拘禁とされ、「女性による近親相姦」については、既遂は七年以下の拘禁、未遂は二年以下の拘禁とされている。

「近親相姦」を表にすれば、次のようになる。

表一　近親相姦（一九五六年性犯罪法）

「男性による近親相姦」（第一〇条）	「女性による近親相姦」（第一一条）
男性が自己の孫娘・娘・姉妹（異父母姉妹を含む）・母親であることを知りながら、これらの者と性交する罪	一六歳以上の女性が自己の祖父・父親・兄弟（異父母兄弟を含む）・息子であることを知りながら、これらの者と性交する罪
既遂 相手が一三歳未満であったとき：終身拘禁 その他：七年以下の拘禁	既遂：七年以下の拘禁
未遂 相手が一三歳未満であったとき：七年以下の拘禁 その他：二年以下の拘禁 （いずれも正式起訴）	未遂：二年以下の拘禁 （いずれも正式起訴）
訴追するには、公訴局長官の同意が必要	訴追するには、公訴局長官の同意が必要

（二）「近親相姦」の罪を設けた根拠として、三つの見解が存在する。

1　第一は、優生学上の観点から「近親相姦」の罪の必要性を説く見解である。優生学的観点から、「近親相姦」が生物学上危険であることを根拠とする。しかし、この理由が、「近親相姦」を犯罪とすることを正当視することとなるかは、疑問とされている。優生学上、負の遺伝子を持つ子どもを設けることを犯罪とすることは考えられない故、優生学上の議論は重要ではない、とされている。

2　第二は、家族の一構成員による脆弱な他の構成員に及ぼす信頼の違反とその権限の濫用を根拠とする見解である。

3　第三は、家庭内での特定の行為を社会的に是認しないということを表明する必要があるということを根拠とする見解である。(1)

現在では、第二と第三の見解が存在理由とされる、と考えられている。

(三)「一九五六年性犯罪法」に定める「近親相姦」の罪には、次のような特徴を挙げることができる。

1　男性とその孫娘・娘・姉妹（異父母姉妹を含む）・母親との性交、および一六歳以上の女性とその祖父・父親・兄弟（異父母兄弟を含む）・息子との性交として規定しており、成年者と未成年者間の性交という規定方法は、採用していない。したがって、例えば、成年者と未成年者間の性交の例として、四五歳の父親が一四歳の娘と性交した場合には、「男性による近親相姦」（第一〇条）で告発することもできるが、「一三歳以上一六歳未満の女子との不法な性交」（第六条：二年以下の拘禁）で告発することもでき、また、成年者間の性交として、成年者の姉妹との性交の場合も、未成年者の姉妹との性交と同じ「近親相姦」の罪により有罪となる。

2　近親相姦とされない関係も存在する。男性が祖母と性交することや、一六歳以上の女性が孫息子と性交することは、罪とされない。

3　膣への挿入のみを取り扱い、その他の性的行為は、規定していない。

4　異父母の兄弟姉妹は規定されているが、「養子」や「継子」は、規定されていない。

二　「一九七七年刑事法律法」における「一六歳未満の女子に対し近親相姦に当たる性交を行うように勧誘する罪」

「近親相姦」の罪に関連して、「一九七七年刑事法律法」第五四条「一六歳未満の女子に対し近親相姦に当たる性交を勧誘する罪」を紹介する。

「一九七七年刑事法律法」第五四条「一六歳未満の女子に対し近親相姦に当たる性交を行うように勧誘する罪」

(1)　男性が、自己の孫娘、娘又は姉妹であることを知りながら、一六歳未満の当該女子に対し、自己との性交を勧誘することをもって、罪とする。

(2)　前項において、「男性」(man)の中には、少年が含まれ、「姉妹」(sister)の中には、異父母姉妹が含まれるものとし、前項の適用上、両者間の関係を示す表現は、当該関係が合法的な婚姻に由来していると否とを問わず、適用するものとする。

(3)　(略)

(4)　本条に基づく罪により有罪となった者は、次の各号の定めるところによる。

(a)　略式起訴に基づく有罪宣告により、六か月以下の拘禁若しくは一〇〇〇ポンド以下の罰金に処し、又は両者を併科する。

(b)　正式起訴に基づく有罪宣告により、二年以下の拘禁に処する。

本条を要約すれば、次のようになる。

表二　一六歳未満の女子に対し近親相姦に当たる性交を行うように勧誘する罪（「一九七七年刑事法律法」第五四条）

男性（成年者・未成年者）が、一六歳未満の自己の孫娘、娘または姉妹（異父母姉妹を含む）であることを知りながら、これらの者に対し自己と性交するように勧誘する罪
二年以下の拘禁（正式起訴）
六か月以下の拘禁もしくは一〇〇〇ポンド以下の罰金または両者の併科（略式起訴）

(1) Kim Stevenson, Anne Davies, Michael Gunn, *Blackstone's Guide to the Sexual Offences Act 2003*, Oxford 2004, para. 7.1.

第二節　『二〇〇〇年内務省報告書』による家庭内性犯罪に関する提言

一　『二〇〇〇年内務省報告書』による提言

イギリス内務省は、二〇〇〇年七月に、性犯罪に関する法律の改革に向けた協議文書を公表し、この中で、児童と社会的弱者を虐待と搾取から保護するために検討会を立ち上げ、性犯罪に関する現行法を考慮して、明白で、首尾一貫した罪を求める勧告を行うことを表明した。本書では、この協議文書を『二〇〇〇年内務省報告書』と呼称した。同報告書は、「一九五六年性犯罪法」の制定後の時の経過に伴って、法律を最新のものに改め、それを強化して、安全で、公正で、そして寛容な社会を創造することを目標にして、家庭内性犯罪について、次に紹介する八つの提言を提示している。これらの提言が、その後に新設された「二〇〇三年性犯罪法」中の文言に多大な影響を及ぼしている。「二〇〇三年性犯罪法」の検討に先立って、これらの提言を紹介する。

> 提言三五　現行の近親相姦の罪を読み替えて、これを拡大する、よりゆるやかな構造の現代の家庭を反映する、家庭内の性的虐待の罪を設けるべきである。(para. 5. 5. 6)

提言三六　家庭内の性的虐待の罪の適用上、児童との性的関係の禁止は、児童が一八歳になるまで適用されるべきである。(para. 5. 5. 7)

提言三七　家庭内の性的虐待の罪は、血縁関係にある伯叔父母を加えて、現行の近親相姦の罪の中に含まれる関係者のすべてによる児童への性的挿入に適用されるべきである。(para. 5. 5. 13)

提言三八　家庭内の性的虐待の罪の適用上、養親は、実親と同一の基礎に基づいて取り扱われるべきである。(para. 5. 6. 2)

提言三九　養兄弟姉妹間の性的関係は、一八歳になるまで禁止されるべきである。(para. 5. 6. 3)

提言四〇　一六歳を超える養兄弟姉妹のために、婚姻の抗弁を設けるべきである。(para. 5. 6. 4)

提言四一　家庭内の性的虐待の罪は、継親と里親に適用されるべきである。この関係が終了したときは、児童が一八歳になるまで、性的関係の禁止が引き続き適用されるべきである。(para. 5. 6. 6)

提言四二　家庭内の性的虐待の罪は、世帯内において生活して、児童に対して信用や権限がある地位にある他人による、その児童との性的挿入やその児童を対象とする性的挿入に適用されるべきである。(para. 5. 6. 12)

二　提言の解説

・提言三五は、現行の近親相姦の罪を読み替えて、これを拡大適用し、ゆるやかな構造の家庭を反映する家庭内の性的虐待の罪を設けるべきであると提言した。そして報告書は、近親相姦の罪がどのように定義されていようとも、家庭内の児童と社会的弱者を保護する必要があることがこの罪を求める根本的理由であるとし、我々の児童の長期の健康のために、法律が家庭内虐待の状況の中に適用される、とみなされなければならず、我々は、異なるアプローチを採用して、家庭内の性的虐待の罪が、現在の近親相姦の罪を組み入れ、その家族単位の中で成人の関係がどのように非公式なものであっても、家庭内の児童に向けた保護を拡大するようにこれを開発することを決定した、と述べている(1)。

・提言三六は、児童が一八歳になるまで児童との性的関係の禁止が適用されるべきであると提言した。そして報告書は、法律がどのように児童を保護するべきかを検討するに当たって、我々は、一六歳とする性的行為への同意年齢と、児童に特別の保護が要求される年齢との間に区別を引き、同意年齢を超える児童(即ち一八歳未満の児童)が、信用と権限がある地位にある特定の者との性的行為に適切に自己の同意を与える地位にない可能性がある状況が存在するとし、同意年齢(即ち一六歳)において近親相姦が始まるという証拠があり、一八歳未満の児童に家庭内虐待の罪を適用するという議論が圧倒的であるとして、一八歳に至るまでは、彼らは、法律上は、依然として児童であり、成人の親権者と後見人に依存しており、一八歳未満の児童が禁止された性的関係にかかわったときは、責任と刑事非難は、常に、成人にある、とした(2)。

・提言三七は、血縁関係にある伯叔父母を加えて、現行の近親相姦の罪の中に含まれる関係者のすべてによる性的挿入に家庭内の性的虐待の罪が適用されるべきであると提言し、家庭内の性的虐待の罪は、伯叔父母を加えて、血縁関係者による一八歳未満の児童への性的挿入を違法とすべきである、とした(3)。

・提言三八は、家庭内の性的虐待の罪の適用上、養親が実親と同一の基礎に基づいて取り扱われるべきであると提言し、報告書は、養親がその養育した児童に対し終生の信用と責任を引き受け、血縁関係者と同一の基礎に基づいて、実親と同等に取り扱われるべきである、と考えた(4)。

・提言三九は、一八歳未満の養兄弟姉妹間の性的関係が、兄弟姉妹間の性的関係と同一の基礎に立って、禁止されるべきであると提言した(5)。

・提言三九で、一八歳未満の養兄弟姉妹間の性的関係が禁止されるべきであると提言したが、一六歳を超えて、同意をもって婚姻することは自由であり、養兄弟姉妹間の早期の婚姻が好ましくないと考えるが、それは不可能ではないので、提言四〇は、一六歳を超える養兄弟姉妹のために婚姻の抗弁を設けなければならないであろうと提言した(6)。

・報告書によれば、里親や継親が、婚姻によって公認された公式の関係、または地方自治体によって組織された公式の関係であり、新しいパートナーが児童に対し身体的虐待や性的虐待の危険を示すおそれがあることが、広く認識されているところであって、里親や継親と里子や継子との性的関係は、信用の濫用として、刑事法によって認知されるべきであるとし、それ故、提言四一において、一八歳未満の児童に性的に挿入する（または一八歳未満の児童によって性的に挿入される）継親と里親に対して、家庭内の虐待の罪が適用されるべきである、と提言した。そして里親と継親の関係が終了した場合であっても、児童が一八歳になるまで、性的関係の禁止が引き続き適用されるべきであるとした(7)。

・提言四二は、家庭内の性的虐待の罪が、世帯内において生活して、児童に対して信用や権限がある地位にある他人にも適用されるべきであると提言し、このような罪がなければ、つかの間の関係が存在して、かつより高い虐待の危険が存在する可能性のある家庭内の児童は、より安定した家庭内の児童に提供される保護を有しないであろう、と述べている(8)。

そして、まとめとして、家庭内の性的虐待の罪は、家庭内の一八歳未満の児童をあらゆる形態の性的挿入から保護するべきであり、この罪の要素となる家族関係にある者として、①血縁関係と養子縁組関係にある者、②里親と継親、③世帯内において生活して、児童に対して信用や権限がある地位にある他人が列挙されている。(9) 次に述べる第三節「「二〇〇三年性犯罪法」における「家庭内の児童性犯罪」」において、児童性犯罪の成立要件とされる「家族関係」にある者について、上記の三者が規定中に採用されている。「家庭内の児童性犯罪」の制定に当たって、『二〇〇〇年内務省報告書』の提言が多大な影響を及ぼしたことを知ることができる。

（1）*Setting the Boundaries-Reforming the Law on Sex Offences*, Published by Home Office Communication Directrate July 2000, para. 5. 5. 5.
（2）*Setting the Boundaries-Reforming the Law on Sex Offences*, ibid, para.5. 5. 7.
（3）*Setting the Boundaries-Reforming the Law on Sex Offences*, ibid, para.5. 5. 13.
（4）*Setting the Boundaries-Reforming the Law on Sex Offences*, ibid, para.5. 6. 2.
（5）*Setting the Boundaries-Reforming the Law on Sex Offences*, ibid, para.5. 6. 3.
（6）*Setting the Boundaries-Reforming the Law on Sex Offences*, ibid, para.5. 6. 4.
（7）*Setting the Boundaries-Reforming the Law on Sex Offences*, ibid, para.5. 6. 6.
（8）*Setting the Boundaries-Reforming the Law on Sex Offences*, ibid, para.5. 6. 12.
（9）*Setting the Boundaries-Reforming the Law on Sex Offences*, ibid, para.5. 6. 13.

第三節　「二〇〇三年性犯罪法」における「家庭内の児童性犯罪」

一　「家庭内の児童性犯罪」の用語

「二〇〇三年性犯罪法」は、「一九五六年性犯罪法」で用いられた「近親相姦」の語を使用せず、「家庭内の児童性犯罪」（familiar child sex offences）の語を採用して、次に述べるように、「親族関係」（relativ）より広い範囲の「家族関係」（family relationships）にある未成年者との、しかも、「性交」（sexual intercourse）と異なる範囲を含む「性的行為」（sexual activity）と、その未成年者に対し性的行為を行うように勧誘する罪という二罪を規定し、これとは別に、「親族関係にある成年者との性交」（sex with adult relative）の規定を設けた。

二〇〇三年新法を提案するに当たって、「近親相姦」の語を存続するか否かが検討されたとのことである。「近親相姦」という行為には、事実上は、一方の行為当事者が他方当事者を虐待するという、加害者と被害者の関係が存在するとしても、この語の持つニュアンスとしては、両者の合意に基づく性交という感覚が働くとされ、その結果、この語の使用を回避する旨の勧告がなされたとのことである。しかし、新法中に用いられている、近親相姦に代わる表現が、会話中や文書中に定着するまでには、長い時間がかかるのではないか、といぶかる意見も存在する。[1]

二　家庭内の児童性犯罪（第二五条—第二九条）

(一)　家庭内の児童性犯罪

「二〇〇三年性犯罪法」では、家庭内の児童性犯罪として、「家庭内の児童構成員との性的行為」（第二五条）と「家庭内の児童構成員に対し性的行為を行うように勧誘する罪」（第二六条）の二罪が規定されている。両罪について、加害者と被害者の性別と年齢、接触（接触するように勧誘）の意義、立証の負担等の成立要件、家族関係、量刑その他について解説することとする。

(二)　家庭内の児童構成員との性的行為（第二五条）

(1)　成立要件（第二五条）

次の要件のすべてに該当すること

・加害者（A）が故意に被害者（B）に接触したこと
・その接触が性的であったこと
・AのBに対する関係が家族関係（第二七条）（後述）に該当したこと
・AのBに対する関係が第二七条に該当する関係であることを、Aが知っていたか、または知ることを合理的に期待することができたこと
・次のいずれかであったこと
（i）Bが一三歳以上一八歳未満であったときは、Bが一八歳以上であった、とAが合理的に確信していなかったこ

と

（ii）Bが一三歳未満であったこと（以上第一項）

加害者である一方当事者は、男性・女性を問わない。即ち、「性別を特定しない」（gender-neutral）犯罪である。被害者である他方当事者も、男性・女性を問わない。行為当事者が一八歳以上である場合と一八歳未満（ただし刑事責任年齢は一〇歳以上）である場合で、量刑が区分されている（第四項・第五項）（量刑参照）。(2)

列挙した成立要件の立証は、検察官が負担する。要件とされる事項は、次のように説明されている。

「接触」（touching）の定義は、第七九条第八項で規定され、「身体の一部との接触」「物との接触」「物を通しての接触」による、挿入に至るまでの接触が含まれる。「接触」の中には、すべての形態の接触が含まれ、第二五条第六項中に定める接触、即ち挿入に至る接触（その接触が性的である場合において「加重性的接触」と呼称する）と同項中に定める接触に至らない接触（その接触が性的である場合において「単純性的接触」と呼称する）に区別される。「加重性的接触」は、接触の中に次のいずれかが含まれていた場合をいう。

・Aの身体の一部または物をBのアヌスまたは膣へ挿入
・AのペニスをBの口へ挿入
・Bの身体の一部をAのアヌスまたは膣へ挿入
・BのペニスをAの口へ挿入（以上第六項）

単純性的接触であったか加重性的接触であったかは、量刑で区分される。

「性的」（sexual）は、第七八条で定義され、通常人により、行為の状況や人の目的にかかわりなく、接触が性質上性的であると思料される場合と、状況上または目的上性的であると思料される場合の二種類に分けられる。

被害者が一三歳以上一八歳未満であったときは、被害者が一八歳以上であった、と加害者が合理的に確信していなかったことを要する。それ故、加害者は、被害者が一八歳以上であったと合理的に確信していたとする十分な証拠を提出することによって、この罪の不成立を主張する抗弁を有するが、被害者が一三歳未満であったときは、加害者は、この抗弁を用いることができない。

事例①：加害者がこれまでに被害児童に会ったことがなかった場合において、その児童が自己の妹であることを知らず、かつそれを知ることを合理的に期待することができず、その児童が一八歳以上であると合理的に確信して性的行為を行ったときは、被害者が自己の妹で、一四歳であっても、本罪は成立しない[3]。

事例②：第二五条は、家庭内の一三歳未満の児童構成員との性的接触について規定しているが、家庭内の構成員でない一三歳未満の児童に対する性的虐待については規定がないため、「一三歳未満の児童を対象とする強姦及びその他の罪」（第五条―第八条）の規定が適用されることになる。一八歳以上の者が自己のペニスを家庭内の一三歳未満の児童構成員の口へ挿入した場合には、後述する量刑（「(6) 量刑」（一七三頁））を先取りして考察すれば、第二五条第四項a号と第六項b号が適用されて、一四年以下の拘禁に処せられ（正式起訴）、その加害者が一八歳未満であった場合には第二五条第四項が適用されず、第二五条第五項b号が適用されたときは、五年以下の拘禁に処せられ（正式起訴）、第二五条第五項a号が適用されたときは、六か月以下の拘禁もしくは法定上限以下の罰金に処せられるか、または両者が併科される（略式起訴）。そして、被害児童が家庭内の構成員でなかったときは、加害者が一八歳以上であった場合には、第五条「一三歳未満の児童を対象とする強姦」の罪により、終身拘禁に処せられ（正式起訴）、加害者が一八歳未満であった場合には、第一三条と第九条による「一八歳未満の者が行う児童との性的行為」の罪により、五年以下の拘禁に処せられ（正式起訴）、六か月以下の拘禁もしくは法定上限以下の罰金に処せられるか、または両者が併科される（略式起訴）（量刑参照）[4]。

(2)　被害者が一八歳以上であったと加害者が合理的に確信していなかったとみなされる場合

Bが一八歳未満であったことが立証された場合において、Bが一八歳以上であったとAが合理的に確信していたか否かに関する争点を提起する十分な証拠が提出されなかったときは、Aは、この者が一八歳以上であったと合理的に確信していなかったものとみなされる（第二項）。

成立要件の立証は検察官が負担し、被害児童（B）が一八歳未満であると検察官が立証した場合において、加害者（被告人）（A）が、この結果、即ちBが一八歳未満であったということに対し、Bが一八歳以上であったと合理的に確信していたとする十分な証拠を提出しない限り、Aは、Bが一八歳以上であったと合理的に確信していなかったものとみなされる。Bが一八歳以上であったと確信していたとする十分な反証の提出は、加害者（A）が負担する。Aが十分な反証を提出しない限り、Bが一八歳以上であったと確信していなかった、と推定される。第二項の推定規定は、成人の家族構成員が家族と接触を断ち、長期間児童に会っていなかったために、児童の正確な年齢を知ることができなかったなどの場合に適用することができるとされている(5)。

(3)　加害者が被害者と家族関係にあったことを知っていた（または知ることを合理的に期待することができた）とみなされる場合

AのBに対する関係が第二七条に該当する関係（家族関係）であったことが立証された場合において、Aがこのことを知っていたか否か、または知ることを合理的に期待することができたか否かに関する争点を提起する十分な証拠が提出されなかったときは、Aは、AのBに対する関係が家族関係であったことを知っていたか、または知ることを合理的に期待することができたものとみなされる（第三項）。

加害者（被告人）（A）と被害児童（B）が家族関係に該当することが、検察官によって立証された場合において、AとBが家族関係にあったことをAが知っていたか否か、または知ることを合理的に期待することができたか否かについて、十分な証拠が提出されなかったときは、Aは、AとBが家族関係にあったことを知っていたか、または知ることを合理的に期待することができたものと推定される。AとBが家族関係にあったことを、Aが知らなかった、または知ることを合理的に期待することができなかったとする十分な反証の提出は、Aが負担する。Aが十分な反証を提出しない限り、AのBに対する関係が家族関係（第二七条）に該当した、とする第二五条の成立要件が具備されたことになる。(6)

(4) 家族関係（第二七条）

第二五条の成立要件の中に、「AのBに対する関係が家族関係（第二七条）に該当したこと」と「第二七条に該当する関係であることを、Aが知っていたか、または知ることを合理的に期待することができたこと」が挙げられている。

家族関係は、第二七条第一項a号により、次に掲げる第一から第三までのカテゴリーに該当する場合とされる。なお、養子は、「一九七六年養子縁組法」（法律第三六号）（Adoption Act 1976）（c. 36）第三九条「養子縁組によって付与される地位(7)」または「二〇〇二年養子縁組及び児童法」（法律第三八号）（Adoption and Children Act 2002）（c. 38）第六七条「養子縁組によって付与される地位」により、養親の子であって、実親（生物学上の親）の子でない旨を定めており、したがって、養親との家族関係において、同一の要件に該当することが求められるが、第二七条第一項b号により、養子の実親との家族関係においても、同一の要件が適用される。(8)「二〇〇三年性犯罪法」に定める家族関係は、「一九五六年性犯罪法」の近親相姦に定める親族関係よりも広範囲となっている。

①　第一のカテゴリー（第二項）

次のいずれか

・AとBの一方が他方の父母、祖父母、兄弟姉妹、異父母兄弟姉妹または伯叔父母であること

・AがBの里親であるか、または里親であったこと

②　第二のカテゴリー（第三項）

AとBが同一世帯の中で生活しているか、生活していた場合、またはAが定期的にBのケア、訓練、指導監督、単独の保護にかかわっているか、かかわっていた場合において、次のいずれか

・AとBの一方が他方の継父母であるか、または継父母であったこと

・AとBが従兄弟姉妹であること

・AとBの一方が他方の継兄弟姉妹であるか、または継兄弟姉妹であったこと

・AとBの一方の父母または現在もしくは過去の里親が、他方の里親であるか、または里親であったこと

③　第三のカテゴリー（第四項）

次の両者

・AとBが同一世帯の中で生活していること

・Aが定期的にBのケア、訓練、指導監督もしくは単独の保護にかかわっていること

第一のカテゴリーでは、二者のいずれかを要件としているが、①前者の要件で、児童と所定の血縁関係にある家族構成員（父母、祖父母、兄弟姉妹、異父母兄弟姉妹、伯叔父母）が列挙されている。伯叔父母は、「近親相姦」の罪（「一九五六年性犯罪法」第一〇条・第一一条）と「近親相姦に当たる性交を行うように勧誘する罪」（「一九七七年刑事法律法」

第五四条）の対象者には挙げられていなかった。「伯叔母」（aunt）は、父母の姉妹または半血姉妹をいい、「伯叔父」（uncle）は、これに対応する意味を有するとして（第五項a号）、伯叔父母は、血縁関係にある者と定義され、伯叔父と姪間の性的関係が珍しくなく、血縁関係があることが甥や姪に対する信用ある地位を取得する大きな要素となることがあることから、血縁関係にある伯叔父母のみを家族関係に該当する者とし、婚姻による伯叔父母を排除した、とされている。②後者の要件で、血縁関係のない「里親」（foster）が規定されている。「里親」は、第五項c号により、「一九八九年児童法」（法律第四一号）（Children Act 1989）（c. 41）第二三条C第六項a号またはb号（地方自治体の託置による里親）に基づいて児童の託置を受けた者（c号i）、同法第五九条第一項a号（ボランタリー組織による託置）に基づいて児童の託置を受けた者（c号ia）[9]、同法第六六条第一項b号によって付与された意味の枠内で私的に里子として児童を養育する者（c号ii）と定義され、かつて里親であった者も含まれているので、一時的に里親となり、後に里親でなくなった者も、家族関係が存続することが指摘されている。[10]

第二のカテゴリーは、家族関係に該当する家族構成員の枠をさらに拡大した。AとBが同一世帯の中で生活している（いた）か、Aが定期的にBのケア、訓練、指導監督、単独の保護にかかわっている（いた）場合において、①一方が他方の（現在か過去の）継父母、②AとBが従兄弟姉妹、③一方が他方の（現在か過去の）継兄弟姉妹、④一方の父母か（現在か過去の）里親が、他方の（現在か過去の）里親の場合のすべてが、家族構成員の枠に入っている。「継父母」（stepparent）の中には、父母のパートナーが含まれるとされ（第五項e号）、AとBが永続的家族関係の中でパートナーとして同居しているときは、両者が異性であると、同性であるとを問わず、一方を他方のパートナーとする、と定義されている（第五項d号）。「永続的家族関係」（enduring family relationship）については、定義されていない。「従兄弟姉妹」（cousin）は、伯叔父母の子をいうと定義されている（第五項b号）。従兄弟姉妹同士の性的行為は、AとBが同一世帯の中で生活していた場合に、この罪に該当し、同一世帯内での生活がなくなったときは、この罪が成立しない。従兄弟姉妹同士は、法律上婚姻することが可能であり、被告人は、性的行為の時点に婚姻していた旨の抗弁を主張することができる（抗弁参照）。「継兄弟」(stepbrother)と「継姉妹」(stepsister)の中には、父母のパートナーの子が含まれると規定されている（第五項e号）。[11]

第三のカテゴリーは、AとBが同一世帯の中で生活していて、かつAが定期的にBのケア、訓練、指導監督、単独の保護にかかわっている関係を、家族関係に該当するとし、家族関係を一層拡大した。これによって、子どもの世話をする乳母や、家事を手伝って宿泊をする「オー・ペア」(au pair)も、家族関係に含まれることになる。この場合には、ケアラーが世帯から離れた場合やケアをやめた場合には、家族関係が終了することになる旨が指摘されている。女性オー・ペアが一七歳の男子構成員と性的関係を持った場合に、本罪の成立が可能であるが、検察官は、彼女が定期的に彼のケアをすることにかかわっていたことを立証することが必要となる。例えば、「彼女が彼の料理を作り、衣類を洗濯し、アイロンをかけ、ベッド・ルームを掃除していた場合には、彼女は、定期的に彼のケアにかかわっていたのであろうか」、との問題提起がなされている。[12]

(5) 抗弁

「家庭内の児童構成員との性的行為」の罪が成立しない二つの抗弁が規定されている。

① 一方の行為当事者（A）と他方当事者（B）が婚姻していたか、登録同性パートナーであった場合（第二八条）

次の両者に該当している場合

・罪となる行為の時点に、Bが一六歳以上であったこと

・AとBが合法的に婚姻していたか、登録同性パートナーであったこと（第一項）

「一九五六年性犯罪法」における「近親相姦」の罪では、当事者が合法的に婚姻することは認められないが、「二〇〇三年性犯罪」における「家庭内の児童性犯罪」では、広範囲の家族関係に該当する者の間に性犯罪の成立が認められるために、次の要件、即ちその行為の時点にBが一六歳以上であった場合であって、かつAとBが合法的に婚姻していたか、「登録同性パートナー」（civil partner）であった場合には、罪が成立しないこととした。「登録同性パートナー」は、二人の同性者間の関係で、相互に同性パートナーとして登録した場合に形成される。[13] 合法的に婚姻していたか、登録同性パートナーであったことの立証は、被告人が負担する（第二項）

② AとBの間に家族関係が生ずる前に性的関係があった場合（第二九条）

次のすべてに該当している場合

・第一のカテゴリーに該当しない場合

・養子は、「一九七六年養子縁組法」（法律第三六号）第三九条「養子縁組によって付与される地位」[14] または「二〇〇二年養子縁組及び児童法」（法律第三八号）第六七条「養子縁組によって付与される地位」により、養親の子とされ、養親との家族関係において第一のカテゴリーに該当せず、また第二七条第一項b号により、養子の実親との家族関係においても、第一のカテゴリーに該当しない場合

・AのBに対する関係が第二七条に該当するような関係になる前に、AとBとの間に性的関係があった場合（以上第一項）

これらの事項の立証は、被告人が負担する（第三項）。

事例①：男性が一六歳の従姉妹と性的関係を持った後に、同一世帯の中で生活を始めたときは、第二のカテゴリーの家族関係（AとBが従兄弟姉妹）が生ずる前の性的関係であって、抗弁が認められる。(15)

事例②：離婚歴のある男性と女性のそれぞれの一六歳と一七歳の連れ子が、性的関係を持った後に、男性と女性が婚姻し、四人が同一世帯の中で生活を始めたときは、第二のカテゴリーの家族関係（AとBが継兄弟姉妹）が生ずる前の性的関係であって、抗弁が認められる。(16)

(6) 量刑

量刑は、行為当事者の年齢が一八歳以上か一八歳未満か、性的接触が単純性的接触か加重性的接触かによって、次のように区分される。

加害者が一八歳以上で、加重性的接触（第六項中に定める性的接触）の場合（第二五条第四項a号）

正式起訴に基づく有罪宣告により、一四年以下の拘禁

加害者が一八歳以上で、単純性的接触（第六項中に定める接触に至らない性的接触）の場合（同第四項b号）

正式起訴に基づく有罪宣告により、一四年以下の拘禁

略式起訴に基づく有罪宣告により、六か月以下の拘禁もしくは法定上限以下の罰金または両者の併科

加害者が一八歳未満の場合（同第五項）

正式起訴に基づく有罪宣告により、五年以下の拘禁（b号）

略式起訴に基づく有罪宣告により、六か月以下の拘禁もしくは法定上限以下の罰金または両者の併科（a号）

(三) 家庭内の児童構成員に対し性的行為を行うように勧誘する罪（第二六条）

本条は、「一九七七年刑事法律法」第五四条「一六歳未満の女子に対し近親相姦に当たる性交を行うように勧誘する罪」（第一節中の二〔一五六頁以下〕参照）を読み替えた規定である。

「家庭内の児童構成員に対し性的行為を行うように勧誘する罪」の関係事項は、次のとおりである。

(1) 成立要件（第二六条）

次の要件のすべてに該当すること

・加害者（A）が故意に被害者（B）に対し自己に接触するように勧誘し、またはB自身に対し自己によって接触されることを認めるように勧誘したこと

・その接触が性的であったこと

・AのBに対する関係が家族関係（第二七条）に該当したこと

・AのBに対する関係が第二七条に該当する関係であることを、Aが知っていたか、または知ることを合理的に期待することができたこと

・次のいずれかであったこと

（i）Bが一三歳以上一八歳未満であったときは、Bが一八歳以上であった、とAが合理的に確信していなかったこと

（ii）Bが一三歳未満であったこと（以上第一項）

「家庭内の児童構成員との性的行為」（第二五条）が、行為当事者（A）が故意に被害者である他方当事者（B）

に「接触した」ことであるのに対し、「家庭内の児童構成員に対し性的行為を行うように勧誘する罪」(第二六条)が、Aが故意にBに対し自己に接触するように「勧誘した」こと、または他人自身に対し自己によって接触されることを認めるように「勧誘した」ことを除き、その他の成立要件は、第二五条と同一である。

事例：加害者(A)が被害者(B)対し加害者にマスターベーションをするように勧誘したか、Bに甘言を弄して、加害者と性的行為を行うことに合意させた。

この罪は、勧誘があれば成立し、性的接触が行われたか否かを問わない。上記の例で、AがBに対し自己にマスターベーションをするように勧誘したが、他人が部屋に入ってきたので、マスターベーションが行われなくても、この罪は完了している。主観的要素は、他方当事者に対し接触するように勧誘する意思である。他方当事者が勧誘に同意するか否かは、重要ではない(17)。

(2)　被害者が一八歳以上であったと加害者が合理的に確信していなかったとみなされる場合

Bが一八歳未満であったことが立証された場合において、Bが一八歳以上であったとAが合理的に確信していたか否かに関する争点を提起する十分な証拠が提出されなかったときは、Aは、この者が一八歳以上であったと合理的に確信していなかったものとみなされる(第二項)。

「家庭内の児童構成員との性的行為」(第二五条)に採用された条件と同じ条件が、「家庭内の児童構成員に対し性的行為を行うように勧誘する罪」(第二六条)においても採用される。

(3)　加害者が被害者と家族関係にあったことを知っていた（または知ることを合理的に期待することができた）とみなされる場合

AのBに対する関係が第二七条に該当する関係であったことが立証された場合において、Aがこのことを知っていたか否か、または知ることを合理的に期待することができたか否かに関する争点を提起する十分な証拠が提出されなかったときは、Aは、AのBに対する関係が第二七条に該当する関係であったことを知っていたか、または知ることを合理的に期待することができたものとみなされる（第三項）。

「家庭内の児童構成員との性的行為」（第二五条）に採用された条件と同じ条件が採用される。

(4)　家族関係（第二七条）

「家庭内の児童構成員との性的行為」（第二五条）に採用された家族関係と同じ家族関係が採用される。

(5)　抗　弁

家庭内の児童構成員との性的行為（第二五条）に採用された抗弁と同じ抗弁が採用される。

(6)　量　刑

「家庭内の児童構成員との性的行為」（第二五条）と同様に、次のように、量刑区分されている。

加害者が一八歳以上で、加重性的接触（第六項中に定める性的接触）の勧誘の場合（第二六条第四項a号）

正式起訴に基づく有罪宣告により、一四年以下の拘禁

加害者が一八歳以上で、単純性的接触（第六項中に定める接触に至らない性的接触）の勧誘の場合（同第四項b号）

正式起訴に基づく有罪宣告により、一四年以下の拘禁

略式起訴に基づく有罪宣告により、六か月以下の拘禁もしくは法定上限以下の罰金または両者の併科

加害者が一八歳未満の場合（同第五項）

正式起訴に基づく有罪宣告により、五年以下の拘禁（b号）

略式起訴に基づく有罪宣告により、六か月以下の拘禁もしくは法定上限以下の罰金または両者の併科（a号）

これまで述べてきた家庭内の対児童性犯罪の要件と量刑、家族関係、抗弁を表に示しておく。

表三　家庭内の児童性犯罪（二〇〇三年性犯罪法）

性犯罪	成立要件・量刑（法定刑）	
成年者（一八歳以上）による家庭内の児童（一八歳未満）性犯罪	児童構成員との性的行為（第二五条） 単純性的接触（挿入によらない性的接触）（第一項） 次の要件のすべてに該当すること ・加害者が故意に被害者に対し性的に接触した ・加害者と被害者が家族関係にあった ・家族関係にあることを、加害者が知っていたか、または知ることを合理的に期待することができた ・被害者が一三歳以上一八歳未満であったときは、被害者が一八歳以上であった、と加害者が合理的に確信していなかった、または被害者が一三歳未満であった	児童構成員に対し性的行為を行うように勧誘する罪（第二六条） 単純性的接触の勧誘（第一項） 次の要件のすべてに該当すること ・加害者が故意に被害者に対し自己に性的に接触するように勧誘した、または被害者自身に対し自己によって接触されることを認めるように勧誘した（例：加害者が被害者に対し加害者にマスターベーションをするように勧誘する、被害者に甘言を弄して、加害者と性的行為をすることに合意させる） ・加害者と被害者が家族関係にあった ・家族関係にあったことを、加害者が知っていたか、知ることを合理的に期待することができた

未成年者（一八歳未満）による家庭内の児童（一八歳未満）性犯罪	一四年以下の拘禁（正式起訴） 六か月以下の拘禁もしくは法定上限以下の罰金または両者の併科（略式起訴）（第四項b号） 「量刑」について表六参照 加重性的接触（挿入による性的接触）（第六項） 接触の中に次のいずれかが含まれていた場合 ・加害者の身体の一部または物を被害者のアヌスまたは膣へ挿入 ・加害者のペニスを被害者の口へ挿入 ・被害者の身体の一部を加害者のアヌスまたは膣へ挿入 ・被害者のペニスを加害者の口へ挿入 一四年以下の拘禁（正式起訴）（第四項a号） 右の行為（第五項） 五年以下の拘禁（正式起訴）（b号） 六か月以下の拘禁もしくは法定上限以下の罰金または両者の併科（略式起訴）（a号） 「量刑」について表六参照 被害者が一八歳未満であったと立証された場合において、被害者が一八歳以上であったと加害者が合理的に確信していたか否かに関する争点を提起する十分な証拠が提出されなかったときは、加害者は、被害者が一	・被害者が一三歳以上一八歳未満であったときは、被害者が一八歳以上であった、と加害者が合理的に確信していなかった、または被害者が一三歳未満であった 一四年以下の拘禁（正式起訴） 六か月以下の拘禁もしくは法定上限以下の罰金または両者の併科（略式起訴）（第四項b号） 「量刑」について表六参照 加重性的接触の勧誘（第六項） 上に記載した挿入の勧誘 一四年以下の拘禁（正式起訴）（第四項a号） 右の行為（第五項） 五年以下の拘禁（正式起訴）（b号） 六か月以下の拘禁もしくは法定上限以下の罰金または両者の併科（略式起訴）（a号） 「量刑」について表六参照 被害者が一八歳未満であったと立証された場合において、被害者が一八歳以上であったと加害者が合理的に確信していたか否かに関する争点を提起する十分な証拠が提出されなかったときは、加害者は、被害者が一

	八歳以上であったと合理的に確信していなかったものとみなされる。 加害者（被告人）と被害者が家族関係に該当する関係であったことが立証された場合において、加害者がこのことを知っていたか否か、または知ることを合理的に期待することができたか否かに関する争点を提起する十分な証拠が提出されなかったときは、加害者は、加害者と被害者が家族関係にあったことを知っていたか、または知ることを合理的に期待することができたものとみなされる。 「家族関係」について表四参照 「抗弁」について表五参照	八歳以上であったと合理的に確信していなかったものとみなされる。 加害者（被告人）と被害者が家族関係に該当する関係であったことが立証された場合において、加害者がこのことを知っていたか否か、または知ることを合理的に期待することができたか否かに関する争点を提起する十分な証拠が提出されなかったときは、加害者は、加害者と被害者が家族関係にあったことを知っていたか、または知ることを合理的に期待することができたものとみなされる。 「家族関係」について表四参照 「抗弁」について表五参照

表四　家族関係（「二〇〇三年性犯罪法」第二七条）

第一のカテゴリー（第二項）（次のいずれかに該当）	第二のカテゴリー（第三項）（次のいずれかの場合において、所定の関係のいずれかに該当）	第三のカテゴリー（第四項）（次の両者に該当）
・AとBの一方が他方の父母、祖父母、兄弟姉妹、異父母兄弟姉妹、伯叔父母 または ・AがBの（現在か過去の）里親 一時的に里親となり、後に里親でなくなった者も、家族関係が存続する。	・AとBが同一世帯の中で生活している（いた） または ・Aが定期的にBのケア、訓練、指導監督、単独の保護にかかわっている（いた） 場合において ・AとBの一方が他方の（現在か過去の）	・AとBが同一世帯の中で生活しているかつ ・Aが定期的にBのケア、訓練、指導監督、単独の保護にかかわっている 子どもの世話をする乳母や、家事を手伝って宿泊する「オー・ペア」も、家族関係に含まれることになる。

	継父母 ・AとBが従兄弟姉妹 ・AとBの一方が他方の（現在か過去の）継兄弟姉妹 ・AとBの一方の父母か（現在か過去の）里親が他方の（現在か過去の）里親のいずれか 継父母の中には、父母のパートナーが含まれる（第二七条第五項e）。

養子については、養親との家族関係についても、実親との家族関係についても、同一の要件が適用される。

表五　抗弁（二〇〇三年性犯罪法）

一　次の両者（第二八条） ・被害者が一六歳以上であったこと ・加害者と被害者が法律上婚姻していたか、登録同性パートナーであったこと 合法的に婚姻していたか、登録同性パートナーであったことの立証は、被告人が負担する。 二　家族関係が生ずる前の性的関係（第二九条） 第一のカテゴリーに該当しない場合（第二と第三のカテゴリーの場合）において、加害者と被害者の間に家族関係が生ずる前に、性的関係があったこと 例：男性が一六歳の従姉妹と性的関係を持った後に、同一世帯の中で生活を始めたときは、その性的関係は、第二のカテゴリーの

家族関係（両者が従兄弟姉妹）が生ずる前の性的関係

表六　家庭内の児童性犯罪の量刑表

成年者による家庭内の児童性犯罪	加重性的接触（第二五条第四項a号）、加重性的接触の勧誘（第二六条第四項a号） 一四年以下の拘禁（正式起訴） 単純性的接触（第二五条第四項b号）、単純性的接触の勧誘（第二六条第四項b号） 一四年以下の拘禁（正式起訴） 六か月以下の拘禁もしくは法定上限以下の罰金または両者の併科（略式起訴）
未成年者による家庭内の児童性犯罪	性的接触（第二五条第五項）、性的接触の勧誘（第二六条第五項） 五年以下の拘禁（正式起訴）（第二五条第五項b号・第二六条第五項b号） 六か月以下の拘禁もしくは法定上限以下の罰金または両者の併科（略式起訴）（第二五条第五項a号・第二六条第五項a号）

加重性的接触：挿入による性的接触　　単純性的接触：挿入によらない性的接触

（1）Kim Stevenson, Anne Davies, Michael Gunn, *Blackstone's Guide to the Sexual Offences Act 2003*, Oxford 2004, para. 7.1.

（2）Children and Young Persons Act 1933（c. 12）s. 50.：横山　潔『イギリスの少年刑事司法』（成文堂、二〇〇六年）一一頁参照。

（3）Sexual Offences Act 2003 *Explanatory Notes*, para. 52.

（4）Kim Stevenson, Anne Davies, Michael Gunn, *Blackstone's Guide to the Sexual Offences Act 2003*, Oxford 2004, para. 7. 3. 1.

（5）Kim Stevenson, Anne Davies, Michael Gunn, *ibid*, para. 7. 3. 4.; Sexual Offences Act 2003 *Explanatory Notes*, para.53.

（6）Kim Stevenson, Anne Davies, Michael Gunn, *ibid*, para. 7. 3. 4.; Sexual Offences Act 2003 *Explanatory Notes*, para. 53.

（7）「一九七六年養子縁組法」第三九条は、「二〇〇八年刑事司法及び移民法」（法律第四号）（Criminal Justice and Immigration Act 2008）（c. 4）附則一五第三条によって加えられた。

(8) Kim Stevenson, Anne Davies, Michael Gunn, *Blackstone's Guide to the Sexual Offences Act 2003*, Oxford 2004, para. 7.3.2. ; Sexual Offences Act 2003 *Explanatory Notes*, para. 55.

(9) c号iとc号iaは、「二〇〇八年少年及び児童法」(法律第二三号)(Children and Young Persons Act 2008)(c. 23) 附則一第一六条によって、従前のc号iを改めたものである。

(10) Kim Stevenson, Anne Davies, Michael Gunn *Blackstone's Guide to the Sexual Offences Act 2003*, Oxford 2004, para. 7.3.2. ; Sexual Offences Act 2003 *Explanatory Notes*, para. 56.

(11) Kim Stevenson, Anne Davies, Michael Gunn, *ibid*, para. 7. 3. 2. ; Sexual Offences Act 2003 *Explanatory Notes*, para. 57.

(12) Kim Stevenson, Anne Davies, Michael Gunn, *ibid*, para. 7. 3. 2. ; Sexual Offences Act 2003 *Explanatory Notes*, para. 58.

(13) 「登録同性パートナー」の文言は、「二〇〇四年登録同性パートナーシップ法」(法律第三三号)(Civil Partnership Act 2004)(c. 33) 附則二七第一七四条第四項によって、「二〇〇三年性犯罪法」第二八条の見出し中に加えられた。登録同性パートナーは、「二〇〇四年登録同性パートナーシップ法」により、同性のカップルが同性パートナーを形成して、相互にパートナーとして登録することによって合法的な認知を得ることができる。両者は、一六歳以上の同性で、同法には、登録同性パートナーの形成による、同性パートナーの権利と責任を含む法的効果が定められている。

(14) 「一九七六年養子縁組法」第三九条は、「二〇〇八年刑事司法及び移民法」(法律第四号) 附則一五第四条によって加えられた。

(15) Kim Stevenson, Anne Davies, Michael Gunn, *Blackstone's Guide to the Sexual Offences Act 2003*, Oxford 2004, para. 7. 3. 5. 2.

(16) Kim Stevenson, Anne Davies, Michael Gunn, *ibid*, para. 7. 3. 5. 2. ; Sexual Offences Act 2003 *Explanatory Notes*, para. 60.

(17) Kim Stevenson, Anne Davies, Michael Gunn, *ibid*, para. 7. 3. 3. ; Sexual Offences Act 2003 *Explanatory Notes*, para. 54.

第四節　「二〇〇三年性犯罪法」における「親族関係にある成年者との性交」

一　「二〇〇三年性犯罪法」における「親族関係にある成年者との性交」

「家庭内の児童性犯罪」が児童を対象とする家族関係にある当事者間の性犯罪を規定しているのに対し、「親族関係にある成年者との性交」は、成年者を対象とする親族関係にある当事者間の性交の罪を規定している。「一九五六年性犯罪法」第一〇条「男性による近親相姦」が、男性と所定の女性親族間との性交という規定方法を採用し、第一一条「女性による近親相姦」が、一六歳以上の女性と所定の男性親族間との性交という規定方法を採用している。「刑法改正委員会」(Criminal Law Revision Committee) は、近親相姦の罪が存在することは必要であると結論づけたが、当事者が二一歳以上であれば犯罪ではないと勧告した。しかし、「二〇〇三年性犯罪法」の立案者は、この勧告を採用せず、当事者の一方が未成年の時点に、年長の家族構成員から受けた近親相姦による児童の弄びと児童への抑圧が、児童本人が成年となった後の近親相姦関係にも影響を及ぼし、長期間、年長の家族構成員による家庭内での権限の濫用が続くおそれがあることを指摘し、それ故、成年対象者に、近親相姦に対する真の合意があるとみなすことができないとの見解を採用した(1)。そして、立法者は、「二〇〇三年性犯罪法」において、「親族関係にある成年者との性交：膣又はアヌスへの挿入」(第六四条) と「親族関係にある成年者との性交：膣又はアヌスへの挿入についての同意」(第六五条) の二罪を設けた。

二　「親族関係にある成年者との性交：膣又はアヌスへの挿入」（第六四条）

(1)　成立要件（第一項）

次の要件のすべてに該当すること

・一六歳以上の加害者（A）が故意に自己の身体の一部か物を一八歳以上の他人（B）の膣かアヌスへ挿入し、または自己のペニスをBの口へ挿入したこと
・その挿入が性的であったこと
・AのBに対する関係が親族関係（第二項）（後述）に該当したこと
・AのBに対する関係が親族関係であることを、Aが知っていたか、または知ることを合理的に期待することができたこと（以上第一項）

本条は、一六歳以上の加害者（A）が故意に自己の身体の一部か物を一八歳以上の所定の親族（B）の膣かアヌスへ挿入すること、またはAが自己のペニスをBの口へ挿入することとしている。加害者と他人の性別は、「特定されていない」(gender-neutral)。男性・女性を問わず、同性愛行為であっても異性愛行為であっても、所定の性的挿入行為があれば、本条の罪に当たる。「挿入」には、膣かアヌスへの身体の一部（指・舌等）か物の挿入と、口へのペニスの挿入が規定されている。母親が成人の息子とオーラル・セックスをした場合には、息子は、ペニスを母親の口へ挿入したことをもって、本条により処罰され、母親は、息子のペニスを自己の口に挿入することに同意したことをもって、第六五条により処罰される（第六五条の成立要件参照）。母親が成人の息子のマスターベーションを

するなどの、挿入を含まない性的行為は、本罪に当たらない。「性的」は、既に指摘したように、第七八条で定義されている。ペッサリーの挿入のように、家族構成員が他人に医療措置を手伝わせなければならない場合には、本条に当たらない。(2)

(2)　親族関係

Aが、父母、祖父母、子、孫、兄弟姉妹、異父母兄弟姉妹、伯叔父母、甥または姪としてBに関係していることが要求される（第二項）。「父母」（parent）の中には、養親が含まれ、「子」（child）の中には、養子が含まれる（第三項）。(3)「伯叔父」（uncle）とは、父母の兄弟をいい、「甥」（nephew）とは、兄弟姉妹の子をいうと定義し、「伯叔母」（aunt）と「姪」（niece）は、これらに対応する意味を有するとしている（第三項）。親族関係は、血族のみに適用され、姻族には適用されない（家族関係の第一のカテゴリー参照）。

(3)　加害者が他人と親族関係にあったことを知っていた（または知ることを合理的に期待することができた）とみなされる場合

加害者（被告人）（A）と他人（B）が親族関係にあったことを、Aが知っていたか否か、または知ることを合理的に期待することができたか否かに関する争点を提起する十分な証拠が提出されなかったときは、Aは、AとBが親族関係にあったことを知っていたか、または知ることを合理的に期待することができたものとみなされる（第四項）。

AとBが親族関係にあったことをAが知らなかった、または知ることを合理的に期待することができなかったとする十分な反証をAが提出しないかぎり、Aは、Bとの間に親族関係にあったことを知っていたか、または知ることを合理的に期待することができたものと推定される。十分な反証の提出は、Aが負担する。例えば、加害者と相手方が幼い頃に引き離されて、異なる家族によって養育され、二人が所定の性的関係に入った後になるまで親族関係にあったことを知らなかったという状況が生ずる可能性がある。このような状況にある二人にとっては、親族関係にあったことを知ったときは、離別しなければならないとされており、二人が真実を知った後も、性的関係を続行した場合には、二人は、第六四条（そして第六五条）の罪を犯したことになるであろうとされている。(4)

(4) 量　刑

刑は、次のとおりである。

二年以下の拘禁（正式起訴）

六か月以下の拘禁もしくは法定上限以下の罰金または両者の併科（略式起訴）（第五項）

三　「親族関係にある成年者との性交：膣又はアヌスへの挿入についての同意」（第六五条）

(1) 成立要件

次の要件のすべてに該当すること

・一八歳以上の他人（B）が、自己の身体の一部か物を一六歳以上の加害者（A）の膣かアヌスへ挿入し、または自己のペニスをAの口へ挿入したこと

・Aがその挿入に同意したこと

・その挿入が性的であったこと
・AのBに対する関係が親族関係（第二項）に該当したこと
・AのBに対する関係が親族関係であることを、Aが知っていたか、知ることを合理的に期待することができたこと
（以上第一項）

Aが自己の身体の一部か物をBの膣かアヌスへ挿入し、またはAが自己のペニスをBの口へ挿入することが、第六四条の罪の要件であるのに対し、第六五条は、Bが自己の身体の一部か物をAの膣かアヌスへ挿入し、またはBが自己のペニスをAの口へ挿入し、Aがその挿入に同意することを要件とし、その他の要件は、第六四条の要件と同一である。

(2) 親族関係

Aが、父母、祖父母、子、孫、兄弟姉妹、異父母兄弟姉妹、伯叔父母、甥または姪としてBに関係していることが要求される（第二項）。前条に記載したと同一の親族関係が要求される。(3)

(3) 加害者が他人と親族関係にあったことを知っていた（または知ることを合理的に期待することができた）とみなされる場合

加害者（被告人）（A）と他人（B）が親族関係にあったことをAが知っていたか否か、または知ることを合理的に期待することができたか否かに関する争点を提起する十分な証拠が提出されなかったときは、Aは、AとBが親族関係にあったことを知っていたか、または知ることを合理的に期待することができたものとみなされる（第四項）。

前条に記載したと同一の要件が要求される。

(4) 量　刑

二年以下の拘禁（正式起訴）

六か月以下の拘禁もしくは法定上限以下の罰金または両者の併科（略式起訴）（第五項）

第六四条と同一の量刑である。

親族関係にある成年者との性交の罪（第六四条・第六五条）は、次のとおりである。

表七　親族関係にある成年者との性交（二〇〇三年性犯罪法）

一六歳以上の者による膣・アヌスへの挿入（第六四条）	一六歳以上の者による自己の膣・アヌスへの挿入についての同意（第六五条）
次の要件のすべてに該当すること ・加害者（一六歳以上）が自己の身体の一部もしくは物を他人（一八歳以上）の膣もしくはアヌスへ挿入または加害者が自己のペニスを他人の口へ挿入 ・加害者と他人は親族関係（父母・祖父母・子・孫・兄弟姉妹・異父母兄弟姉妹・伯叔父母・甥・姪）（第一項―第三項） ・加害者が他人と親族関係にあったことを知っていたか、知ることを合理的に期待することができた 加害者（被告人）と他人が親族関係にあったことを、被告人が知っていたか否か、または知ることを合理的に期待することが	次の要件のすべてに該当すること ・他人（一八歳以上）が自己の身体の一部もしくは物を加害者（一六歳以上）の膣もしくはアヌスへ挿入または他人が自己のペニスを加害者の口へ挿入 ・加害者が挿入に同意 ・加害者と他人は親族関係（父母・祖父母・子・孫・兄弟姉妹・異父母兄弟姉妹・伯叔父母・甥・姪）（第一項―第三項） ・加害者が他人と親族関係にあったことを知っていたか、知ることを合理的に期待することができた 加害者（被告人）と他人が親族関係にあったことを、被告人が知っていたか否か、または知ることを合理的に期待することが

できたか否かに関する争点を提起する十分な証拠が提出されなかったときは、被告人は、被告人と他人が親族関係にあったことを知っていたか、または知ることを合理的に期待することができたものとみなされる（第四項）。 二年以下の拘禁（正式起訴） 六か月以下の拘禁もしくは法定上限以下の罰金または両者の併科（略式起訴）（第五項）	できたか否かに関する争点を提起する十分な証拠が提出されなかったときは、被告人は、被告人と他人が親族関係にあったことを知っていたか、または知ることを合理的に期待することができたものとみなされる（第四項）。 二年以下の拘禁（正式起訴） 六か月以下の拘禁もしくは法定上限以下の罰金または両者の併科（略式起訴）（第五項）

（1）Kim Stevenson, Anne Davies, Michael Gunn, *Blackstone's Guide to the Sexual Offences Act 2003*, Oxford 2004, para. 7. 4.

（2）Kim Stevenson, Anne Davies, Michael Gunn, *ibid*, para. 7. 4. 3.

（3）「二〇〇八年刑事司法及び移民法」（法律第四号）附則一五第五条第三項によって、「二〇〇三年性犯罪法」第六四条第三項中にza号とzb号を加えて、「父母」の中には養親が含まれ、「子」の中には養子が含まれるとした。そして、同法附則一五第五条第四項によって、二〇〇三年法第六四条中に第三項Aを加えて、子が養子である場合には、加害者（A）が一八歳以上でなければならないとした。同附則第一五第六条第三項と第四項によって、二〇〇三年法第六五条中にも同様の改正を加えている。

（4）Kim Stevenson, Anne Davies, Michael Gunn, *Blackstone's Guide to the Sexual Offences Act 2003*, Oxford 2004, para. 7. 4. 5.

第五節　家庭内性犯罪の検討

（一）さて、本章では、冒頭で、「近親相姦」の罪（「一九五六年性犯罪法」第一〇条・第一一条）を取り上げ、続けて、「二〇〇三年性犯罪法」に定める「家庭内の児童構成員との性的行為」（第二五条）、「家庭内の児童構成員に対し性的行為を行うように勧誘する罪」（第二六条）、「親族関係にある成年者との性交：膣又はアヌスへの挿入」（第六四条）、

「親族関係にある成年者との性交：膣又はアヌスへの挿入についての同意」（第六五条）の各罪の最新の条項を検討し、関連して、「一六歳未満の女子に対し近親相姦に当たる性交を行うように勧誘する罪」（一九七七年刑事法律法」第五四条）にも言及した。これらの罪について、各条項ごとに、単独に関係事項を説明し、その理解を得るべく、表にして整理してきたが、ここでは、これらの罪の関連性に着目して、全体をまとめてみたいと思う。

（二）「男性による近親相姦」（「一九五六年性犯罪法」第一〇条）と「女性による近親相姦」（同第一一条）から見てみよう。

1　「男性による近親相姦」は、一方の行為当事者は、年齢の区別なく男性で、他方の当事者は、年齢によって量刑を異にする特定の親族関係にある女性である。行為は性交、即ち膣への挿入が想定されている。量刑は、他方当事者が一三歳未満であったときは、既遂について終身拘禁、未遂について七年以下の拘禁、その他の年齢であったときは、既遂について七年以下の拘禁、未遂について二年以下の拘禁（いずれも正式起訴）である。

2　「男性による近親相姦」に対置される罪が、「女性による近親相姦」である。一方の行為当事者は一六歳以上の女性と限定され、他方の当事者は、年齢の区別なく、特定の親族関係にある男性である。量刑は、既遂について七年以下の拘禁、未遂について二年以下の拘禁（いずれも正式起訴）である。

（三）「男性による近親相姦」の行為を「近親相姦」の勧誘にまで拡大し、他方の女子当事者を一六歳未満に絞った罪が、「一六歳未満の女子に対し近親相姦に当たる性交を行うように勧誘する罪」（「一九七七年刑事法律法」第五四条）である。一方の行為当事者は男性、他方の当事者は特定の親族関係にある一六歳未満の女性と限定し、行為は性交の勧誘である。量刑は、二年以下の拘禁（正式起訴）か六か月以下の拘禁もしくは一〇〇〇ポンド以下の罰金または両者の併科（略式起訴）である。

（四）上記の三罪に対置される新法の罪が、「家庭内の児童構成員との性的行為」（二〇〇三年性犯罪法」第二五条）と「家庭内の児童構成員に対し性的行為を行うように勧誘する罪」（同第二六条）である。新法では、一方の行為当事者（加害者）は男性・女性と特定せず、成年者と未成年者に区分したこと、他方の当事者（被害者）は一方の行為当事者と親族関係よりも広い範囲の家族関係にある児童（一八歳未満）としたこと、行為は、性交に限定せず、性的な単純接触・加重接触に区分したこと、そして量刑は、成年行為者か未成年行為者かの区分と、単純性的接触か加重性的接触かの区分に応じて異にしたことである。

1　まず、「家庭内の児童構成員との性的行為」から説明する。

①一方の行為当事者が成年者で、加重性的接触を行ったときは、量刑は、一四年以下の拘禁（正式起訴）、単純性的接触を行ったときは、一四年以下の拘禁（正式起訴）か、六か月以下の拘禁もしくは法定上限以下の罰金または両者の併科（略式起訴）とした。他方当事者が一八歳以上であったと確信していたとする推定や一方の行為当事者が他方当事者と家族関係にあったことを知っていたか、知ることを合理的に期待することができたとする推定に対する被告人の反証の提出と、被告人の二つの抗弁、即ち行為時に他方当事者が一六歳以上であって、両当事者が婚姻していたか登録同性パートナーであったとする抗弁と、両当事者間に家族関係が生ずる前に性的関係があったとする抗弁が規定されている。

②一方の行為当事者が未成年者であるときは、単純性的接触の場合も加重性的接触の場合も、五年以下の拘禁（正式起訴）か、上限六か月の拘禁もしくは法定上限以下の罰金または両者の併科（略式起訴）とした。

2　「家庭内の児童構成員との性的行為」を「性的行為の勧誘」にまで拡大した罪が、「家庭内の児童構成員に対し性的行為を行うように勧誘する罪」である。この罪は、前記の罪について、「性的行為」を「性的行為の勧誘」と読み替えて、即ち、「単純性的接触」を「単純性的接触の勧誘」と読み替え、「加重性的接触」を「加重性的接触の勧誘」と読み替えて、その他の事項がそのまま適用される。量刑も、前記の罪と同じである。

3　「家庭内の児童構成員との性的行為」と「家庭内の児童構成員に対し性的行為を行うように勧誘する罪」において要件とされる「家族関係」にある者について、『二〇〇〇年内務省報告書』によって提示された提言が大きく反映されたものと理解される。

（五）「家庭内の児童構成員との性的行為」と対置される罪が、「親族関係にある成年者との性交：膣又はアヌスへの挿入」（「二〇〇三年性犯罪法」第六四条）と「親族関係にある成年者との性交：膣又はアヌスへの挿入についての同意」（同第六五条）である。

1　親族関係にある成年者との性交：膣又はアヌスへの挿入」は、「家庭内の児童構成員との性的行為」と対置して、一方の行為当事者（加害者）は一六歳以上の者、他方当事者（他人）は一方の行為当事者と所定の親族関係にある一八歳以上の者、行為は、一方の行為当事者が自己の身体の一部または物を他方当事者のアヌスまたは膣へ挿入するか、一方の行為当事者が自己のペニスを他方当事者の口へ挿入することである。量刑は、上限二年の拘禁（正式起訴）か、上限六か月の拘禁もしくは法定上限以下の罰金または両者の併科（略式起訴）である。一方の行為当事者が他方当事者と親族関係にあったことを知っていたとする推定に対する被告人の反証の提出が規定されている。

2　「親族関係にある成年者との性交：膣又はアヌスへの挿入についての同意」の罪は、一方の行為当事者と所定の親族関係にある他方当事者の身体の一部または物を、一方の行為当事者のアヌスまたは膣へ挿入するか、他方当事者が自己のペニスを一方の行為当事者の口へ挿入することを、一方の行為当事者が同意することである。量刑は「親族関係にある成年者との性交：膣又はアヌスへの挿入」と同じで、前記の罪と同様に、一方の行為当事者が他方当事者と親族関係にあったことを知っていたとする推定に対する被告人の反証の提出の規定がある。

小　括

近親者間の性的行為をタブー視する、かつての風潮を打破して、これを宗教上の贖罪行為から刑法上の罪へと押し上げ、「一九五六年性犯罪法」と「一九七七年刑事法律法」において、「近親相姦」や「近親相姦の勧誘」の罪を規定した。この罪に定める行為は、男性または一六歳以上の女性に当たる一方行為当事者による、所定の親族関係にある、成年または未成年の他方当事者への「性交」やその「勧誘」に限定するものであったが、さらに「二〇〇三年性犯罪法」は、「家庭内の児童構成員との性的行為」や「家庭内の児童構成員に対し性的行為を行うように勧誘する罪」を定めて、成年または未成年の一方行為当事者による、所定の家族関係にある未成年の他方当事者への「性的行為」やその「勧誘」へと、適用範囲を拡大した。未成年者や「社会的弱者の地位にある」(vulnerable) 者の範囲が、一方行為当事者と「親族関係」にある者から「家族関係」にある者へと拡大されたこと、さらに、他方当事者への「膣への挿入」から単純接触や加重接触を含む「性的接触」にまで拡大されたことによって、家庭内での構成員間の性的行為を社会的に是認しないという反倫理的行為の抑制がより強化され、家庭内における信用ある地位にある強者が行使する、家庭内の弱者に対する虐待という権限の濫用が、より広範囲に排除された。

また、「二〇〇三年性犯罪法」は、一六歳以上の一方の行為当事者による、親族関係にある成年者への膣またはアヌスへの挿入や、一方の行為当事者による、自己の膣やアヌスへの挿入の同意を罪としている。この種の罪は、家庭内の性的行為を背倫理的として是認しないという要請は備えているが、相手方が一八歳以上であるという点を考慮すれば、強者による弱者への権限の濫用という図式は、この種の罪にそのままは当てはまらないとの見方も可能と見ることもできるが、未成年の時期に及ぼされた強者からの性的行為への強制が、成年に至った後にも影響を及ぼしているという点が想定されているとみることもできるであろう。

第五章　「二〇〇三年性犯罪法」における対精神障害者性犯罪について

はじめに

イギリス議会は、二〇〇三年一一月二〇日に国王の裁可を得て、「二〇〇三年性犯罪法」（法律第四二号）（Sexual Offences Act 2003）（c. 42）を制定した。同法は、翌二〇〇四年五月一日に施行された。新法の成立を望んでいたイギリス政府は、二〇〇二年一一月に、内務大臣から議会に宛てて提出した報告書『公衆の保護—性犯罪者に対応する保護の強化と性犯罪に関する法律の改革—』（『二〇〇二年白書』と呼称する）(1)の中で、六つの章を設けて、詳細な提案を行った。その第四章で、「児童および社会的弱者に対する特別の保護」の提案が示された。これは、当事者間に性的行為についての同意があっても、その同意は、一方の弱者が、他方の強者の権力的地位のもとに置かれているための見せかけの同意であって、不正な性的行為であり、そこには、刑事法が適用されるべき状況が存在すると指摘した。

同第四章では、弱者に関係する九つの性的行為が列挙され、その中に、次の三点が提示された。

・行為時における学習能力の欠如により、または精神障害により同意能力を喪失した者との性的行為
・勧誘、脅迫または詐害による、学習能力欠如者または精神障害者との性的行為
・ケア関係の違反

『二〇〇二年白書』に示されたイギリス政府への要望に対応する形で、「二〇〇三年性犯罪法」の第一章「性犯罪」中に、「選択能力に支障がある精神障害者に対する罪」（第三〇条—第三三条）、「精神障害者に対する勧誘等」（第三四条—第三七条）、「精神障害者のための「ケア・ワーカー」（care worker）」（第三八条—第四四条）の規定が置かれた。この中で、精神障害者を対象とする一般的性犯罪、精神障害者を対象とする、勧誘・脅迫・詐害を手段とする性犯罪、ケア・ワーカーによる、精神障害者を対象とする性犯罪の各成立要件と量刑の詳細、およびケア・ワーカーによる性犯罪に対する抗弁事由が示されている。

本章では、児童と社会的弱者の保護を標榜する「二〇〇三年性犯罪法」における、精神障害者を対象とする性犯罪に焦点を当てて、精神障害者の法的保護を検討してみたいと思う(2)。

（1）　*Protecting the Public, Strengthening protection against sex offenders and reforming the law on sexual offences, Presented to Parliament by the Secretary of the Home Department by Command Her majesty November 2002.* Cm. 5668. 報告書の概要について、横山　潔『イギリスの少年刑事司法』（成文堂、二〇〇六年）三一五—三三九頁、横山　潔「性犯罪者と性犯罪に対するイギリス政府の公衆保護強化の取組（その一）—（その四・完）［表題の詳細は次注に記載］青少年問題第五〇巻第一一号—第五一巻第七号（平成一五年一一月—平成一六年七月）参照。

（2）　本章の作成に当たって、次の資料を参考にした。
・Sexual Offences Act 2003 (c. 42).
・Sexual Offences Act 2003 *Explanatory Notes.*

・Kim Stevenson, Anne Davies, Michael Gunn, *Blackstone's Guide to the Sexual Offences Act 2003*,Oxford 2004.
・*Setting the Boundaries-Reforming the Law on Sex* Offences, Published by Home Office Communication Directrate July 2000.
・*Protecting the Public, Strengthening protection against sex offenders and reforming the law on sexual offences, Presented to Parliament by the Secretary of the Home Department by Command Her majesty November 2002*. Cm. 5668.
・Sexual Offences Act 1956（c. 69）.
・Mental Health Act 1959（c. 72）.
・Mental Health Act 1983（c. 20）.
・Mental Health（Amendment）Act 1982（c. 51）.
・Children Act 1989（c. 41）.
・Care Standards Act 2000（c. 14）.
・Sexual Offences（Amendment）Act 2000（c. 44）.
・Mental Health Act 2007（c. 12）.
・横山　潔『イギリスの少年刑事司法』（成文堂、二〇〇六年）。
・横山　潔「性犯罪者と性犯罪に対するイギリス政府の公衆保護強化の取組（その一）―性犯罪者の登録の強化―」・同「性犯罪者と性犯罪に対するイギリス政府の公衆保護強化の取組（その二）―同意に関する法律の明確化と同意のない罪―」・同「性犯罪者と性犯罪に対するイギリス政府の公衆保護強化の取組（その三）―児童・脆弱者に対する特別保護―」・同「性犯罪者と性犯罪に対するイギリス政府の公衆保護強化の取組（その四・完）―商業的性的搾取およびその他の性犯罪―」青少年問題第五〇巻第一一号―第五一巻第七号（平成一五年一一月―平成一六年七月）。
・横山　潔「イギリス「二〇〇三年性犯罪法」の成立―旧性犯罪法律の包括的整備―」（共同研究）比較法雑誌第三八巻第二号（第一三〇号）（平成一六年九月）。
・横山　潔「イギリス「二〇〇三年性犯罪法」（法律第四二号）」（共同研究（一）―（三・完））比較法雑誌第三八巻第二号―第四号（第一三〇号―第一三二号）（平成一六年九月―平成一七年三月）（「二〇〇三年性犯罪法」（法律第四二号）の改正を含む邦訳については、横山　潔『イギリス二〇〇三年性犯罪法』（成文堂、二〇一七年）参照）。
・横山　潔「イギリスにおける相手方の同意のない性的行為の罪について」ＪＣＣＤ第一〇〇号（ＪＣＣＤ機関誌百号記念論文集）（平成一九年一月）（本書第一章「「二〇〇三年性犯罪法」における「強姦」「膣又はアヌスへの挿入による暴行」「性的暴行」「同意を得ないで人に対し性的行為を行うように強制する罪」について」参照）。

第一節　「一九五六年性犯罪法」による心身障害女性を対象とする性犯罪と、「一九五九年精神保健法」による精神障害女性患者を対象とする性犯罪

精神障害者を性犯罪から保護する規定が「二〇〇三年性犯罪法」に登場するに先立って、既に「一九五六年性犯罪法」（法律第六九号）（Sexual Offences Act 1956）（c. 69）において、第一章「罪及び罪の訴追と処罰」中に「「心身障害者」（defective）との性交」の見出しを設けて、心身障害の女性を性犯罪から保護する規定が置かれていた。また「一九五九年精神保健法」（法律第七二号）（Mental Health Act 1959）（c. 72）第一二八条に、病院やケア・ホームの職員による、「精神障害の女性患者」（a woman who is a mentally disordered patient）との性交の規定が置かれて、精神障害の女性を性犯罪から保護していた。後述する「二〇〇三年性犯罪法」中の第一類型から第三類型までの性犯罪と対比する意味で、まず、これらの規定を紹介する。ただし、ここに引用した「一九五六年性犯罪法」と「一九五九年精神保健法」の関係条項は、「二〇〇三年性犯罪法」附則六第一一条と第一三条、および同附則七により削除されている。

(一)「一九五六年性犯罪法」による心身障害女性を対象とする性犯罪

「一九五六年性犯罪法」では、「心身障害者との性交」の見出しのもとに、次のような規定を置いていた。

第七条　心身障害者との性交

(1)　本条中に定める例外に従うことを条件にして、男性が心身障害の女性と不法な性交を行うことをもって、罪とする。

(2)　当該女性が心身障害であることを当該男性が知らず、かつそれを疑う理由を有していなかったときは、当該男性が当該女性と不法な性交を行っても、当該男性は、本条の罪に処せられない。

第八条　削除

第九条　心身障害の女性に対する不法な性交の勧誘

(1)　本条中に定める例外に従うことを条件にして、世界のいずれの地域であるかを問わず、ある者が心身障害の女性に対し不法な性交を行うように勧誘することをもって、罪とする。

(2)　当該女性が心身障害者であることを、この者が知らず、かつそれを疑う理由を有していなかったときは、この者が当該女性に対し不法な性交を行うように勧誘しても、この者は、本条の罪に処せられない。

また同第四五条「「心身障害者」の意味」において、「心身障害者」とは、「知能及び社会的機能の重大な損傷を含む精神の発達が阻害されている状態又は不完全な状態にある者をいう」と定義していた。第七条と第四五条の規定は、「一九五九年精神保健法」第一二七条「「一九五六年性犯罪法」の改正」第一項で読み替えられたものであり、第四五条の文言の一部は、さらに「一九八二年精神保健（改正）法」（法律第五一号）(Mental Health (Amendment) Act 1982) (c. 51) 附則三第二九条で読み替えられたものである。「一九五九年精神保健法」と「一九八二年精神保健（改正）法」の関係条項は、「二〇〇三年性犯罪法」附則六第一一条と第一二条、および同附則七により削除されている。

そして、第七条と第九条の罪に対しては、正式起訴に基づく有罪宣告により、二年以下の拘禁に処すると規定されていた（「一九五六年性犯罪法」附則二）[(1)]。

「一九五六年性犯罪法」による対心身障害女性性犯罪については、次のような種々の批判があり、心身障害者を取り扱う罪には、適切なバランスを欠いていたとの指摘が提示されている。

① その女性が心身障害者であったという地位を理由とした罰則であり、性交を行うか否かを決定することができなかったという機能的な能力の欠如を理由としたものではなかったので、法律が、救済目的に必要な範囲を超えた者に負担を課したものであった。

② 心身障害者であったという、重大な学習能力の欠如した者のみを保護する罰則であって、異なる形態の精神障害者を保護していなかった。

③ 心身障害という文言は、品位を損なうものであり、軽蔑的な意味が含まれている。

④ 女性が心身障害という診断を受けた場合には、本人が性交を望んでいても、それに同意を示すことができなかった。

また一九五六年法では、性犯罪による虐待だけが通常の罪や特別の罪によって保護され、信用の違反や地位の濫用によって行われる性犯罪は、取り扱われていないという批判も、指摘されている。(2)

(二)「一九五九年精神保健法」による精神障害女性患者を対象とする性犯罪

「一九五九年精神保健法」第一二八条では、次のように規定されていた。

第一二八条　患者との性交

(1) 一九五六年性犯罪法第七条の規定を損なうことなく、本条中に定める例外に従うことを条件にして、次の各号に定める行為を行うことをもって、罪とする。

(a) 病院、独立病院又はケア・ホームの担当職員、その他の被用者又は管理者たる男性が、病院若しくはホームで精神障害の治療を受けている女性と不法な性交を行ったこと、又は病院若しくはホームが設置されている敷地で、外来患者として当該治療を受けている女性と不法な性交を行ったこと

(b) 男性が、精神障害患者で、一九八三年精神保健法に基づいて当該男性の後見に服しているか、又は同法に基づいてその保護やケアを受けている女性と不法な性交を行ったこと

(2) 当該女性が精神障害の患者であることを、当該女性と性交を行った男性が知らず、かつそれを疑う理由を有していなかったときは、当該男性が当該女性と不法な性交を行っても、当該男性は、本条の罪に処せられない。

(3) 本条に基づく罪により有罪となった者は、正式起訴に基づく有罪宣告により、二年以下の拘禁に処する。(3)

両法律とも、罪・抗弁・量刑の規定方法について、ほぼ同様の形式を採用し、ともに二年以下の拘禁を法定していた。

(1) Kim Stevenson, Anne Davies, Michael Gunn, *Blackstone's Guide to the Sexual Offences Act 2003*, Oxford 2004, para. 6.1.2. 横山潔『イギリスの少年刑事司法』(成文堂、二〇〇六年) 九四頁参照。

(2) Kim Stevenson, Anne Davies, Michael Gunn, *ibid*, para. 6.1.2.

(3) 横山　潔『イギリスの少年刑事司法』(成文堂、二〇〇六年) 一〇二頁参照。

第二節　『二〇〇〇年内務省報告書』による、対精神障害者性犯罪に関する提言

「はしがき」において、『二〇〇二年白書』による、対精神障害者性犯罪に向けた要望を紹介したが、この報告書

による要望以前に、イギリス内務省は、二〇〇〇年七月に、『境界線を設定する―性犯罪に関する法律の改革』と題する協議文書（『二〇〇〇年内務省報告書』と呼称する）[1]を公表していた。『二〇〇〇年内務省報告書』は、この中で、新性犯罪法の制定に関し、六二の提言を行い、精神障害者性犯罪に関係して、次の三つの提言を提示した（数字は提言の順序を指す）。

> 提言三〇　性交とその広い意味の知識と理解の両者を反映する同意能力についての制定法上の定義を設けるべきである。我々は、「法律委員会」（Law Commmission）が提案した定義を採用することを提言する。（para. 4. 5. 13）
>
> 提言三一　性的関係に同意する能力を有しない、重大な精神障害を有する者との性的行為に関係する特別の罪を設けるべきである。（para. 4. 6. 5）
>
> 提言三四　脅迫または詐害による「精神障害者」（mentally impaired person）との性交の取得の特定の罪を設けるべきである。（para. 4. 10. 2）

提言三〇に掲げた、「法律委員会」が提案した「同意能力」の定義は、同意能力の有無について、(a)精神的無能力の故に、関係する問題に関して、自ら決定を下すことができないときか、(b)無意識の故に、またはその他の理由のために、この問題に関して、自己の決定を伝達することができないときのいずれかであるときは、この者は、同意能力を欠いていたものとみなすべきであるとし、同意するか否かに関して、(a)行為の性質とその合理的に予見可能な結果、および行為の意味とその合理的に予見可能な結果の両者を理解することができないときか、(b)上記の両者について理解することができるが、決定を下すことができないときは、この行為に同意するか否かに関して、決定を下すことができなかったものとみなすべきであるとし、「精神的無能力」（mental disability）については、恒久的であると、一時的であるとを問わず、精神的機能の「障害」（impairment）または「損傷」（disturbance）の結果生ずる、「精神」（mind）または「脳」（brain）の「無能力」（disability）または「障害」（disorder）をいうとするべきであるとしている（para. 4. 5. 8）。

そして、同意能力のない者との性的行為や、脅迫または詐害による精神障害者との性交の取得について、一〇年の量刑が提案されている（para. 9. 3）。

提言三〇は、法律委員会が提案した同意能力の定義を採用することを提言した。「二〇〇三年性犯罪法」は、第一章「性犯罪」第七四条で、「同意」について定義し、その中で、「ある者が選択によって同意した場合において、当該選択を行う自由と能力を有していたときは、本章の適用上、この者は、同意したものとする」と規定し、第七五条第一項において、被告人が関係行為を行ったこと、特定の状況があったこと、その状況があったことを被告人が知っていたことが立証された場合において、原告が関係行為に同意したか否かに関する争点を提起する十分な証拠が提出されなかったときは、原告は、関係行為に同意しなかったものとみなすと定め、特定の状況の一つとして、同第二項e号は、「原告の身体的無能力の故に、関係行為の時点に、原告が自己の同意の有無を被告人に伝えることができなかったと思料されること」を挙げて、この場合には、原告は、関係行為に同意しなかったものとみなすとした。

提言三一は、対精神障害者性犯罪の制定を、また提言三四は、脅迫または詐害による対精神障害者性犯罪の制定を要望するものであり、「二〇〇三年性犯罪法」中にこれが規定された。

（1） *Setting the Boundaries-Reforming the Law on Sex Offences*, Published by Home Office Communication Directrate July 2000.

第三節　精神障害者を対象とする性犯罪（第一類型）

「二〇〇三年性犯罪法」は、第一章「性犯罪」中に、「選択能力に支障がある精神障害者に対する罪」「精神障害者に対する勧誘等」「精神障害者のためのケア・ワーカー」の見出しを設けて、まず第一に、基本類型とされる第一類型で、精神障害者を対象とする性犯罪を定め、次に、勧誘・脅迫・詐害による、精神障害者を対象とする性犯罪とケア・ワーカーによる、精神障害者を対象とする性犯罪を規定して、それぞれの成立要件と量刑を詳細に規定している。

ここでは、精神障害者を対象とする性犯罪（第一類型）の各要件を分説することとする。第一類型に定める性犯罪は、被害者に性的行為についての同意が存在していないことが基本となっている。

一　選択能力に支障がある精神障害者との性的行為（第三〇条）

（一） 単純性的接触（第一項）

次の要件のすべてに該当すること

・加害者（A）が故意に被害者（B）に接触したこと
・その接触が性的であったこと[1]
・Bが精神障害の故に接触を拒否することができなかったこと
・Bが精神障害であったこと、および精神障害の故に接触を拒否することができないと思われることを、Aが知っていたか、または知ることを合理的に期待することができたこと

これらの要件を立証する負担は、検察官にある。Aには、Bが精神障害であったこと、そして精神障害の故に接触を拒否することができないと思われることを知っていたか、知ることが合理的に期待されているので、単に精神障害でなかったと真摯に確信していただけでは足りない。Bが接触に同意するか否かを選択する能力を欠いていたか、選択したところをAに伝える能力を欠いていたときは、接触を拒否することができなかったものとする（第二項）。

(二)　加重性的接触（第三項）

単純性的接触の要件を具備していた場合において、性的接触中に、次のいずれかが含まれていたときは、刑が加重される。

・Aの身体の一部または物をBのアヌスまたは膣へ挿入
・AのペニスをBの口へ挿入
・Bの身体の一部をAのアヌスまたは膣へ挿入
・BのペニスをAの口へ挿入

(三)　量刑 (第三項・第四項)

単純性的接触の罪は、選択的起訴犯罪で、正式起訴に基づく有罪宣告の場合にあっては一四年以下の拘禁とし、略式起訴に基づく有罪宣告の場合にあっては、六か月以下の拘禁もしくは法定上限（五〇〇〇ポンド―以下同じ）以下の罰金または両者の併科とする。

加重性的接触の罪の場合にあっては、正式起訴に基づく有罪宣告により、終身拘禁とする。

二　選択能力に支障がある精神障害者に対し性的行為を行うように強制または勧誘する罪 (第三一条)

(一)　単純性的行為を行うように強制・勧誘する罪 (第一項)

次の要件のすべてに該当すること

・加害者（A）が故意に被害者（B）に対し性的行為を行うように強制または勧誘したこと

・Bが精神障害の故に性的行為の強制または勧誘を拒否することができなかったこと

・Bが精神障害であったこと、および精神障害の故に性的行為の強制または勧誘を拒否することができないと思われることを、Aが知っていたか、または知ることを合理的に期待することができたこと

単純性的行為を行うように強制・勧誘する罪は、単純性的接触の罪（第三〇条第一項）の成立要件中の前二者、即ち「故意に被害者（B）に接触したこと」と「その接触が性的であったこと」を、単純性的行為を行うように強制・勧誘する罪の最初の成立要件中において、「故意に被害者（B）に対し性的行為を行うように強制または勧誘したこと」と読み替え、また単純性的接触の罪の後二者の成立要件中の「接触を拒否する」を、単純性的行為を行うように強制・勧誘する罪の後二者の成立要件中において、「性的行為の強制または勧誘を拒否する」と読み替え、

その他の要件は同じである（第一項）。性的行為の「強制」（causing）と「勧誘」（inciting）について、AがBに対しAの友人と性交するように強制する場合や、Bが勧誘の結果として性的行為を行わなくても、Bに対しAの友人と性交するように勧誘する場合がそれに当たる、と例示されている。Bが性的行為の強制または勧誘に同意するか否かを選択する能力を欠いていたか、選択したところをAに伝える能力を欠いていたときは、性的行為の強制または勧誘を拒否することができなかったものと解釈されることは、単純性的接触の場合と同じである（第二項）。

（二）　加重性的行為を行うように強制・勧誘する罪（第三項）

強制または勧誘された性的行為中に、次のいずれかが含まれていたときは、刑が加重される。

・Bのアヌスまたは膣へ挿入
・人のペニスをBの口へ挿入
・Bの身体の一部を、またはBが物を人のアヌスまたは膣へ挿入
・Bのペニスを人の口へ挿入

（三）　量刑（第三項・第四項）

単純性的行為を行うように強制・勧誘する罪は、選択的起訴犯罪で、精神障害者に対する単純性的接触の罪の場合と同様に、正式起訴に基づく有罪宣告の場合にあっては一四年以下の拘禁、略式起訴に基づく有罪宣告の場合にあっては、六か月以下の拘禁もしくは法定上限以下の罰金または両者の併科とし、加重性的行為を行うように強制・勧誘する罪は、精神障害者に対する加重性的接触の罪の場合と同様に、正式起訴に基づく有罪宣告により、終身拘禁とする。

三　選択能力に支障がある精神障害者の面前で性的行為を行う罪（第三二条）

（一）成立要件（第一項）

次の要件のすべてに該当すること

・加害者（A）が故意に性的行為を行ったこと

・被害者（B）が現在していた場合か、またはBがAを観察することができる場所に居た場合において、Aが性的行為を行っていることにBが気づいていることを知りながら、もしくはBが気づいていると確信しながら、またはAがその行為を行っていることにBが気づくことを意図しながら、Aが性的満足を得るために性的行為を行ったこと

・Bが精神障害の故に、本人の面前での性的行為を拒否することができなかったこと

・Bが精神障害であったこと、および精神障害の故に、本人の面前での性的行為を拒否することができないと思われることを、Aが知っていたか、または知ることを合理的に期待することができたこと

精神障害者の面前で性的行為を行う罪の成立には、故意の性的行為があったこと、Bが性的行為を拒否することができなかったこと、Bが性的行為を拒否することができないと思われることをAが知っていたこと（知ることを合理的に期待することができたこと）のほかに、Aが性的満足を得るために性的行為を行ったことが付加されている。Bが現在することに、Bが同意するか否かを選択する能力を欠いていたか、または選択したところをAに伝える能力を欠いていたときは、本人の面前での性的行為を拒否することができなかったものとされる（第二項）。

（二）　**量刑**（第三項）

精神障害者の面前で性的行為を行う罪は選択的起訴犯罪で、正式起訴に基づく有罪宣告の場合にあっては一〇年以下の拘禁とし、略式起訴に基づく有罪宣告の場合にあっては、六か月以下の拘禁もしくは法定上限以下の罰金または両者の併科とする。

なお、成立要件中に定めた「観察」（observation）[2]の定義について、第七九条第七項で、「（表現の如何を問わず）観察は、直接であると、画像を閲覧することによるとを問わず、観察とする」としている。

四　選択能力に支障がある精神障害者に対し性的行為を見つめるように強制する罪（第三三条）

（一）　**成立要件**（第一項）

次の要件のすべてに該当すること

・加害者（A）が、性的満足を得るために、故意に、被害者（B）に対し第三者が性的行為を行っている状況を見つめるように強制し、または人が性的行為を行っている画像を閲覧するように強制したこと

・Bが精神障害の故に、第三者が性的行為を行っている状況を見つめるように強制することまたは性的行為を行っている画像を閲覧するように強制することを拒否することができなかったこと

・Bが精神障害の故に、成立要件中に定める強制を拒否することができないと思われることを、Aが知っていたか、または知ることを合理的に期待することができたこと

本罪は、精神障害者の面前で性的行為を行う罪と同様に、「性的満足を得るため」が要件とされ、この目的で性的行為を行っている状況を見つめるように強制することや性的行為を行っている画像を閲覧するように強制するこ

とが要件となっているので、性教育の目的でフィルムを見せる場合には、性的満足を得る目的を欠いており、合法である。なお「画像」(image) は、第七九条第四項で、「活動画像又は静止画像をいい、この中には、何らかの方法によって作成された画像及び、文脈上許容される場合において、立体画像が含まれる」と定義し、同第五項で、「人の画像の中には、想像上の人物の画像が含まれる」としている。

前三者の罪と同様に、Bが見つめることまたは閲覧することに同意するか否かを選択する能力を欠いていたか、または選択したところをAに伝える能力を欠いていたときは、見つめることや閲覧することの強制を拒否することができなかったものとされる（第二項）。

(二)　量刑（第三項）

精神障害者に対し性的行為を見つめるように強制する罪も選択的起訴犯罪で、正式起訴に基づく有罪宣告の場合にあっては一〇年以下の拘禁とし、略式起訴に基づく有罪宣告の場合にあっては六か月以下の拘禁もしくは法定上限以下の罰金または両者の併科とする。(3)

(1)　「二〇〇三年性犯罪法」第七八条で、「性的」について定義している。同条によれば、挿入、接触またはその他の行為が、その行為の状況やその行為に関する人の目的にかかわりなく、その性質により、通常人であれば性的であったと思料されるときは、性的であったものとし（a号）、行為の性質により、それが性的である可能性がある場合において、その行為の状況やその行為に関する人の目的により、通常人であれば性的であったと思料されるときは、性的であったものとする（b号）、としている。「性的接触」の解釈について、横山　潔「イギリスにおける相手方の同意のない性的行為の罪について」ＪＣＣＤ第一〇〇号（ＪＣＣＤ機関誌百号記念論文集）（平成一九年一月）中の三「性的暴行」参照（本書第一章「「二〇〇三年性犯罪法」における「強姦」「膣又はアヌスへの挿入による暴行」「性的暴行」「同意を得ないで人に対し性的行為を行うように強制する罪」について」中の第四節「性的暴行」参照）。

（2）observationについて「観察」の訳語を充て、これと区別するために、第三三条中のwatchには「見つめる」の訳語を充てることとし、lookには「閲覧する」の訳語を充てた。

（3）第一類型の性犯罪についてSexual Offences Act 2003 *Explanatory Notes*, para. 61-66.; Kim Stevenson, Anne Davies, Michael Gunn, *Blackstone's Guide to the Sexual Offences Act 2003*, Oxford 2004, para. 6. 2-6. 2. 5. 2参照。

第四節　勧誘・脅迫・詐害による、精神障害者を対象とする性犯罪（第二類型）

第二類型中に定める性犯罪は、被害者が性的行為に同意しているが、その同意が勧誘・脅迫・詐害という不適切な方法によって得られたことにある。法文中には、勧誘・脅迫・詐害の定義は規定されていないが、「勧誘」（inducement）は、加害者（A）が被害者（B）にプレゼントを約束する場合、「脅迫」（threat）は、AがBの家族構成員に危害を加えると述べる場合、「詐害」（deception）は、Bが性的行為を行わなければ、Bがトラブルに巻き込まれることになるとか、友人が性的行為を行うことが予測される、とAがBを説き伏せる場合が例示されている。被害者に同意能力がない場合には、第二類型中の性犯罪は成立しない。同意の有効性の有無は争点とされていないので、例えば被害者が、性的行為の特性や特質について詐害を受けたことによって、同意の有効性に影響を及ぼしたか否かを考慮することは、重要ではない。加害者が行った被害者への詐害の中には、例えばその行為によって声がよくなる効果があるという詐害だけでなく、性交に対価を払う約束や彼女と結婚する約束が含まれている場合があったとしても、唯一の制約条件は、詐害が性的行為の同意を得るために用いられたものでなければならないということである。

第二類型中に含まれる性的行為は、次のとおりである。

一　精神障害者との性的行為を得るための勧誘、脅迫または詐害（第三四条）

（一）　単純性的接触（第一項）

次の要件のすべてに該当すること

・加害者（A）が故意に被害者（B）の同意を得て、Bに接触したこと
・その接触が性的であったこと
・Aが勧誘・脅迫・詐害を用いて、Bの同意を得たこと
・Bが精神障害であったこと
・Bが精神障害であったことを、Aが知っていたか、または知ることを合理的に期待することができたこと

（二）　加重性的接触（第二項）

性的接触中に、次のいずれかが含まれていたときは、刑が加重される。

・Aの身体の一部または物をBのアヌスまたは膣へ挿入
・AのペニスをBの口へ挿入
・Bの身体の一部をAのアヌスまたは膣へ挿入
・BのペニスをAの口へ挿入

（三）　量刑（第二項・第三項）

勧誘・脅迫・詐害による単純性的接触の罪は、選択的起訴犯罪で、正式起訴に基づく有罪宣告の場合にあっては一四年以下の拘禁、略式起訴に基づく有罪宣告の場合にあっては、六か月以下の拘禁もしくは法定上限以下の罰金または両者の併科とし、勧誘・脅迫・詐害による加重性的接触の罪の場合にあっては、正式起訴に基づく有罪宣告により、終身拘禁とする。

勧誘・脅迫・詐害による、精神障害者との性的行為については、勧誘・脅迫・詐害を用いてBの同意を得たことを除いて、基本的には、選択能力に支障がある精神障害者との性的行為（第三〇条）の要件と量刑が、本罪にもそのまま当てはまる。

二　勧誘、脅迫または詐害によって、精神障害者に対し性的行為を行うように、または性的行為を行うことに同意するように強制する罪（第三五条）

（一）　単純性的行為を行うように強制する罪・単純性的行為を行うことに同意するように強制する罪（第一項）

次の要件のすべてに該当すること

・加害者（A）が、勧誘・脅迫・詐害を用いて、故意に被害者（B）に対し性的行為を行うように、または性的行為を行うことに同意するように強制したこと

・Bが精神障害であったこと

・Bが精神障害であったことを、Aが知っていたか、または知ることを合理的に期待することができたこと

(二)　加重性的行為を行うように強制する罪・加重性的行為を行うことに同意するように強制する罪（第二項）

強制された性的行為や同意した性的行為中に、次のいずれかが含まれていたときは、刑が加重される。

・Bのアヌスまたは膣へ挿入
・人のペニスをBの口へ挿入
・Bの身体の一部を、またはBが物を人のアヌスまたは膣へ挿入
・Bのペニスを人の口へ挿入

(三)　量刑（第三項・第四項）

勧誘・脅迫・詐害によって、単純性的行為を行うように強制する罪・単純性的行為を行うことに同意するように強制する罪は、選択的起訴犯罪で、正式起訴に基づく有罪宣告の場合にあっては一四年以下の拘禁とし、略式起訴に基づく有罪宣告の場合にあっては、六か月以下の拘禁もしくは法定上限以下の罰金または両者の併科とする。勧誘・脅迫・詐害によって加重性的行為を行うように強制する罪・加重性的行為を行うことに同意するように強制する罪の場合にあっては、正式起訴に基づく有罪宣告により、終身拘禁とする。

勧誘・脅迫・詐害によって、精神障害者に対し性的行為を行うように強制する罪、または性的行為を行うことに同意するように強制する罪については、勧誘・脅迫・詐害を用いてBの同意を得たことを除いて、基本的には、選択能力に支障がある精神障害者に対し性的行為を行うように強制する罪（第三一条）の要件と量刑が、本罪にもそのまま当てはまる。第三一条と第三五条の行為の相違点は、第三一条には、「性的行為を行うように強制する行為」のほかに、「性的行為を行うように勧誘する行為」が加わっていること、第三五条には、「性的行為を行うように強

制する行為」のほかに、「性的行為を行うことに同意するように強制する行為」が加わっていることである。

三　精神障害者の面前で勧誘、脅迫または詐害によって得られた性的行為を行う罪（第三六条）

（一）成立要件（第一項）

次の要件のすべてに該当すること

・加害者（A）が故意に性的行為を行ったこと

・Bが現在していた場合か、またはBがAを観察することができる場所に居た場合において、Aが性的行為を行っていることにBが気づいていることを知りながら、もしくはBが気づいていると確信しながら、またはAが性的行為を行っていることにBが気づくことを意図しながら、Aが性的満足を得るために性的行為を行ったこと

・Aが、勧誘・脅迫・詐害を用いて、Bが現在すること、またはAを観察することができる場所に居ることの同意を得たこと

・Bが精神障害であったこと

・Bが精神障害であったことを、Aが知っていたか、または知ることを合理的に期待することができたこと

（二）量刑（第二項）

勧誘・脅迫・詐害によって、精神障害者の面前で性的行為を行う罪は選択的起訴犯罪で、正式起訴に基づく有罪宣告の場合にあっては一〇年以下の拘禁とし、略式起訴に基づく有罪宣告の場合にあっては、六か月以下の拘禁もしくは法定上限以下の罰金または両者の併科とする。

勧誘・脅迫・詐害によって、精神障害者の面前で性的行為を行う罪については、勧誘・脅迫・詐害を用いてBの同意を得たことを除いて、基本的には、選択能力に支障がある精神障害者の面前で性的行為を行う罪（第三二条）の要件と量刑が、本罪にそのまま当てはまる。

四 勧誘、脅迫または詐害によって、精神障害者に対し性的行為を見つめるように強制する罪（第三七条）

（一） 成立要件（第一項）

次の要件のすべてに該当すること

・加害者（A）が、性的満足を得るために、故意に被害者（B）に対し第三者が性的行為を行っている状況を見つめるように強制し、または人が性的行為を行っている画像を閲覧するように強制したこと

・Aが勧誘・脅迫・詐害を用いて、第三者が性的行為を行っている状況をBが見つめること、または人が性的行為を行っている画像をBが閲覧することの同意を得たこと

・Bが精神障害であったこと

・Bが精神障害であったことを、Aが知っていたか、または知ることを合理的に期待することができたこと

（二） 量刑（第二項）

勧誘・脅迫・詐害によって、精神障害者に対し性的行為を見つめるように強制する罪も選択的起訴犯罪で、正式起訴に基づく有罪宣告の場合にあっては一〇年以下の拘禁とし、略式起訴に基づく有罪宣告の場合にあっては、六か月以下の拘禁もしくは法定上限以下の罰金または両者の併科とする。

勧誘・脅迫・詐害によって、精神障害者に対し性的行為を見つめるように強制する罪については、勧誘・脅迫・詐害を用いてBの同意を得たことを除いて、基本的には、選択能力に支障がある精神障害者に対し性的行為を見つめるように強制する罪（第三三条）の要件と量刑が、本罪にもそのまま当てはまる。(1)

（1）　第二類型の性犯罪についてSexual Offences Act 2003 *Explanatory Notes*,para. 67.；Kim Stevenson, Anne Davies, Michael Gunn, *Blackstone's Guide to the Sexual Offences Act 2003*, Oxford 2004, para. 6. 3-6. 3. 2. 2参照。

第五節　ケア・ワーカーによる、精神障害者を対象とする性犯罪（第三類型）

第三類型の性犯罪は、本来、精神障害者をケアするべき立場にあるケア・ワーカーが、精神障害者を性的行為に巻き込む犯罪である。ケア・ワーカーが精神障害者に対する性的虐待の加害者であることは悲しいことであると言われているが、このような行為を抑止するために、法規を定めて、期待される行為基準を示すことが必要とされた。

第三類型の性犯罪は、第一類型の性犯罪が基本となっている。第三類型に属する各性的行為の成立要件と量刑を掲げ、次に第三類型の性犯罪で、加害者と被害者間に存在することが必要とされるケア関係と、ケア・ワーカーが性犯罪の成立を否定するための抗弁事由について説明する。

一　精神障害者との性的行為（第三八条）

（一）　単純性的接触（第一項）

次の要件のすべてに該当すること

・精神障害の被害者（B）のケア・ワーカー（A）が、故意にBに接触したこと
・その接触が性的であったこと
・Bが精神障害であったことを、Aが知っていたか、または知ることを合理的に期待することができたこと
・AがBのケアにかかわっていたこと

（二）　加重性的接触（第三項）

性的接触中に、次のいずれかが含まれていたときは、刑が加重される。

・Aの身体の一部または物をBのアヌスまたは膣へ挿入
・AのペニスをBの口へ挿入
・Bの身体の一部をAのアヌスまたは膣へ挿入
・BのペニスをAの口へ挿入

二　精神障害者に対し性的行為を行うように強制または勧誘する罪（第三九条）

（一）　単純性的行為を行うように強制する罪・単純性的行為を勧誘する罪（第一項）

次の要件のすべてに該当すること

・精神障害の被害者（B）のケア・ワーカー（A）が、故意にBに対し性的行為を行うように強制または勧誘したこと
・Bが精神障害であったこと
・Bが精神障害であったことを、Aが知っていたか、または知ることを合理的に期待することができたこと
・AがBのケアにかかわっていたこと

（二）　加重性的行為を強制する罪・加重性的行為を勧誘する罪（第三項）

強制または勧誘された性的行為中に、次のいずれかが含まれていたときは、刑が加重される。

・Bのアヌスまたは膣へ挿入
・人のペニスをBの口へ挿入
・Bの身体の一部を、またはBが物を人のアヌスまたは膣へ挿入
・Bのペニスを人の口へ挿入

三　精神障害者の面前で性的行為を行う罪（第四〇条）

次の要件のすべてに該当すること
・精神障害の被害者（B）のケア・ワーカー（A）が、故意に性的行為を行ったこと
・Bが現在していた場合か、またはBがAを観察することができる場所に居た場合において、Aが性的行為を行っていることにBが気づいていることを知りながら、もしくはBが気づいていると確信しながら、またはAがその行為を行っていることにBが気づくことを意図しながら、Aが性的満足を得るために性的行為を行ったこと
・Bが精神障害であったこと
・Bが精神障害であったことを、Aが知っていたか、または知ることを合理的に期待することができたこと
・AがBのケアにかかわっていたこと（以上第一項）

四　精神障害者に対し性的行為を見つめるように強制する罪（第四一条）

次の要件のすべてに該当すること
・精神障害の被害者（B）のケア・ワーカー（A）が、性的満足を得るために、故意にBに対し第三者が性的行為を行っている状況を見つめるように強制し、または人が性的行為を行っている画像を閲覧するように強制したこと
・Bが精神障害であったこと
・Bが精神障害であったことを、Aが知っていたか、または知ることを合理的に期待することができたこと

・AがBのケアにかかわっていたこと（以上第一項）

五　被害者が精神障害であったことを加害者が知っていた（または知ることを合理的に期待することができた）とみなされる場合

被害者（B）が精神障害であることが立証された場合において、加害者（A）がそのことを知っていたか否か、または知ることを合理的に期待することができたか否かに関する争点を提起する十分な証拠が提出されなかったときは、Aは、Bが精神障害であったことを知っていたか、または知ることを合理的に期待することができたものとみなされる（第三八条から第四一条までの各第二項）。

Bが精神障害であったことを知らなかったか、または知ることを合理的に期待することができなかったことをAが立証しない限り、Aは、Bが精神障害であったことを知っていた、または知ることを合理的に期待することができたと推定されることになる。

六　精神障害者を対象とする各性犯罪の量刑

ケア・ワーカーによる、精神障害者を対象とする性犯罪について、精神障害者との性的行為（第三八条）中の単純性的接触の罪、および精神障害者に対し性的行為を行うように強制または勧誘する罪（第三九条）中の単純性的行為を行うように強制する罪と単純性的行為を勧誘する罪は選択的起訴犯罪で、正式起訴に基づく有罪宣告の場合にあっては一〇年以下の拘禁とし、略式起訴に基づく有罪宣告の場合にあっては、六か月以下の拘禁もしくは法定上限以下の罰金または両者の併科とする（第三八条第四項・第三九条第四項）。

精神障害者との性的行為（第三八条）中の加重性的接触の罪、および精神障害者に対し性的行為を強制または勧誘する罪（第三九条）中の加重性的行為を行うように強制する罪と加重性的行為を行うように勧誘する罪は、正式起訴に基づく有罪宣告により、一四年以下の拘禁とする（第三八条第三項・第三九条第三項）。

また精神障害者の面前で性的行為を行う罪（第四〇条）と精神障害者に対し性的行為を見つめるように強制する罪（第四一条）は選択的起訴犯罪で、正式起訴に基づく有罪宣告の場合にあっては七年以下の拘禁とし、略式起訴に基づく有罪宣告の場合にあっては、六か月以下の拘禁もしくは法定上限以下の罰金または両者の併科とする（第四〇条第三項・第四一条第三項）[(1)]。

七　ケア関係（第四二条）

第三類型の性犯罪は、加害者（A）が被害者（B）のケアにかかわっていたことが要件とされる。議会は、誰をケア・ワーカーとするかの確定を望む声に応えて、ケア関係の存在の要件について慎重に審議を行った結果、第四二条で、次の三種の、それぞれ二つの要件の両者に該当するケア関係のいずれかがあれば、ケアの関係が存在するとした。

（一）　ケア関係1（第二項）

・Bがケア・ホーム、コミュニティー・ホーム、ボランタリー・ホームまたは児童ホームに収容されて、ケアを受けて

いたこと

・Aが雇用の過程で、Bと定期的に対面接触したか、またはその可能性のある職務に就いていたこと

Aがケア・ホームの職員で、Bが同所に入居しているような場合が、これに当たる。

（二）　ケア関係2（第三項）

・Bが国民保健業務組織、独立医療機関、独立クリニックまたは独立病院のいずれかでサービスの提供を受けている患者であったこと

・Aが雇用の過程で、Bと定期的に対面接触したか、またはその可能性のある職務に就いていたこと

Aがクリニックの受付係で、Bが毎週同所に通う患者であるような場合が、これに当たる。

（三）　ケア関係3（第四項）

・雇用の過程であると否とを問わず、AがBの精神障害に関連して、Bへケア、支援またはサービスを提供していたこと

・Aが雇用の過程で、Bと定期的に対面接触したか、またはその可能性のある職務に就いていたこと

AがBの自宅での補充在宅療法として、毎週Bを散歩に連れていくとか、Bの学習能力の欠除の処置をしているような場合が、これに当たる。(2)

これら三種のケア関係のいずれにおいても、加害者（A）が被害者（B）と定期的に対面接触したか、またはその可能性があったことが要件とされている。「二〇〇三年性犯罪法」では、対精神障害者性犯罪とは別に、「信用あ

る地位の濫用」の罪が定められており、信用ある地位にある者による、児童を対象とする性的行為に関する規定が置かれている（第一六条―第二四条）。「信用ある地位の濫用」の罪にいう信用ある地位にある者には、「（「対面」（face to face）であると、その他の方法であるとを問わず）児童と定期的に接触する」ことが要件とされており（第二一条第八項）、ケア・ワーカーの要件と対比して、対面は、必ずしも必要とされていない。

ケア関係の中で挙げられている「ケア・ホーム」（care home）、「児童ホーム」（children's home）、「独立クリニック」（independent clinic）の定義は「二〇〇〇年ケア基準法」（法律第一四号）（Care Standards Act 2000）（c. 14）で規定され、「独立病院」（independent hospital）と「国民保健業務組織」（National Health Service body）の定義は「二〇〇三年性犯罪法」第四二条で規定されている。「独立医療機関」（independent medical agency）の定義は「二〇〇三年性犯罪法」第四二条と「二〇〇〇年ケア基準法」で規定されている。そして「コミュニティー・ホーム」（community home）と「ボランタリー・ホーム」（voluntary home）の定義は「一九八九年児童法」（法律第四一号）（Children Act 1989）（c. 41）で規定されている。(3)

八　ケア・ワーカーが性犯罪の成立を否定するための抗弁事由

第三類型の性犯罪については、ケア・ワーカーが性犯罪の成立を否定するために立証が必要とされる次の二つの抗弁事由が掲げられている。

（一）性的行為の時点に、Bが一六歳以上であって、AとBが法律上婚姻していたこと、またはAとBが相互に登録同性パートナーであったこと(4)（第四三条）

婚姻後の性的行為について、婚姻関係が存在していたこと、または相互に登録同性パートナーであったことを被告人が立証したときは、性犯罪は否定される。ただし婚姻前に行われた性的行為については、性犯罪が成立する。

（二）Aが第四二条に該当する方法でBとケア関係にかかわる前に、AとBの間に性的関係があったこと（第四四条）

この抗弁を援用するためには、AとBとの性交が違法であってはならない。したがって、AがBのケアにかかわる前に性的関係が存在する場合には、罪に当たらないが、AB間の性交が違法であったときは、抗弁は認められない。Aの抗弁が認められるためには、Bが精神障害を発症する前で、かつケア関係を開始する前に、AとBが合法的な性的関係にあり、その性的関係を続行することが罪に当たらないものでなければならない(5)。

（1）Sexual Offences Act 2003 *Explanatory Notes*,para. 68. ; Kim Stevenson, Anne Davies, Michael Gunn, *Blackstone's Guide to the Sexual Offences Act 2003*, Oxford 2004, para. 6. 4. 4-6. 4. 6.
（2）Sexual Offences Act 2003 *Explanatory Notes*,para. 69. ; Kim Stevenson, Anne Davies, Michael Gunn, *ibid*, para. 6. 4. 3.
（3）Sexual Offences Act 2003 *Explanatory Notes*,para. 70-71. ; Kim Stevenson, Anne Davies, Michael Gunn, *ibid*, para. 6. 4. 3. 1-6. 4. 3. 4.

ケア関係中に挙げられている各施設について、第四二条で説明されている。

「ケア・ホーム」は、病者、精神障害者、身体障害者、虚弱体質者、アルコール・薬物依存者のために収容場所を提供して、看護のケアや身体のケアを提供する施設をいう（「二〇〇〇年ケア基準法」第三条）。

「児童ホーム」は、児童のためにケアと収容場所を提供する施設をいい、単に親や親族が同所で児童をケアして収容しているというだけでは、児童ホームではない（同法第一条）。

「独立病院」は、「二〇〇六年国民保健業務法」で定義する国民保健業務病院でない病院をいう（「二〇〇三年性犯罪法」第四二条第五項）。

「独立クリニック」は、医療従事者が医療業務を提供する（病院に該当しない）施設をいう（「二〇〇〇年ケア基準法」第二条）。

「コミュニティー・ホーム」は、「一九八九年児童法」第五三条以下で規定し、地方自治体が世話をしている児童のケアと収容および児童の福祉と関連する目的のためにそのホームが有用であることを確保するために、地方自治体が適切と思料する取決めを行うものとしている（「一九八九年児童法」第四章）。

「ボランタリー・ホーム」は、ボランタリー組織が運営し、「コミュニティー・ホーム」を含まない児童ホームをいう（同法第六〇条）。

「独立医療機関」は、医療従事者による業務の提供で構成される（独立病院に該当しない）事業をいう（「二〇〇三年性犯罪法」第四二条第五項：「二〇〇〇年ケア基準法」第二条第五項）。

「国民保健業務組織」は、「地方保健局」（Local Health Board）、「国民保健業務トラスト」（National Health Service trust）、「プライマリー・ケア・トラスト」（Primary Care Trust）、「特別保健自治体」（Special Health Authority）のいずれかをいう（「二〇〇三年性犯罪法」第四二条）。なお、「二〇〇三年性犯罪法」第四二条は、「二〇〇七年保健自治体付託命令」（法律的文書第九六一号）と「二〇一〇年「二〇〇八年保健及びソーシャル・ケア法」（派生的改正第二）命令」（法律的文書第八一三号）により改められた。

（4）「二〇〇四年登録同性パートナーシップ法」（法律第三三号）（Civil Partnership Act 2004）（c. 33）附則二七第一七五条第三項により、「二〇〇三年性犯罪法」第四三条第一項b号と第二項が改められた。「登録同性パートナー」について、本書第四章「「二〇〇三年性犯罪法」における家庭内性犯罪について――「家庭内の児童性犯罪」と「親族関係にある成年者との性交」を中心にして――」の第三節「「二〇〇三年性犯罪法」における「家庭内の児童性犯罪」」中の注（13）〔一八二頁〕参照。

（5）Sexual Offences Act 2003 *Explanatory Notes*, para. 70-71.; Kim Stevenson, Anne Davies, Michael Gunn, *Blackstone's Guide to the Sexual Offences Act 2003*, Oxford 2004, para. 6. 4. 7-6. 4. 7. 2.

第六節　対精神障害者性犯罪の検討

さて、これまで、「二〇〇三年性犯罪法」中に定める対精神障害者性犯罪の成立要件と量刑を解説してきた。精神障害者に対する性犯罪は、三つの類型に区分され、各類型には四つの罪が配置されて、併せて一二の対精神障害者性犯罪が規定されている。これらの関係を表にしたのが、表一である。これによって、対精神障害者性犯罪の全体を俯瞰することができる。

また、表二は、「一九五六年性犯罪法」と「一九五九年精神保健法」中に規定されている、心身障害の女性と精神障害の女性患者に対する性犯罪の成立要件と量刑を対置し、表三は、「二〇〇三年性犯罪法」中に定める三種のケア関係の要件を区分表示したものである。

これらの表を参照しながら、右の三法律の対心身障害者性犯罪と対精神障害者性犯罪を、次の四つの項目、即ち「成立要件」「心身障害と精神障害」「ケア関係」「量刑」に分けて概観してみることとする。

表一　対精神障害者性犯罪一覧（二〇〇三年性犯罪法）

対精神障害者性犯罪 （第一類型）	勧誘・脅迫・詐害による対精神障害者性犯罪 （第二類型）	ケア・ワーカーによる対精神障害者性犯罪 （第三類型）
精神障害者との性的行為（第三〇条） ①単純性的接触（第一項） 一四年以下の拘禁（正式起訴） 六か月以下の拘禁もしくは法定上限以下の罰金または両者の併科（略式起訴） （第四項） ②加重性的接触（第三項） 終身拘禁（正式起訴）（第三項）	**精神障害者との性的行為（第三四条）** ①単純性的接触（第一項） 一四年以下の拘禁（正式起訴） 六か月以下の拘禁もしくは法定上限以下の罰金または両者の併科（略式起訴） （第三項） ②加重性的接触（第二項） 終身拘禁（正式起訴）（第二項）	**精神障害者との性的行為（第三八条）** ①単純性的接触（第一項） 一〇年以下の拘禁（正式起訴） 六か月以下の拘禁もしくは法定上限以下の罰金または両者の併科（略式起訴） （第四項） ②加重性的接触（第三項） 一四年以下の拘禁（正式起訴）（第三項）
精神障害者に対し性的行為を行うように強制または勧誘する罪（第三一条）	**精神障害者に対し性的行為を行うように、または性的行為を行うことに同意するように強制する罪（第三五条）**	**精神障害者に対し性的行為を行うように強制または勧誘する罪（第三九条）**

①単純性的行為を行うように強制・勧誘する罪（第一項） 一四年以下の拘禁（正式起訴） 六か月以下の拘禁もしくは法定上限以下の罰金または両者の併科（略式起訴）（第四項） ②加重性的行為を行うように強制・勧誘する罪（第三項） 終身拘禁（正式起訴）（第三項）	**精神障害者の面前で性的行為を行う罪（第三二条）** 精神障害者が現在している場合において、加害者が性的行為を行っていることに精神障害者が気づいていることを知りながら、加害者が性的満足を得るために性的行為を行ったほか（第一項） 一〇年以下の拘禁（正式起訴） 六か月以下の拘禁もしくは法定上限以下の罰金または両者の併科（略式起訴）（第三項）	**精神障害者に対し性的行為を見つめるように強制する罪（第三三条）** 性的満足を得るために、精神障害者に対し第三者が性的行為を行っている状況を見つめるように強制、または人が性的行
①単純性的行為を行うように強制する罪・単純性的行為を行うことに同意するように強制する罪（第一項） 一四年以下の拘禁（正式起訴） 六か月以下の拘禁もしくは法定上限以下の罰金または両者の併科（略式起訴）（第三項） ②加重性的行為を行うように強制する罪・加重性的行為を行うことに同意するように強制する罪（第二項） 終身拘禁（正式起訴）（第二項）	**精神障害者の面前で性的行為を行う罪（第三六条）** 精神障害者が現在している場合において、加害者が性的行為を行っていることに精神障害者が気づいていることを知りながら、加害者が性的満足を得るために性的行為を行ったほか（第一項） 一〇年以下の拘禁（正式起訴） 六か月以下の拘禁もしくは法定上限以下の罰金または両者の併科（略式起訴）（第二項）	**精神障害者に対し性的行為を見つめるように強制する罪（第三七条）** 性的満足を得るために、精神障害者に対し第三者が性的行為を行っている状況を見つめるように強制、または人が性的行
①単純性的行為を行うように強制・勧誘する罪（第一項） 一〇年以下の拘禁（正式起訴） 六か月以下の拘禁もしくは法定上限以下の罰金または両者の併科（略式起訴）（第四項） ②加重性的行為を行うように強制・勧誘する罪（第三項） 一四年以下の拘禁（正式起訴）（第三項）	**精神障害者の面前で性的行為を行う罪（第四〇条）** 精神障害者が現在している場合において、加害者が性的行為を行っていることに精神障害者が気づいていることを知りながら、加害者が性的満足を得るために性的行為を行ったほか（第一項） 七年以下の拘禁（正式起訴） 六か月以下の拘禁もしくは法定上限以下の罰金または両者の併科（略式起訴）（第三項）	**精神障害者に対し性的行為を見つめるように強制する罪（第四一条）** 性的満足を得るために、精神障害者に対し第三者が性的行為を行っている状況を見つめるように強制、または人が性的行

為を行っている画像を閲覧するように強制（第一項） 一〇年以下の拘禁（正式起訴） 六か月以下の拘禁もしくは法定上限以下の罰金または両者の併科（略式起訴） （第三項）	為を行っている画像を閲覧するように強制（第一項） 一〇年以下の拘禁（正式起訴） 六か月以下の拘禁もしくは法定上限以下の罰金または両者の併科（略式起訴） （第二項）	為を行っている画像を閲覧するように強制（第一項） 七年以下の拘禁（正式起訴） 六か月以下の拘禁もしくは法定上限以下の罰金または両者の併科（略式起訴） （第三項）

加重性的接触（次のいずれか）
・加害者の身体の一部または物を被害者のアヌスまたは膣へ挿入
・加害者のペニスを被害者の口へ挿入
・被害者の身体の一部を加害者のアヌスまたは膣へ挿入
・被害者のペニスを加害者の口へ挿入
単純性的接触
　加重性的接触に至らない性的接触

加重性的行為（次のいずれか）
・被害者のアヌスまたは膣へ挿入
・人のペニスを被害者の口へ挿入
・被害者の身体の一部を、または被害者が物を人のアヌスまたは膣へ挿入
・被害者のペニスを人の口へ挿入
単純性的行為
　加重性的行為に至らない性的行為

表二　対心身障害者・精神障害者性犯罪（一九五六年性犯罪法・一九五九年精神保健法）

一九五六年性犯罪法	一九五九年精神保健法
心身障害の女性との不法な性交（第七条第一項） 心身障害の女性との不法な性交の勧誘（第九条第一項） いずれも二年以下の拘禁（正式起訴）（附則二）	病院、独立病院、ケア・ホームの職員等による精神障害の女性患者との不法な性交（第一二八条第一項） 二年以下の拘禁（正式起訴）（第一二八条第三項）

表三　ケア関係一覧（二〇〇三年性犯罪法）

ケア関係一	次の二つの要件を具備している場合 ①被害者がケア・ホーム、コミュニティー・ホーム、ボランタリー・ホーム、児童ホームに収容されて、ケアを受けていたこと ②加害者が雇用の過程で被害者と定期的に対面接触したか、その可能性のある職務に就いていたこと（第四二条第二項）
ケア関係二	次の二つの要件を具備している場合 ①被害者が国民保健業務組織、独立医療機関、独立クリニック、独立病院でサービスの提供を受けている患者であったこと ②加害者が雇用の過程で被害者と定期的に対面接触したか、その可能性のある職務に就いていたこと（第四二条第三項）
ケア関係三	次の二つの要件を具備している場合 ①加害者が被害者の精神障害に関連して、被害者へケア、支援、サービスを提供していたこと ②加害者が雇用の過程で被害者と定期的に対面接触したか、その可能性のある職務に就いていたこと（第四二条第四項）

（一）　成立要件

表一では、第一類型、第二類型、第三類型のそれぞれに内包される性犯罪が、①単純性的接触と加重性的接触、②単純性的行為を行うように強制・勧誘する罪と加重性的行為を行うように強制・勧誘する罪（第二類型では勧誘・脅迫・詐害によって、単純性的行為を行うように強制する罪・単純性的行為を行うことに同意するように強制する罪）、③精神障害者の面前での性的行為、④精神障害者に対し性的行為を見つめるように強制する罪に整然と分けられており、第一類型の性犯罪を基本犯罪とし、第二類型は、第一類型の性犯罪を勧誘・脅迫・詐害によって行ったもの、第三類型は、第一類型の性犯罪をケア・ワーカーが行ったものである。

（二）　心身障害と精神障害

表二と表三に示すように、「一九五六年性犯罪法」第七条と第九条が「心身障害者」を対象としているのに対し、

「一九五九年精神保健法」第一二八条と「二〇〇三年性犯罪法」が「精神障害者」を対象としている。「心身障害者」(defective)については、「知能及び社会的機能の重大な損傷を含む精神の発達が阻害されている状態又は不完全な状態にある者をいう」とする一九五六法第四五条の定義を掲げておいた。(1)「精神障害」(mental disorder)は、精神機能の病的現象の総称をいい、二〇〇三年法第七九条第六項により、「一九八三年精神保健法」(法律第二〇号)(Mental Health Act 1983)(c. 20)第一条によって付与された意味を有するとしている。同条によれば、精神障害は、①精神病、②精神の発達の阻害状態または発達の不完全な状態、③精神病障害、④その他の精神の障害または精神の無能力をいうとしていたが、「二〇〇七年精神保健法」(法律第一二号)(Mental Health Act 2007)(c. 12)第一条によって改正され、「精神障害は、精神の障害又は精神の無能力をいう」と単純な定義に改められている。(2)

(三)　ケア関係

次に、表二と表三を対比してケア関係を見た場合に、一九五九年法中の「病院、ケア・ホームの職員等による精神障害の女性との不法な性交」について、加害者と被害者との間にどのようなケアの関係が存在するかは、規定上では明確な要件は示されていなかったが、二〇〇三年法では、ケア関係が詳細に説明されている。ケア・ワーカーと被害者との間に存在するケア関係を確定して、ケア・ワーカーという身分を有する者の性犯罪と、ケアの関係が存在しない一般の性犯罪との峻別を図っている。すべてのケア関係において、「行為者が雇用の過程で被害者と定期的に対面接触したか、またはその可能性のある職務に就いていたこと」が要件に掲げられていることが注目される。

(四) 量刑

最後に、表一と表二を比較しながら、二〇〇三年法の量刑について検討する。

両者を比較した場合に、一九五六年法中に定める、正式起訴犯罪に当たる心身障害の女性との不法な性交またはその勧誘の罪では、二年以下の拘禁とされていたが、この性犯罪に対置される二〇〇三年法中の、第一類型や第二類型における加重性的接触（第三〇条第三項・第三四条第二項）、加重性的行為を行うように強制・勧誘する罪（第三一条第三項）、加重性的行為を行うように強制する罪・加重性的行為を行うことに同意するように強制する罪（第三五条第二項）では、刑が終身拘禁となっている。二〇〇三年法における量刑の程度が圧倒的に高い。

一九五九年法中に定める、正式起訴犯罪に当たる病院、独立病院、ケア・ホームの職員等による精神障害の女性患者との不法な性交の罪についても、その量刑が二年以下の拘禁であったのに対し、この罪に対比される二〇〇三年法中の第三類型の加重性的接触の罪（第三八条第三項）では、一四年以下の拘禁となっていて、これについても、二〇〇三年法の量刑が非常に高くなっている。

次に、二〇〇三年法中の性犯罪の量刑について、略式起訴犯罪は、すべて同一の量刑である。正式起訴犯罪では、第一類型と第二類型の加重性的接触と加重性的行為を行うように強制・勧誘する罪の量刑が終身拘禁（第三〇条第三項・第三一条第三項・第三四条第二項・第三五条第二項）、単純性的接触と単純性的行為を行うように強制・勧誘する罪の量刑が一四年以下の拘禁で（第三〇条第四項・第三一条第四項・第三四条第三項・第三五条第三項）、これに対し精神障害者の面前での性的行為と、精神障害者に対し性的行為を見つめるように強制する罪の量刑は、一〇年以下の拘禁が法定されている（第三二条第三項・第三三条第三項・第三六条第二項・第三七条第二項）[3]。

第三類型では、加重性的接触と加重性的接触の強制・勧誘の罪が一四年以下の拘禁（第三八条第三項・第三九条第三項）、単純性的接触と単純性的行為を行うように強制・勧誘する罪の量刑が一〇年以下の拘禁（第三八条第四項・第三九条第四項）であるのに対し、精神障害者の面前での性的行為と、精神障害者に対し性的行為を見つめるように強制する罪の量刑は、七年以下の拘禁が法定されている（第四〇条第三項・第四一条第三項）[4]。

そしてまた、各類型を横断的に見た場合の量刑の違いについても、検討することが重要と思われる。

まず、第一類型と勧誘・脅迫・詐害を手段とする第二類型の各性犯罪が、同一の量刑となっているが、性的行為の同意を求めるために勧誘・脅迫・詐害の手段を弄した場合が量刑の程度に反映されるべきか否かが検討課題となるであろう。

次に第三類型の性犯罪が、他の二類型と比較して量刑が低くなっている点をどのように解するべきか、ケア・ワーカーという身分のある者による対精神障害者性犯罪の量刑の論拠が検討されることになるであろう。

「二〇〇三年性犯罪法」中の対精神障害者性犯罪では、略式起訴犯罪の量刑はすべて同一である。正式起訴犯罪について、性的接触と性的行為を行うように強制・勧誘する罪を同一の量刑で取り扱っていること、そして上述したように、性的行為を得るための手段を弄した場合とその手段を用いない場合とが同一の量刑であること、ケア・ワーカーによる性犯罪の量刑が低いこと等、「二〇〇三年性犯罪法」には、量刑決定方法の特徴が示されていると思われる。

（1）　第一節「「一九五六年性犯罪法」による心身障害女性を対象とする性犯罪と、「一九五九年精神保健法」による精神障害女性患者を対象とする性犯罪」中の（一）「「一九五六年性犯罪法」による心身障害の女性を対象とする性犯罪」〔一九八頁以下〕参照。

（2）　Mental Health Act 2007（c. 12）, s.1. ; Mental Health Act 2007 *Explanatory Notes*, para. 4. 7. 15.

（3）　Kim Stevenson, Anne Davies, Michael Gunn, *Blackstone's Guide to the SexuaL Offences Act 2003*, Oxford 2004, para. 6. 2. 5-6. 2. 5. 2.・6. 3. 2.

（4）　Kim Stevenson, Anne Davies, Michael Gunn, *ibid*, para. 6. 4. 6.

小　括

「二〇〇三年性犯罪法」は、性的虐待や性的搾取によって被害者に及ぼす深刻な影響について、議会が被害者の声に耳を傾け、児童や社会的弱者を保護することを標榜して登場した。精神障害者に対する性犯罪の規定は、精神障害の故に、自己に向けられた性的行為の性質を十分に理解することができず、それに同意するか否かを選択する能力を欠き、またその選択したところを十分に伝えることができない者を保護して、精神障害者の性的自由を理解し、性的自己決定権を保障する必要があるとの基本認識に立って設けられた罰則である。対精神障害者性犯罪法規には、精神障害者の性的自由の保障と、精神障害者の性的虐待からの保護を図るという役割が、強く求められている。

第六章　「二〇〇三年性犯罪法」における児童を対象とする品位を欠く写真の撮影等について—「一九七八年児童保護法」と「一九八八年刑事司法法」関係条項の改正—

はじめに

「二〇〇三年性犯罪法」は、「児童を対象とする品位を欠く写真」の見出しのもとに、第四五条「一六歳又は一七歳の者を対象とする品位を欠く写真」と第四六条「刑事手続、調査等」の二か条を定めている。「二〇〇三年性犯罪法」は、第一章「性犯罪」において、特定の性犯罪を除き、関係する性犯罪の成立要件、量刑、抗弁等の事項を、同法中において統一して整備しており、同法中に定める法文のみを把握すれば、その性犯罪を理解することが可能となる方法を採用してきた。しかし、上に述べた、除外された特定の性犯罪として挙げられる、「児童を対象とする品位を欠く写真」に関する罪と「売春施設の維持・管理」に関する罪にあっては、その罪に関係する法律要件と法律効果を、既に存在する関係法律に委ね、「二〇〇三年性犯罪法」においては、関係法律の所要箇所を改正するのみとし、二〇〇三年法中において、関係事項のすべてを統一して把握し、規定するという方法を採用しなかった。前者の「児童を対象とする品位を欠く写真」に関する罪が、本章において検討する罪である。そして後者の「売春施設の維持・管理」に関する罪について若干の説明を加えれば、この罪は、既に「一九五六年性犯罪法」第三三条に規定されており、二〇〇三年法では、第五五条において、一九五六年法第三三条の後に、第三三条Ａ「売春のために使用する売春施設の維持に対する刑」を加えて、新たに、「（他の行為を兼ねていると否とを問わず）ある者が、売春を含む行為のために人が集まる売春施設を維持し、若しくは管理し、又はその管理を代行し、若しくは支援する行為は、罪とする」とする規定を置き、一九五六年法附則二中に、第三三条Ａの罪の刑として、正式起訴に基づく有罪宣告の場合にあっては七年以下の拘禁、略式起訴に基づく有罪宣告の場合にあっては六か月以下の拘禁もしくは法定上限以下の罰金または両者の併科とする刑を加えた（第三三条Ａ「売春のために使用する売春施設の維持に対する刑」について、本書第七章「「二〇〇三年性犯罪法」における売春および人身売買の罪について─「二〇〇三年性犯罪法」と関係法律・関係提言との対比─」参照）。

さて、「児童を対象とする品位を欠く写真」や擬似写真の撮影、その撮影を受けさせる行為、その配布、提示、配布・提示目的の所持、単純所持、即ち所持する正当な理由を有しない所持等々の一連の行為に関係する罪を知るには、二〇〇三年法の第四五条と第四六条によって関係法律に加えられた事項を、その関係法律中に織り込んで理解することから始めなければならない。

「児童を対象とする品位を欠く写真」について定めている関係法律・関係条項は、「一九七八年児童保護法」（法律第三七号）（Protection of Children Act 1978）（c. 37）と「一九八八年刑事司法法」（法律第三三号）（Criminal Justice Act）（c. 33）第一六〇条・第一六〇条Ａ・第一六一条である。二〇〇三年法第四五条第一項は、「一九七八年児童保護法」第二条「証拠」の第三項中と第七条「解釈」の第六項中に定める「児童」の年齢を「一六歳」から「一八歳」へと読み替え、二〇〇三年法第四五条第三項で、一九七八年法第一条の後に第一条Ａ「婚姻及びその他の関係」を加え、さらにその第四項で、「一九八八年刑事司法法」に第一六〇条Ａ「婚姻及びその他の関係」を加えた。そして二〇〇三年法第四六条第一項は、同法第四五条第三項によって一九七八年法に加えた第一条Ａの後に、さらに第一条Ｂ

「刑事手続についての例外、調査等」を加えた。

これらの関係法律の改廃は、複雑である。それ故、本章では、「二〇〇三年性犯罪法」第四五条と第四六条による改正条項を織り込んだ「一九七八年児童保護法」と「一九八八年刑事司法法」を一覧表示して把握した上で、両法律に定める「児童を対象とする品位を欠く写真」に関する罪について検討することとする。

第一節　「一九七八年児童保護法」と「一九八八年刑事司法法」の関係正文

一　「一九七八年児童保護法」の関係正文

「一九七八年児童保護法」は九か条で構成され、「児童を対象とする品位を欠く写真」にかかわる罪について定めた比較的短い法律である。「一九八八年刑事司法法」は、逃亡犯罪人引渡しに関する新規定の制定、刑事手続における証拠準則の改正を初めとして、刑事司法に関係する多数の事項を一括して規定する、全一七二章で、一七三の条項を擁する長文の法律であって、「児童を対象とする品位を欠く写真」にかかわる規定は、第一六〇条、第一六〇条A、第一六一条の三か条である。二〇〇三年法第四五条と第四六条による改正条項を織り込んだ両法律の正文は、次のとおりである（【】は著者注）。

「一九七八年児童保護法」（法律第三七号）

第一条　児童を対象とする品位を欠く写真

(1) 第一条A及び第一条Bに従うことを条件にして、ある者が、次の各号のいずれかを行うことをもって、罪とする。

(a) 児童を対象とする品位を欠く写真又は擬似写真を撮影し、その撮影を受けさせ、又はそれを作成すること

(b) 当該写真又は擬似写真を配布し、又は提示すること

(c) 自己又は他人が配布する目的で、又は提示する目的で、自己が当該写真又は擬似写真を所持すること

(d) 広告主が当該写真又は擬似写真を配布するために、若しくは提示するために、又はそれを行おうとするために、運搬するものと理解されるような広告を公表し、又はその広告の公表を受けさせること

(2) ある者が、当該写真又は擬似写真を他人に所持させるとき、又は他人が取得するためにこれを展示し、若しくはこれを提供するときは、本法の適用上、当該写真又は擬似写真を配布したものとみなすものとする。

(3) 本法に基づく罪を求める手続は、公訴局長官の同意による場合を除き、又は同意を伴う場合を除き、行うことができない。

(4) ある者が、第一項b号又はc号に基づく罪により告発を受けたときは、この者が、次の各号のいずれかを立証することをもって、抗弁とする。

(a) 本人が当該写真若しくは擬似写真を配布し、若しくは提示する正当な理由、又は本人が所持する正当な理由を有していたこと

(b) 本人が自ら当該写真又は擬似写真を閲覧せず、かつそれらが品位を欠くものであることを知らず、また品位を欠くものであると疑う理由も有していなかったこと

(5) 一九三三年児童及び少年法（法律第一二号）（Children and Young Persons Act 1933）（c. 12）中（第一五条と第九九条を除く）の、同法附則一に列挙する罪の中には、第一項a号に基づく罪が含まれる。

(6) 一九八九年逃亡犯罪人引渡し法（法律第三三号）（Extradition Act 1989）（c. 33）附則一により削除

(7) 一九五二年巡視軍法（法律第六九号）（Visiting Forces Act 1952）（c. 69）附則第一条（特定の状況において、巡視軍の構成員が連合王国の裁判所による審理に服さない事案中の対人犯罪）中の（一九五六年性犯罪法によって追加された）b号viiiの後に、次に掲げるixを加える。

「ix　一九七八年児童保護法第一条a号」

【巡視軍法：無許可で連合王国内へ逃亡した外国軍兵士等を逮捕・処分するためなどのために、連合王国を巡視する外国軍について規定した法律】

第一条A　婚姻及びその他の関係

(1)　児童を対象とする品位を欠く写真若しくは擬似写真を撮影若しくは作成する第一条第一項a号に基づく罪に対する手続中、又は児童を対象とする品位を欠く写真若しくは擬似写真に関係する第一条第一項b号若しくはc号に基づく罪に対する手続中で、当該写真又は擬似写真が一六歳以上の児童を対象としていたこと、及び当該罪が告発された時点に、当該児童と被告人が、次の各号のいずれかであったことを当該被告人が立証したときは、本条の規定を適用する。

(a)　婚姻していたか、又は相互に登録同性パートナーであったこと

(b)　永続的な家族関係の中で、パートナーとして同居していたこと

(2)　児童を対象とする品位を欠く写真又は擬似写真に関係する第一条第一項b号又はc号に基づく罪に対する手続中で、当該写真又は擬似写真が一六歳以上の児童を対象としていたこと、及び被告人がそれを取得した時点に、当該児童と被告人が、次の各号のいずれかであったことを当該被告人が立証したときは、第五項及び第六項の規定を適用する。

(a)　婚姻していたか、又は相互に登録同性パートナーであったこと

(b)　永続的な家族関係の中で、パートナーとして同居していたこと

(3)　本条の規定は、当該写真又は擬似写真に当該児童が一人だけ写っていたか否か、又は被告人と一緒に写っていたか否かについて適用され、それに他人が写っていたときは、適用されない。

(4)　第一条第一項a号に基づく罪の事案にあっては、当該写真若しくは擬似写真が撮影若しくは作成されることに当該児童が同意していたか否か、又は当該児童がそれに同意していたと当該被告人が合理的に確信していたか否かに関する争点を提起する十分な証拠が提出された場合において、それが撮影又は作成されることに当該児童が同意していなかったこと、及び当該児童が同意していたと被告人が合理的に確信していなかったことが立証されなかったときは、当該被告人は、当該罪により有罪とされない。

(5)　第一条第一項b号に基づく罪の事案にあっては、当該児童以外の者に提示又は配布されたことが立証されなかったときは、

当該被告人は、当該罪により有罪とされない。

(6)　第一条第一項c号に基づく罪の事案にあっては、次の各号の両者に関する争点を提起する十分な証拠が提出された場合において、当該児童が同意していなかったこと、及び当該児童が同意していたと被告人が合理的に確信していなかったこと、又は被告人が当該児童以外の者に当該写真若しくは擬似写真を配布若しくは提示する目的で所持していたことのいずれかが、立証されなかったときは、当該被告人は、当該罪により有罪とされない。

(a)　被告人が当該写真若しくは擬似写真を所持することに、当該児童が同意していたか否か、又は当該児童が同意していたと合理的に確信していたか否か

(b)　被告人が当該児童以外の者に当該写真又は擬似写真を配布又は提示する目的で所持していたか否か

【二〇〇三年性犯罪法第四五条第三項により本条を加える〔その後の改正分をも追加〕】

第一条B　刑事手続についての例外、調査等

(1)　児童を対象とする品位を欠く写真又は擬似写真を作成する第一条第一項a号に基づく罪に対する手続中で、被告人が次の各号のいずれかを立証したときは、当該被告人は、当該罪により有罪とされない。

(a)　犯罪の防止、探知若しくは調査のために、又は世界のいずれの地域であるかを問わず、刑事手続のために、被告人が当該写真又は擬似写真を作成することが必要であったこと

(b)　罪が告発された時点に、被告人が「保安局」(Security Service) 又は「秘密情報局」(Secret Intelligence Service) の構成員であった場合において、これらの局の職務の執行のために、被告人が当該写真又は擬似写真を作成することが必要であったこと

(c)　罪が告発された時点に、被告人が「政府情報通信本部」の構成員であった場合において、当該本部の職務の執行のために、被告人が当該写真又は擬似写真を作成することが必要であったこと

(2)　本条中の「政府情報通信本部」(Government Communications Headquarters : GCHQ) は、一九九四年情報機関法（法律第一三号）(Intelligence Services Act 1994) (c. 13) におけると同一の意味を有する。

【二〇〇三年性犯罪法第四六条第一項により本条を加える〔その後の改正分をも追加〕】

第二条　証拠

(1)　一九八四年警察及び刑事証拠法（法律第六〇号）（Police and Criminal Evidence Act 1984）（c. 60）附則七第五章により削除

(2)　一九八〇年マジストレート裁判所法（法律第四三号）（Magistrates' Act 1980）（c. 43）附則九により削除

(3)　児童を対象とする品位を欠く写真に関係する、本法に基づく手続上、証拠全体から判断して、ある者が、関係時点において一八歳【二〇〇三年性犯罪法第四五条第二項により「一六歳」を「一八歳」に改正】未満であったと認められるときは、この者は、その当時、児童であったとみなすものとする。

第三条　法人による罪

(1)　法人が本法に基づく罪により有罪となった場合において、当該罪が、法人の取締役、支配人、秘書役その他の役員又はこれらの資格において活動すると称する者の同意を得て、若しくは黙認のもとで発生したか、又はこれらの者の側の怠慢に起因していたときは、これらの者と法人も、当該罪により有罪とみなして訴追を受け、これに応じて処罰されるものとする。

(2)　法人の業務が、法人の構成員によって管理されていたときは、その構成員が法人の取締役であったものとして、構成員の管理の職務に関する本人の作為又は不作為に関して、前項の規定を適用する。

第四条　立入り、捜索及び差押え

(1)　公訴局長官が提出した、若しくは公訴局長官に代わる者が提出した宣誓に基づく訴追請求状、又は警察官が提出した宣誓に基づく訴追請求状により、治安判事が、敷地内に、児童を対象とする品位を欠く写真又は擬似写真が存在すると疑う合理的な理由がある、と確信したときは、次の各項に定める規定を適用する。

(2)　治安判事は、（強制力が必要である場合において）警察官に対し、敷地へ立ち入り、捜索すること、及び（合理的な理由により）児童を対象とする品位を欠く写真又は擬似写真が存在するか、又はこれが含まれている物品を差し押さえて、移動させることを許可する自筆令状を発付することができる。

(3)　二〇〇六年警察及び司法法（法律第四八号）（Police and Justice Act 2006）（c. 48）附則一五第四章により削除

(4)　本条中の「敷地」（premises）は、一九八四年警察及び刑事証拠法（法律第六〇号）（Police and Criminal Evidence Act 1984）（c. 60）におけると同一の意味を有する（同法第二三条参照）。

第五条　没収

品位を欠く写真又は擬似写真の没収についての規定は、本法の附則で定める。

第六条　処罰

(1)　本法に基づく罪は、正式起訴に基づく有罪宣告か、又は略式起訴に基づく有罪宣告により処罰することができる。

(2)　本法に基づく罪の正式起訴により有罪宣告を受けた者は、一〇年以下の拘禁若しくは罰金に処し、又は両者を併科するものとする。

(3)　本法に基づく罪の略式起訴により有罪宣告を受けた者は、次の各号のいずれかの定めるところによる。

(a)　六か月以下の拘禁

(b)　一九八〇年マジストレート裁判所法第三二条の適用上、所定の額以下の罰金（選択的起訴犯罪の略式起訴に基づく有罪宣告による処罰：一〇〇〇ポンド又は同法に基づく命令によって読み替えたその他の額）又は両者の併科

第七条　解釈

(1)　次の各項に定める規定は、本法の解釈のために適用する。

(2)　品位を欠く写真の中には、品位を欠くフィルム、品位を欠く写真又はフィルムの写し及びフィルム中に内蔵されている品位を欠く写真が含まれる。

(3)　写真（フィルム中に内蔵されている写真を含む）が児童に提示され、それが品位を欠くものであったときは、本法の適用上、児童を対象とする品位を欠く写真とみなすものとし、擬似写真についても同様とする。

(4)　写真の中には、次の各号の両者が含まれる。

(a)　陰画及び陽画

(b)　写真への変換が可能なコンピュータ・ディスク上に蓄積された資料、又はその他の電子媒体によって蓄積された資料

(4A)　写真の中には、次の各号の両者も含まれ、第八項の規定は、擬似写真に関して適用される画像に関して適用される。

(a)　電子媒体によって作成されたものであると、（何らかの性質の）その他の媒体によって作成されたものであるとを問わず、複写又はその他の画像であって、

(i)　それ自体写真又は擬似写真ではないが、

(ii) 写真又は擬似写真（又はそのいずれかか両者の組合せ）の全部又は一部に由来しているもの
(b) 前号に該当する画像への変換が可能なコンピュータ・ディスク上に蓄積された資料、又はその他の電子媒体によって蓄積された資料
(5)
(6) 「フィルム」（Film）の中には、あらゆる形態のビデオ記録が含まれる。
(7) 「児童」（Child）とは、第八項に従うことを条件にして、一八歳【二〇〇三年性犯罪法第四五条第二項により「一六歳」を「一八歳」に改正】未満の者をいう。
(8) 「擬似写真」（Pseudo-photograph）とは、コンピュータ・グラフィックによって作成されたものであると、その他の方法によって作成されたものであるとを問わず、写真と認められる画像をいう。
擬似写真によって伝達された痕跡によって提示された人物が児童であったときは、当該擬似写真は、本法のすべての適用上、児童を提示しているものとし、提示された身体の特徴のいくつかが成人のそれであっても、伝達された主たる痕跡によって提示された人物が児童であったときは、擬似写真は、児童を提示しているものとする。
(9) 品位を欠く擬似写真の中には、次の各号の両者が含まれる。
(a) 品位を欠く擬似写真の写し
(b) 擬似写真への変換が可能なコンピュータ・ディスク上に蓄積された資料、又はその他の電子媒体によって蓄積された資料

第八条　北アイルランド地方に対する類似規定
北アイルランド地方に対して、本法に対応する規定を定めるためにのみ効力を有する表明を定めた、一九七四年北アイルランド法（法律第二八号）（Northern Ireland Act 1974）（c. 28）附則一第一条第一項b号に基づく枢密院令（北アイルランドに対する暫定立法）は、次の各号の定めるところによる。
(a) 同附則第一条第四項及び第五項（議会両院の賛成決議）に服さない。
(b) 一院の決議によって無効に服する。

第九条　略称、適用範囲及び施行
(1) 本法は、一九七八年児童保護法と引用することができる。

(2) 本法は、第一条第六項を除き、スコットランド地方に適用しないものとし、同項を除き、かつ第八条に従うことを条件にして、北アイルランド地方に適用しないものとする。

(3) 本法第八条の規定は、即時に効力を有するが、本法のその他の規定は、本法の成立から起算して一か月が経過した後に効力を有するものとする。

二 「一九八八年刑事司法法」の関係正文

「一九八八年刑事司法法」(法律第三三号) 第一六〇条・第一六〇条A・第一六一条

第一六〇条 児童を対象とする品位を欠く写真の所持

(1) 第一六〇条Aに従うことを条件にして、ある者が、児童を対象とする品位を欠く写真又は擬似写真を所持することをもって、罪とする。

(2) ある者が前項に基づく罪により告発されたときは、この者は、次の各号のいずれかを立証することをもって抗弁とする。

(a) 本人が当該写真又は擬似写真を所持する正当な理由を有すること

(b) 本人が自ら当該写真又は擬似写真を閲覧せず、かつそれが品位を欠くものであることを知らず、また品位を欠くものであると疑う理由も有していなかったこと

(c) 当該写真又は擬似写真が、本人又は本人に代わる者の事前の要望もなく本人に送付され、かつ本人が、それを不相当な期間保持していなかったこと

(2A) 本条に基づく罪の正式起訴により有罪宣告を受けた者は、五年以下の拘禁若しくは罰金に処し、又は両者を併科するもの

とする。

(3)　本法に基づく罪の略式起訴により有罪宣告を受けた者は、六か月以下の拘禁若しくは基準等級表のレベル五以下の罰金に処し、又は両者を併科するものとする。

(4)　一九七八年児童保護法第一条第三項、第二条第三項、第三条及び第七条の規定は、これらの規定を含む同法の中に本条が含まれていたものとして、効力を有するものとする。

(5)　一九九四年刑事司法及び公共の秩序法（法律第三三号）(Criminal Justice and Public Order Act)（c. 33）附則一一により削除

第一六〇条A　婚姻及びその他の関係

(1)　児童を対象とする品位を欠く写真又は擬似写真に関係する第一六〇条に基づく罪に対する手続中で、当該写真が一六歳以上の者を対象としていたこと、及び当該罪が告発された時点に、当該児童と被告人が、次の各号のいずれかであったことを当該被告人が立証したときは、本条の規定を適用する。

(a)　婚姻していたか、又は相互に登録同性パートナーであったこと

(b)　永続的な家族関係の中で、パートナーとして同居していたこと

(2)　児童を対象とする品位を欠く写真又は擬似写真に関係する第一六〇条に基づく罪に対する手続中で、当該写真が一六歳以上の者を対象としていたこと、及び被告人が当該写真を取得した時点に、当該児童と被告人が、次の各号のいずれかであったことを当該被告人が立証したときは、本条の規定を適用する。

(a)　婚姻していたか、又は相互に登録同性パートナーであったこと

(b)　永続的な家族関係の中で、パートナーとして同居していたこと

(3)　本条の規定は、当該写真又は擬似写真に当該児童が一人だけ写っていたか否か、又は被告人と一緒に写っていたか否かについて適用され、それに他人が写っていたときは、適用されない。

(4)　当該被告人が当該写真又は擬似写真を所持することに当該児童が同意していたか否か、又は当該児童が同意していたと当該被告人が合理的に確信していたか否かに関する争点を提起する十分な証拠が提出された場合において、当該被告人がそれを所持することに当該児童が同意していなかったこと、及び当該児童が同意していたと被告人が合理的に確信していなかったことが立証されなかったときは、当該被告人は、当該罪により有罪とされない。

【二〇〇三年性犯罪法第四五条第四項により本条を加える〔その後の改正分をも追加〕】

第一六一条　児童を対象とする品位を欠く写真の所持：スコットランド地方

【本条は、「一九八二年公民統治（スコットランド）法」（法律第四五号）（Civic Government (Scotland) Act 1982)（c. 45）に第五二条A「児童を対象とする品位を欠く写真の所持」を追加する旨を定めた規定である。同法は、スコットランド地方に関して、特定の活動の許可と規制、公共の秩序と安全の保持および犯罪防止、児童を対象とする品位を欠く写真の撮影とその取扱い、警察官その他の者の権限、土地・建物の所有者と利用者の権利・義務、多方面の行政行為について定めた法律である。第五二条で、児童を対象とする品位を欠く写真や擬似写真の撮影、作成、配布、提示、配布・提示目的の所持、広告主の配布等の公告の公表の規制を定めていたが、第五二条Aで、新たに、当該写真の単純所持の規制が付け加えられた。】

第二節　「一九七八年児童保護法」の改正による児童を対象とする品位を欠く写真の撮影等

一　「品位を欠く」「わいせつ」の意義

（一）　改正された「一九七八年児童保護法」は、第一条において、「児童を対象とする品位を欠く写真」にかかわる罪についての四形態の行為を設定し、それに伴う量刑、犯罪不成立の条件（被告人の抗弁・立証）、検察官の立証等を定めている。これらについて順次、検討していくが、これに先立って、あらかじめ、関係する文言についての

第七条に定める定義や、「品位を欠く」の意味について理解しておくことが必要である。

一九七八年法第一条の見出しは、「品位を欠く写真」（indecent photographs）としているが、その条項中では「品位を欠く写真又は擬似写真」（indecent photographs or pseudo- photographs）と規定し、第七条において、「品位を欠く写真」の中には、品位を欠く写真やフィルムの写しおよびフィルム中に内蔵されている品位を欠く写真が含まれること、「児童を対象とする品位を欠く写真」とみなす解釈、「写真」の中には、陰画や陽画のほか、コンピュータ・ディスク上に蓄積された資料やその他の電子媒体によって蓄積された資料が含まれること、「フィルム」（film）の中には、あらゆる形態のビデオ記録が含まれること、「児童」（child）とは、一六歳未満の者ではなく、二〇〇三年法第四五条による改正によって、一八歳未満の者をいうとしたこと、「擬似写真」（pseudo- photographs）とは、作成される方法を問わず、写真と認められる画像であること、「擬似写真」の中には、「写真」の場合と同様に、コンピュータ・ディスク上に蓄積された資料やその他の電子媒体によって蓄積された資料が含まれることが規定されている。児童の範囲を一八歳未満の者にまで拡大した背景には、一六歳を超える者も、虐待への社会的弱者となる可能性があるという事実が認識されているとされる一方で、小児性愛に関する公衆の関心への過剰反応であるとする声も指摘されている。(1)

「品位を欠く」（indecent）の意味については、「一九五九年わいせつ出版物法」（法律第六六号）（Obscene Publication Act 1959）（c. 66）の適用上の「わいせつな」（obscene）との異同が問題とされる。わいせつ性について、「一九五九年わいせつ出版物法」第一条「わいせつ性のテスト」は、物件の効力が全体として捉えられた場合において、その効力が、関係する状況のすべてを考慮して、その物件中に含まれている事項またはその物件中に具象されている事項について、それを読む可能性、見る可能性、または聞く可能性のある人を堕落させ、かつ道徳的に腐敗させる傾向のあるようなものであるときは、その物件は、「わいせつ」であるとみなすものとすると規定し、その「物件」

(article)とは、朗読、閲覧またはその両者、即ち朗読・閲覧される事項を含む物件、音響記録、フィルムまたはその他の画像記録をいう、と規定している(第一項・第二項)。「品位を欠く」と一九五九年法上の「わいせつな」の区別に関する事案について指摘されているところによれば、「品位を欠く」と「わいせつな」は、妥当性の認識基準に違反するという一つの観念を伝達するものであり、「品位を欠く」は、程度の目標が相対的に低く、「わいせつな」は相対的に高いということであるとしており、その写真が児童を対象とする品位を欠く写真であるか否かを決定する場合には、年齢が本質的要素であり、陪審員には、児童の年齢を考慮する資格が付与されるとし、モデルになることを希望した一四歳の児童のはだけた胸を映した写真を撮影した職業写真家の判例事案において、写真家が、その写真はそれ自体品位を欠くものではなかったと論じて、当初、裁判において無罪を訴答したが、陪審員には児童の年齢を考慮する資格が付与される、と裁判官が裁定したとき、写真家は、成人を対象とする写真であれば品位を欠くものではなかったとしても、一四歳の児童を対象とするその写真は、品位を欠くものであろう、ということを受け入れて、自己の答弁を有罪へと変更した、とのことである(2)。

さて、「一九七八年児童保護法」は、児童を対象とする品位を欠く写真について、次の四形態の罪を規定している。それぞれの罪と、検察官の立証、被告人の抗弁等、について紹介する。

二　児童を対象とする品位を欠く写真に関する四形態の罪

(一)　第一条第一項a号に基づく罪

1　この罪の行為形態として、児童を対象とする品位を欠く写真または擬似写真を撮影し、その撮影を受けさせ、またはそれを作成する行為が挙げられている。

2　この罪の成立要件に関連して、第一条A「婚姻及びその他の関係」において、罪が不成立とされる三条件（被告人の抗弁）が規定されている。

①第一の条件：被告人は、次の事項の両者を立証することをもって抗弁とする（第一項）。

・写真が一六歳以上の者を対象としていたこと

・罪が告発された時点に、その児童と被告人が婚姻していたか、相互に登録同性パートナーであったこと、または永続的な家族関係の中で、パートナーとして同居していたこと

②第二の条件：写真は、その児童が一人だけ写っているか、その児童と被告人が写っているものであって、その児童と被告人以外の者が写っているものであってはならない（第三項）。

③第三の条件：その児童が写真の撮影されることまたは写真の作成されることに同意していたか否かに関する争点、またはその児童がそれに同意していたと被告人が合理的に確信していたか否かに関する争点を提起する十分な証拠があることを、被告人が提示しなければならない（第四項）。

第三の条件については、その写真が撮影または作成されることにその児童が同意していなかったこと、およびその児童が同意していたと被告人が合理的に確信していなかったことを検察官が立証しなかったときは、被告人は有罪とされない。

3　さらに、第一条B「刑事手続についての例外、調査等」において、被告人が、刑事手続中で、次のいずれかを立証したときは、被告人は有罪とされない（第一項）。

・犯罪の防止、探知もしくは調査のために、または刑事手続のために、被告人が品位を欠く写真または擬似写真を作成することが必要であったこと

・罪が告発された時点に、被告人が「保安局」（Security Service）や「秘密情報局」（Secret Intelligence Service）の構

成員、または「政府情報通信本部」（GCHQ）の構成員であった場合において、その職務の執行のために、被告人が品位を欠く写真または擬似写真を作成することが必要であったこと、

「作成」（making）の中には、例えば、ある者がインターネットからある画像をダウンロードして、コンピュータ・ハード・ドライブにコピーするような場合が含まれる(3)。

(二) 第一条第一項b号に基づく罪

1　この罪の行為形態として、児童を対象とする品位を欠く写真または擬似写真を配布し、または提示する行為が挙げられている。「配布」（distributing）の解釈について、児童を対象とする品位を欠く写真または擬似写真を他人に所持させるとき、または他人が取得するためにこれを展示するか提供するときは、配布したものとみなされる（第一条第二項）。

2　この罪が不成立とされる四条件（被告人の抗弁）が規定されている。

①第一の条件：被告人は、次の事項のいずれかを立証することをもって抗弁とする（第一条第四項）。

・被告人が児童を対象とする品位を欠く写真もしくは擬似写真を配布し、もしくは提示する正当な理由、または被告人がそれを所持する正当な理由を有していたこと

・被告人が自らその写真もしくは擬似写真を閲覧せず、かつそれが品位を欠くものであることを知らず、また品位を欠くものであると疑う理由も有していなかったこと

②第二の条件：被告人は、次の事項の両者を立証することをもって抗弁とする（第一条A第一項）。

・写真が一六歳以上の者を対象としていたこと

・罪が告発された時点に、その児童と被告人が婚姻していたか、相互に登録同性パートナーであったこと、または永続

的な家族関係の中で、パートナーとして同居していたこと

③第三の条件：被告人は、次の事項の両者を立証することをもって抗弁とする（第一条A第二項）。

・写真が一六歳以上の者を対象としていたこと

・被告人がその写真を取得した時点に、その児童と被告人が婚姻していたか、相互に登録同性パートナーであったこと、または永続的な家族関係の中で、パートナーとして同居していたこと

第三の条件については、写真がその児童以外の者に提示または配布されたことが立証されなかったときは、被告人は有罪とされない（第一条A第五項）。

④第四の条件：写真は、その児童が一人だけ写っているか、その児童と被告人が写っているものであって、その児童と被告人以外の者が写っているものであってはならない（第一条A第三項）。

(三)　第一条第一項c号に基づく罪

1　この罪の行為形態として、自己または他人が配布する目的または提示する目的で、自己が品位を欠く写真または擬似写真を所持する行為が挙げられている（「(配布)」の解釈について、本節中の二(二)1〔二五〇頁〕参照）。

2　この罪が不成立とされる四条件（被告人の抗弁）が規定されている。

①第一の条件：被告人は、次の事項のいずれかを立証することをもって抗弁とする（第一条第四項）。

・被告人が児童を対象とする品位を欠く写真もしくは擬似写真を配布し、もしくは提示する正当な理由、または被告人がそれを所持する正当な理由を有していたこと

・被告人が自らその写真もしくは擬似写真を閲覧せず、かつそれが品位を欠くものであることを知らず、また品位を欠くものであると疑う理由も有していなかったこと

②第二の条件：被告人は、次の事項の両者を立証することをもって抗弁とする（第一条A第一項）。
・写真が一六歳以上の者を対象としていたこと
・罪が告発された時点に、その児童と被告人が婚姻していたか、相互に登録同性パートナーであったこと、または永続的な家族関係の中で、パートナーとして同居していたこと
③第三の条件：被告人は、次の事項の両者を立証することをもって抗弁とする（第一条A第二項）。
・写真が一六歳以上の者を対象としていたこと
・被告人がその写真を取得した時点に、その児童と被告人が婚姻していたか、相互に登録同性パートナーであったこと、または永続的な家族関係の中で、パートナーとして同居していたこと
第三の条件については、次の両者に関する争点を提起する十分な証拠が提出された場合において、その児童が同意していなかったこと、およびその児童が同意していたと被告人が合理的に確信していなかったこと、または被告人がその児童以外の者にその写真を配布もしくは提示する目的で所持していたことのいずれかが、立証されなかったときは、被告人は有罪とされない。
・被告人がその写真を所持することに、その児童が同意していたか否か、またはその児童がそれに同意していたと合理的確信していたか否か
・被告人がその児童以外の者にその写真を配布または提示する目的で所持していたか否か
④第四の条件：写真は、その児童が一人だけ写っているか、その児童と被告人が写っているものであって、その児童と被告人以外の者が写っているものであってはならない（第一条A第三項）。

(四) 第一条第一項d号に基づく罪

この罪の行為形態として、広告主が品位を欠く写真または擬似写真を配布するために、もしくは提示するために、またはそれを行おうとするために、運搬するものと理解されるような広告を公表し、またはその広告の公表を受けさせる行為が挙げられている（「(配布) の解釈について、本節中の二 (二) 1〔二五〇頁〕参照)。

(五) 上記の四罪の量刑

上記の四罪の量刑は、いずれも、次のとおりである（第六条）。
・正式起訴に基づく有罪宣告の場合にあっては、一〇年以下の拘禁もしくは罰金または両者の併科
・略式起訴に基づく有罪宣告の場合にあっては、六か月以下の拘禁もしくは所定の額以下の罰金または両者の併科

「一九七八年児童保護法」には、別に、本法に基づく罪を求める手続には、公訴局長官の同意が必要である旨の規定、法人による罪、立入り・捜索・差押え・没収に関する規定、北アイルランド地方に対する類似規定等が置かれている。

(1) Kim Stevenson, Anne Davies, Michael Gunn, *Blackstone's Guide to the Sexual Offences Act 2003*, Oxford 2004, para.8. 2.
(2) Kim Stevenson, Anne Davies, Michael Gunn, *ibid*, para. 8. 2. 2.
(3) Sexual Offences Act 2003 *Explanatory Notes*, para. 93.

第三節　「一九八八年刑事司法法」の改正による児童を対象とする品位を欠く写真の所持

「一九八八年刑事司法法」第一六〇条は、児童を対象とする品位を欠く写真または擬似写真を所持することをもって罪とし、この罪の成立要件と関連して罪が不成立とされる条件（被告人の抗弁）と量刑を規定し、二〇〇三年法第四五条第四項によって加えられた第一六〇条Aは、被告人が、刑事手続中で、特定の事項を立証したときは、被告人は有罪とされないこととした。

1　この罪の行為態様は、児童を対象とする品位を欠く写真または擬似写真を単純に所持することである。

2　被告人は、次のいずれかを立証することをもって抗弁とする（第一六〇条第二項）。

・被告人がその写真または擬似写真を所持する正当な理由を有すること

・被告人が自らその写真または擬似写真を閲覧せず、かつそれが品位を欠くものであることを知らず、また品位を欠くものであると疑う理由も有していなかったこと

・その写真または擬似写真が、被告人または被告人に代わる者の事前の要望もなく被告人に送付され、かつ被告人が、それを不相当な期間保持していなかったこと

3　写真が一六歳以上の者を対象としていたこと、および罪が告発された時点に、その児童と被告人が次のいずれかであったことを被告人が立証したときは、有罪とされない（第一六〇条A第一項）。

・婚姻していたか、または相互に登録同性パートナーであったこと

・永続的な家族関係の中で、パートナーとして同居していたこと

4　写真が一六歳以上の者を対象としていたこと、および被告人がその写真を取得した時点に、その児童と被告人が次のいずれかであったことを被告人が立証したときは、有罪とされない（第一六〇条A第二項）。
・婚姻していたか、または相互に登録同性パートナーであったこと
・永続的な家族関係の中で、パートナーとして同居していたこと
5　写真は、その児童が一人だけ写っているか、その児童と被告人が写っているものであって、その児童と被告人以外の者が写っているものであってはならない（第一六〇条A第三項）。
6　被告人がその写真を所持することにその児童が同意していたか否か、またはその児童が同意していたと被告人が合理的に確信していたか否かに関する争点を提起する十分な証拠が提出された場合において、被告人がその写真を所持することにその児童が同意していなかったこと、およびその児童が同意していたと被告人が合理的に確信していなかったことが立証されなかったときは、被告人は有罪とされない（第一六〇条A第四項）。
7　本法に定める、児童を対象とする品位を欠く写真の所持罪の量刑は、次のとおりである。
・正式起訴に基づく有罪宣告の場合にあっては、五年以下の拘禁もしくは罰金または両者の併科（第一六〇条第二項A）
・略式起訴に基づく有罪宣告の場合にあっては、六か月以下の拘禁もしくは基準等級表のレベル五以下の罰金または両者の併科（第一六〇条第三項）

第四節　児童を対象とする品位を欠く写真の撮影等の検討

(一)　児童を対象とする品位を欠く写真や擬似写真にかかわる行為について

「一九七八年児童保護法」と「一九八八年刑事司法法」の規定を検討してきた。行為態様によって、被告人の抗弁にも、微妙な相違があらわれている。「広告主による品位を欠く写真の配布のための広告の公表」の罪（一九七八年法第一条第一項d号）を除く四罪について、それぞれの異同に注目して、若干の検討を加えてみたい。

(二)　被告人の抗弁について

・品位を欠く写真の被写体とされる児童の年齢は、「二〇〇三年性犯罪法」第四五条によって一八歳未満に引き上げられ、各罪に共通する事項として、被告人の抗弁の中に、児童と被告人の関係について、①児童が一六歳以上で、罪が告発された時点に、児童と被告人が婚姻していたか、相互に登録同性パートナーであったこと、または永続的な家族関係の中で、パートナーとして同居していたことが挙げられている。そして②児童と被告人以外の者が写っているものであってはならないことが挙げられている。ここに規定されている「永続的」（enduring）についての定義が法文上に示されていない点に言及して、「永続的な家族関係」が「六か月」の同居で足りるかが指摘されている。(1)

・配布・提示罪（一九七八年法第一条第一項b号）と配布・提示目的の所持罪（一九七八年法第一条第一項c号）の二罪に共通する被告人の抗弁には、児童が一六歳以上で、被告人が写真を取得した時点に、児童と被告人が婚姻していたか、相互に登録同性パートナーであったこと、または永続的な家族関係の中で、パートナーとして同居していたとの抗弁も加えられている。

・配布・提示罪、配布・提示目的の所持罪、そして単純所持罪（一九八八年法第一六〇条第一項）の三罪に共通する被告人の抗弁には、被告人が配布や提示をする正当な理由や所持する正当な理由を有していたか、被告人が自ら閲覧せず、かつそれが品位を欠くものであることを知らず、また品位を欠くものであると疑う理由も有していなかったことが挙げられ、単純所持罪については、これに加えて、被告人の事前の要望もなく被告人に送付され、かつ被告人が、それを不相当な期間保持していなかったことも挙げられている。

・撮影・作成罪等（一九七八年法第一条第一項a号）の被告人の抗弁には、犯罪の防止等のために作成することが必要であったことや、「保安局」「秘密情報局」「政府情報通信本部」の構成員であって、作成することが必要であったことも規定されている。

(三)　検察官の立証について

・撮影・作成罪について、児童が同意していたか、児童が同意していたと被告人が合理的に確信していた旨の十分な証拠を被告人が提示したときは、児童が同意していなかったこと、およびその児童が同意していたと被告人が合理的に確信していなかったことを検察官が立証しなければならない。

・配布・提示罪について、写真がその児童以外の者に提示または配布されたことを検察官が立証しなければならない。

・配布・提示目的の所持罪について、被告人が写真を所持することに児童が同意していたか、児童が同意していたと被告人が合理的に確信していた旨、または被告人がその児童以外の者に写真を配布するか提示する目的で所持していなかった旨の十分な証拠を被告人が提示したときは、児童が同意していなかったこと、およびその児童が同意していたと被告人が合理的に確信していなかったこと、または被告人がその児童以外の者に写真を配布するか提示する目的で所持していたことのいずれかを検察官が立証しなければならない。

・単純所持罪について、写真を所持することに児童が同意していたか、児童が同意していたと被告人が合理的に確信していた旨の十分な証拠を被告人が提示したときは、児童が同意していなかったこと、およびその児童が同意していたと被告人が合理的に確信していなかったことを検察官が立証しなければならない。

これらの事項を整理するために、表に示しておく。

（1） Kim Stevenson, Anne Davies, Michael Gunn *Blackstone's Guide to the Sexual Offences Act 2003*, Oxford 2004, para. 8. 2. 4.

児童を対象とする品位を欠く写真の一覧

撮影・作成（一九七八年法第一条第一項a号）	被告人の抗弁
配布・提示（一九七八年法第一条第一項b号）	被告人の抗弁 ・被告人が配布・提示をする正当な理由を有していた ・被告人が自ら閲覧せず、かつそれが品位を欠くものであることを知ら
配布・提示目的の所持（一九七八年法第一条第一項c号）	被告人の抗弁 ・被告人が配布・提示をする正当な理由や所持する正当な理由を有していた ・被告人が自ら閲覧せず、かつそれが品位を欠くものであることを知ら
広告主が配布・提示目的で広告を公表（一九七八年法第一条第一項d号）	―
単純所持（一九八八年法第一六〇条第一項）	被告人の抗弁 ・被告人が所持する正当な理由を有していた ・被告人が自ら閲覧せず、かつそれが品位を欠くものであることを知ら

		・児童が一六歳以上で、罪が告発された時点に、児童と被告人が婚姻していたか、相互に登録同性パートナーであった、または永続的な家族関係の中で、パートナーとして同居していた（第一条A第一項）	
ず、また品位を欠くものであると疑う理由も有していなかった（以上第一条第四項）		・児童が一六歳以上で、罪が告発された時点に、児童と被告人が婚姻していたか、相互に登録同性パートナーであった、または永続的な家族関係の中で、パートナーとして同居していた（第一条A第一項）	・児童が一六歳以上で、写真を取得した時点に、児童と被告人が婚姻していたか、相互に登録同性パートナーであっ
ず、また品位を欠くものであると疑う理由も有していなかった（以上第一条第四項）		・児童が一六歳以上で、罪が告発された時点に、児童と被告人が婚姻していたか、相互に登録同性パートナーであった、または永続的な家族関係の中で、パートナーとして同居していた（第一条A第一項）	・児童が一六歳以上で、写真を取得した時点に、児童と被告人が婚姻していたか、相互に登録同性パートナーであっ
ず、また品位を欠くものであると疑う理由も有していなかった	・被告人の事前の要望もなく被告人に送付され、かつ被告人が、それを不相当な期間保持していなかった（以上第一六〇条第二項）	・児童が一六歳以上で、罪が告発された時点に、児童と被告人が婚姻していたか、相互に登録同性パートナーであった、または永続的な家族関係の中で、パートナーとして同居していた（第一六〇条A第一項）	・児童が一六歳以上で、写真を取得した時点に、児童と被告人が婚姻していたか、相互に登録同性パートナーであっ

	・児童と被告人以外の者が写っていなかった（第一条A第三項）	・児童が撮影・作成に同意していたか、児童が同意していたと被告人が合理的に確信していた旨の十分な証拠を被告人が提示（第一条A第四項）	・犯罪の防止等のために被告人が写真を作成することが必要であったか、告発時に被告人が「保安局」「秘密情報局」「政府情報通信本部」
た、または永続的な家族関係の中で、パートナーとして同居していた（第一条A第二項）	・児童と被告人以外の者が写っていなかった（第一条A第三項）		
た、または永続的な家族関係の中で、パートナーとして同居していた（第一条A第二項）	・児童と被告人以外の者が写っていなかった（第一条A第三項）	・被告人が写真を所持することに児童が同意していたか、児童が同意していたと被告人が合理的に確信していた旨、または被告人が児童以外の者に写真を配布するか提示する目的で所持していなかった旨の十分な証拠を被告人が提示(第一条A第六項)	
た、または永続的な家族関係の中で、パートナーとして同居していた（第一六〇条A第二項）	・児童と被告人以外の者が写っていなかった（第一六〇条A第三項）	・被告人が写真を所持することに児童が同意していたか、児童が同意していたと被告人が合理的に確信していた旨の十分な証拠を被告人が提示（第一六〇条A第四項）	

の構成員であった場合において、写真を作成することが必要であった（第一条B第一項）	検察官の立証 ・児童が写真の撮影・作成に同意していなかったこと、および児童が同意していたと被告人が合理的に確信していなかったことを検察官が立証（第一条A第四項）	量刑 ・一〇年以下の拘禁もしくは罰金または両者の併科（正式起訴） ・六か月以下の拘禁もしくは所定額以下の罰金または両者の併科（略式起訴）（第六条）
	検察官の立証 ・写真が児童以外の者に提示・配布されたことを検察官が立証（第一条A第五項）	量刑 ・一〇年以下の拘禁もしくは罰金または両者の併科（正式起訴） ・六か月以下の拘禁もしくは所定額以下の罰金または両者の併科（略式起訴）（第六条）
	検察官の立証 ・児童が同意していなかったこと、およびその児童が同意していたと被告人が合理的に確信していなかったこと、または被告人が児童以外の者に写真を配布するか提示する目的で所持していたことのいずれかを検察官が立証（第一条A第六項）	量刑 ・一〇年以下の拘禁もしくは罰金または両者の併科（正式起訴） ・六か月以下の拘禁もしくは所定額以下の罰金または両者の併科（略式起訴）（第六条）
	検察官の立証 ・児童が同意していなかったこと、およびその児童が同意していたと被告人が合理的に確信していなかったことを検察官が立証（第一六〇条A第四項）	量刑 ・五年以下の拘禁もしくは罰金または両者の併科（正式起訴）（第一六〇条第二項A） ・六か月以下の拘禁もしくは基準等級表のレベル五以下の罰金または両者の併科（略式起訴）（第一六〇条第三項）

小括

一八歳未満の児童を対象とする、品位を欠く写真や擬似写真の配布その他の一連の行為に対するイギリス法の規制について言及してきた。一連の行為の対象は、「わいせつな」写真や擬似写真ではなく、「品位を欠く」写真や擬似写真であった。そして、一連の行為について、児童が同意していたか、児童が同意していたと被告人が合理的に確信していた旨を被告人が提示することや、児童と被告人の間に、婚姻、「永続的な家族関係」、「登録同性パートナー」の関係が存在することの被告人の抗弁を認めるなどの規定を置いていることを勘案すれば、品位を欠く写真の配布等の罪をもって、被写体とされる関係児童の人権を保護するとともに、被写体が一六歳以上の者であったことを被告人の抗弁事由に挙げて、年齢区分を置いていること、および児童と被告人との婚姻のほかに、パートナーとしての同居も被告人の抗弁中に挙げていることも注視しなければならないであろう。

また、品位を欠く写真や擬似写真にかかわる一連の行為ついて、「一九七八年児童保護法」に定める行為（撮影、作成、配布、提示、配布・提示目的の所持ほか）には、「一九八八年刑事司法法」に定める行為（単純所持）よりも重い量刑が置かれている。なお、ここで用いた「単純所持」は、「所持する正当な理由を有しない所持」であって、何をもって処罰するに値する「単純所持」とするかが検討されることになる。「単純所持」の罪の不成立を主張する被告人の抗弁として挙げられている、「被告人の事前の要望もなく被告人に送付され、かつ被告人が、それを不相当な期間保持していなかった」との事項を素材にして考えれば、それに該当しない事項、即ち「被告人の事前の要望もなく被告人に送付されたが、被告人が、それを不相当な期間保持していた」場合が、「単純所持」の一例に挙げられるであろう。

さらに、「二〇〇三年性犯罪法」は、「売春及びポルノグラフィーによる児童虐待」の見出しのもとに、児童をポルノグラフィーにかかわるように強制または勧誘する罪（第四八条）、ポルノグラフィーにかかわった児童を管理する罪（第四九条）、児童のポルノグラフィーへのかかわりを準備または促進する罪（第五〇条）を定め、いずれの罪も、正式起訴に基づく有罪宣告の場合にあっては一四年以下の拘禁、略式起訴に基づく有罪宣告の場合にあっては六か月以下の拘禁もしくは法定上限以下の罰金または両者の併科としており、人の品位を欠く画像が記録されたときは、この者は、ポルノグラフィーにかかわったものとされる（第五一条第一項）。ポルノグラフィーにかかわる児童虐待は、児童を対象とする品位を欠く写真にかかわる行為に比して、より重い量刑を規定している。

今般、第一八三国会に提出された「児童ポルノに係る行為等の処罰及び児童の保護等に関する法律の一部を改正する法律案」は、第六条の二において、児童ポルノの所持を禁止し、第七条において、「自己の性的好奇心を満たす目的で、児童ポルノを所持した者は、一年以下の懲役又は百万円以下の罰金に処する」と規定している。児童ポルノの拡散を防ぐ方策として、単純所持の禁止が各国の趨勢となっている。(1)

（一）「児童ポルノ所持禁止　改正法今国会で成立へ」『読売新聞』二〇一四年（平成二六年）六月四日夕刊一頁参照。

第七章　「二〇〇三年性犯罪法」における売春および人身売買の罪について―「二〇〇三年性犯罪法」と関係法律・関係提言との対比―

はじめに

本章では、「二〇〇三年性犯罪法」（法律第四二号）（Sexual Offences Act 2003）（c. 42）に定める売春および人身売買の罪について検討する。まず、本章で検討の対象とする、「二〇〇三年性犯罪法」中の売春や人身売買の規定が、どのような位置付けになっているかということから見てみよう。同法は、第一章「性犯罪」の中で、「児童及びポルノグラフィーによる児童虐待」の見出しのもとに、第四七条から第五一条までの同一条項内で、「児童売春」と「児童ポルノグラフィー」という異なる二つの課題対象を取り扱っている。解説書によれば、第四七条から第五一条までの規定は、売春を通してであろうと、ポルノグラフィーを通してであろうと、児童の搾取を取り扱い、しかも二つの事項を別個に取り扱うのではなく、二つの搾取形態に当てはまる多数の罪を規定し、各罪は、現実には、まったく別個の二つの罪に分けることができるけれども、罪の要素は同一であって、それ故、一緒に処理される、と説明している。(1)この点に関しては、後述する『二〇〇〇年内務省報告書』(2)の提言五〇において、児童を対象とする商業的性的搾取を特別の罪で処理するべきであるとし、性的搾取の中には、児童を売春に使用することやポルノグラフィーに使用することが含まれる、と考える旨の提言がなされており、「児童売春」と「児童ポルノグラフィー」の二者を併せて「児童の性的搾取」と捉えるべきであると指摘されている。[3] また、「二〇〇三年性犯罪法」において、この見出しに先立って置かれた見出しが「児童を対象とする品位を欠く写真」であること、そして、この見出しの後に置かれた見出しが「売春の搾取」であることを考慮すれば、処罰の対象者が児童から成人へと移行していること、また処罰の対象事項が「品位を欠く写真」から「ポルノグラフィー」へ、そしてさらに「児童売春」から「成人売春」へと移行していることがわかる。第四七条から第五一条までの「売春及びポルノグラフィーによる児童虐待」の規定は、「児童を対象とする品位を欠く写真」と「売春の搾取」の中間に位置付けされている。さらに、成人売春を定めた「売春の搾取」の後に続く見出しが、性的搾取を目的とする連合王国内外への「人身売買」の罪へとつながっていることを慮れば、立法者が、「児童を対象とする品位を欠く写真」「売春及びポルノグラフィーによる児童虐待」「売春の搾取」「人身売買」という一連の構成が、「性的搾取」という行為を基本にして、適用対象者を児童から成人へ、そして場所的適用範囲を国内から国外へと展開されていることが判明する。

さて、本章では、最初に、児童売春、成人売春、人身売買について、「二〇〇三年性犯罪法」に先立って制定されていた性犯罪法律中に規定された売春・人身売買関係法規を紹介する。対象となる法律は、「一九五六年性犯罪法」（法律第六九号）(Sexual Offences Act 1956) (c. 69) と「一九五九年街頭犯罪法」（法律第五七号）(Street Offences Act 1959) (c. 57)、および「二〇〇二年国籍、亡命及び移民法」（法律第四一号）(Nationality, Immigration and Asylum Act 2002) (c. 41) である。これらの法律の中には、関係条項が現行法として引き続き効力を有しているものもあれば、改正されているものもあり、「二〇〇三年性犯罪法」の制定時や改正時の附則をもって、削除・廃止されているものもある。新法と比較・対置するために、改廃された条項を含めて、これらの法律を紹介することとする。これら三法律の条項の改廃状況は、関係する箇所で記述する。また、二〇〇〇年七月に公表された『二〇〇〇年内務省報告書』

の中で、売春と人身売買に関係する提言が提示されているので、この報告書の提言についても紹介することとする。最新の「二〇〇三年性犯罪法」に定める児童売春、成人売春、人身売買に関する規定を検討するに当たって、これに先行する一連の関係法律規定や報告書の提言を提示してみたいと思う。

（1）Kim Stevenson, Anne Davies, Michael Gunn, *Blackstone's Guide to the Sexual Offences Act 2003*, Oxford 2004, para. 8. 3.

（2）『境界線を設定する—性犯罪に関する法律の改革』: *Setting the Boundaries-Reforming the Law on Sex Offences*, Published by Home Office Communication Directrate July 2000. 本章では『二〇〇〇年内務省報告書』と引用する。

（3）*Setting the Boundaries-Reforming the Law on Sex Offences*, ibid, para. 7. 6. 3.

第一節　「一九五六年性犯罪法」および「一九五九年街頭犯罪法」における売春および人身売買の罪

一　「一九五六年性犯罪法」における売春および人身売買の罪

（一）「一九五六年性犯罪法」における売春および人身売買の罪

「一九五六年性犯罪法」は、第一章「罪、及び罪の訴追と処罰」と第二章「補則」および三つの附則をもって構成され、同法中で、売春に関係する規定は、第二二条から第三六条までに置かれている。これらの規定は、さらに、「売春、勧誘等」（第二二条—第三一条）、「公道売春勧誘」（第三二条）、「売春施設の規制」（第三三条—第三六条）の三つの見出しで細分されている。

「売春施設の規制」の見出しのもとに置かれている罪は、現在も効力を有しているが、「売春、勧誘等」の見出しのもとにあった一〇の罪と、「公道売春勧誘」の見出しのもとにあった一罪は、「二〇〇三年性犯罪法」附則六第一一条と同附則七をもって廃止された。廃止された罪を含む、これらの罪の成立要件の概要とその量刑（拘禁・罰金）は次のとおりである。

(二)「一九五六年性犯罪法」に定める売春および人身売買の罪の要件と量刑

1　「売春、勧誘等」（第二二条—第三一条）

次の一〇罪が規定されていた。

(1)　女性に対し売春を強制する罪（第二二条）

【要件】女性に対し、①世界のいずれの地域であるかを問わず、公娼となるように勧誘したこと、②連合王国から出国するように勧誘して、売春施設の一員となるか、売春施設へ赴くように仕向けたこと、または③連合王国内の通常の居住場所から転出するように勧誘して、世界のいずれの地域であるかを問わず、売春目的のために、売春施設の一員となるか、売春施設へ赴くように仕向けたこと、が要件である。女性が公娼となったこと、連合王国から出国したこと、または居住場所から転出したことをもって既遂とする。既に公娼となっている者は、公娼への勧誘を受ける相手方となることができない。

【量刑】正式起訴：既遂・未遂とも二年以下の拘禁

(2)　二一歳未満の女子に対し売春を勧誘する罪（第二三条）

【要件】二一歳未満の女子に対し、世界のいずれの地域であるかを問わず、第三者と不法な性交を行うように勧誘した

こと

【量刑】正式起訴：既遂・未遂とも二年以下の拘禁

(3)　**女性を売春施設内またはその他の敷地内に収容する罪**（第二四条）

【要件】女性が男性と不法な性交を行うこととなることを意図して、その女性をその意思に反して敷地上に収容したか、売春施設内に収容したこと。女性が同所に収容されている場合において、その女性を同所に留まるように強制または勧誘する意図をもって、その女性の衣類やその他の所持品をその女性に与えなかったときは、その女性を同所に収容したものとみなす。

【量刑】正式起訴：二年以下の拘禁

(4)　**一三歳未満の女子に対し性交のための敷地の使用を許可する罪**（第二五条）

【要件】敷地の所有者や占有者等が、一三歳未満の女子に対し、男性と不法な性交を行う目的でこれらの敷地に通うように勧誘したこと

【量刑】正式起訴：終身拘禁

(5)　**一三歳以上一六歳未満の女子に対し性交のための敷地の使用を許可する罪**（第二六条）

【要件】敷地の所有者や占有者等が、一三歳以上一六歳未満の女子に対し、男性と不法な性交を行う目的でこれらの敷地に通うように勧誘したこと

【量刑】正式起訴：二年以下の拘禁

(6)　心身障害の女性に対し性交のための敷地の使用を許可する罪（第二七条）

【要件】 敷地の所有者や占有者等が、心身障害の女性に対し、男性と不法な性交を行う目的でこれらの敷地に通うように勧誘したこと。その女性が心身障害であることを敷地の所有者や占有者等が知らず、かつそれと疑う理由を有していなかったときは、有罪としない。

【量刑】 正式起訴：二年以下の拘禁

(7)　一六歳未満の女子に対する売春、一六歳未満の女子との性交または一六歳未満の女子への品位を欠く暴行を強制または助長する罪（第二八条）

【要件】 一六歳未満の女子に対し責任を有する者が、その女子に対し売春を強制もしくは助長したこと、またはその女子と不法な性交を行うこともしくはその女子へ品位を欠く暴行を加えることを強制もしくは助長したこと、が要件である。女子が売春者となったか、不法な性交を行ったか、または品位を欠く暴行を受けた場合において、その責任者がその女子に対し売春者や背倫理的性格の人物と交際させるなどを行ったときは、本条に定める行為を強制または助長したものとみなす。その女子に対し責任があるとみなされる者とは、その女子の両親、親権者、ケアを有する者をいう。

【量刑】 正式起訴：二年以下の拘禁

(8)　心身障害の女性に対し売春を強制または助長する罪（第二九条）

【要件】 ある者が、世界のいずれの地域であるかを問わず、心身障害の女性に対し売春を強制または助長したこと。その女性が心身障害であることをこの者が知らず、かつそれと疑う理由を有していなかったときは、有罪としない。

【量刑】正式起訴：二年以下の拘禁

(9) 男性が売春婦の売春によって得た収入によって生活する罪（第三〇条）

【要件】男性が売春婦の売春によって得た収入によって生活したこと。男性が売春婦と生活を共にして、または売春婦に対し他人との売春を教唆、幇助もしくは強制して、売春婦の行動を管理し、指示し、またはその行動に影響を及ぼしたときは、売春婦の売春によって得た収入によって生活しているものと推定する。

【量刑】正式起訴：七年以下の拘禁　略式起訴：六か月以下の拘禁

(10) 女性が売春婦を管理する罪（第三一条）

【要件】女性が、利得の目的で売春婦の売春を教唆、幇助または強制して、売春婦の行動を管理し、指示し、またはその行動に影響を及ぼしたこと

【量刑】正式起訴：七年以下の拘禁　略式起訴：六か月以下の拘禁

2 「公道売春勧誘」（第三二条）

この見出しのもとに、次の一罪のみが規定されていた。

男性による公道売春勧誘（第三二条）

【要件】男性が、背倫理的目的のために、公共の場所で、執拗に売春を勧誘または要求したこと。「公共の場所」（public place）は、一般的には、公衆が出入りする場所をいい、出入りするにつき、金銭の支払いや手続の有無を問わない。「執拗な勧誘」は反復の程度を指し、二回の誘いがあれば足りるとされる。

【量刑】　正式起訴：七年以下の拘禁　略式起訴：六か月以下の拘禁

3　「売春施設の規制」（第三三条―第三六条）

この見出しのもとに、次の四罪が規定されている。これらの罪は、現在も引き続き効力を有しており、(4)に挙げた罪には、のちに、文言が加えられている。また、「二〇〇三年性犯罪法」第五五条第二項により、売春施設を維持する罪（第三三条）の後に、第三三条A「売春のために使用する売春施設を維持する罪」が追加されたので、現在は、この見出しのもとに五罪が置かれている。

(1)　売春施設を維持する罪（第三三条）

【要件】　売春施設を維持し、管理し、またはその管理を代行もしくは支援したこと

【量刑】　略式起訴：前に有罪宣告を受けていた場合には六か月以下の拘禁もしくは二五〇ポンド以下の罰金または両者の併科、その他の場合には三か月以下の拘禁もしくは一〇〇ポンド以下の罰金または両者の併科

のちに、「二〇〇三年性犯罪法」第五五条第二項により、「一九五六年性犯罪法」第三三条の後に、第三三条A「売春のために使用する売春施設を維持する罪」が追加された（第四節中の四（二）〔三〇三頁以下〕参照）。

(2)　土地所有者が売春施設としての使用のために敷地を貸与する罪（第三四条）

【要件】　敷地が売春施設として使用されることを知りながら、その敷地の貸主、所有者もしくはその代理人が、その施設を貸与したこと、または敷地が売春施設として使用された場合において、その使用を続行する当事者となったこと

【量刑】　略式起訴：前に有罪宣告を受けていた場合には六か月以下の拘禁もしくは二五〇ポンド以下の罰金または両者の併科、その他の場合には三か月以下の拘禁もしくは一〇〇ポンド以下の罰金または両者の併科

(3) 敷地の借主が売春施設としての敷地の使用を許可する罪（第三五条）

【要件】敷地が売春施設として使用されることを知りながら、その敷地の借主、占有者または管理者が、当該敷地の使用を許可したこと

【量刑】略式起訴：前に有罪宣告を受けていた場合には六か月以下の拘禁もしくは二五〇ポンド以下の罰金または両者の併科、その他の場合には三か月以下の拘禁もしくは一〇〇ポンド以下の罰金または両者の併科

(4) 敷地の借主が売春目的の敷地の使用を許可する罪（第三六条）

【要件】敷地が常習売春の目的で使用されることを知りながら、その敷地の借主または占有者が、その敷地の使用を許可したこと

のちに、「二〇〇三年性犯罪法」附則一第一条により、末尾に、「関係する売春者が男性であると女性であるとを問わず」が加えられた（第四節中の四（三）(1)〔三〇四頁〕参照）。

【量刑】略式起訴：前に有罪宣告を受けていた場合には六か月以下の拘禁もしくは二五〇ポンド以下の罰金または両者の併科、その他の場合には三か月以下の拘禁もしくは一〇〇ポンド以下の罰金または両者の併科

二　「一九五九年街頭犯罪法」における売春の罪

本法は、公娼による公道売春勧誘の罪（第一条）を定めている。本条には、のちに、文言が加えられている。

【要件】公娼が、売春目的で街頭または公共の場所を徘徊し、または同所で売春勧誘したこと。警察官は、街頭または

公共の場所において発見し、合理的な理由をもって、本条に基づく罪を犯していると疑う者を、令状なくして逮捕することができる。「街頭」(street) の中には、公衆に開かれている橋、道路、小道、歩道、地下道、広場、庭、路地または通路が含まれ、街頭に接する敷地の戸口と入口、および街頭に接続して開かれている土地は、街頭の一部を形成するものとみなされる。

のちに、「二〇〇三年性犯罪法」附則一第二条により、「公娼が」の後に、「男性であると女性であるとを問わず」が加えられた(第四節中の四(三)(2)〔三〇五頁〕参照)。

【量刑】略式起訴:前に有罪宣告を受けていた場合には基準等級表のレベル三(一〇〇〇ポンド)以下の罰金、その他の場合には基準等級表のレベル二(五〇〇ポンド)以下の罰金

三　売春処罰の態様

(一)　売春に関係する上記の二法律は、売春行為それ自体は違法とせず、児童売春者も、成人売春者も、売春業者や客に搾取される性的被害者として把握されている。売春行為自体ではなく、売春を強制、勧誘、助長する行為やこれらに類する行為、売春施設を維持、管理、使用、運営、支援等を行う行為、街頭・公共の場所において売春勧誘する行為、そして連合王国内外に出国・転出させて売春を勧誘する行為を処罰対象としている。

(二)　売春の強制・勧誘等では、一九五六年法に規定され、女性に対する売春の強制(第二二条)、二一歳未満の女子に対する売春の勧誘(第二三条)、女性に対する売春施設内への収容(第二四条)、一六歳未満の女子に対する売春・その女子との性交・その女子への品位を欠く暴行の強制・助長(第二八条)、心身障害の女性に対する売春の強制・助長(第二九条)、男性による売春婦の行動管理(第三〇条)、女性による売春婦の行動管理(第三一条)が挙げら

れている。行為の対象者は、一六歳未満の「女子」(girl)、二一歳未満の「女子」(girl)・心身障害の「女性」(woman)、と厳密に「女子」「女性」の用語を使い分けしている。また、女性に対する売春の強制(第二二条)、二一歳未満の女子に対する売春の勧誘(第二三条)、心身障害の女性に対する売春の強制・助長(第二九条)の三罪においては、「世界のいずれの地域であるかを問わず」(in any part of the world)の語が付されており、この用語は、後述する「二〇〇三年性犯罪法」において、「性的サービスに対して利益給付を行う罪」(第四七条・第五三条A)と「公道売春勧誘の罪」(第五一条A)を除いて、売春および人身売買の罪の要件となっている。

(三)　売春施設の維持、管理等では、同じく一九五六年法に規定され、一三歳未満の女子に対する性交のための敷地の使用の許可(第二五条)、売春施設の維持(第三三条)、敷地の貸主・所有者による、売春施設としての使用のための敷地の貸与(第三四条)、敷地の借主・占有者による売春施設としての敷地の使用の許可(第三五条)、敷地の借主・占有者による売春目的の敷地の使用の許可(第三六条)が規定されている。これらの罪は売春行為の場所的支援を定めたものであるが、冒頭に挙げた「一三歳未満の女子に対する性交のための敷地の使用の許可」の罪のみが、終身拘禁とされる正式起訴犯罪であって、その他は、略式起訴犯罪である。対象者が一三歳未満である場合について、重罰をもって対処していることがわかる。

(四)　「街頭・公共の場所における売春勧誘」(solicitation)では、男性による売春勧誘(一九五六年法第三二条)と公娼による売春勧誘(一九五九年法第一条)が置かれており、前者の罪は、男性が加害者で、正式起訴とするか略式起訴とするかの選択的起訴犯罪であるが、後者の罪は、女性売春者が加害者であって(のちに、「二〇〇三年性犯罪法」附則一第二条により、「公娼が」の後に、「男性であると女性であるとを問わず」が加えられた)、略式起訴犯罪とされている。後者の罪は、「カーブ・クローリング」(kerb-crawling)と称せられている。なお、「街頭・公共の場所における売春勧誘」の罪は、もともとは、同性愛行為を処罰することが想定されていたとのことである。(1)

（五）　連合王国内外に出国・転出させて行う売春の勧誘として、連合王国から出国・転出するように勧誘して、売春施設の一員となるか、売春施設へ赴くように仕向ける罪（一九五六年法第二二条）【正式起訴：二年以下の拘禁】を規定している。

（1）　Kim Stevenson, Anne Davies, Michael Gunn, *Blackstone's Guide to the Sexual Offences Act 2003*, Oxford 2000, para. 8.4. 男性による公道売春勧誘の罪による同性愛行為の処罰と公衆トイレでの性的行為の罪について、本書第八章「二〇〇三年性犯罪法」における「予備的犯罪」および「その他の罪」について」の第四節中の一（二）(5)〔三五六頁以下〕参照。

上記で概説した「一九五六年性犯罪法」と「一九五九年街頭犯罪法」の罪の邦訳を掲げておく。

「一九五六年性犯罪法」（法律第六九号）【量刑は附則第一章に規定】

売春、勧誘等

第二二条　女性に対し売春を強制する罪

(1)　ある者が、次のいずれかを行うことをもって、罪とする。

(a)　女性に対し、世界のいずれの地域であるかを問わず、公娼となるように勧誘すること

(b)　女性に対し、連合王国から出国するように勧誘して、他の場所において、売春施設の一員となるように、又は売春施設へ赴くように仕向けること

(c)　女性に対し、連合王国内の通常の居住場所から転出するように勧誘して、世界のいずれの地域であるかを問わず、売春目的のために、売春施設の一員となるように、又は売春施設へ赴くように仕向けること

(2)　一九九四年刑事司法及び公共の秩序法（法律第三三号）附則一一により、第二項を削除（一九九五年二月三日）

【正式起訴：既遂・未遂とも二年以下の拘禁】

第二三条　二一歳未満の女子に対し売春を勧誘する罪

(1)　ある者が、二一歳未満の女子に対し、世界のいずれの地域であるかを問わず、第三者と不法な性交を行うように勧誘することをもって、罪とする。

(2)　一九九四年刑事司法及び公共の秩序法（法律第三三号）附則一一により、第二項を削除（一九九五年二月三日）

【正式起訴：既遂・未遂とも二年以下の拘禁】

第二四条　女性を売春施設内又はその他の敷地内に収容する罪

(1)　女性が複数の男性又は特定の男性と不法な性交を行うこととなることを意図して、ある者が、当該女性をその意思に反して敷地上に収容し、又は当該女性をその意思に反して売春施設内に収容することをもって、罪とする。

(2)　女性が不法な性交を行う目的で敷地上に居るか、又は売春施設内に居る場合において、ある者が当該女性を同所に留まるように強制し、又は勧誘する意図をもって、この者が、当該女性の衣類やその他の所持品を当該女性に与えなかったか、又はこの者によって、若しくはこの者の指示によって当該女性に用意された衣類を当該女性が持ち去る場合において、合法的な手続をもって当該女性を脅迫したときは、この者は、前項の適用上、当該女性を同所に収容したものとみなすものとする。

(3)　女性が不法な性交を行う目的で居た敷地を立ち去ることや、売春施設を立ち去ることを可能にするために当該女性が必要とした衣類を持ち去ることをもって、又は衣類を所持しているところを発見されたことをもって、当該女性は、民事刑事を問わず、合法的な手続により処罰されてはならない。

【正式起訴：二年以下の拘禁】

第二五条　一三歳未満の女子に対し性交のための敷地の使用を許可する罪

敷地の所有者若しくは占有者、又は敷地の管理若しくは規制を有する者、代行する者若しくは支援する者が、一三歳未満の女子に対し、複数の男性又は特定の男性と不法な性交を行う目的でこれらの敷地に通うか、又は当該敷地上に居るように勧誘し、又は故意に黙認させることをもって、重罪とする。

【正式起訴：終身拘禁】

第二六条　一三歳以上一六歳未満の女子に対し性交のための敷地の使用を許可する罪

敷地の所有者若しくは占有者、又は敷地の管理若しくは規制を有する者、代行する者若しくは支援する者が、一六歳未満注の女子に対し、複数の男性又は特定の男性と不法な性交を行う目的でこれらの敷地に通うか、又は当該敷地上に居るように勧誘し、又は故意に黙認させることをもって、罪とする（訳者注：「一九六七年刑事法律法」（法律第五八号）（Criminal Law Act 1967）（c. 58）附則二第一四条により、「一三歳以上一六歳未満」を「一六歳未満」と読替え）。

【正式起訴：二年以下の拘禁】

第二七条 心身障害の女性に対し性交のための敷地の使用を許可する罪

(1) 本条中に定める例外に従うことを条件にして、敷地の所有者若しくは占有者、又は敷地の管理若しくは規制を有する者、代行する者若しくは支援する者が、心身障害の女性に対し、複数の男性又は特定の男性と不法な性交を行う目的でこれらの敷地に通うか、又は当該敷地上に居るように勧誘し、又は故意に黙認させることをもって、罪とする。

(2) 心身障害の女性が心身障害であることを、これらの者が知らず、かつそれと疑う理由を有していなかったときは、これらの者が、心身障害の女性に対し、前項に定める目的でこれらの敷地に通うか、又は当該敷地上に居るように勧誘し、又は故意に黙認させることをもって、本条に基づく罪により有罪としない。

【正式起訴：二年以下の拘禁】

第二八条 一六歳未満の女子に対する売春、一六歳未満の女子との性交又は一六歳未満の女子への品位を欠く暴行を強制又は助長する罪

(1) 一六歳未満の女子に対し責任を有する者が、当該の一六歳未満の女子に対する売春、当該女子との不法な性交又は当該女子への品位を欠く暴行を強制又は助長することをもって、罪とする。

(2) 当該女子が売春者となったか、不法な性交を行ったか、又は品位を欠く暴行を受けた場合において、ある者が、故意に、当該女子に対し売春者又は背倫理的と認識される性格の人物と交際させ、又は当該女子をこれらの者の職業に参加させ、若しくはその職業を続行させたときは、この者は、本条の適用上、前項に定める行為を強制又は助長したものとみなすものとする。

(3) 本条の適用上、女子に対し責任があるとみなされる者は、（次項に従うことを条件にして）次の各号に定める者のすべてとする。

(a)　女子の両親
(b)　女子の親ではないが、女子に対し親権を有する者
(c)　女子のケアを有する者
(4)　前項a号又はb号に定める者が、次の各号のいずれかに該当するときは、女子に対し責任を有するものとみなさない。
(a)　女子について、一九八九年児童法に基づく居住命令が有効であって、この者が女子と同居する者として当該命令中に、その氏名が記載されていないとき
(b)　女子について、同法に基づくケア命令が有効であるとき
一九八九年児童法（法律第四一号）附則一二第一四条により、第三項と第四項を読替え
(5)　本条に基づく女子に対する罪の告発により、告発された罪の時点に、当該女子が一六歳未満であった、と当該裁判所が認めた場合において、反証がなかったときは、当該女子は、本条の適用上、一六歳未満であったものと推定するものとする。
【正式起訴：二年以下の拘禁】

第二九条　心身障害の女性に対する売春を強制又は助長する罪
(1)　本条中に定める例外に従うことを条件にして、ある者が、世界のいずれの地域であるかを問わず、心身障害の女性に対し、売春を強制又は助長することをもって、罪とする。
(2)　心身障害の女性が心身障害であることを、この者が知らず、かつそれと疑う理由を有していなかったときは、この者が、心身障害の女性に対し、売春を強制又は助長することをもって、本条に基づく罪により有罪としない。
【正式起訴：二年以下の拘禁】

第三〇条　男性が売春婦の売春によって得た収入によって生活する罪
(1)　男性が、故意に売春婦の売春によって得た収入の全部又は一部によって生活することをもって、罪とする。
(2)　本条の適用上、男性が、売春婦と生活を共にし、若しくは常習的に交わり、又は売春婦に対し他人との売春を教唆、幇助若しくは強制することを示すような方法で、売春婦の行動を管理し、指示し、又はその行動に影響を及ぼしたときは、その男性は、反証しない限り、故意に売春婦の売春によって得た収入によって生活しているものと推定するものとする。
【正式起訴：七年以下の拘禁　略式起訴：六か月以下の拘禁】

第三一条　女性が売春婦を管理する罪

女性が、利得目的で、売春婦の売春を教唆、帮助又は強制することを示すような方法で、売春婦の行動を管理し、指示し、又はその行動に影響を及ぼすことをもって、罪とする。

【正式起訴：七年以下の拘禁　略式起訴：六か月以下の拘禁】

公道売春勧誘

第三二条　男性による公道売春勧誘

男性が、背倫理的目的のために、公共の場所で、執拗に売春を勧誘又は要求することをもって、罪とする。

【正式起訴：七年以下の拘禁　略式起訴：六か月以下の拘禁】

売春施設の規制

第三三条　売春施設を維持する罪

ある者が、売春施設を維持し、管理し、又は売春施設の管理を代行し、若しくは支援することをもって、罪とする。

【略式起訴：前に有罪宣告を受けていた場合には六か月以下の拘禁もしくは二五〇ポンド以下の罰金または両者の併科、その他の場合には三か月以下の拘禁もしくは一〇〇ポンド以下の罰金または両者の併科】

第三三条A　売春のために使用する売春施設を維持する罪

(1)　ある者が、（他の行為を兼ねていると否とを問わず）売春を含む行為のために人が集まる売春施設を維持し、若しくは管理し、又はその管理を代行し、若しくは支援する行為をもって、罪とする。

(2)　本条中の「売春」（prostitution）は、二〇〇三年性犯罪法（法律第四二号）（c. 42）第五一条第二項によって付与された意味を有する。（「二〇〇三年性犯罪法」第五五条第二項により追加）

【正式起訴：七年以下の拘禁　略式起訴：六か月以下の拘禁もしくは法定上限以下の罰金または両者の併科】

第三四条　土地所有者が売春施設としての使用のために敷地を貸与する罪

敷地の全部若しくは一部が売春施設として使用される予定であることを知りながら、その敷地の貸主、所有者若しくはその代理人が、当該施設の全部若しくは一部を貸与することをもって、又は敷地の全部若しくは一部が売春施設として使用される場合において、故意にその使用を続行する当事者となることをもって、罪とする。

【略式起訴：前に有罪宣告を受けていた場合には六か月以下の拘禁もしくは二五〇ポンド以下の罰金または両者の併科、その他の場合には三か月以下の拘禁もしくは一〇〇ポンド以下の罰金または両者の併科】

第三五条　敷地の借主が売春施設としての敷地の使用を許可する罪

(1)　敷地の全部又は一部が売春施設として使用されることを知りながら、その敷地の借主、占有者又は管理者が、当該敷地の使用を許可することをもって、罪とする。

(2)　敷地の全部若しくは一部が売春施設として使用されることを知りながら、その敷地の借主又は占有者が、当該敷地の使用を許可したことにより、（本条に基づくと、又は本法の施行に先立って犯した罪により、一八八五年刑事法律改正法第一三条に基づくとを問わず）有罪宣告を受けたときは、本法附則一の規定は、有罪宣告を受けた者が保有する敷地の賃貸借契約又はその他の契約の取決め又は決定について、貸主又は所有者の権利を拡大して適用するものとする。

(3)　敷地の借主又は占有者が有罪宣告を受けたか、又は本法の施行に先立って、一八八五年刑事法律改正法第一三条に基づいて有罪宣告を受けた場合において、次の各号のいずれかに該当し、その後に、本項a号中に定める賃貸借契約又はその他の契約が存在する間に、又は（b号の規定が適用される場合において）新たな賃貸借契約又はその他の契約が存在する間に、当該敷地について本条に基づく罪を犯し、貸主又は所有者が、当該罪の再発を阻止するためのあらゆる合理的な措置を講じた旨を証明しない限り、これらの貸主又は所有者が当該罪の当事者になるものとみなすものとする。

(a)　借主又は占有者がその通知書に記載された有罪宣告を受けた後、有罪宣告を受けた者が保有する、又は保有した敷地の賃貸借契約又はその他の契約に関して、自己の制定法上の権利を行使せず、又は行使しなかったとき

(b)　借主又は占有者が自己の制定法上の権利を行使して、当該賃貸借契約又はその他の契約を決定した後、新たな賃貸借契約又はその他の契約中に挿入した、罪の再発を阻止するためのあらゆる合理的な措置を講ずることなく、同一人の利益に向けて、同一人の利益をもって、又は同一人の利益のために、新たな賃貸借契約を許可し、若しくは許可したとき、又は当該敷地の新たな借地契約を結び、若しくは結んだとき

【略式起訴：前に有罪宣告を受けていた場合には六か月以下の拘禁もしくは二五〇ポンド以下の罰金または両者の併科、その他の場合には三か月以下の拘禁もしくは一〇〇ポンド以下の罰金または両者の併科】

第三六条　敷地の借主が売春目的の敷地の使用を許可する罪

「関係する売春者が男性であると女性であるとを問わず」（「二〇〇三年性犯罪法」附則一第一条により追加）、敷地の全部又は一部が常習売春の目的で使用されることを知りながら、その敷地の借主又は占有者が、当該敷地の使用を許可することをもって、罪とする。

【略式起訴：前に有罪宣告を受けていた場合には六か月以下の拘禁もしくは二五〇ポンド以下の罰金または両者の併科、その他の場合には三か月以下の拘禁もしくは一〇〇ポンド以下の罰金または両者の併科】

「一九五九年街頭犯罪法」（法律第五七号）

第一条　売春目的で公道を徘徊し、又は公道で売春勧誘する罪

(1)　公娼が「男性であると女性であるとを問わず」（「二〇〇三年性犯罪法」附則一第二条により追加）、売春目的で街頭又は公共の場所を徘徊し、又は同所で売春勧誘することをもって、罪とする。

(2)　本条に基づく罪により有罪となった者は、略式起訴に基づく有罪宣告により、基準等級表のレベル二以下の罰金に処し、前に有罪宣告を受けた後に罪を犯したときは、基準等級表のレベル三以下の罰金に処する。

(3)　警察官は、街頭又は公共の場所において発見し、合理的な理由をもって、本条に基づく罪を犯していると疑う者を、令状なくして逮捕することができる。

(4)　本条の適用上、「街頭」（street）の中には、通行路であると否とを問わず、当分の間、公衆に開かれている橋、道路、小道、歩道、地下道、広場、庭、路地又は通路が含まれ、（前に定義した）街頭に接する敷地の戸口と入口、及び街頭に接続して開かれている土地は、街頭の一部を形成するものとみなすものとする。

(5)　「一九八九年制定法律（削除）法」（法律第四三号）（Statute Law (Repeals) Act 1959）(c. 43) 附則一により、第五項を削除

第二節　『二〇〇〇年内務省報告書』による売春および人身売買に関する提言

（一）『二〇〇〇年内務省報告書』

イギリス内務省は、二〇〇〇年七月に、性犯罪に関する法律の改革に向けた協議文書を公表した。この報告書の冒頭には、ジャック・ストロー（Jack Straw）内務大臣の「序文」が掲載された。その「序文」の中で、この協議文書が、性犯罪の検討の第一段階を終えたことを示すものであり、この法律のもっとも微妙な領域がどのように展開されるべきかにつき、政府が確たる結論へと至るに先立って、我々は、この報告書の提言のすべてに関して、公衆の見解を知りたい、と表明した。そして、強姦およびその他のあらゆる種類の性犯罪は、被害者、その家族および全コミュニティーの生活に深い影響力を及ぼす深刻な罪であり、法律を最新のものにし、それを強化することは、安全で、公正で、そして寛容な社会を創造するという我々の狙いに直接貢献することができるものであり、我々は、特に、児童の保護を優先し、児童の保護、そしてまた社会的弱者の保護を強化するために検討会が提示した強調点を歓迎する、と述べて、性犯罪に関する現行法を考慮し、明白で、首尾一貫した罪を求める勧告を行って、個人、特に児童と社会的弱者を虐待と搾取から保護し、虐待者が適切に処罰されることを可能にするように、検討会を立ち上げた。これらの提言はまた、ヨーロッパ人権条約と人権法を遵守して、公正で、差別のないものでなければならない、と表明した。

二〇〇〇年に公表されたこの協議文書は、「はしがき」で述べたように、本書では『二〇〇〇年内務省報告書』と呼称することとし、関係する性犯罪を検討するに当たって、この報告書で提唱する提言その他の主張を紹介していくこととする。

本報告書は、上記のジャック・ストロー内務大臣の「序文」に続くベティ・モクソン（Betty Moxon）内務大臣の「はしがき」、「本報告書の要旨」、「提言と各章の協議ポイントの一覧」、そして次のような九つの章と二つの附属文書で構成されている。

第一章 目的および原則
第二章 強姦および性的暴行
第三章 児童
第四章 社会的弱者
第五章 家庭内の虐待
第六章 ジェンダーおよび差別問題
第七章 人身売買
第八章 その他の罪
第九章 その他の事項
附属文書一 検討会の構成員および費用
附属文書二 罪および量刑の一覧

(二) 『二〇〇〇年内務省報告書』による提言

『二〇〇〇年内務省報告書』は、六二の提言を行っており、本章に関係する「売春と人身売買」に関しては、次の七つの提言が提示された。文頭に付された数字は、報告書中に掲げられた提言の順序を示したものである。新設の性犯罪法中への導入を要望して提示された本報告書の提言を紹介する。

提言四七　「一九五六年性犯罪法」第三二条（男性が、背倫理的目的のために、公共の場所で、執拗に売春を勧誘または要求することをもって、罪とする）は、廃止されるべきである。（para. 6. 6. 17）

提言四八　売春目的のための男性による公道売春勧誘の規制が、女性による公道売春勧誘と同一の基礎の上に立って、「一九五九年街頭犯罪法」第一条（公娼が、売春目的で街頭または公共の場所を徘徊し、または同所で売春勧誘することをもって、罪とする）に基づいて、考慮されるべきである。（para. 6. 6. 17）

提言四九　特別の人身売買の罪を設けるべきである。この罪には、商業的性的搾取の目的のために人を連れ出すこと、もしくは人がある場所から他の場所へ移動することを可能にすること、または報酬目的で、売春者として働くことを可能にすること（例えば、故意に移送を促進すること）を含ませることができる。

この新設の罪には、海外にまで資産を追及する権限を伴わせるべきである。（para. 7. 5. 14）

提言五〇　性的搾取の中に、児童を売春に使用することまたはポルノグラフィーの作成に使用することが含まれる場合には、児童を対象とする商業的性的搾取は、「児童」（child）を一八歳未満の者とするべき特別の罪で処理されるべきである、と検討会は考える。（para 7. 6. 4）

提言五一　次の罪のいずれかを設けるべきである。

・児童の性的サービスに対して利益給付を行う（児童の性的サービスを買う）罪
・児童を商業的性的搾取へと徴募、勧誘または強制する罪

・児童を対象とする商業的性的搾取に参加し、その搾取を促進し、またはそれを得させる罪
・児童を対象とする性的搾取のために金銭またはその他の報酬、贈り物もしくは補償を受け取る罪
(para. 7. 6. 8)

提言五二　次の罪のすべてを設けるべきである。
・他人を搾取して、売春者である男性と女性から金銭または報酬を受け取る罪
・金銭または報酬のために、売春者である男性と女性の活動を管理または規制する罪
・報酬のためであると、利得のためであるとを問わず、男性または女性を売春へと徴募する罪
(para. 7. 7. 3)

提言五三　売春に関する法律についてさらに検討するべきである。(para. 7. 8. 3)

提言四七は、「一九五六年性犯罪法」第三二条「男性による公道売春勧誘」を廃止するべき旨を提言し、提言四八で、男性による公道売春勧誘の規制が、女性による公道売春勧誘の罪と同一の基礎の上に立って、「一九五九年街頭犯罪法」第一条「公娼による公道売春勧誘」の罪に基づいて、考慮されるべき旨を提言した。これによって、男性・女性を問わず、公共の場所における売春目的のための売春勧誘が規制されることが賢明である、と主張した。提言五一では四罪の性犯罪を挙げ、提言五二では三罪の性犯罪を列挙して、提言五一では四罪のいずれかが、また提言五二では三罪のすべてが設置されることを要望している。提言五三では、検討会の検討事項を超える問題であることを前置きした上で、各国における売春に関する取組みを示し、広い視野に立って、売春に関する法律についてさらに検討するべきである、と提言している。

第三節　「二〇〇二年国籍、亡命及び移民法」における人身売買の罪

（一）「二〇〇二年国籍、亡命及び移民法」における人身売買の罪

「二〇〇三年性犯罪法」の制定に先立って、「二〇〇二年国籍、亡命及び移民法」（法律第四一号）（Nationality, Immigration and Asylum Act 2002）（c. 41）第一四五条で、人身売買に関する罪が規定されていた。後述する「二〇〇三年性犯罪法」に定める人身売買の罪は、二〇〇二年法第一四五条に手を加えて新たに規定されたものであり、同条は、「二〇〇三年性犯罪法」の成立により、同法附則六第四八条をもって削除された。「二〇〇二年国籍、亡命及び移民法」第一四五条の罪の成立要件と量刑は、次のとおりである。

「連合王国内外における通行者による売春の管理」（第一四五条）

【要件】

1　ある者が、「通行者」（passenger）の連合王国内への入国を準備または促進した場合において、次のいずれかに該当したこと（第一項）

・この者が、連合王国内またはその他の国内での通行者による売春を管理しようとしたこと

・他人が連合王国内またはその他の国内での通行者による売春を管理する可能性がある、とこの者が確信したこと

2　ある者が、第一項に基づく罪を犯す可能性があると確信する「通行者」による連合王国内での旅行を準備または促進した場合において、次のいずれかに該当したこと（第二項）

・この者が、連合王国内またはその他の国内での通行者による売春を管理しようとしたこと
・他人が連合王国内またはその他の国内での通行者による売春を管理する可能性がある、とこの者が確信したこと
3　ある者が、「通行者」の連合王国外への出国を準備または促進した場合において、次のいずれかに該当したこと（第三項）
・この者が、連合王国外での通行者による売春を管理しようとしたこと
・他人が連合王国外での通行者による売春を管理する可能性がある、とこの者が確信したこと

> 上記1から3までの人身売買の罪の要件を要約すれば、次のようになる。
> ある者が、「通行者」の①連合王国内やその他の国内への入国、②国内での旅行または③国外への出国をそれぞれ準備または促進した場合において、①この者が、通行者の売春を管理したか、②他人が通行者による売春を管理する可能性がある、とこの者が確信したこと

4　ある者が、利益を得る目的で、売春を教唆、幇助または強制して、売春者の行動を管理し、指示し、またはその行動に影響力を及ぼしたときは、この者は、売春を管理したものとする（第四項）。

【量刑】
正式起訴：一四年以下の拘禁もしくは罰金または両者の併科
略式起訴：六か月以下の拘禁もしくは法定上限以下の罰金または両者の併科（第五項）

(二)「二〇〇二年国籍、移民及び亡命法」の関係正文

「二〇〇二年国籍、移民及び亡命法」の関係規定を掲げておく。

「二〇〇二年国籍、移民及び亡命法」（法律第四一号）

第一四五条　「連合王国内外における通行者による売春の管理」

(1)　ある者が、人（「通行者」（passenger））の連合王国内への入国を準備又は促進した場合において、次の各号のいずれかに該当したときは、この者は、罪を犯したものとする。

(a)　ある者が、連合王国内又はその他の国内での通行者による売春を管理しようとしたとき

(b)　他人が連合王国内又はその他の国内での通行者による売春を管理する可能性がある、とある者が確信したとき

(2)　ある者が、前項に基づく罪を犯す可能性があると確信する人（「通行者」）による連合王国内での旅行を準備又は促進した場合において、次の各号のいずれかに該当したときは、この者は、罪を犯したものとする。

(a)　ある者が、連合王国内又はその他の国内での通行者による売春を管理しようとしたとき

(b)　他人が連合王国内又はその他の国内での通行者による売春を管理する可能性がある、とある者が確信したとき

(3)　ある者が、人（「通行者」）の連合王国外への出国を準備又は促進した場合において、次の各号のいずれかに該当したときは、この者は、罪を犯したものとする。

(a)　ある者が、連合王国外での通行者による売春を管理しようとしたとき

(b)　他人が連合王国外での通行者による売春を管理する可能性がある、とある者が確信したとき

(4)　ある者が、利益を得る目的で、売春を教唆、幇助又は強制することを示す方法により、売春者の行動を管理し、指示し、またはその行動に影響力を及ぼしたときは、この者は、第一項から前項までの適用上、他人による売春を管理したものとする。

(5)　本条に基づく罪により有罪となった者は、次の各号の定めるところによる。

(a)　正式起訴に基づく有罪宣告により、一四年以下の拘禁若しくは罰金に処し、又は両者を併科する。

(b)　略式起訴に基づく有罪宣告により、六か月以下の拘禁若しくは法定上限以下の罰金に処し、又は両者を併科する。

第四節　「二〇〇三年性犯罪法」における売春および人身売買の罪

一　「二〇〇三年性犯罪法」における売春および人身売買の罪

「二〇〇三年性犯罪法」は、売春および人身売買の罪について、制定当初は第四七条から六〇条までの規定で定めていたが、その後に、条項が改正され、また追加されている。これらの改正や追加は、『二〇〇〇年内務省報告書』の提言四八による、売春目的のための男性による公道売春勧誘の規制、提言四九による特別の人身売買罪の設置要求、提言五一と提言五二で設置が要望された新設の性犯罪に多大の示唆を受けたこと、そして「二〇〇二年国籍、亡命及び移民法」第一四五条の罪を新法に取り込んだこと等によるものと思われる。本章では、改正条項を含めて、現行法上の罪を紹介する。見出しは、改正された条項を含めて、「売春及びポルノグラフィーによる児童虐待」（第四七条—第五一条）、「売春の搾取」（第五一条A—第五三条A）、「売春に関する改正」（第五五条・第五六条）、「人身売買」（第五七条—第六〇条C）となっている。ここでは、見出しに示された「売春及びポルノグラフィーによる児童売春」「売春の搾取」「売春に関する改正」「人身売買」に関する罪について紹介し、さらに加えて、「二〇〇九年警備及び犯罪法」（法律第二六号）（Policing and Crime Act 2009）（c. 26）によって「二〇〇三年性犯罪法」中に追加された第二章A「閉鎖命令」（Closure Orders）についても紹介する。

二　「二〇〇三年性犯罪法」における「売春およびポルノグラフィーによる児童虐待」の罪

（一）「売春及びポルノグラフィーによる児童虐待」の見出し中に定める規定には、「はしがき」で述べたように、「売春」と「ポルノグラフィー」の二者による児童虐待の罪が含まれている。『二〇〇〇年内務省報告書』が「提言五〇」で提示した「性的搾取の中に、児童を売春に使用することまたはポルノグラフィーの作成に使用することが含まれる」とする主張が、立法者により、「売春及びポルノグラフィーによる児童虐待」中に織り込まれることとなった。この見出しのもとに、四つの罪が規定されている。

(1)　児童の性的サービスに対して利益給付を行う罪（第四七条）

①単純性的サービスに対して利益給付を行う罪

【要件】

次のすべてに該当すること

・ある者（A）が故意に自己のために他人（B）の性的サービスを得たこと

・これらのサービスを得るに先立って、AがBかまたは第三者に対しこれらのサービスに対する利益給付を行ったか、その給付を約束したこと、または他人がその給付を行ったか、約束したことを、Aが知っていたこと

・Bが一八歳未満であった場合において、Bが一八歳以上であった、とAが合理的に確信していなかったこと、またはBが一三歳未満であったこと（以上第一項）

【量刑】

・Bが一八歳未満
正式起訴：七年以下の拘禁
略式起訴：六か月以下の拘禁もしくは法定上限以下の罰金または両者の併科（第五項）

②加重性的サービスに対して利益給付を行う罪
【要件】
性的サービスに対して利益給付を行う罪の行為の中に次のいずれかが含まれていた場合（第六項）
・Aの身体の一部または物をBのアヌスまたは膣へ挿入
・AのペニスをBの口への挿入
・Bの身体の一部を、またはBが物をAのアヌスまたは膣へ挿入
・BのペニスをAの口へ挿入
【量刑】
・Bが一三歳未満
正式起訴：終身拘禁（第三項）
・Bが一三歳以上一六歳未満
正式起訴：一四年以下の拘禁（第四項a号）
・Bが一六歳以上一八歳未満
正式起訴：一四年以下の拘禁
略式起訴：六か月以下の拘禁か法定上限以下の罰金または両者の併科（第四項b号）

第四七条の解釈について言及する。単純性的サービスに対して利益給付を行う罪と加重性的サービスに対して利益給付を行う罪について、第四七条第三項は、加重性的サービスの規定（第六項）が適用される、一三歳未満の者が行う性的サービスに対して利益給付を行う罪の加害者に適用され、第四項a号は、加重性的サービスの規定が適用される、一六歳未満の者が行う性的サービスに対して利益給付を行う罪の加害者に適用されることより、第四項b号中の「その他の事案」とは、「加重性的サービスの規定が適用される、一八歳未満の者が行う性的サービスに対して利益給付を行う罪の加害者に適用される事案」を指すものと解釈され、これにより、第五項中の「第三項又は前項の規定が適用されなかったとき」の加害者への量刑は、年齢の区分なく、一八歳未満の者が行う単純性的サービスに対して利益給付を行う罪の加害者への量刑と解釈される。

(2) 児童を売春またはポルノグラフィーへと強制または勧誘する罪（第四八条）

【要件】

次の両者に該当すること

・ある者（A）が、世界のいずれの地域であるかを問わず、故意に他人（B）に対し売春者となるように強制もしくは勧誘し、またはポルノグラフィーにかかわるように強制もしくは勧誘したこと

・Bが一八歳未満であった場合において、Bが一八歳以上であった、とAが合理的に確信していなかったこと、またはBが一三歳未満であったこと

【量刑】

正式起訴：一四年以下の拘禁

略式起訴：六か月以下の拘禁もしくは法定上限以下の罰金または両者の併科

(3)　児童売春者またはポルノグラフィーにかかわった児童を管理する罪（第四九条）

【要件】

次の両者に該当すること

・ある者（A）が、世界のいずれの地域であるかを問わず、故意に他人（B）の売春に関係する行為またはポルノグラフィーへのかかわりに関係する行為を管理したこと

・Bが一八歳未満であった場合において、Bが一八歳以上であった、とAが合理的に確信していなかったこと、またはBが一三歳未満であったこと

【量刑】

正式起訴：一四年以下の拘禁

略式起訴：六か月以下の拘禁もしくは法定上限以下の罰金または両者の併科

(4)　児童の売春またはポルノグラフィーへのかかわりを準備または促進する罪（第五〇条）

【要件】

次の両者に該当すること

・ある者（A）が、世界のいずれの地域であるかを問わず、故意に他人（B）の売春またはポルノグラフィへのかかわりを準備または促進したこと

・Bが一八歳未満であった場合において、Bが一八歳以上であった、とAが合理的に確信していなかったこと、または

Bが一三歳未満であったこと

【量刑】

正式起訴：一四年以下の拘禁

略式起訴：六か月以下の拘禁もしくは法定上限以下の罰金または両者の併科

(二) 上記の罪について、若干の説明を加えておきたい。

(1) 上記の四罪に共通して、加害者は、被害者が一八歳以上であったと合理的に確信していたとする十分な証拠を提出することによって、この罪の不成立を主張する抗弁を有する。ただし、被害者が一三歳未満であったときは、加害者は、この抗弁を用いることができない。

(2) 児童の性的サービスに対して利益給付を行う罪（第四七条）は、『二〇〇〇年内務省報告書』の提言五〇において、設置を要望した性犯罪であり、本条において新設された罪である。この罪は、簡潔にいえば、児童の性的サービスを買う罪である。児童の年齢区分と利益給付の中に挿入行為が含まれるか否かによって、複数の量刑が規定されている。挿入行為を含まない性的サービスに対して利益給付を行う罪を「単純性的サービス利益給付罪」、挿入行為を含む性的サービスに対して利益給付を行う罪を「加重性的サービス利益給付罪」と呼称して、両者の要件と量刑を別記することとした。

「性的サービス」（sexual service）については、第四七条中で定義されていないが、「性的」（sexual）については、第七八条中で、通常人の判断を基準にして、挿入、接触またはその他の行為が、その状況やそれに関する人の目的が何であれ、その性質により性的であると思料される場合と、それが性的である可能性がある場合において、その状況やそれに関する人の目的により、またはその両者により性的であると思料される場合、と定義されている。

性的サービスに対する「利益給付」（payment）とは、支払い義務を免除すること、または無償や割引で、商品や性的サービスを含む役務を提供することを内容とする金銭的利益をいう、と定義されている（第二項）。義務の免除の例として、相手方が負っている債務を放棄すること、商品や性的サービスの提供の例として、児童の売春仲介者に薬物や性的サービスを提供して、そのお返しとして児童の性的サービスを得るなどが挙げられている。

加重性的サービス利益給付罪の要件中に挙げられる四種の挿入行為について、前二者は、加害者が積極的に児童に対して挿入行為を行う参加者であって、児童は受け身の参加者であるが、これに対し後二者は、児童が挿入の積極的な参加者であって、加害者が受け身の参加者となっている。利益給付の事案として、成人男性が一七歳のガール・フレンドに対し、性交目的で贈り物をする（例：私とセックスをしてくれれば、新車・ドレス・ディナーを提供する）という手段によって、利益給付を行うなどが例示されている（1）。

他人（B）の年齢別の単純・加重別性的サービス利益給付罪（第四七条）の量刑は次のとおりである。

Bの年齢	一三歳未満		一三歳以上一六歳未満		一六歳以上一八歳未満	
挿入行為	有	無	有	無	有	無
量刑	終身拘禁（正式起訴）（第三項）	七年以下の拘禁（正式起訴）六か月以下の拘禁もしくは法定上限	一四年以下の拘禁（正式起訴）（第四項a号）	七年以下の拘禁（正式起訴）六か月以下の拘禁もしくは法定上限	一四年以下の拘禁（正式起訴）六か月以下の拘禁もしくは法定上限	七年以下の拘禁（正式起訴）六か月以下の拘禁もしくは法定上限

		以下の罰金または両者の併科（略式起訴）（第五項）		以下の罰金または両者の併科（略式起訴）（第五項）	以下の罰金または両者の併科（略式起訴）（第四項b号）	以下の罰金または両者の併科（略式起訴）（第五項）

(3)　児童を売春へと強制または勧誘する罪（第四八条）、児童売春者を管理する罪（第四九条）、児童の売春を準備または促進する罪（第五〇条）に関係して、第五一条第二項において、「売春者」（prostitute）と「売春」（prostitution）の語が定義されている。「売春者」とは、少なくとも一回、強制の有無を問わず、自己または第三者への利益給付または利益給付の約束の対価として、他人への性的サービスを申し込んだ者、または提供した者をいい、「売春」は、これに応じて解釈するものとする、としている。「売春」についての定義が法律上に登場した最初であるとされている[2]。

(4)　児童を売春へと強制または勧誘する罪（第四八条）では、「利益を得る目的」が要件となっていないが、後述する「売春の搾取」中の、成人を対象とする「利益を得る目的で売春を強制または勧誘する罪」（第五二条）では、「自己または第三者のために利益を得る目的」が要件とされていることに注意しければならない。

また、「一九五六年性犯罪法」は、「女性に対し売春を強制する罪」（第二二条）、「二一歳未満の女子に対し売春を勧誘する罪」（第二三条）、「一六歳未満の女子に対する売春、一六歳未満の女子との性交または一六歳未満の女子への品位を欠く暴行を強制または助長する罪」（第二八条）、「心身障害の女性に対し売春を強制または助長する罪」（第二九条）を定めており、男子に対する売春勧誘は定めていなかったのに対し、本法の「児童を売春へと強制または勧誘する罪」（第四八条）は、一九五六年法上のこれらの対応を、児童に対し売春を強制または勧誘する罪に読み替えた規定である。(3)

(5)　「一九五六年性犯罪法」は、「男性が売春婦の売春によって得た収入によって生活する罪」（第三〇条）と「女性が売春婦を管理する罪」（第三一条）を置いて、売春婦を管理する規定を定めていた。判例によれば、男性が売春婦に対し「管理」（control）し、「指示」（direction）し、「影響力」（influence）を及ぼしたときは、「男性が売春婦の売春によって得た収入によって生活する罪」により有罪とすることができるとし、「助長」（encouragement）では足りず、「強制」（compulsion）や「説得」（persuasion）が必要であるという見解を示した。(4)これに対し、本法の児童売春者を管理する罪（第四九条）は、児童売春者を管理する新しい罪を設けた。(5)「児童売春者を管理する」について、「二〇〇三年性犯罪法」の注解が提示した事例として、「加害者が女子児童に対し性的サービスのために特定の値段を付けるか特定のホテルを使用するように、または特定の写真家のためにポーズをとるように要求または指示し、その児童がその要求または指示に従う」ことを挙げている。(6)

(6)　「児童の売春を準備または促進する罪」（第五〇条）中に定める「準備」（arranging）と「促進」（facilitating）については、定義規定はないが、注解では、「児童の売春が特定の部屋で行なわれるための準備をすること」が挙げられている。(7)

(7)　第四八条から第五〇条までの規定は、「売春による児童売春」と併せて「ポルノグラフィーによる児童虐待」、即ち「児童のポルノグラフィーへの強制・勧誘」「ポルノグラフィーにかかわった児童の管理」「児童のポルノグラフィーへのかかわりの準備・促進」も定めている。「ポルノグラフィーにかかわる」（to be involved in pornography）とは、「品位を欠く画像に記録される」ことをいう、と定義している（第五一条第一項）。

三　「二〇〇三年性犯罪法」における「売春の搾取」の罪

（一）「売春の搾取」の見出しのもとに、本法の制定時において、第五二条「利益を得る目的で売春を強制又は勧誘する罪」、第五三条「利益を得る目的で売春を管理する罪」、第五四条「第五二条及び第五三条：解釈」の三か条が置かれていたが、「二〇〇九年警備及び犯罪法」（法律第二六号）（Policing and Crime Act 2009）（c. 26）第一九条により、第五二条の前に第五一条A「公道で売春勧誘する罪」が置かれ、さらに、同じ二〇〇九年法の第一四条によって、第五三条の後に第五三条A「強制力等に服した売春者の性的サービスに対して利益給付を行う罪」が設けられた。この二か条の追加に伴って、第五四条の見出しが「第五一条Aから第五三条Aまでの規定：解釈」と改められ、同条項中の文言も改められた。「売春の搾取」の罪は、上記の「二「二〇〇三年性犯罪法」における「売春およびポルノグラフィーによる児童虐待」の罪」（二九一頁以下）中の売春の罪が児童売春の罪であることと対比することにより、言外に、成人売春の罪を指していることになる、と指摘されている。(8)「売春の搾取」の見出しのもとに、次の四罪が置かれている。

(1)　公道で売春を勧誘する罪（第五一条A）

【要件】

・ある者が、街頭または公共の場所において、他人（B）に対し、売春者としてBの性的サービスを得る目的で、売春

勧誘したこと

【量刑】

略式起訴：基準等級表のレベル三以下の罰金

(2) 利益を得る目的で売春を強制または勧誘する罪（第五二条）

【要件】

・ある者が、世界のいずれの地域であるかを問わず、自己または第三者のために利益を得る目的で、または利益を得ることを期待して、故意に他人（B）に対し売春者となるように強制または勧誘したこと

【量刑】

正式起訴：七年以下の拘禁

略式起訴：六か月以下の拘禁もしくは法定上限以下の罰金または両者の併科

(3) 利益を得る目的で売春を管理する罪（第五三条）

【要件】

・ある者が、世界のいずれの地域であるかを問わず、自己または第三者のために利益を得る目的で、または利益を得ることを期待して、故意に他人の売春に関係する、その他人の行為を管理したこと

【量刑】

正式起訴：七年以下の拘禁

略式起訴：六か月以下の拘禁もしくは法定上限以下の罰金または両者の併科

(4)　**強制力等に服した売春者の性的サービスに対して利益給付を行う罪**（第五三条A）

【要件】

・ある者（A）が、売春者（B）の性的サービスに対する利益給付を行ったか、利益給付を約束した場合において、第三者（C）が、自己または他人（AかBを除く）のための利益を得ることを求めて、または利益を得ることを期待して、Bに対し、性的サービスを勧誘または助長するような搾取行為を行ったこと

【量刑】

略式起訴：基準等級表のレベル三以下の罰金

(二)　上記の四罪について、若干の説明を加えておく。

(1)に掲げた「公道で売春を勧誘する罪」（第五一条A）は、『二〇〇〇年内務省報告書』の提言四七による、「一九五六年性犯罪法」第三二条の、「男性による公道売春勧誘」の罪を廃止する要望と、提言四八による、「一九五九年性犯罪法」第一条の、「公娼による公道売春勧誘」の罪と同一の基礎に基づいて、男性による公道売春勧誘を規制すべきであるとする提言によって、地域住民に多大の苦痛を生じさせるおそれのある、街頭におけるニューサンスからコミュニティーを保護するために、男性・女性を問わず、公共の場所における売春目的のための売春勧誘の規制の設置が提案され、前述のとおり、「二〇〇九年警備及び犯罪法」第一九条によって追加された罪である。

(2)から(4)に掲げた三罪、即ち「利益を得る目的で売春を強制または勧誘する罪」（第五二条）、「利益を得る目的で売春を管理する罪」（第五三条）、「強制力等に服した売春者の性的サービスに対して利益給付を行う罪」（第五三条A）は、提言五二において設置が要望された次の三罪、即ち①男女の売春者から金銭や報酬を受け取ることによって他

人を搾取する罪、②金銭や報酬のために、男女の売春者の活動を管理または規制する罪、③報酬のためであると、利得のためであるとを問わず、男性や女性を売春へと徴募する罪と関連する性犯罪である。上記の罪のうち、「強制力等に服した売春者の性的サービスに対して利益給付を行う罪」（第五三条A）は、同じく二〇〇九年法の第一四条によって追加された。

（三）上記の四罪について、さらに、次のような事項が附記されている。

(1) 上記四罪中の「売春者」と「売春」は、第五一条第二項中に定める定義（本節中の二（二）(3)〔二九七頁〕参照）と同義である（第五四条第二項）。

(2) 「公道で売春を勧誘する罪」（第五一条A）について、街頭または公共の場所において車両中にいる者も、街頭または公共の場所にいる者に含まれる（第二項）。「街頭」（street）は、「一九五九年街頭犯罪法」第一条「公娼による公道売春勧誘」の罪中に定める定義（第一節中の「二「一九五九年街頭犯罪法」における売春の罪」〔二七三頁以下〕参照）と同義である（第四項）。

(3) 利益を得る目的で売春を強制または勧誘する罪（第五二条）、利益を得る目的で売春を管理する罪（第五三条）、強制力等に服した売春者の性的サービスに対して利益給付を行う罪（第五三条A）中の「利益を得る」（gain）とは、次のいずれかをいう（第五四条第一項）。

① 支払い義務を免除すること、または無償もしくは割引で、商品または（性的サービスを含む）役務を提供することを内容とする、金銭的利益の取得

② 将来、金銭的利益につながるか、またはつながる可能性があると認められる人の好意の取得

①に定める金銭的利益の取得は、児童の性的サービスに対して利益給付を行う罪（第四七条）に定める「利益給付」

（payment）を説明した定義と同一文言が使用された金銭的利益を取得することとされている。

(4)　強制力等に服した売春者の性的サービスに対して利益給付を行う罪（第五三条A）について、現に性的サービスが提供されたか否か、また、第三者（C）が搾取行為を行ったことを行為者（A）が知っていたか、または知るべきであったか否かは、重要でない（第二項）。Cが強制力、脅迫その他の形態の強制を用いたか、または詐害の形態を採ったときは、搾取行為を行ったものとされる（第三項）。同法中の「利益給付」（payment）は、第五一条第三項中に定める定義（本節中の二（二）(2)〔二九五頁以下〕参照）と同義である（第五四条第三項）。

四　「二〇〇三年性犯罪法」における「売春に関する改正」

（一）「売春に関する改正」では、第五五条「売春のために使用する売春施設を維持する罪に対する刑」において、「一九五六年性犯罪法」中に第三三条A「売春のために使用する売春施設を維持する罪」を新設することとし、第五六条「性別が特定している売春の罪の拡大適用」において、特定の性別の者に限って適用される売春関係の罪を、男女を問わず適用することとした附則一の規定、即ち「性別が特定している売春の罪の拡大適用」が、効力を有することとした。

（二）「一九五六年性犯罪法」中に新設された「売春のために使用する売春施設を維持する罪」（第三三条A）の要件と量刑は、次のとおりである（第三三条「売春施設を維持する罪」については、第一節中の一（二）3(1)〔二七二頁〕参照）。

【要件】

・ある者が、（他の行為を兼ねていると否とを問わず）売春を含む行為のために人が集まる売春施設を維持し、もしくは管

理し、またはその管理を代行し、もしくは支援したこと

「売春」(prostitution)は、「二〇〇三年性犯罪法」第五一条第二項中に定める定義(本節中の二(二)(3)〔二九七頁〕参照)と同義である。「売春施設」(brothel)の定義は、「一九五六年性犯罪法」中には規定されていなかった。「売春施設」の語についてのコモン・ロー上の定義では、「「未婚者性交」(fornication)の目的で一人以上の女性が集まる家、または使用する家」と規定していたが、この定義は古風であり、また多義的であるために、上記のような「(他の行為を兼ねていると否とを問わず)売春を含む行為のために人が集まる」の語を加えたとのことである。(9)

【量刑】

正式起訴:七年以下の拘禁

略式起訴:六か月以下の拘禁もしくは法定上限以下の罰金または両者の併科

(三)「二〇〇三年性犯罪法」第五六条は、特定の性別の者に限って適用される売春関係の罪を、男女を問わず適用することとして、附則一において、制定時に三法律中の関係条項の拡大適用を規定していたが、「二〇〇九年警備及び犯罪法」(法律第二六号)附則八第二章によって、二法律中の関係条項、即ち「一九五九年街頭犯罪法」中の第二条と「一九八五年性犯罪法」(法律第四四号)(Sexual Offences Act 1985)(c. 44)中の関係条項が削除されたので、現在効力を有している法律の関係条項は、「一九五六年性犯罪法」第三六条と「一九五九年街頭犯罪法」第一条のみである。

(1) 「二〇〇三年性犯罪法」附則一第一条により、「一九五六年性犯罪法」第三六条「敷地の借主が売春目的の敷地の使用を許可する罪」(第一節中の一(二)3(4)〔二七三頁〕参照)の末尾に、「関係する売春者が男性であると女性であるとを問わず」を加えた。

(2)　「二〇〇三年性犯罪法」附則一第二条により、「一九五九年街頭犯罪法」第一条第一項「公娼が、売春目的で街頭または公共の場所を徘徊し、または同所で売春勧誘すること」（第一節中の二〔二七三頁以下〕参照）の「公娼が」の後に、「男性であると女性であるとを問わず」を加えた。

五　「二〇〇三年性犯罪法」における「人身売春」の罪

（一）「人身売春」の罪は、既に「一九五六年性犯罪法」第二二条「女性に対し売春を強制する罪」において、連合王国から出国するように勧誘して、売春施設の一員となるか、売春施設へ赴くように仕向ける行為、または連合王国内の通常の居住場所から転出するように勧誘して、売春目的のために、売春施設の一員となるか、売春施設へ赴くように仕向ける行為が規定されていた（第一節中の一（二）1(1)〔二六八頁〕参照）。

また、『二〇〇〇年内務省報告書』の提言四九において、特別の人身売買の罪を設けるべきであるとし、商業的性的搾取の目的のために人を連れ出すこと、人がある場所から他の場所へ移動することを可能にすること、報酬目的で、売春者として働くことを可能にすること（例：故意に移送を促進すること）を処罰し、この新設の罪には、海外にまで資産を追及する権限を伴わせるべきである旨が提案された（第二節「『二〇〇〇年内務省報告書』による売春および人身売買に関する提言」中の（二）〔二八四頁以下〕参照）。

さらに、「二〇〇二年国籍、亡命及び移民法」第一四五条「連合王国内外における通行者による売春の管理」において、ある者が通行者の連合王国内への入国、国内での旅行または国外への出国を準備または促進して、通行者の売春を管理する行為を罰することとした（第三節「二〇〇二年国籍、亡命及び移民法」における人身売買の罪」〔二八七頁以下〕参照）。

（二）「二〇〇三年性犯罪法」における「人身売春」の罪は、制定当初においては、第五七条「性的搾取を目的とする連合王国内への人身売買」、第五八条「性的搾取を目的とする連合王国内での人身売買」、第五九条「性的搾取を目的とする連合王国外での人身売買」、第六〇条「第五七条から第六〇条までの規定：解釈及び管轄権」で構成されていたが、その後、第五七条と第六〇条は、「二〇〇七年連合王国国境法」（法律第三〇号）（UK Borders Act 2007）（c. 30）その他によって改正されたほか、「二〇〇六年暴力犯罪削減法」（法律第三八号）（Violent Crime Reduction Act 2006）（c. 38）附則四第二条によって、第六〇条A「車両、船舶又は航空機の没収」、第六〇条B「車両、船舶又は航空の収用」、第六〇条C「第六〇条A及び第六〇条B：解釈」が追加された（車両・船舶・航空機の没収・収用に関する規定は、イングランド・ウェールズ・北アイルランド地方に適用）。現行法に定める「人身売春」の罪は、次のとおりである。

(1) 性的搾取を目的とする連合王国内への人身売買（第五七条）

【要件】

・ある者が、故意に他人（B）の連合王国内への到着または「入国」（enter into）（「二〇〇七年連合王国国境法」第三一条第三項により追加）を準備または促進した場合において、この者が、Bに対し、またはBについて、その入国後に、世界のいずれの地域であるかを問わず、関係犯罪の犯行が含まれている何らかの行為を行おうとしたか、または他人がそれを行う可能性がある、とこの者が確信したこと

【量刑】

正式起訴：七年以下の拘禁

略式起訴：六か月以下の拘禁もしくは法定上限以下の罰金または両者の併科

(2) 性的搾取を目的とする連合王国外での人身売買（第五八条）

【要件】

・ある者が、故意に他人（B）による連合王国内での旅行を準備または促進した場合において、この者が、Bに対し、またはBについて、その旅行中または旅行後に、世界のいずれの地域であるかを問わず、関係犯罪の犯行が含まれている何らかの行為を行おうとしたか、または他人がそれを行う可能性がある、とこの者が確信したこと

【量刑】

正式起訴：七年以下の拘禁

略式起訴：六か月以下の拘禁もしくは法定上限以下の罰金または両者の併科

(3) 性的搾取を目的とする連合王国外への人身売買（第五九条）

【要件】

・ある者が、故意に他人（B）の連合王国外への出国を準備または促進した場合において、この者が、Bに対し、またはBについて、その出国後に、世界のいずれの地域であるかを問わず、関係犯罪の犯行が含まれている何らかの行為を行おうとしたか、または他人がそれを行う可能性がある、とこの者が確信したこと

【量刑】

正式起訴：七年以下の拘禁

略式起訴：六か月以下の拘禁もしくは法定上限以下の罰金または両者の併科

（三）上記の三罪中に定める「関係犯罪」（relevant offence）とは、「二〇〇三年性犯罪法」第一章に基づく罪、「一九七八年児童保護法」（法律第三七号）（Protection of Children Act 1978）（c. 37）第一条第一項a号に基づく罪（児童を対象とする品位を欠く写真または擬似写真を撮影し、その撮影を受けさせ、または作成する罪）、北アイルランド地方における これらと同様の罪およびイングランド・ウェールズ・北アイルランド地方で行われたとすれば、これらの罪に当たると思料される、これらの地方外で行われた何らかの行為（その行為が行為地法の罪に当たるか否かを問わない）をいう（第六〇条第一項）。

（四）裁判所は、上記の三罪により正式起訴に基づく有罪宣告を受けた者が所有する、その罪に関連して使用した車両、船舶または航空機を没収することができ（第六〇条A）、警察官や上級入国担当官は、これらの罪により逮捕された者に関して、没収を求める命令の目的物となる可能性があると確信する合理的な理由を有する車両、船舶または航空機を収用することができる（第六〇条B）こととした。そして第六〇条Cに「車両」（land vehicle）「船舶」（ship）「航空機」（aircraft）「船長・機長」（captain）の定義規定が置かれている。

六　売春・ポルノグラフィーにかかわる、「二〇〇三年性犯罪法」中への第二章A「閉鎖命令」（Closure Orders）の追加

所定の売春の罪およびポルノグラフィーの罪に関係して、「二〇〇九年警備及び犯罪法」は、附則二第一条により、「二〇〇三年性犯罪法」中に第二章A「閉鎖命令」を置き、第一三六条Aから第一三六条Rまでの一八か条を追加した（イングランド・ウェールズ・北アイルランド地方に適用）。所定の売春とポルノグラフィーの罪とは、二〇〇三年法に関しては、売春およびポルノグラフィーによる児童虐待（第四七条から第五〇条まで）の罪、および売春の搾取

（第五二条と第五三条）の罪を指している（第一三六条A）。追加条項は、これらの罪に関係する行為のために使用された敷地について、所定の条件を具備している場合における、警視以上の階級にある者（「権限を有する担当官」）が有する閉鎖通知の発付を許可する権限（第一三六条B）、閉鎖通知の内容（第一三六条C）、所定の条件を具備している場合における、マジストレート裁判所の閉鎖命令の発令（第一三六条D）、警察官または権限が付与された者による閉鎖命令の執行（第一三六条F）、閉鎖通知・閉鎖命令違反の罪（第一三六条G）、閉鎖命令等に対する上訴（第一三六条K）その他の事項を規定している。

（1）Kim Stevenson, Anne Davies, Michael Gunn, *Blackstone's Guide to the Sexual Offences Act 2003*, Oxford 2004, para. 8. 3. 2.
（2）Kim Stevenson, Anne Davies, Michael Gunn, *ibid*, para. 8. 3. 5.
（3）Kim Stevenson, Anne Davies, Michael Gunn, *ibid*, para. 8. 3. 6.
（4）Kim Stevenson, Anne Davies, Michael Gunn, *ibid*, para. 8. 3. 7. 1.
（5）Kim Stevenson, Anne Davies, Michael Gunn, *ibid*, para. 8. 3. 7.
（6）Sexual Offences Act 2003 *Explanatory Notes*, para. 96. ; Kim Stevenson, Anne Davies, Michael Gunn, *ibid*, para. 8. 3. 7. 1.
（7）Sexual Offences Act 2003 *Explanatory Notes*, para. 97. なおKim Stevenson, Anne Davies, Michael Gunn, *ibid*, para. 8. 3. 8をも参照。
（8）Kim Stevenson, Anne Davies, Michael Gunn, *ibid*, para. 8. 4.
（9）Kim Stevenson, Anne Davies, Michael Gunn, *ibid*, para. 8. 4. 2.

第五節　売春および人身売買の罪の検討

(一)　売春および人身売買の罪の検討

本章において、「一九五六年性犯罪法」、「一九五九年街頭犯罪法」、『二〇〇〇年内務省報告書』、「二〇〇二年国籍、亡命及び移民法」、「二〇〇三年性犯罪法」、と経年に沿って、児童売春、成人売春、人身売買に関する罰則と提言を紹介してきた。そして、旧法や提言を踏まえて新規に成立した「二〇〇三年性犯罪法」は、第一章中に、「売春による児童虐待」「売春の搾取」「人身売買」の見出しをもって、これらの性犯罪に関する罰則を設けた。ここでは、「二〇〇三年性犯罪法」に定める売春と人身売買の各条項を「児童売春」、「成人売春」、「売春施設の維持等」、「人身売買」に区分し、現行の「二〇〇三年性犯罪法」中の各罰条を軸にして、廃止または改正された従前の関係条項や『二〇〇〇年内務省報告書』の提言と比較・対置させて検討し、また新法に関係する解釈やその他の事項をも付記してみたいと思う。

(二)　児童売春について

(1)　児童売春の対象となる児童の年齢

「二〇〇三年性犯罪法」は、児童売春にかかわる罪として四罪を設けている。これら罪を個別に検討するに先立って、児童売春の対象となる児童の年齢につき、『二〇〇〇年内務省報告書』の提言五〇は、児童を対象とする商業的性的搾取は、「児童」を一八歳未満の者とするべき特別の罪で処理されるべきである、と提言している。

(2)　**児童の性的サービスに対して利益給付を行う罪**（第四七条）

『二〇〇〇年内務省報告書』は、提言五一において、次の四罪のいずれかの設置を要望した。

・児童の性的サービスに対して利益給付を行う罪
・児童を商業的性的搾取へと徴募、勧誘または強制する罪
・児童を対象とする商業的性的搾取に参加し、その搾取を促進し、またはそれを得させる罪
・児童を対象とする性的搾取のために金銭またはその他の報酬、贈り物もしくは補償を受け取る罪

「二〇〇三年性犯罪法」は、提言五一で設置を要望した四罪中の冒頭に掲げた罪を、同一の名称を用いて、第四七条で新採用した。

本条は、性的サービスの中に挿入行為が含まれない場合（「単純性的サービス」と呼称した）と含まれる場合（「加重性的サービス」と呼称した）に区分し、さらに他人（対象者）の年齢が一三歳未満、一三歳以上一六歳未満、一六歳以上一八歳未満であることによって量刑を異にしていることに注意するべきである。

(3)　**児童を売春へと強制または勧誘する罪**（第四八条）、**児童売春者を管理する罪**（第四九条）、**児童の売春を準備または促進する罪**（第五〇条）

①児童を売春へと強制または勧誘する罪（第四八条）に対しては、「一九五六年性犯罪法」中の廃止された「女性に対し売春を強制する罪」（第二二条）、「二一歳未満の女子に対し売春を勧誘する罪」（第二三条）、「一六歳未満の女子に対し責任を有する者が、一六歳未満の女子に対する売春、当該女子との性交又は当該女子への品位を欠く暴行を強制又は助長する罪」（第二八条）、「心身障害の女性に対し売春を強制又は助長する罪」（第二九条）が、比較・対

置される。「一九五六年性犯罪法」中の上記の罰則は、女性、二一歳未満の女子、一六歳未満の女子、と年齢を細分化した女性・女子を対象とし、売春の強制・勧誘、女子との性交・女子への品位を欠く暴行の強制・助長を行為態様とし、また条項によっては、特定の身分を有する者（一六歳未満の女子に対し責任を有する者）を加害者とし（第二八条）、特定の女性（心身障害の女性）を対象者とし（第二九条）、量刑は、二年の拘禁としていたのに対し、本条は、男女を問わず、一八歳未満の児童を対象とし、行為は、売春の強制・勧誘と単純化しており、量刑は、正式起訴犯罪と略式起訴犯罪で異にしている。

②児童売春者を管理する罪（第四九条）に対しては、「一九五六年性犯罪法」中の廃止された「男性が売春婦の売春によって得た収入によって生活する罪」（第三〇条）と「女性が売春婦を管理する罪」（第三一条）が比較・対置される。「一九五六年性犯罪法」中の上記の罪は、売春婦を対象とし、第三〇条では、行為態様として、男性が「売春婦の売春によって得た収入によって生活する」行為を規定しているが、同条の解釈として、判例において、男性が売春婦に対し「管理」（control）し、「指示」（direction）し、「影響力」（influence）を及ぼす場合を同条により有罪とすることができるとされた。

③児童の売春を準備または促進する罪（第五〇条）は、「二〇〇三年性犯罪法」で新設された罪である。「準備」（arranging）と「促進」（facilitating）についての定義規定はないが、注解で参考とされる例が示されている（児童の売春が特定の部屋で行なわれるための準備をする）。

④上記の三罪中に使用されている「売春者」（prostitute）と「売春」（prostitution）の語の定義規定が、法文上初めて「二〇〇三年性犯罪法」第五一条第二項に置かれ、第五四条第二項により、後述する「二〇〇三年性犯罪法」の「売春の搾取」中の四罪に定める「売春者」と「売春」の定義が、これと同義とされた。

(三)　売春施設の維持等について

「二〇〇三年性犯罪法」は、第五五条において、「一九五六年性犯罪法」の「売春施設の規制」の見出しのもとに置かれている「売春施設を維持する罪」(第三三条)の後に、「売春のために使用する売春施設を維持する罪」(第三三条A)を加えるとし、その要件と量刑を定めた。「一九五六年性犯罪法」中の「売春、勧誘等」(第二二条—第三二条)と「公道売春勧誘」(第三二条)は廃止されているが、「売春施設の規制」(第三三条—第三六条)は、現行法として効力を有している。

次に、「二〇〇三年性犯罪法」附則一第一条によって、現行の「一九五六年性犯罪法」第三六条「敷地の借主が売春目的の敷地の使用を許可する罪」中の末尾に、「関係売春者が男性であると女性であるとを問わず」が加えられて、売春者が男性であると女性であることを問わず、敷地が常習売春の目的で使用されることを知りながら、その敷地の借主が敷地の使用を許可することをもって罪とする、とした。

(四)　成人売春について

(1)　「二〇〇三年性犯罪法」に定める成人売春の罪は、「売春の搾取」の見出しのもとに、①公道で売春を勧誘する罪(第五一条A)、②利益を得る目的で売春を強制または勧誘する罪(第五二条)、③利益を得る目的で売春を管理する罪(第五三条)、④強制力等に服した売春者の性的サービスに対して利益給付を行う罪(第五三条A)の四罪を定めている。

(2)　公道で売春を勧誘する罪(第五一条A)に対しては、①『二〇〇〇年内務省報告書』の提言四七によって、「一九五六年性犯罪法」第三二条の、「男性による公道売春勧誘」の罪を廃止する要望がなされたこと、および②提言四八によって、「一九五九年街頭犯罪法」第一条の「公娼による公道売春勧誘」に対し、「男性」による公道売春勧誘をも考慮されるべき旨が提示され、男性・女性を問わず、公共の場所における売春目的のための売春勧誘の規制が提案されたこと、さらに、③「二〇〇三年性犯罪法」附則一第二条によって、「一九五九年街頭犯罪法」第一条中の「公娼が」の後に、「男性であると女性であるとを問わず」が加えられて、法規上においても、男女を問わない、公道における売春目的のための売春勧誘の禁止が明文化されたことが、本条の制定を理解する上で、比較・対置されなければならない。

(3)　利益を得る目的で売春を強制または勧誘する罪（第五二条）、利益を得る目的で売春を管理する罪（第五三条）、強制力等に服した売春者の性的サービスに対して利益給付を行う罪（五三条A）について

①利益を得る目的で売春を強制または勧誘する罪（第五二条）と利益を得る目的で売春を管理する罪（第五三条）の二罪に対しては、児童売春の罪中に定めた、児童を売春へと強制または勧誘する罪（第四八条）と児童売春者を管理する罪（第四九条）の二罪と対比して、成人売春には、「利益を得る目的」の要件が加わっており、売春者から金銭や報酬を受け取る罪を設けることを提示する『二〇〇〇年内務省報告書』の提言五二があったことが、比較・対置されるべきである。

②強制力等に服した売春者の性的サービスに対して利益給付を行う罪（第五三条A）に対しては、同じく児童売春の罪の中に定めた、児童の性的サービスに対して利益給付を行う罪（第四七条）が対比の対象として挙げられ、提言五一に定める要望も、同様に参照されるべきである。

(五)　人身売買について

(1)　「二〇〇三年性犯罪法」に定める人身売買の罪は、①性的搾取を目的とする連合王国内への人身売買（第五七条）、②性的搾取を目的とする連合王国外での人身売買（第五八条）、③性的搾取を目的とする連合王国外への人身売

買（第五九条）を定め、これらの罪に関連して使用した車両、船舶、航空機を没収することができ（第六〇条Ａ）、没収を求めることができると確信する合理的な理由を有するこれらの車両、船舶、航空機を収用することができる（第六〇条Ｂ）とした。

(2)「二〇〇三年性犯罪法」に定める人身売買の三罪を検討するに当たっては、①廃止された「一九五六年性犯罪法」第二二条「女性に対し売春を強制する罪」中に定める、「売春目的のために、連合王国からの出国や連合王国内の通常の居住場所からの転出を勧誘して、売春施設の一員となるか、売春施設へ赴くように仕向ける行為」、②『二〇〇〇年内務省報告書』の提言四九において提示する、「商業的性的搾取の目的のための人の連出し、他の場所への移動、報酬目的での売春労働を処罰する提案」、および③廃止された「二〇〇二年国籍、亡命及び移民法」第一四五条「連合王国内外における通行者による売春の管理」中に定める、「通行者の連合王国内への入国、国内での旅行または国外への出国を準備または促進して、通行者の売春を管理する行為」が対比のための検討資料に挙げられる。

「児童売春」、「成人売春」、「売春施設の維持等」、「人身売買」について、新法（現行法）と旧法・提言との対比を表に示しておく。

表一　事項別新法（現行法）と旧法・提言との対比

事項	「二〇〇三年性犯罪法」（現行法）	旧法・提言
一　児童売春		『二〇〇〇年内務省報告書』提言五〇（児童を対象とする商業的性的搾取は、「児童」を一八歳未満の者とするべき特別の罪で処理されるべきであると提言）

二 売春施設の維持等

・児童の性的サービスに対して利益給付を行う罪（第四七条）
・児童を売春へと強制または勧誘する罪（第四八条）
・児童売春者を管理する罪（第四九条）
・児童の売春を準備または促進する罪（第五〇条）新法で新設
・「売春者」「売春」の定義規定を新設（第五一条第二項）
・売春のために使用する売春施設を維持する罪［「一九五六年性犯罪法」第三三条A］を追加（第

提言五一（児童の性的サービスに対して利益給付を行う罪等四罪のいずれかの設置を要望）

「一九五六年性犯罪法」
・女性に対し売春を強制する罪（第二二条）
・二一歳未満の女子に対し売春を勧誘する罪（第二三条）
・一六歳未満の女子に対し責任を有する者が、一六歳未満の女子に対する売春、当該女子との性交または当該女子への品位を欠く暴行を強制又は助長する罪（第二八条）
・心身障害の女性に対し売春を強制または助長する罪（第二九条）

「一九五六年性犯罪法」
・男性が売春婦の売春によって得た収入によって生活する罪（第三〇条）
・女性が売春婦を管理する罪（第三一条）

	五五条） 「一九五六年性犯罪法」の「売春施設の規制」（第三三条―第三六条）が現行法として効力を有している。 「一九五六年性犯罪法」第三六条中の末尾に、「関係売春者が男性であると女性であるとを問わず」を追加（附則一第一条）	
三　成人売春	・公道で売春を勧誘する罪（第五一条A） ・「一九五九年街頭犯罪法」第一条中の「公娼が」の後に、「男性であると女性であるとを問わず」を追加（附則一第二条） ・利益を得る目的で売春を強制または勧誘する罪（第五二条） ・利益を得る目的で売春を管理する罪（第五三条） ・強制力等に服した売春者の性的サービスに対して利益給付を行う罪（第五三条A）	『二〇〇〇年内務省報告書』 提言四七（「男性による公道売春勧誘」（「一九五六年性犯罪法」第三二条）の廃止を要望） 提言四八（「公娼による公道売春勧誘」（「一九五九年街頭犯罪法」第一条）に対し、「男性」による公道売春勧誘をも考慮するべき旨を提示し、男性・女性を問わず、公共の場所における売春目的のための売春勧誘の規制を提言） 提言五二（売春者から金銭や報酬を受け取る罪を設けることを提言）
四　人身売買	・性的搾取を目的とする連合王国内への人身売買（第五七条） ・性的搾取を目的とする連合王国外での人身売買（第五八条）	「一九五六年性犯罪法」 「女性に対し売春を強制する罪」（「一九五六年性犯罪法」第二二条）中に定める「売春目的のために、連合王国からの出国や連合王国内の通常の居住場所

	・性的搾取を目的とする連合王国外への人身売買（第五九条） ・車両、船舶、航空機の没収（第六〇条A） ・車両、船舶、航空機の収用（第六〇条B）	からの転出を勧誘して、売春施設の一員となるか、売春施設へ赴くように仕向ける行為」 『二〇〇〇年内務省報告書』 提言四九（商業的性的搾取の目的のための人の連出し、他の場所への移動、報酬目的での売春労働を処罰する提案を提言） 「二〇〇二年国籍、亡命及び移民法」 「連合王国内外における通行者による売春の管理」（第一四五条）中に定める「通行者の連合王国内への入国、国内での旅行または国外への出国を準備または促進して、通行者の売春を管理する行為」

小括

新性犯罪法の制定に当たっては、それに先立つ従前の法律が、その時代においては大きな意義を有していたという事実を理解し、加えて時の経過に即応したよりよい新法制定の在り方は如何にあるべきかという関係者や関係機関の見解や提言が参考とされるという認識のもとに、本章は、過去における性犯罪の諸法律と『二〇〇〇年内務省報告書』の提言を新性犯罪法の考察のための素材として紹介し、第五節「売春および人身売買の罪の検討」において、従前の立法例と報告書の提言を織り込んで、関係する各性犯罪を検討してきた。現時点において発効している最新の条項の一語一語の規定ぶりを理解するには、その背後において、旧法がどのような意義を有していたかを把握することが重要である、と認識している。

新性犯罪法の規定ぶりを眺めてみると、旧法に比べて、統一した文言に整備されていることが理解される。行為態様では、児童売春と成人売春について、「性的サービスに対する利益給付」（性的サービスを買う行為）「公道売春勧誘」「強制」「勧誘」「管理」「準備」「促進」を挙げていること、児童売春と成人売春の「強制」「勧誘」「管理」「準備」「促進」について、「世界のいずれの地域であるかを問わず」を要件としていること、成人売春の「強制」「勧誘」「管理」について、「利益を得る目的」を要件としていること、人身売買について、「性的搾取の目的」と「世界のいずれの地域であるかを問わず」を要件としていることその他、「一九五六年性犯罪法」に比して、用語の統一・整備に意が尽くされていることが判明する。

イギリス法における新旧売春立法の全体を俯瞰し、その在り方や規定ぶりを知ることができれば、個々の規定間の関連を把握することが容易となるであろう。イギリス性犯罪法の売春法規の検討が、我が国の売春関係法律を考える上で参考となれば幸いである。

第八章　「二〇〇三年性犯罪法」における「予備的犯罪」および「その他の罪」について

はじめに

本書は、各章において、「二〇〇三年性犯罪法」の第一章「性犯罪」中の見出しに掲げられている各種の性犯罪を個別のテーマとして検討してきた。本章では、本書の各章中の性犯罪に含まれていない、未検討のままに残されている性犯罪を課題テーマとすることとし、二〇〇三年法第一章「性犯罪」中の見出しに挙げられている「予備的犯罪」(preparatory offences)と「その他の罪」(other offence)を取り上げて、考察することとする。「二〇〇三年性犯罪法」は、最終目標とする主たる性犯罪を行うための準備としての性犯罪を「予備的犯罪」として、「性的行為を行う目的の薬物投与」(第六一条)、「性犯罪を行う目的で罪を犯す行為」(第六二条)、「性犯罪を行う目的の敷地侵害」(第六三条)の三罪を規定し、本法の先順位に挙げられている主要な性犯罪中には組み込むことができない性犯罪を「その他の罪」として、「性器の露出」(第六六条)、「のぞき行為」(第六七条・第六八条)、「獣姦」(第六九条)、「屍姦」(第七〇条)、「公衆トイレでの性的行為」(第七一条)の五罪を定めている。

「予備的犯罪」の中で、「性的行為を行う目的の薬物投与」(第六一条)は、「一九五六年性犯罪法」第四条「女性に対する、不法な性交を得る目的又は不法な性交を促進する目的のための薬物投与」を読み替えた罪である。「性犯罪を行う目的で罪を犯す行為」（第六二条）は、「二〇〇三年性犯罪法」で新設された罪である。そして「性犯罪を行う目的の敷地侵害」（第六三条）は、「一九六八年盗罪法」（法律第六〇号）（Theft Act 1968）（c. 60）第九条第一項a号に基づく、「女性を強姦する目的の不法侵入」の罪を読み替えた罪である。

また「その他の罪」のうち、「性器の露出」（第六六条）については、旧法において、「一八二四年浮浪法」（法律第八三号）（Vagrancy Act 1824）（c. 83）第四条と「一八四七年都市警備条項法」（法律第八九号）（Town Police Clauses Act 1847）（c. 89）第二八条に類似の罪が存在した。「のぞき行為」（第六七条・第六八条）は、「二〇〇三年性犯罪法」で新設された罪である。「獣姦」（第六九条）は、「一九五六年性犯罪法」第一二条「反自然的性交」を読み替えた罪である。「屍姦」（第七〇条）は、「二〇〇三年性犯罪法」による新設の罪である。そして「公衆トイレでの性的行為」（第七一条）は、「二〇〇三年性犯罪法」による新設の罪であるが、「公衆トイレでの性的行為」に関連する、男性による公共の場所での売春勧誘については、「一九五六年性犯罪法」第三二条「男性による公道売春勧誘」の罪で処理されてきた。

本章では、「二〇〇三年性犯罪法」中のこれらの罪の要件と量刑を示し、関係する旧法の罪や、イギリス内務省が二〇〇〇年七月に公表した性犯罪に関する法律の改革に向けた協議文書（『二〇〇〇年内務省報告書』と呼称する）(1)の中で提示されている提言等と対比しながら、これらの罪の問題点を検討してみたいと思う。

（1）　*Setting the Boundaries-Reforming the Law on Sex Offences*. Published by Home Office Communication Directrate July 2000.

第一節　「二〇〇三年性犯罪法」における「予備的犯罪」

一　「予備的犯罪」の要件と量刑

(一)「二〇〇三年性犯罪法」における「予備的犯罪」

「二〇〇三年性犯罪法」には、「予備的犯罪」の見出しのもとに、「性的行為を行う目的の薬物投与」(第六一条)、「性犯罪を行う目的で罪を犯す行為」(第六二条)、「性犯罪を行う目的の敷地侵害」(第六三条)の三罪が置かれている。これらの罪は、最終目的として志向する主たる性犯罪または性的行為に先立って開始される、その準備に当たる「薬物投与」「何らかの罪を犯す行為」「敷地侵害」に焦点が当てられ、これを「予備的犯罪」として規定した。目指す目的とされる性的行為や性犯罪が実際に行われることは、要件とされていない。「予備的犯罪」の要件と量刑は、次のとおりである。

(二)　各「予備的犯罪」の要件と量刑

(1)　性的行為を行う目的の薬物投与(第六一条)

【要件】

・次の両者に該当する場合において、ある者が、故意に他人(B)に薬物を投与したか、またはBに対し薬物を服用す

るように強制したこと

(a)　Bが薬物の投与・服用に同意しないことを知っていたこと

(b)　Bが巻き込まれる性的行為を人が行うことを可能にさせるために、Bを麻痺させる目的、またはその精神的・肉体的機能を喪失させる目的があったこと

【量刑】

正式起訴：一〇年以下の拘禁

略式起訴：六か月以下の拘禁もしくは法定上限以下の罰金または両者の併科

(2)　性犯罪を行う目的で罪を犯す行為（第六二条）

【要件】

・ある者が、関係性犯罪を行う目的で何らかの罪を犯したこと

「関係性犯罪」（relevant sexual offence）とは、幇助、教唆、勧誘または取得を含む、第一章に基づく罪をいう。

【量刑】

関係性犯罪が略取・誘拐か不法監禁によって行われた場合

正式起訴：終身拘禁

その他の場合

正式起訴：一〇年以下の拘禁

略式起訴：六か月以下の拘禁もしくは法定上限以下の罰金または両者の併科

(3) 性犯罪を行う目的の敷地侵害（第六三条）

【要件】

次のすべてに該当すること

・ある者が敷地侵害者であったこと

・この者が敷地上で関係性犯罪を行おうとしたこと

・自己が敷地侵害者であることを、この者が知っていたか、または自己が敷地侵害者であるか否かに関して、この者が顧慮しなかったこと

「敷地」（premises）の中には、構造物やその一部が含まれる。

「関係性犯罪」は、前条におけると同一の意味を有する。

「構造物」（structure）の中には、テント、車両、船舶その他、一時的または可動的構造物が含まれる。

【量刑】

正式起訴：一〇年以下の拘禁

略式起訴：六か月以下の拘禁もしくは法定上限以下の罰金または両者の併科

二　「予備的犯罪」の要件と量刑の解説

(一)　「予備的犯罪」の要件

「予備的犯罪」の要件について、その内容を説明する。

(1) 性的行為を行う目的の薬物投与（第六一条）について

① ある者が、故意に他人（B）に薬物を投与したか、またはBに対し薬物を服用するように強制したことが要件とされる。この罪は、性別が特定されていない。男性の加害者または女性の加害者が、男性の被害者または女性の被害者に対して行うことが可能である（第二節中の一（二）(1)〔三三一頁以下〕参照）。薬物の投与方法として、飲み物の中へ投入する方法、注射によって投与する方法、薬物をしみこませた布で顔を覆う方法が挙げられている。[(1)] 加害者の友人Cが被害者と付き合いがあり、Cが自己よりも容易に被害者の飲み物の中に薬物を混入させることができるので、加害者がCに対し被害者に薬物を投与するように説得する方法も例示されている。[(2)]

② 「薬物」（substance）の投与・服用として、「デート強姦薬」（'date rape' drugs）の使用が想定されているが、薬物の中には、アルコールも含まれるとされ、アルコールを飲用しているとは認識していない被害者の飲み物の中にアルコールを加えることも、投与・服用に含まれるとされる。連合王国内でのいくつかのデート強姦事件において、「デート強姦薬」の使用と関連があったとされており、「デート強姦薬」がアルコールと結合した場合には、被使用者に活動抑制、感情喪失、記憶喪失を引き起こすおそれがあるとのことである。[(3)]

③ 被害者が薬物の投与・服用に同意しないことを、加害者が知っていなければならない。被害者が同意しないということは、薬物の投与・服用に対して同意しないということであって、性的行為に対して同意がないということではないとされる。したがって、被害女性がアルコールの飲用によって性的行為へと服させられたという場合において、女性がアルコールを摂取したことを知っていたときは、本罪に当たらないが、アルコールが混入されていることを知らず、オレンジ・ジュースを飲んだ、と女性が確信していた場合において、性的行為を行うために麻痺させるという目的が立証されたときには、加害者は、本罪によって有罪となるとされる。[(4)]

④ 加害者には、被害者を性的行為に巻き込むことを可能にさせるために、被害者を麻痺させる目的、またはその

精神的・肉体的機能を喪失させる目的がなければならない。「性的」（sexual）の定義は、第七八条に規定されている。性的行為の中には、加害者が被害者と性交すること、加害者がマスターベーションすること、加害者が被害者に対し、自らに性的行為を行わせる（例：マスターベーションさせる）こと、被害者と第三者が性的行為を行うこと（第三者が薬物を投与したか否かを問わない）が含まれる。[5] 実際に性的行為がない場合には、この目的を立証することは困難と思われるが、被害者がコンドームや性具を持っていることによってこの目的を立証することが可能である、とされている。実際に性的暴行が行われたときは、加害者は、強姦や性的暴行で告発され、加害者が被害者に対し麻痺させるか、精神的・肉体的機能を喪失させるような物質を投与した場合には、第七五条「同意についての証拠上の推定」第一項b号・第二項f号により、これらの罪の適用上、同意がなかったものとみなされる。[6]

(2) 性犯罪を行う目的で罪を犯す行為（第六二条）について

① 本罪における「性犯罪を行う目的」について、次のような強姦目的の例が挙げられている。

・被害者を強姦する目的で誘拐したが、強姦する前に逮捕された。
・強姦目的で被害者を自己のアパートに監禁した。
・被害者を容易に強姦することができるように服従させるために、暴行を加えた。

目的とした罪を犯したときは、本罪に加えて、実際に犯した性犯罪で告発することができる。[7]

② 本罪は、新設の罪である。性犯罪を行う目的のすべての犯行が、適用範囲の中に含まれる。ただし、犯行が略取・誘拐か不法監禁であったときは、量刑が終身拘禁（正式起訴）とされる。目的とされる性犯罪とは、本条第二項で定義されているように、「二〇〇三年性犯罪法」第一章に基づく罪をいい、これには、これらの罪の幇助、教唆、勧誘、取得も含まれる。加害者の目的が被害者の身体に対する性的行為であった場合には、謀殺のような重大

犯罪も含まれ、被害者が既に殺害されていた場合には、目的とされる関係性犯罪は「屍姦」(第七〇条)(後述)である。[8]

③ 強姦のような性犯罪を行っている場合にまで、予備的犯罪で告発することが必要とされる意義があるかが議論されたが、この種の予備的犯罪を設けることの意義は、その犯罪を届出要求の対象となる性犯罪とし、この者を性犯罪登録簿に掲載して、性犯罪者として範疇化することにあるとされている。性犯罪を行う目的で謀殺行為を行った犯罪者は、謀殺犯人であるということだけでなく、性犯罪者として扱われ、また車両を盗んだ犯罪者は、窃盗犯人とみなされるということだけでなく、性犯罪者とみなされることである。性犯罪を行う目的の存在は、加害者が被害者に対して行った言動や加害者の所持品(コンドームの所持等)の発見等によって、検察側が証明することができる証拠を示すことが、前提になっているとされる。[8]

(3) 性犯罪を行う目的の敷地侵害(第六三条)について

① ある者が敷地侵害者であったことが要件とされる。加害者が所有者や占有者の同意なく、またはその他の合法的な免責事由なくして敷地上に居た場合には、本人は「敷地侵害者」(trespasser)となる。[9] 本条は「敷地」(premises)という文言を使用し、「建物」(building)という文言は用いていない。「敷地」は、第二項で定義されており、構造物やその一部が含まれるとしている。それ故、敷地は、構造物よりも広い概念であるとされる。また私有の敷地や居住用の敷地に限定されていないので、庭、中庭、公園等も含まれる可能性があるとされており、門が施錠された後は、敷地侵害者となるであろうとされている。「構造物」(structure)には、テント、車両、船舶その他一時的や可動的構造物も含まれると定義されており、車両や船舶が居住に供されていることは要求されていないので、ドライブ中の駐車車両や駐車場に駐車されている車両も含まれるとされている。[10]

② ある者が敷地上で関係性犯罪を行おうとしたことが要件とされる。関係性犯罪は、「性犯罪を行う目的で罪を

犯す行為」（第六二条）の第二項で定義されている。実際に性的行為が行われたか否かにかかわりなく、本罪が適用される。加害者が敷地侵害者である時点に関係性犯罪を行う目的があれば、本罪を犯したことになる。例えば、許可を得て敷地へ立ち入ったけれども、そこで性犯罪を行う目的を形成した者は、その時点で敷地侵害者となる。(10) 関係性犯罪を行う目的は、被告人の供述事項、被害者に対して行った事項、被告人の所持品（例：コンドーム、ポルノ画像、ロープ等）から推測される可能性がある。敷地侵害は不法行為であり、民事上の概念であって、犯罪ではないので、罪を犯すことが要件とされる「性犯罪を行う目的で罪を犯す行為」（第六二条）と対比される。敷地侵害を含む別個の罪が要求されている。(9)

③　本条は、自己が敷地侵害者であることを、加害者が知っていた場合のみでなく、敷地侵害者であるか否かに関して「顧慮しなかった」場合も罪としている（「顧慮しなかった」について、本書第一章「「二〇〇三年性犯罪法における「強姦」「膣又はアヌスへの挿入による暴行」「性的暴行」「同意を得ないで人に対し性的行為を行うように強制する罪」について」の「はじめに」中の注（2）〔四五頁〕参照）。

(二)「予備的犯罪」の量刑

量刑は、略取・誘拐か不法監禁を犯行とする性犯罪を行う目的で罪を犯す行為（第六二条）の場合には、終身拘禁（正式起訴犯罪）であるが、この場合を除いて、三罪とも、正式起訴犯罪の場合にあっては一〇年以下の拘禁、略式起訴犯罪の場合にあっては六か月以下の拘禁もしくは法定上限以下の罰金または両者の併科である。

（1）Sexual Offences Act 2003 *Explanatory Notes*, para. 116.
（2）Sexual Offences Act 2003 *Explanatory Notes*, para. 117.

（3）Sexual Offences Act 2003 *Explanatory Notes*, para. 115. ; Kim Stevenson , Anne Davies, Michael Gunn, *Blackstone's Guide to the Sexual Offences Act 2003*, Oxford 2004 , para. 9. 2. 1.
（4）Kim Stevenson, Anne Davies, Michael Gunn, *ibid*, para. 9. 2. 1. 2.
（5）Sexual Offences Act 2003 *Explanatory Notes*, para. 119.
（6）Kim Stevenson, Anne Davies, Michael Gunn, *Blackstone's Guide to the Sexual Offences Act 2003*, Oxford 2004, para. 9. 2. 1. 2.
（7）Sexual Offences Act 2003 *Explanatory Notes*, para. 121.
（8）Kim Stevenson, Anne Davies, Michael Gunn, *Blackstone's Guide to the Sexual Offences Act 2003*, Oxford 2004, para. 9. 2. 2.
（9）Sexual Offences Act 2003 *Explanatory Notes*, para. 122.
（10）Kim Stevenson, Anne Davies, Michael Gunn, *Blackstone's Guide to the Sexual Offences Act 2003*, Oxford 2004, para. 9. 2. 3. 2.

第二節　「予備的犯罪」に対応する旧法規定および『二〇〇〇年内務省報告書』による提言

一　「予備的犯罪」に対応する旧法規定および『二〇〇〇年内務省報告書』による提言

（一）「予備的犯罪」に対応する旧法規定および『二〇〇〇年内務省報告書』による提言

「予備的犯罪」として「二〇〇三年性犯罪法」に定めた三罪の要件と量刑を紹介してきた。新法に定めたこれらの三罪に対して、旧法では、どのような立法が施されていたのであろうか。また新法の制定を目指してどのような取組みがなされてきたのであろうか。ここでは、旧法と新法との比較・対置を行うために、新法に対応する旧法規定と、新法の制定に向けた『二〇〇〇年内務省報告書』による提言を紹介することとする。

(二)　各「予備的犯罪」に対応する旧法規定および『二〇〇〇年内務省報告書』による提言の紹介

(1)　性的行為を行う目的の薬物投与(第六一条)について

①　「性的行為を行う目的の薬物投与」(第六一条)が制定されるに先立って、「一九五六年性犯罪法」第四条に「女性に対する、不法な性交を得る目的又は不法な性交を促進する目的のための薬物投与」の罪が規定されていた。同条は、新法の制定に伴って、同法附則六第一一条と同附則七により削除された。「一九五六年性犯罪法」第四条は、次のように規定されていた。

> **第四条　女性に対する、不法な性交を得る目的又は不法な性交を促進する目的のための薬物投与**
>
> (1)　男性が女性と不法な性交を行うことができるように、女性を麻痺させ、又は抵抗不能にさせる目的で、ある者が女性に対し薬物、物質又は物を施用し、投与し、又は服用させることをもって、罪とする。(正式起訴：二年以下の拘禁)
>
> (2)　一九九四年刑事司法及び公共の秩序法(法律第三三号)附則一一により削除

「一九五六年性犯罪法」第四条は、加害者を男性、被害者を女性と特定し、行為は性交することと規定して、女性に対する不法な性交目的の薬物投与を罪としていたが、「二〇〇三年性犯罪法」第六一条は、加害者も被害者も性別を特定せず、また行為は性交に限らず、すべての性的行為に適用されると規定した。(11)

②　『二〇〇〇年内務省報告書』は、提言一五において、次のような提言を行った。

提言一五　被害者が性的な挿入を受けるように、被害者を麻痺させる目的で薬物（等）を投与する罪を存続するべきである。（para. 2. 19. 3）

『二〇〇〇年内務省報告書』の中で、この罪を存続し、男女の両者を保護するために性別を特定するべきでなく、かつこの罪が、被害者に対して性的に挿入する目的に対して適用されるべきである、と勧告し、従前の罪を拡大して、加害者と被害者の性別を特定せず、被害者が性的挿入を受けるように被害者を麻痺させる目的の薬物投与の罪の存続を提言した。(12)

(2) 性犯罪を行う目的で罪を犯す行為（第六二条）について

「性犯罪を行う目的で罪を犯す行為」（第六二条）は新設の罪であって、従前には、これに関連する罪は存在しない。この罪は、性犯罪を行う目的で何らかの罪を犯す行為であって、罪の種類は特定されていない。適用範囲が広いために、被告人にとって公正でないとの批判も示されている。(13)『二〇〇〇年内務省報告書』では、特定の性犯罪を行う目的で行う特定の罪の新設を提言した。それが、提言一一と提言一三である。しかし、これらの提言は、「一九五六年性犯罪法」第一六条「反自然的性交を行う目的の暴行」と同法第一七条「強制力による、又は女性の財産目的のための女性の誘拐」を読み替える罪として提案された罪であるとしており、予備的行為に当たる、「性犯罪を行う目的で罪を犯す行為」（第六二条）に関連する提案ではない（「一九五六年性犯罪法」第一六条と第一七条は、「二〇〇三年性犯罪法」附則六第一一条と同附則七により削除された）。

ちなみに、提言一一と提言一三、およびそこで示された説明を紹介しておく。

提言一一　新設の、強姦または挿入による性的暴行を行う目的の暴行の罪を設けるべきである。(para. 2. 15. 3)

提言一三　新設の、重大な性犯罪を行う目的の誘拐の罪を設けるべきである。(para. 2. 17. 2)

提言一一について、強姦または挿入による性的暴行を行う目的の暴行が、重大な罪であって、被害者の上に及ぼす効力に関して、単純な暴力のレベルよりも大きいものであることを挙げ、我々は、新設の罪が、最も重大な新設の、二つの同意のない挿入性犯罪―即ち①強姦と②挿入による性的暴行を行う目的の暴行に適用されると考える、と説明している。(14)

提言一三について、我々は、女子が結婚目的や性的関係の強制目的で外国へ連れて行かれる可能性があることを懸念して、法律によって特別の救済を続行するべきであると考えた、我々は、新設の性犯罪を行う目的の誘拐の罪が誘拐されて外国へ連れて行かれる者を保護するという要素を失っていないということを確保することが重要であると考えた、この罪を使用するということはその目的が被害者を外国へ連れて行くことである場合には有効にはたらく、などと説明している。(15)

(3) 性犯罪を行う目的の敷地侵害（第六三条）について

① 「性犯罪を行う目的の敷地侵害」（第六三条）は、「一九六八年盗罪法」（法律第六〇号）第九条「不法侵入」(burglary) 第一項a号と対置される規定である。同条は、「二〇〇三年性犯罪法」上の「性犯罪を行う目的の敷地

侵害」（第六三条）とは異なる罪として、現在も効力を有しており、次のように規定している。

「一九六八年盗罪法」（法律第六〇号）第九条「不法侵入」

(1) ある者が次の各号のいずれかに該当したときは、この者は、不法侵入により有罪とする。

(a) この者が、「敷地侵害者」（trespasser）として、かつ第二項中に定める罪を犯す目的で、建物又はその一部へ立ち入ったとき

(b) この者が、敷地侵害者として建物又はその一部へ立ち入って、建物若しくはその一部内にある物を盗み、若しくは盗もうとしたとき、又はその中に居る者に重大な傷害を加え、若しくは加えようとしたとき

(2) 前項a号中の、第二項中に定める罪とは、当該建物又はその一部内にある物を盗む罪、その中に居る者に重大な傷害を加える罪若しくはその中に居る女性を強姦する罪〔「二〇〇三年性犯罪法」（法律第四二号）附則七により削除〕及び当該建物又はその中にある物に不法な損害を加える罪をいう。

(3) 不法侵入により有罪となった者は、正式起訴に基づく有罪宣告により、次の各号の定めるところによる。

(a) 居住用建物又はその一部について罪を犯したときは、一四年以下の拘禁

(b) その他の事案にあっては、一〇年以下の拘禁

(4) 第一項と第二項中の建物、及び第三項中の居住用建物は、人が居住している車両又は船舶にも適用し、その中に居住している者がその時点に現在していなくても、現在しているときと同様に、当該車両又は船舶に適用する。

（「一九九一年刑事司法法」第二六条第二項により、第三項と第四項を読替え）

「一九六八年盗罪法」第九条「不法侵入」の罪は、要約すれば、①「敷地侵害者」として、建物やその一部内にある物を盗む罪、その中に居る者に重大な傷害を加える罪、その中に居る女性を強姦する罪（削除）、その中にある物に不法な損害を加える罪を犯す目的で、その建物やその一部へ立ち入った者、または②敷地侵害者として建物や

その一部へ立ち入って、建物やその一部内にある物を盗むか、盗もうとした者、その中に居る者に重大な傷害を加えるか、加えようとした者について、正式起訴に基づく有罪宣告により、居住用建物やその一部について罪を犯した場合にあっては一四年以下の拘禁、その他の場合にあっては一〇年以下の拘禁に処することとし、本条は、車両や船舶にも適用し、人が居住している車両や船舶は、その中に居住している者がその時点に現在していなくても、現在しているときと同様に適用する、とするものである。

「一九六八年盗罪法」第九条「不法侵入」の罪と「二〇〇三年性犯罪」第六三条「性犯罪を行う目的の敷地侵害」との比較・対置が、重要と思われる。

「不法侵入」の罪では、その立入り先は「建物」(building) またはその一部とされ、建物には、解釈上、庭や中庭は含まれないとされる。居住用建物への立入りは、居住用の車両や船舶への立入りにも、同様に適用され、量刑が加重される。目的とされる罪は、建物内の物を盗む罪、建物内の人を傷害する罪、建物内の物に損害を加える罪(建物内の女性を強姦する罪は削除された)である。この罪は正式起訴犯罪とされ、居住用建物への立入りは、量刑が加重される。この罪は届出犯罪(登録犯罪)ではない。

これに対し、「性犯罪を行う目的の敷地侵害」の罪では、侵害先は「敷地」(premise) で、敷地の中には構造物やその一部が含まれ、「構造物」(structure) の中にはテント、車両、船舶その他、一時的や可動的構造物が含まれるが、明白に構造物よりも広く解釈され、庭、中庭、公園が含まれるとされる。目的とされる罪は性犯罪に限定されている。この罪は正式起訴犯罪か略式起訴犯罪とされる。また自己が敷地侵害者であるか否かに関して、加害者が顧慮しなかった場合も含まれ、届出犯罪(登録犯罪)とされる。

② 『二〇〇〇年内務省報告書』は、「一九六八年盗罪法」第九条「不法侵入」の罪中に定める強姦目的の不法侵入の罪について言及し、提言一二において、次のような提言を行った。

提言一二　強姦目的の不法侵入は、新設の、重大な性犯罪を行う目的の敷地侵害の性犯罪をもって、読み替えるべきである。(para. 2. 16. 3)

『二〇〇〇年内務省報告書』は、この提言について、現行の、強姦目的の不法侵入の罪は、我々の提案を考慮して、重大な性犯罪の法律を改革するように再定義される必要があり、新設の罪を識別するために、我々は、「敷地侵害」(trespass) という語が「不法侵入」(burglary) という語よりも望ましいと考えた、そしてこの語には、望まれない侵入という同一の要素が含まれている、また性犯罪を行う目的がこの罪の中心であるので、この再定義は、何らかの重大な性犯罪—強姦、挿入による性的暴行、性的暴行、または児童を対象とする成人の性的虐待—を行う目的の敷地侵害に適用されるべきであり、他の性犯罪と併せて正文化されるべきであると考えた、と説明している。(16)

二　旧法規定および『二〇〇〇年内務省報告書』の要旨

「予備的犯罪」に関連する旧法規定と『二〇〇〇年内務省報告書』の提言は、次のように要約することができる。

1　「性的行為を行う目的の薬物投与」(第六一条) に関連して、「一九五六年性犯罪法」第四条「女性に対する、不法な性交を得る目的又は不法な性交を促進する目的のための薬物投与」では、加害者は男性、被害者は女性、行為は性交のために女性を麻痺させる目的または抵抗不能にさせる目的の薬物投与としているが、『二〇〇〇年内務省報告書』の提言一五は、加害者・被害者ともに性別を特定せず、行為は性的挿入のための薬物投与であることを提言した。

2　「性犯罪を行う目的で罪を犯す行為」（第六二条）に関連して、本罪は新設の罪であり、『二〇〇〇年内務省報告書』は、提言一一で「強姦または挿入による性的暴行を行う目的の暴行の罪」の新設、提言一三で「重大な性犯罪を行う目的の誘拐の罪」の新設を提言しているが、本罪を新設するべき旨の提言は行われていない。

3　「性犯罪を行う目的の敷地侵害」（第六三条）に関連して、『二〇〇〇年内務省報告書』の提言一二は、現行の「一九六八年盗罪法」第九条「不法侵入」の罪中の「強姦目的の不法侵入」を、新設の「重大な性犯罪を行う目的の敷地侵害」の性犯罪をもって読み替えるべきである旨を提言した。

（旧法・提言・新法の対比について、後述の第五節「「予備的犯罪」と「その他の罪」の検討」〔三五九頁以下〕参照）

（1）Sexual Offences Act 2003 *Explanatory Notes*, para. 116.
（2）Sexual Offences Act 2003 *Explanatory Notes*, para. 117.
（3）Sexual Offences Act 2003 *Explanatory Notes*, para. 115. ; Kim Stevenson , Anne Davies, Michael Gunn, *Blackstone's Guide to the Sexual Offences Act 2003*, Oxford 2004 , para. 9. 2. 1.
（4）Kim Stevenson, Anne Davies, Michael Gunn, *ibid*, para. 9. 2. 1. 2.
（5）Sexual Offences Act 2003 *Explanatory Notes*, para. 119.
（6）Kim Stevenson, Anne Davies, Michael Gunn, *Blackstone's Guide to the Sexual Offences Act 2003*, Oxford 2004, para. 9. 2. 1. 2.
（7）Sexual Offences Act 2003 *Explanatory Notes*, para. 121.
（8）Kim Stevenson, Anne Davies, Michael Gunn, *Blackstone's Guide to the Sexual Offences Act 2003*, Oxford 2004, para. 9. 2. 2.
（9）Sexual Offences Act 2003 *Explanatory Notes*, para. 122.
（10）Kim Stevenson, Anne Davies, Michael Gunn, *Blackstone's Guide to the Sexual Offences Act 2003*, Oxford 2004, para. 9. 2. 3. 2.
（11）Kim Stevenson, Anne Davies, Michael Gunn, *ibid*, para. 9. 2. 1. 1.
（12）*Setting the Boundaries-Reforming the Law on Sex Offences*, Published by Home Office Communication Directrate July 2000, para. 2. 19. 3.
（13）Kim Stevenson, Anne Davies, Michael Gunn, *Blackstone's Guide to the Sexual Offences Act 2003*, Oxford 2004, para. 9. 2. 2,para.

9. 4.

(14) *Setting the Boundaries-Reforming the Law on Sex Offences*, Published by Home Office Communication Directrate July 2000, para. 2. 15. 3.

(15) *Setting the Boundaries-Reforming the Law on Sex Offences*, ibid, para. 2. 17. 2.

(16) *Setting the Boundaries-Reforming the Law on Sex Offences*, ibid, para. 2. 16. 3.

第三節　「二〇〇三年性犯罪法」における「その他の罪」

一　「その他の罪」の要件と量刑

(一)「二〇〇三年性犯罪法」における「その他の罪」

「二〇〇三年性犯罪法」は、第一章中の先順位の見出しで取り上げられている主要な性犯罪のいずれにも組み込むことができない罪を「その他の罪」の見出しの中に取り込んで、これを一つの括りとし、この中に次の五罪を列挙している。これらの罪の要件と量刑を紹介する。

(二)　各「その他の罪」の要件と量刑

(1)　性器の露出（第六六条）

【要件】

次の両者に該当すること
・ある者が故意に自己の性器を露出したこと
・人がその性器を見て、驚きまたは苦痛を生ずることを、この者が意図したこと
【量刑】
正式起訴：二年以下の拘禁
略式起訴：六か月以下の拘禁もしくは法定上限以下の罰金または両者の併科

(2) のぞき行為（第六七条・第六八条）

【要件】
のぞき行為には、四類型が規定されている。
類型一　次の両者に該当すること
・ある者が、性的満足を得るために、他人が私的行為を行っている状況を観察したこと
・この者の性的満足のために、他人が私的行為の観察されることに同意していないことを、この者が知っていたこと
類型二　次の両者に該当すること
・他人が、性的満足を得るために、第三者（B）が私的行為を行っている状況を観察することを可能にさせる目的で、ある者が、装置を操作したこと
・この者が、その目的で装置を操作することにBが同意していないことを知っていたこと
類型三　次のすべてに該当すること
・他人（B）が私的行為を行っている状況を、ある者が記録したこと

・自己または第三者が、性的満足を得るために、Bが私的行為を行っている画像を閲覧する目的で、この者が、その行為の状況を記録したこと

・この者が、その目的でその行為の状況を記録することにBが同意していないことを知っていたこと

類型四

・自己または他人が類型一に基づく罪を犯すことを可能にさせる目的で、ある者が装置を設置し、または構造物やその一部を構築し、もしくは取り付けたこと

のぞき行為について、「私的行為を行っている」（doing a private act）と「構造物」（structure）の定義規定が置かれている。

「私的行為を行っている」とは、ある者が、その状況において、私生活を用意していると合理的に予測される場所に居た場合において、次のいずれかに該当することをいう。

・この者の性器、臀部または胸が露出されているか、それが下着だけで覆われていること

・この者がトイレを使用していること

・この者が、通常は公然と行うようなものでない性的行為を行っていること

「構造物」の定義については、「性犯罪を行う目的の敷地侵害」（第六三条）中に使用されていると同一の文言が置かれている（テント、車両、船舶その他、一時的または可動的構造物）〔三二五頁〕。

【量刑】

正式起訴：二年以下の拘禁

略式起訴：六か月以下の拘禁もしくは法定上限以下の罰金または両者の併科

(3)　獣姦（第六九条）

【要件】
獣姦には、二類型が規定されている。
類型一　次のすべてに該当すること
・ある者が、故意に自己のペニスを挿入する行為を行ったこと
・この者のペニスが、生きた動物の膣かアヌスへ挿入されたこと
・自己のペニスが生きた動物の膣かアヌスへ挿入されることを、この者が知っていたか、または自己のペニスが生きた動物の膣かアヌスへ挿入されるか否かに関して、この者が顧慮しなかったこと
類型二　次のすべてに該当すること
・Aが、故意に自己の膣かアヌスへ挿入するように強制したか、または挿入を容認したこと
・その挿入が、生きた動物のペニスによるものであったこと
・生きた動物のペニスが自己の膣かアヌスへ挿入されることを、Aが知っていたか、または生きた動物のペニスが自己の膣かアヌスへ挿入されるか否かに関して、Aが顧慮しなかったこと
【量刑】
正式起訴：二年以下の拘禁
略式起訴：六か月以下の拘禁もしくは法定上限以下の罰金または両者の併科

(4)　屍姦（第七〇条）

【要件】

次のすべてに該当すること

・ある者が、故意に自己の身体の一部か物を挿入する行為を行ったこと

・この者の身体の一部か物が、死体の一部へ挿入されたこと

・自己の身体の一部か物が死体の一部へ挿入されることを、この者が知っていたか、または自己の身体の一部か物が死体の一部へ挿入されるか否かに関して、この者が顧慮しなかったこと

・その挿入が性的であったこと

【量刑】

正式起訴：二年以下の拘禁

略式起訴：六か月以下の拘禁もしくは法定上限以下の罰金または両者の併科

(5)　公衆トイレでの性的行為（第七一条）

【要件】

次のすべてに該当すること

・ある者が、有料かその他かの如何を問わず、公衆やその一部が出入りすることが許されたトイレの中に居たこと

・この者が故意にある行為を行ったこと

・その行為が性的であったこと

本条の「性的」（sexual）の適用については、人の目的にかかわりなく、すべての状況において、通常人であれば、ある

行為が性的であるとされるときは、その行為は性的であったものとする。

【量刑】
略式起訴：六か月以下の拘禁もしくは基準等級表のレベル五以下の罰金または両者の併科

二　「その他の罪」の要件と量刑の解説

(一)「その他の罪」の要件

「その他の罪」の要件について、その内容を説明する。

(1) 性器の露出（第六六条）について

①「性器の露出」は、性別が特定されていない。それ故、女性による性器の露出も男性による性器の露出も本罪に該当し、女性に限らず、男性も被害者となる可能性がある。この罪は性器の露出のみに適用され、臀部の露出、「ムーニング」(mooning) 行為、女性の胸の露出には適用されない。

②この罪には、驚きまたは苦痛を生じさせる目的が必要である。法案の審議の過程で、ヌーディストが性器の露出によって告発されるのではないかと懸念されたが、驚きや苦痛を生じさせる目的が存在しなければ、本罪は成立しない。スポーツその他のイベントでの「ストリーカー」(streaker) も、その目的が公衆を楽しませる目的であれば、本罪に当たらない。この目的の審査は主観的であるとされ、目的をどのように立証することができるかの問題が生ずる、と指摘されている。例えば、脅迫的な状況においては、男性が、孤立した離れた場所で、一人だけの女性や子供に性器を露出するだけで足りるかもしれない、としている。驚きや苦痛を生じさせる目的だけで足りるのであって、実際に驚きや苦痛を生じさせることは要求されない。また、加害者が性的満足を得るために露出すること

も要求していない。[1]

(2) のぞき行為（第六七条・第六八条）について

「のぞき行為」は、新設の罪であって、これまでに、この種の罪がなかったことは驚きと思われた、とのことである。のぞき行為を法律上の罪と認めなかった理由は、それが重大な行為ではなく、「単なる迷惑行為」（merely a nuisance）に過ぎないことであったとされている。しかし、のぞき行為と重い性犯罪との間に関連性があり、児童犯罪者の一四パーセント、強姦犯罪者の二〇パーセントはのぞき行為を行っていたとされ、被害者がのぞき行為に強迫性や暴力性を経験した、とされ、そのこと自体が、のぞき行為を罪とするに十分な理由となるかもしれない、と指摘されている。この種の行為として、ホテルのバス・ルームの天井にドリルで穴を開けて、入浴中の客をカメラ撮影したとされる、ホテルのオーナーの事例が挙げられている。[2]「のぞき行為」には、四つの類型が規定されている。

①類型一：加害者が性的満足を得るために、他人の同意なくして、他人が私的行為を行っている状況を観察する（第一項）。

類型一について、人が性交しているところを加害者が窓やのぞき穴からながめる行為で、被観察者が、加害者の性的満足のためにながめられることに同意していない場合が例示されている。「私的行為を行っている」の定義が示されている。私的行為を行っている者は、個人の秘密に当たると合理的に予測される場所に居なければならない。家やホテルのルームがこれに含まれるが、公共の場所や公衆の目にさらされている私的な庭はこれに含まれない。しかし、その庭が高い塀で囲まれている場合には、個人のプライバシーの保護が合理的に予測される場所ということができるとされる。また、「私的行為を行っている」の定義中の「トイレの使用」の例として、アウトドアでの移動式仮設トイレの使用が挙げられ、「構造物」として、テント、キャラバン、ボート、可動ホーム等が例示されている。「性的満足を得るために」について、家の中に人が居るか否かを確認するために鍵穴からのぞいて、人が裸で歩きまわっていることに気づいた場合には、性的満足を得るための観察ではない、とされている。私的行為が観察されることに被観察者が同意していないことを加害者が「知っていた」ことが要件とされ、これについて「顧慮しなかった」ことは要件とされていない。(3) その他の類型においても同様に、関係行為について被観察者や被記録者が同意していないことを加害者が「知っていた」ことが要件とされている。

②類型二：他人が性的満足を得るために、第三者（B）の同意なくして、Bが私的行為を行っている状況を観察することを可能にさせる目的で、ある者が装置を操作する（第二項）。

類型二について、家主が、インターネット上の視聴者に対し、その性的満足のために、衣類をまとっていない借主のライブ映像を閲覧させるためにウェブカムを操作する行為で、借主がこのことに同意していない場合が例示されている。インターネット上の画像を見る人の性的満足を得ることが重要であって、装置を操作した人の性的満足を得ることは、重要ではない。(4)

③類型三：自己または第三者が性的満足を得るために、他人（B）の同意なくして、Bが私的行為を行っている画像を自己または第三者が閲覧することを可能にさせる目的で、ある者がその行為の状況を記録する（第三項）。

「画像」（image）は、第七九条第四項と第五項で定義されている（「画像」について、本書第五章「「二〇〇三年性犯罪法」における対精神障害者性犯罪について」第三節四（二）〔二一〇九頁以下〕参照）。「記録する」（record）の中には、写真撮影することやビデオに記録することが含まれる。類型三は、ある者が自己の性的満足を得るために閲覧する目的で、または第三者がその性的満足を得るために閲覧する目的で、他人がそのベッドルームでマスターベーションをしている状況を、記録者が秘密裏にフィルムに撮り、被撮影者が、その目的でフィルムに撮られることに同意していない場合が例示されている。被撮影者が撮られることに同意していないことを、第三者が知っていたか否かは重要でないが、記録者は、同意していないことを知っていなければならない。第三者が性的満足を得るためであったか否かの証明は、その画像がポルノ雑誌上やウェブサイト上に掲載されたという事実によって推論することが可能である、とされている。(5)

④類型四：自己が類型一に基づく罪を犯すことを可能にさせる目的で、または他人が類型一に基づく罪を犯すことを可能にさせる目的で、ある者が装置を設置し、または構造物やその一部を構築し、もしくは取り付ける（第四項）。

類型四について、性的満足を得るために、人を窃視する目的で、または他人に窃視させる目的で、ドリルで見張り用の穴をあけるとか、家の中にマジック・ミラーを設置する行為が例示されている。これらの穴やミラーが使用される前に発見された場合であっても、罪が成立する。性的満足を得るために観察する目的、または他人による観察を可能にさせる目的が、本罪の必須の要件であって、ミラーを設置した作業員がその使用目的を知らなかった場合には、作業員は罪とならない。(6)性的満足を得る以外の目的のための装置の設置、例えば着替え室やその他の建物内に保安用のカメラを設置する場合において、保安上の理由でカメラを使用する場合については、「のぞき行為」の罪に関係して考慮することが必要であることや、カメラのオペレーターに副次的に性的満足を得るという目的の存在が疑われていたとしても、カメラの設置の第一の目的が保安である状況において、本人が性的満足を得るために私的行為を観察したということの立証が困難であるということが指摘されている。(7)

(3) 獣姦（第六九条）について

「獣姦」は、「一九五六年性犯罪法」第一二条「反自然的性交」の罪（第一項中の「ある者が動物と反自然的性交を行うことをもって、罪とする」）を読み替えたものであり、二つの類型が規定されている。類型一は、加害者が、故意に自己のペニスを生きた動物の膣かアヌスへ挿入し、自己のペニスが挿入されることを、この者が知っていたか、挿入されるか否かに関して、この者が「顧慮しなかった」ことをいう。加害者は男性に限られる。類型二は、生きた動物のペニスを故意に自己の膣かアヌスへ挿入するように加害者が強制するか、挿入を容認し、挿入されることを、この者が知っていたか、挿入されるか否かに関して、この者が「顧慮しなかった」ことをいう（「顧慮しなかった」について、本書第一章「「二〇〇三年性犯罪法」における「強姦」「膣又はアヌスへの挿入による暴行」「性的暴行」「同意を得ないで人に対し性的行為を行うように強制する罪について」の「はじめに」中の注（2）〔四五頁〕参照）。加害者は、男性の場合と女性の場合がある。動物に関して、膣またはアヌスには、類似の部位が含まれる（第七九条第一〇項）。「獣姦」は、長い間、コモン・ロー上の罪であったが、制定法上の性犯罪とすることについては議論があったとのことである。性的行為は同意を要する罪であり、動物は同意することができないので罪とするべきであるという議論があったとされているが、我々は、同意を得ないで動物を殺し、またそれを食しており、この議論は不適切であって、動物虐待の問題として処理されるべきとする別の議論もあるとのことである。この罪の存在は、第一に、この種の行為を行う者は、人に対する脅威となるということ、第二に、社会は、特定の行為が受け入れ難いが故に犯罪とするべきであると決定する権利を有する、とする見解が示されている。挿入が動物のペニスであるか否かに関して、「この者が顧慮しなかったこと」を罪としていることについて、想定することが困難であるとの指摘もなされている。(8)

(4) **屍姦**（第七〇条）**について**

「屍姦」は、ある者が、故意に自己の身体の一部か物を死体の一部へ性的に挿入し、自己の身体の一部か物が死体の一部へ挿入されることを、この者が知っていたか、挿入されるか否かに関して、この者が「顧慮しなかった」ことをいう（「顧慮しなかった」について、本書第一章「「二〇〇三年性犯罪法」における「強姦」「膣又はアヌスへの挿入による暴行」「性的暴行」「同意を得ないで人に対し性的行為を行うように強制する罪について」の「はじめに」中の注（2）〔四五頁〕参照）。「身体の一部」として「指」が例示されている。「死体の一部へ挿入されることを、この者が知っていたか、挿入されるか否かに関して、この者が顧慮しなかったこと」の例示とその解釈について、加害者が死体置き場で死体に挿入することを知っていたか、死体が死んでいるか生きているかに関して、この者が顧慮しなかった場合が想定されており、この中には、①死体が生きているものと十分に確信して挿入したが、実際には死んでいたという状況や、②相手方が、予期に反して、挿入時に死亡していたという状況は、含まれないであろう、と説明されている。死体解剖中の合法的な挿入は、性的でないため、本罪に該当しない。医療職員や葬儀業者の業務行為も、罪ではない。この罪は、挿入行為に限定されており、より広範囲の性的死体損壊罪の制定が望ましいとする意見もあるとされているが、この罪を性犯罪に範疇化するという意向が、性的挿入行為に限定した理由であろうとされている。(9)

(5) **公衆トイレでの性的行為**（第七一条）**について**

「公衆トイレでの性的行為」は、ある者が、公衆トイレの中で行う性的行為に適用される。加害者の性別を特定せず、同性愛であると異性愛であるとを問わず、性的行為を行ったすべての者に適用される。本条の「性的」には、第七八条の一般的な「性的」の定義は適用されず、「人の目的にかかわりなく」(regardless of any person's purpose)、通常人であれば、ある行為が性的であるとみなされる行為が、「性的」とされ、人の目的により性的とされる場合を排除した。それ故、性交、オーラル・セックス、マスターベーションを含む広い範囲の行為が、「性的」の定義に該当する可能性がある、とされる(10)。

(二)「その他の罪」の量刑

量刑は、末尾に掲げた「公衆トイレでの性的行為」のみが略式起訴犯罪で、六か月以下の拘禁もしくは基準等級表のレベル五以下の罰金または両者の併科とされ、その他の四罪とも、正式起訴犯罪の場合にあっては二年以下の拘禁、略式起訴犯罪の場合にあっては六か月以下の拘禁もしくは法定上限以下の罰金または両者の併科である。

（1）Kim Stevenson, Anne Davies, Michael Gunn, *Blackstone's Guide to the Sexual Offences Act 2003*, Oxford 2004, para. 9. 3. 1. 1.
（2）Kim Stevenson, Anne Davies, Michael Gunn, *ibid*, para. 9. 3. 2.
（3）Sexual Offences Act 2003 *Explanatory Notes*, para. 127. ; Kim Stevenson, Anne Davies, Michael Gunn, *ibid*, para. 9. 3. 2. 1.
（4）Sexual Offences Act 2003 *Explanatory Notes*, para. 128. ; Kim Stevenson, Anne Davies, Michael Gunn, *ibid*, para. 9. 3. 2. 2.
（5）Sexual Offences Act 2003 *Explanatory Notes*, para. 129. ; Kim Stevenson, Anne Davies, Michael Gunn, *ibid*, para. 9. 3. 2. 3.
（6）Sexual Offences Act 2003 *Explanatory Notes*, para. 130. ; Kim Stevenson, Anne Davies, Michael Gunn, *ibid*, para. 9. 3. 2. 4.
（7）Kim Stevenson, Anne Davies, Michael Gunn, *ibid*, para. 9. 3. 2. 5.
（8）Sexual Offences Act 2003 *Explanatory Notes*, para. 132. ; Kim Stevenson, Anne Davies, Michael Gunn, *ibid*, para. 9. 3. 3,para. 9. 3. 3. 2.
（9）Sexual Offences Act 2003 *Explanatory Notes*, para. 133. ; Kim Stevenson, Anne Davies, Michael Gunn, *ibid*, para. 9. 3. 4. 1.
（10）Sexual Offences Act 2003 *Explanatory Notes*, para. 134. ; Kim Stevenson, Anne Davies, Michael Gunn, *ibid*, para. 9. 3. 5. 1.

第四節　「その他の罪」に対応する旧法規定および『二〇〇〇年内務省報告書』による提言

一　「その他の罪」に対応する旧法規定および『二〇〇〇年内務省報告書』による提言

（一）「その他の罪」に対応する旧法規定および『二〇〇〇年内務省報告書』による提言

「二〇〇三年性犯罪法」中に定めた上記五罪の「その他の罪」について、要件と量刑を紹介した。「予備的犯罪」におけると同様に、「その他の罪」についても、旧法規定と『二〇〇〇年内務省報告書』による提言を紹介することとする。

（二）各「その他の罪」に対応する旧法規定および『二〇〇〇年内務省報告書』による提言の紹介

(1) 性器の露出（第六六条）について

① 「性器の露出」が制定されるに先立って、「一八二四年放浪法」（法律第八三号）（Vagrancy Act 1824）（c. 83）第四条「特定の罪を犯して、浮浪者又は放浪者とみなされる者」において、「女性を侮辱する目的で、街頭、道路上若しくは高速公道において、行楽地から見えるところで、又は行楽地において、故意に公然と、みだらな方法で、かつわいせつに、自己の身体を露出したすべての者」は、「浮浪者又は放浪者とみなし」、「治安判事が、これらの犯罪者を三暦月を超えない期間中、「矯正院」（house of correction）へ付託することをもって、合法とする」と定めていたが、

された。

② また「一八四七年都市警備条項法」（法律第八九号）（Town Police Clauses Act 1847）（c. 89）第二八条「本条中に記載した罪を犯した者の刑」において、「次に掲げる罪を犯した者は、各罪について、基準等級表のレベル三以下の刑に処し、又はこの者に有罪を宣告した治安判事の裁量において、刑務所に付託して、一四日を超えない期間中、同所に留めることができる」と定め、罪の一つとして「街頭で、住民又は通行人への障害、困惑又は危険に向けて、故意に、かつ品位を欠く方法で、自己の身体を露出したすべての者」を挙げていたが、「街頭で」から「すべての者」までの文言も、「二〇〇三年性犯罪法」附則六第一条・第二条と同附則七により削除された。

③ 『二〇〇〇年内務省報告書』は、提言五四において、次のような提言を行った。

> 提言五四　ある者が、ペニスの露出に関係して、他人に恐怖、驚きまたは苦痛を生じさせることを知っていたか、または知るべきであったときは、新設の、ペニスの露出に関係する品位を欠く露出の罪を設けるべきである。（para. 8. 2. 9）

提言五四は、ペニスの露出に関係する品位を欠く性器の露出の罪の新設を要望した。そして、この罪が、女性のみへの性器の露出に限るか、男性への性器の露出をも含むかを検討したが、少年への性器の露出や、社会的弱者たる男性や少年への性器の露出は、脅迫とおそれを生じさせる可能性があり、また恐怖、驚きおよび苦痛を生じさせる可能性があるが、例えば、共同トイレの使用が問題となり、我々は、同性への性器の露出を犯罪化することを望まないとし(1)、また、品位を欠く性器の露出が、女性の性器の露出を含むように拡大されるべきであるか否かを、注意深く考慮したが、女性による性器の露出は、通常のことではなく、男性によるペニスの露出と同程度の脅迫を含むとは思われない、女性による露出は、より広いパターンの性的犯行の一部として行うかもしれないが（そしてそれ故、被害者となる可能性がある者にとって、非常に混乱を生じさせる）、それは、相対的には異常であり、罵倒的状況の一部として、内密に行われるように思われる、我々は、この行為が、通常、品位を欠く露出と思料される行為と異なる種類の行為であると考えた、として、品位を欠く性器の露出は、男性による、女性へのペニスの露出に適用されるべきである、とした。(2)

④　『二〇〇〇年内務省報告書』の提言五四は、品位を欠く性器の露出の罪をもって、男性による、女性に恐怖、驚きまたは苦痛を生じさせるペニスの露出に適用されるべきである旨を提言したが、これに対し、「二〇〇三年性犯罪法」に定める「性器の露出」（第六六条）は、男女を問わず、驚きや苦痛を生じさせる目的の性器の露出を罪とし、旧法の「一八二四年放浪法」第四条は、すべての者による、女性を侮辱する目的の、街頭等における、わいせつな自己の身体の露出を、また「一八四七年都市警備条項法」第二八条は、すべての者による、品位を欠く自己の身体の露出を罪としていた。

(2)　のぞき行為（第六七条・第六八条）について

「のぞき行為」の新設をめぐって、『二〇〇〇年内務省報告書』は、提言五五において、次のような提言を行った。

> 提言五五　建物やその他の構造物の内部にいる者が、プライバシーについての合理的な期待を有している場合において、遠隔的手段によると、機械的手段によるとを問わず、本人が認識せずに、または同意なく観察されるときは、のぞき行為の罪が設

けられるべきである。これらののぞき行為には、権限が付与された監視のための例外が設けられるべきである。（para. 8. 3. 10）

『二〇〇〇年内務省報告書』は、「のぞき行為」の罪にわいせつの目的の要素が必要か否かを検討し、プライバシーの状況における観察が性的満足を得るために行われるかもしれないが、これは、立証することが困難な要素であり、これが絶対に必要であるとは考えなかった、とし、恐怖と苦痛それ自体だけで、この罪を正当視するのに十分であると考えた、とした。そして、この罪は、通常の生活を営んでいる人々を、望まない、そして受け入れ難い侵入から保護することが想定された罪である、とした。(3)

⑶　獣姦（第六九条）について

①　「獣姦」の罪の制定に先立って、「一九五六年性犯罪法」第一二条に「反自然的性交」の罪が存在していた。「反自然的性交」の罪は、次のとおりである。

「一九五六年性犯罪法」第一二条「反自然的性交」

⑴　ある者が、第一項A中又は第一項AA中に定める状況を除いて、他の者と反自然的性交を行うこと、又は動物と反自然的性交を行うことをもって、重罪とする。

(1A)　第一項A中に定める状況とは、反自然的性交の行為が、内密に行われ、かつ両当事者が一六歳以上であったことをいう。

(1AA)　第一項AA中に定める状況とは、この者が一六歳未満で、他の者が一六歳以上であったことをいう。

(1B)　反自然的性交の行為が、次の各号のいずれかにおいて行われたときは、当該行為は、内密に行われたものとみなしてはならない。

(a)　二人以上の者が参加し、又は現在するとき

(b)　有料かその他かの如何を問わず、公衆が出入りすることが許されていたか、又は許されている公衆トイレにおいて

(1C)　他の者との反自然的性交の罪を求める対人手続において、検察官は、反自然的性交の行為が内密でなく行われたこと、又は当該行為の当事者の一方が一六歳未満であったことを立証しなければならない。

(2)
(3)　一九八四年警察及び刑事証拠法附則7第五章により削除

「反自然的性交」は、制定法中では定義されず、コモン・ローによる解釈に依拠していた。コモン・ローでは、この行為は、男性と女性間のアナル性交、男性間のアナル性交、または動物との膣やアナルの性交で構成されていた。「反自然的性交」中の動物との性交が、「獣姦」に当たる。同条は、「二〇〇三年性犯罪法」附則六第一一条と同附則七により削除された。(4)

② 『二〇〇〇年内務省報告書』は、提言五七において、獣姦の罪の存続を提言した。

提言五七　獣姦の特別の罪を存続するべきである。(para. 8. 5. 3)

『二〇〇〇年内務省報告書』は、獣姦が動物の尊厳と人々の尊厳に背く行為であって、深く憂慮するべき行為を反映する性犯罪である、とした。そして、研究の示すところによれば、動物虐待は児童虐待とリンクするとのことであり、このような行為に対して、社会が深い嫌悪の情を催し、罪として存続するべきであると感じた、と述べて

いる。(5)

(4)　屍姦（第七〇条）について

屍姦は、謀殺のような他の重大な犯罪と関連性があるという証拠が、逸話として存在していたが、「二〇〇三年性犯罪法」が通過するまでは、死体との性的行為は違法でなかったとのことであり、この事実は、『二〇〇〇年内務省報告書』委員会構成員の多くにとっては驚きであったとのことである。(6)『二〇〇〇年内務省報告書』は、提言五八において、罪とするべきであると提言した。

> 提言五八　屍姦は、罪とするべきである。（para. 8. 6. 6）

『二〇〇〇年内務省報告書』は、屍姦の罪について、この罪の最大の議論は、遺族が、尊敬と礼節をもって遺体が取り扱われることを期待するすべての権利を有することであるとし、我々は、「屍姦」（necrophilia）が罪であることを多くの人が期待し、罪ではないとすることに驚くであろうと考える、と述べている。現在は、公式には、殺害後に、被害者の身体と性交する者が、性犯罪者として認知されて、取り扱われる可能性は存在しないが、他の証拠が欠如する中において、ＤＮＡと法廷技術の進歩によって、証拠収集を可能にするべきであり、犯罪行為の危険とその性質を理解することを反映して、屍姦を罪とするべきである、と提言した。(7)『二〇〇〇年内務省報告書』の提言を正当化する理由について、①最愛の人の遺体がこのように取り扱われたことを親族が知ったときに感ずる親族の苦痛と、②この種の行為が受け入れ難いものであるので罪とすべきであると社会が定めることができるという確

信の二点が挙げられている。(8)

(5) 公衆トイレでの性的行為（第七一条）について

「公衆トイレでの性的行為」は、新設の罪である。この行為の禁止は、性的出会いを求めて、公衆トイレを使用するゲイの男性の行動を規制したいという願望から生まれたものであった。「一九五六年性犯罪法」第三二条に「男性による公道売春勧誘」の罪が存在していた。同条の規定は、次のとおりである（「男性による公道売春勧誘」の罪について、本書第七章「「二〇〇三年性犯罪法」における売春および人身売買の罪について―「二〇〇三年性犯罪法」と関係法律・関係提言との対比―」第一節一（二）2〔二七一頁以下〕参照）。

第三二条　男性による公道売春勧誘
男性が、背倫理的目的のために、公共の場所で、執拗に売春を勧誘又は要求することをもって、罪とする。
【正式起訴：七年以下の拘禁　略式起訴：六か月以下の拘禁】

この罪は、男性が、背倫理的目的のために、公共の場所で、執拗に売春を勧誘または要求することをもって罪とし、「背倫理的目的」には、同性愛行為を行う目的が含まれることが意図されていたために、異性愛者やレズビアンが行えば犯罪ではないが、ゲイが行えば罪となり、ゲイの社会では、不満のもとであったとのことである。同条は、「二〇〇三年性犯罪法」附則六第一一条と同附則七により削除された。さらに、同法第一二条「反自然的性交」や同法第一三条「男性間の重大な品位を欠く行為」により、当事者が同意した成人であっても、男性による公衆トイレでの性交や品位を欠く行為は罪とされた。「反自然的性交」と「男性間の重大な品位を欠く行為」の罪は、『二〇〇〇年内務省報告書』の提言四五により廃止が提言され、「二〇〇三年性犯罪法」の制定により削除されたが、公然と行われる性的行為について公共の不安が存在することがあらためて認識され、「二〇〇三年性犯罪法」のもとの草案中に「公共の場所における性的行為」の罪が置かれていて、この罪が再度検討され、その結果、「二〇〇三年性犯罪法」に「公衆トイレでの性的行為」が規定されたとのことである。(9)

> 提言四五　現行の、反自然的性交と男性間の重大な品位を欠く行為は、児童と動物の保護のために、および公共の場所における性的行為を規制するために定めた別個の規定をもって廃止されるべきである。(para. 6. 6. 11)

二　旧法規定および『二〇〇〇年内務省報告書』の要旨

「その他の罪」に関連する旧法規定と『二〇〇〇年内務省報告書』の提言を要約すれば、次のようになる。

1　性器の露出（第六六条）に関連して、「一八二四年放浪法」は第四条で、すべての者による、女性を侮辱する目的で自己の身体を露出する罪を規定し、「一八四七年都市警備条項法」は第二八条で、すべての者による、品位を欠いて自己の身体を露出する罪を規定していた。『二〇〇〇年内務省報告書』の提言五四は、ペニスの露出に関係する品位を欠く性器の露出の罪の新設を提言した。

2　のぞき行為（第六七条・第六八条）に関連して、『二〇〇〇年内務省報告書』の提言五五は、本人が認識せずに、または同意なく観察されるのぞき行為の罪が設けられるべきであるが、これには、権限が付与された監視のための例外を置く旨を提言した。

3　獣姦（第六九条）に関連して、「一九五六年性犯罪法」は、第一二条「反自然的性交」で動物との性交の罪を規定していた。『二〇〇〇年内務省報告書』の提言五七は、獣姦の罪が存続されるべき旨を提言した。

4　屍姦（第七〇条）に関連して、『二〇〇〇年内務省報告書』の提言五八は、屍姦を罪とするべきである旨を提言した。

5　公衆トイレでの性的行為（第七一条）に関連して、「一九五六年性犯罪法」第三二条が「男性による公道売春勧誘」の罪を規定し、同法第一二条が「反自然的性交」の罪を、また同法第一三条が「男性間の重大な品位を欠く行為」の罪を規定していたので、男性による公共の場所での売春勧誘・反自然的性交・男性間の重大な品位を欠く行為（男性による、他の男性との重大な品位を欠く行為・男性による、他の男性との重大な品位を欠く行為への関与・男性による、他の男性との重大な品位を欠く行為への勧誘）が罪とされたが、これらの条項が削除された。しかし、これらの行為について公共の不安が認識され、「二〇〇三年性犯罪法案」の草案中に規定されていた「公共の場所における性的行為」の罪が再検討されて、結果として、「二〇〇三年性犯罪法」に「公衆トイレでの性的行為」が規定されることとなったとのことである。

（旧法・提言・新法の対比について、次の第五節「「予備的犯罪」と「その他の罪」の検討」（三五九頁以下）参照）

（1）*Setting the Boundaries-Reforming the Law on Sex Offences*, Published by Home Office Communication Directrate July 2000, para. 8. 2. 9.

（2）『二〇〇〇年内務省報告書』は、女性による公然の性器の露出について、次のような見解を表明している。（女性による公然の露出は、（ストリーキングのような）社会的自己顕示欲の形態か、精神異常行為の形態を取るかもしれない。

これらが犯罪である場合には、我々は、この種の行為が、性犯罪というよりもむしろ、男性や女性に適用される公共のニューサンス／公共の秩序の一部として扱われるべきであると考える（実際、現在では、女性は、「一九八六年公共の秩序法」第四条に基づいて、「「平和破壊罪」（breach of peace）を生じさせるおそれのある侮辱的行為」により告発される）。我々の一般的なアプローチは、この罪が、一般的に、いずれかの性別の加害者に適用されるべきである、ということであるけれども、バランス上、我々は、品位を欠く性器の露出の罪は、引き続き、ペニスの露出に適用されるべきである）*Setting the Boundaries-Reforming the Law on Sex Offences*, ibid, para. 8. 2. 8.
なお、「一九八六年公共の秩序法」の邦訳について、横山　潔訳「一九八六年公共の秩序法」（Public Order Act 1986）（c. 64）外国の立法第二〇五号（特集・イギリスの刑事司法）（平成一一年）一三〇頁以下参照。

（3）*Setting the Boundaries-Reforming the Law on Sex Offences*, ibid, para. 8. 3. 10.

（4）Kim Stevenson, Anne Davies, Michael Gunn, *Blackstone's Guide to the Sexual Offences Act 2003*, Oxford 2004, para. 9. 3. 3. 1.

（5）*Setting the Boundaries-Reforming the Law on Sex Offences*, Published by Home Office Communication Directrate July 2000, para. 8. 5. 3.

（6）Kim Stevenson, Anne Davies, Michael Gunn, *Blackstone's Guide to the Sexual Offences Act 2003*, Oxford 2004, para. 9. 3. 4.

（7）*Setting the Boundaries-Reforming the Law on Sex Offences*, Published by Home Office Communication Directrate July 2000, para. 8. 6. 6.

（8）Kim Stevenson, Anne Davies, Michael Gunn, *Blackstone's Guide to the Sexual Offences Act 2003*, Oxford 2004, para. 9. 3. 4.

（9）Kim Stevenson, Anne Davies, Michael Gunn, *ibid*, para. 9. 3. 5.

第五節　「予備的犯罪」と「その他の罪」の検討

（一）「予備的犯罪」と「その他の罪」の検討

「二〇〇三年性犯罪法」は、「予備的犯罪」として三罪を規定し、「その他の罪」として五罪を定めた。本章では、これらの性犯罪について、関係条項中に定める要件と量刑を示し、各罪の要件について、説明を加えてきた。そして、新法を理解するために、旧法規定との比較・対置を行い、新法の制定を求める要望を知るために、『二〇〇〇年内務省報告書』の提言を検討素材とした。本節においては、「予備的犯罪」と「その他の罪」の八罪の検討として、これまで討議してきた経緯を踏まえて表に示し、各罪の論点を整理してみることとする。

(二)「予備的犯罪」

(1) 性的行為を行う目的の薬物投与（第六一条）

法律・提言	要件・提言内容	量刑
旧法 「一九五六年性犯罪法」第四条「女性に対する、不法な性交を得る目的又は不法な性交を促進する目的のための薬物投与」 「二〇〇三年性犯罪法」附則六第一一条と同附則7により削除	男性が女性と不法な性交を行うことができるように、女性を麻痺させ、または抵抗不能にさせる目的で、ある者が女性に薬物、物質または物を施用し、投与し、または服用させた	二年以下の拘禁（正式起訴）
『二〇〇〇年内務省報告書』提言一五	加害者と被害者の性別を特定せず、被害者が性的挿入を受けるように被害者を麻痺させる目的の薬物投与の罪の存続を提言	
「二〇〇三年性犯罪法」第六一条「性的行為を行	次の両者に該当する場合において、ある者が、故意に他人（B）に薬物を投与したか、またはBに対し	一〇年以下の拘禁（正式起訴） 六か月以下の拘禁もしくは法定上限以下の罰金また

う目的の薬物投与」	薬物を服用するように強制した ・Bが薬物の投与・服用に同意しないことを知っていた ・Bが巻き込まれる性的行為を人が行うことを可能にさせるために、Bを麻痺させる目的、またはその精神的・肉体的機能を喪失させる目的があった	は両者の併科（略式起訴）

(2) 性犯罪を行う目的で罪を犯す行為（第六二条）

法律・提言	要件・提言内容	刑
新設の罪 『二〇〇〇年内務省報告書』中に本条を求める提言なし	ただし、提言一一で「強姦または挿入による性的暴行を行う目的の暴行の罪」の新設、提言一三で「重大な性犯罪を行う目的の誘拐の罪」の新設を提言	
「二〇〇三年性犯罪法」第六二条「性犯罪を行う目的で罪を犯す行為」 適用範囲が広いために、被告人にとって公正でないとの批判が示されている。	ある者が、関係性犯罪を行う目的で何らかの罪を犯した 「関係性犯罪」(relevant sexual offence）とは、幇助、教唆、勧誘または取得を含む、第一章に基づく罪をいう。	関係性犯罪が略取・誘拐か不法監禁によって行われた場合 終身拘禁（正式起訴） その他の場合 一〇年以下の拘禁（正式起訴） 六か月以下の拘禁もしくは法定上限以下の罰金または両者の併科（略式起訴）

(3) 性犯罪を行う目的の敷地侵害（第六三条）

法律・提言	要件・提言内容	刑
旧法 「一九六八年盗罪法」第九条「不法侵入」中の「女性を強姦する目的の不法侵入」の罪 「二〇〇三年性犯罪法」附則七により削除	ある者が、「敷地侵害者」（trespasser）として、建物やその一部内に居る女性を強姦する罪を犯す目的で、その建物やその一部へ立ち入った	居住用建物に立入った場合 一四年以下の拘禁（正式起訴） その他の場合 一〇年以下の拘禁（正式起訴）
『二〇〇〇年内務省報告書』提言一二	強姦目的の不法侵入は、新設の、重大な性犯罪を行う目的の「敷地侵害」（trespass）の性犯罪をもって、読み替えるべきであると提言	
「二〇〇三年性犯罪法」第六三条「性犯罪を行う目的の敷地侵害」	次のすべてに該当すること ・ある者が敷地侵害者であった ・この者が敷地上で「関係性犯罪」（第六二条におけると同じ）を行おうとした ・自己が敷地侵害者であることを、この者が知っていたか、または自己が敷地侵害者であるか否かに関して、この者が顧慮しなかった	一〇年以下の拘禁（正式起訴） 六か月以下の拘禁もしくは法定上限以下の罰金または両者の併科（略式起訴）

(三)「その他の罪」

(1) 性器の露出（第六六条）

法律・提言	要件・提言内容	刑
旧法 「一八二四年放浪法」第四条「特定の罪を犯して、浮浪者又は放浪者とみなされる者」	女性を侮辱する目的で、街頭、道路上もしくは高速公道において、行楽地から見えるところで、または行楽地において、故意に公然と、みだらな方法で、かつわいせつに、自己の身体を露出したすべての者を浮浪者または放浪者とみなし、治安判事が「矯正院」(house of correction)へ付託することをもって、合法とする。 「二〇〇三年性犯罪法」附則六第一条・第二条と同附則七により「女性を」から「すべての者」までを削除	三歴月以下の「矯正院」(house of correction)への付託
「一八四七年都市警備条項法」第二八条「本条中に記載した罪を犯した者の刑」	街頭で、住民または通行人への障害、困惑または危険に向けて、故意に、かつ品位を欠く方法で、自己の身体を露出したすべての者 「二〇〇三年性犯罪法」附則六第一条・第二条と同附則七により「街頭で」から「すべての者」までを削除	基準等級表のレベル三以下の刑、または本人に有罪を宣告した治安判事の裁量において、刑務所に付託して、一四日以下の期間中、同所に留める
『二〇〇〇年内務省報告書』提言五四	他人に恐怖、驚きまたは苦痛を生じさせることを、男性が知っていたか、または知るべきであったときは、新設の、ペニスの露出に関係する品位を欠く性器の露出の罪を設けるべきであると提言	

「二〇〇三年性犯罪法」第六六条「性器の露出」	次の両者に該当すること ・ある者が故意に自己の性器を露出した ・人がその性器を見て、驚きまたは苦痛が生ずることを、この者が意図した	二年以下の拘禁（正式起訴） 六か月以下の拘禁もしくは法定上限以下の罰金または両者の併科（略式起訴）

(2) のぞき行為（第六七条・第六八条）

法律・提言	要件・提言内容	刑
新設の罪		
『二〇〇〇年内務省報告書』提言五五	建物やその他の構造物の内部にいる者が、プライバシーについての合理的な期待を有している場合において、遠隔的手段によると、機械的手段によるとを問わず、本人が認識せずに、または同意なく観察されるときは、のぞき行為の罪が設けられるべきである、これらののぞき行為には、権限が付与された監視のための例外が設けられるべきである、と提言	
「二〇〇三年性犯罪法」第六七条「のぞき行為」	類型一　次の両者に該当すること ・ある者が、性的満足を得るために、他人が私的行為を行っている状況を観察した ・この者の性的満足のために、他人が私的行為の観察されることに同意していないことを、この者が知っていた 類型二　次の両者に該当すること	二年以下の拘禁（正式起訴） 六か月以下の拘禁もしくは法定上限以下の罰金または両者の併科（略式起訴）

・他人が、性的満足を得るために、第三者（B）が私的行為を行っている状況を観察することを可能にさせる目的で、ある者が、装置を操作した
・この者が、その目的で装置を操作することにBが同意しないことを知っていた
類型三　次のすべてに該当すること
・他人（B）が私的行為を行っている状況を、ある者が記録した
・自己または第三者が、性的満足を得るために、Bが私的行為を行っている画像を閲覧する目的で、この者が、その行為の状況を記録した
・この者が、その目的でその行為の状況を記録することにBが同意していないことを知っていた
類型四
・自己または他人が類型一に基づく罪を犯すことを可能にさせる目的で、ある者が装置を設置し、または構造物やその一部を構築し、もしくは取り付けた

のぞき行為について、「私的行為を行っている」（doing a private act）と「構造物」（structure）の定義規定が置かれている。

(3) 獣姦（第六九条）

法律・提言	要件・提言内容	刑
旧法 「一九五六年性犯罪法」第一二条「反自然的性交」 「二〇〇三年性犯罪法」附則六第一一条と同附則七により削除	ある者が動物と反自然的性交を行うことをもって、重罪とする。 「反自然的性交」は、制定法中では定義されていない。コモン・ロー上では、男性と女性間のアナル性交、男性間のアナル性交、動物との膣やアナルの性交をいう。	終身拘禁（正式起訴）
『二〇〇〇年内務省報告書』提言五七	獣姦の特別の罪を存続するべきである旨を提言	
「二〇〇三年性犯罪法」第六九条「獣姦」	類型一　次のすべてに該当すること ・ある者が、故意に自己のペニスを挿入する行為を行った ・この者のペニスが、生きた動物の膣かアヌスへ挿入された ・自己のペニスが生きた動物の膣かアヌスへ挿入されることを、この者が知っていたか、または自己のペニスが生きた動物の膣かアヌスへ挿入されるか否かに関して、この者が顧慮しなかった 類型二　次のすべてに該当すること ・ある者（A）が、故意に自己の膣かアヌスへ挿入するように強制したか、または挿入を容認した ・その挿入が、生きた動物のペニスによるものであった	二年以下の拘禁（正式起訴） 六か月以下の拘禁もしくは法定上限以下の罰金または両者の併科（略式起訴）

	・生きた動物のペニスが自己の膣かアヌスへ挿入されたことを、Aが知っていたか、または生きた動物のペニスが自己の膣かアヌスへ挿入されるか否かに関して、Aが顧慮しなかった	

(4) 屍姦（第七〇条）

法律・提言	要件・提言内容	刑
新設の罪		
『二〇〇〇年内務省報告書』提言五八	屍姦を罪とするべきである旨を提言	
「二〇〇三年性犯罪法」第七〇条「屍姦」	次のすべてに該当すること ・ある者が、故意に自己の身体の一部か物を挿入する行為を行った ・この者の身体の一部か物が、死体の一部へ挿入された ・自己の身体の一部か物が死体の一部へ挿入されることを、この者が知っていたか、または自己の身体の一部か物が死体の一部へ挿入されるか否かに関して、この者が顧慮しなかった ・その挿入が性的であった	二年以下の拘禁（正式起訴） 六か月以下の拘禁もしくは法定上限以下の罰金または両者の併科（略式起訴）

(5) 公衆トイレでの性的行為（第七一条）

法律・提言	要件・提言内容	刑
旧法 「一九五六年性犯罪法」 第三二条「男性による公道売春勧誘」 「二〇〇三年性犯罪法」附則六第一一条と同附則七により削除	男性が、背倫理的目的のために、公共の場所で、執拗に売春を勧誘または要求することをもって、罪とする。	七年以下の拘禁（正式起訴） 六か月以下の拘禁（略式起訴）
第一二条「反自然的性交」 「二〇〇三年性犯罪法」附則六第一一条と同附則七により削除	「反自然的性交」は、制定法中では定義されていない。コモン・ロー上では、男性と女性間のアナル性交、男性間のアナル性交、動物との膣やアナルの性交をいう。	一六歳未満の者との反自然的性交：終身拘禁（正式起訴） 二一歳以上の被告人による一八歳未満の者との反自然的性交：五年以下の拘禁（正式起訴） その他：二年以下の拘禁（正式起訴）
第一三条「男性間の重大な品位を欠く行為」 「二〇〇三年性犯罪法」附則六第一一条と同附則七により削除	男性による、他の男性との重大な品位を欠く行為 男性による、他の男性との重大な品位を欠く行為への関与 男性による、他の男性との重大な品位を欠く行為への勧誘	二一歳以上の男性による一六歳未満の男性との重大な品位を欠く行為：五年以下の拘禁（正式起訴） その他：二年以下の拘禁（正式起訴）
『二〇〇〇年内務省報告書』中に本条を求める提言なし		

「二〇〇三年性犯罪法案」の草案中の「公共の場所における性的行為」の罪が再検討されて、結果として、「二〇〇三年性犯罪法」中に「公衆トイレでの性的行為」が規定された 「二〇〇三年性犯罪法」第七一条「公衆トイレでの性的行為」	次のすべてに該当すること ・ある者が、有料かその他かの如何を問わず、公衆やその一部が出入りすることが許されたトイレの中に居た ・この者が故意にある行為を行った ・その行為が性的であった 本条の「性的」(sexual) 行為は、人の目的にかかわりなく、すべての状況において、通常人であれば性的とされる行為をいう。	六か月以下の拘禁もしくは基準等級表のレベル五以下の罰金または両者の併科（略式起訴）

小括

「二〇〇三年性犯罪法」第一章中に配置された性犯罪には、最初の見出しに「強姦」を掲げて、順次、「暴行」「同意を得ないで性的行為を強制する罪」「一三歳未満の児童を対象とする強姦及びその他の罪」等々、主要な性犯罪の見出しが列挙されている。そして末尾には、「予備的犯罪」「親族関係にある成年者との性交」「その他の罪」の三見出しが配列されている。このうち、「親族関係にある成年者との性交」は、これより先順次に挙げられている「家庭内の児童性犯罪」を考察するに関連して、既に検討済みである（「親族関係にある成年者との性交」について、本書第四章「「二〇〇三年性犯罪法」における家庭内性犯罪について―「家庭内の児童性犯罪」と「親族関係にある成年者との性交」を中心として―」参照）。本章は、残された二つの見出し中に配列された八つの罪を個別に取り上げて、検討してきた。本章の小括として、これらの罪の特徴を整理して、結びとしたい。

(1)　八罪中の次の五罪の制定に伴って、旧法中の罪が削除された。①第六一条の制定に伴って、旧法（「一九五六年性犯罪法」第四条）に定める、「男性による女性との性交目的の薬物投与」の罪が削除されて、加害者と被害者の性別を特定せず、また性交目的に限定しない「性的行為を行う目的の薬物投与」の罪が新設された。②第六三条の制定に伴って、旧法（「一九六八年盗罪法」第九条）に定める、「強姦目的の不法侵入」の罪が削除されて、強姦目的に限定しない「性犯罪を行う目的の敷地侵害」の罪が新設された。③第六六条の制定に伴って、旧法（「一八二四年放浪法」第四条と「一八七四年都市整備条項法」第二八条）に定める、「すべての者による、女性を侮辱する目的の、街頭等におけるわいせつな自己の身体の露出」の罪と、「すべての者による、品位を欠く自己の身体の露出」の罪が削除されて、男女を問わず、驚きまたは苦痛を生じさせる目的の「性器の露出」の罪が新設された。④第六九条の制定に伴って、旧法（「一九五六年性犯罪法」第一二条）に定める、「動物との反自然的性交」の罪が削除されて、自己のペニスの生きた動物の膣かアヌスへの挿入や生きた動物のペニスの自己の膣かアヌスへの挿入を行為とする「獣姦」の罪が新設された。⑤第七一条の制定に伴って、旧法（「一九五六年性犯罪法」第三二条・第一二条・第一三条）に定める、「男性による公道売春勧誘」、「反自然的性交」、「男性間の重大な品位を欠く行為」の罪が削除され、「公共の場所における性的行為」の罪が再検討されて、加害者の性別を特定せず、「公衆トイレでの性的行為」の罪が新設された。

(2)　八罪中の次の三罪は、新設の罪である。①第六二条は、「二〇〇三年性犯罪法」第一章に基づく性犯罪を「関係性犯罪」とする、「性犯罪を行う目的で罪を犯す行為」を罪とし、性犯罪の中には、その幇助、教唆、勧誘または取得を含むとした。適用範囲が広いため、被告人にとって公正でないとの批判が示されている。②第六七条は、四類型の「のぞき行為」を罪とした。③第七〇条は、自己の身体の一部や物の死体の一部への性的挿入を定めた「屍姦」を罪とした。

(3)　旧法中の罪を削除した罪（上記(1)に掲げた罪）で述べたように、旧法と対比して、第六一条が、加害者と被害者の性別を特定せず、また性交目的に限定しない「性的行為を行う目的の薬物投与」を罪とし、また第六三条が、強姦目的に限定しない「性犯罪を行う目的の敷地侵害」を罪として、適用範囲を拡大したことが、新法の大きな特徴の一つである。

(4)　新設の罪を含めて、これらの八罪が本法中に規定されることによって、これらの罪を犯した者が性犯罪者として範疇化されたことも、新法の特徴に挙げられる。

(5)　イギリスでは、「一九九七年性犯罪者法」により、所定の性犯罪を行って有罪宣告を受けた者等に対し、警察に氏名、住所等の届出を行うことを要求し、この要求は、「二〇〇三年性犯罪法」に引き継がれて、今日に至っている。届出要求の対象となる性犯罪は、「二〇〇三年性犯罪法」附則三に記載され、その性犯罪者は、届出続行期間中、登録を続行して、届出要求を遵守することが義務付けられる。「二〇〇三年性犯罪法」中の性犯罪のほとんどが届出要求に服する罪であるが、上記の八罪中、「公衆トイレでの性的行為」（第七一条）は、届出要求の対象に含まれていない。

(6)　量刑は四種に分かれる。①「性犯罪を行う目的で罪を犯す行為」（第六二条）のうち、「性犯罪が略取・誘拐か不法監禁によって行われた場合」は終身拘禁（正式起訴）、②「性犯罪を行う目的で罪を犯す行為」（第六二条）のうちの「その他の場合」と、「性的行為を行う目的の薬物投与」（第六一条）は、一〇年以下の拘禁（正式起訴）か、六か月以下の拘禁もしくは法定上限以下の罰金または両者の併科（略式起訴）、③「公衆トイレでの性的行為」（第七一条）は六か月以下の拘禁もしくは基準等級表のレベル五以下の罰金または両者の併科（略式起訴）、④上記以外の罪については二年以下の拘禁（正式起訴）か、六か月以下の拘禁もしくは法定上限以下の罰金または両者の併科（略式起訴）である。

各罪の細部については、個々に微妙な相違があることに留意しなければならない。

第九章　性犯罪前歴者に対する性犯罪の再犯防止に向けた取組み
―我が国の新旧通達による性犯罪前歴者確認措置とイギリス「二〇〇三年性犯罪法」による性犯罪前歴者届出要求―

はじめに

二〇〇四年（平成一六年）一一月に、奈良市において、元新聞販売員による、小学一年生の女子誘拐殺害事件が発生した。奈良地方裁判所は、二〇〇六年九月、被告人に求刑どおりの死刑を言い渡した。これに対し、弁護側が控訴したが、同年一〇月、被告人が控訴を取り下げ、死刑が確定した。

性犯罪の再犯防止措置に関する立法を持たない我が国において、この事件を契機に、警察、検察、矯正、保護の各関係方面において、性犯罪前歴者から如何にして児童を守るべきかが喫緊の課題として注目されることとなり、関係機関間で、性犯罪前歴者に関する情報が事前に共有されていれば、同種事件の未然防止が可能であったのではないかとの議論が高まった。

こうした状況のもとで、警察庁は、再犯防止措置として、二〇〇五年一月に、法務省に対し、暴力的性犯罪により刑事施設に服役している者の出所情報の提供について申入れを行い、警察庁と法務省との間で、性犯罪前歴者に関する情報の共有について協議が重ねられた結果、子ども対象の暴力的性犯罪前歴者について、両省庁間で情報を共有し、連携を図る仕組みが構築された。これを受けて、警察庁は、二〇〇五年（平成一七年）五月一九日に、各地方機関と都道府県警察の長に宛てて、警察行政の機関間で再犯防止に向けた措置を講ずるための「子ども対象・暴力的性犯罪の出所者による再犯防止に向けた措置の実施について」[1]と題する警察庁生活安全局長・警察庁刑事局長通達（「旧通達」と呼称する）を発した。

「旧通達」の実施から五年が経過して、子ども対象・暴力的性犯罪の出所者による再犯の防止に向けた措置の運用についての見直しが行われ、二〇一一年（平成二三年）一月一三日に、「子ども対象・暴力的性犯罪の出所者による再犯防止に向けた措置の実施について」[2]と題する警察庁生活安全局長・警察庁刑事局長通達（「新通達」と呼称する）が発せられて、同年四月一日に実施された。

さて、我が国では、通達をもって、警察行政機関が、関係する性犯罪前歴者の所在を確認するという方途を採用したことに関連して、諸外国における性犯罪前歴者に対する再犯防止措置の紹介が進められてきた。イギリスでは、「一九九七年性犯罪者法」（法律第五一号）（Sex Offenders Act 1997）（c.51）において、所定の性犯罪により、有罪宣告を受けた者、その罪について責任無能力により無罪と認定された者、行為無能力の状態で告発された行為を行ったと認定された者等に対し、警察に氏名、住所等の届出を行うことを要求する規定が初めて設けられた。その後、届出要求の規定は、若干の改正を経て、「二〇〇三年性犯罪法」（法律第四二号）（Sexual Offences Act 2003）（c.42）[3]に引き継がれて、今日に至っている。

本章では、我が国の「旧通達」と「新通達」による「子ども対象、暴力的性犯罪の出所者による再犯防止に向けた措置」を紹介し、これと対比して、外国の立法例として、イギリス「二〇〇三年性犯罪法」に定める、性犯罪前歴者に対する所定事項の届出要求を紹介することとする。[4]

なお、本章では、冒頭の西暦二〇〇四年には「平成一六年」を併記した。そして通達が発せれた年についても

「平成一七年」と「平成二三年」を併記したが、その他の箇所では、西暦のみの記載とする。

（1）警察庁丙企発第四八号、丙地発第一〇号、丙刑企発第二六号、丙捜一発第一一号　平成一七年五月一九日。
（2）警察庁丙企発第二号、丙地発第三号、丙刑企発第一号、丙捜一発第一号　平成二三年一月一三日。
（3）成立時の「二〇〇三年性犯罪法」の解説について、財団法人矯正協会文化事業部「連合王国二〇〇三年性犯罪法が成立」CAニュースレター第一号　I―Ⅲ頁、横山　潔「イギリス「二〇〇三年性犯罪法」の成立―旧性犯罪法律の包括的整備―」（共同研究）比較法雑誌第三八巻第二号（第一三〇号）三二五―三三五頁（二〇〇四年）、同『イギリスの少年刑事司法』（成文堂、二〇〇六年）中の、第九章第一節「デーヴィッド・ブランケット内務大臣の表明と『二〇〇二年白書』の概要」、第二節「性犯罪に関する法律を改革する必要性」、第三節「性犯罪に関する法律の改革提案」参照。その後の改正を含む同法の解説について、本書の各章参照。成立時の「二〇〇三年性犯罪法」の邦訳について、横山　潔「イギリス「二〇〇三年性犯罪法」（法律第四二号）（一）―（三・完）」（共同研究）比較法雑誌第三八巻第二号（第一三〇号）（二〇〇四年）―第四号（第一三二号）（二〇〇五年）参照。同法の改正を含む邦訳については、横山　潔『イギリス二〇〇三年性犯罪法』（成文堂、二〇一七年）参照。
（4）イギリスにおける性犯罪者登録制度について、柑本美和「子どもを被害者とする性犯罪前歴者に関する情報登録制度と一般市民への情報提供―イギリスでの議論を参考に―」犯罪と非行第一七二号一五四―一八九頁（二〇一二年五月）参照。

第一節　我が国における、子ども対象・暴力的性犯罪の出所者情報の共有および「子ども対象・暴力的性犯罪の出所者による再犯防止に向けた措置の実施について」（〔旧通達〕）

一　我が国における、子ども対象・暴力的性犯罪の出所者情報の共有

警察庁は、二〇〇五年三月三日に公表された広報資料「子ども対象・暴力的性犯罪の再犯防止対策について」の

中で、子ども対象・暴力的性犯罪の再犯防止を図るため、法務省からの出所情報の提供を受けることとし、出所後の居住状況の確認、転居先の確認、子どもに対する声かけ・つきまといが発生している場合における、行為者を特定するための保有情報の活用、性犯罪が発生した場合における、迅速な捜査のための情報の活用を挙げて、再犯防止対策に取り組むことを表明した。

そして、奈良市女児誘拐殺害事件を契機にして、二〇〇五年六月から、法務省と警察庁との間で、刑事施設服役者の出所予定日、出所後の帰住予定先等の「子ども対象・暴力的性犯罪の出所者情報の共有」が行われ、警察庁は、運用開始から二〇〇七年末までに四一〇人分の情報提供を受けており、犯罪の防止や捜査にこれを活用している。(1)

二　「子ども対象・暴力的性犯罪の出所者による再犯防止に向けた措置の実施について」（「旧通達」）

(一)　通達発令の経緯

冒頭で示したように、二〇〇四年に発生した奈良市女子誘拐殺害事件を契機にして、法務省と警察庁との間で、子ども対象・暴力的性犯罪の出所者情報の共有が合意され、また二〇〇五年三月三日の警察庁公表資料で示されたように、性犯罪の防止のために、子ども被害の性犯罪前歴者を把握することが重要であることを踏まえて、警察庁は、二〇〇五年五月一九日に、各地方機関と都道府県警察の長に宛てて、前記の局長通達を発して、再犯防止に向けた措置を講じられたい旨を要望した。以下には、性犯罪前歴者の所在確認制度の創設に携わった関係者の個人的意見を括弧で付して、通達の内容を紹介する。(2)

(二)　通達の目的

この通達の目的は、子ども対象・暴力的性犯罪を犯して刑務所に収容されている者が、出所後に再び同種の性犯罪を犯すことを防止し、または同種の性犯罪やその他の性犯罪が発生した場合における迅速な対応を図るために必要な措置について定めることである、としている。

(三)　被害者

一三歳未満の者

(子どもが被害者となるものに限っている趣旨に関して、子どもは犯罪により受けるダメージが特に大きいこと、子どもが被害者となる犯罪が発生した場合、親を始めとする地域の不安を著しく高めることを挙げ、子どもの範囲を「一三歳未満の者」としたことに関して、性交に関する刑法の法定同意年齢が一三歳とされていることを踏まえたものである、と説明されている(3))。

(四)　対象となる暴力的性犯罪

・強制わいせつ(刑法第一七八条)、同未遂(同第一七九条)、同致死傷(同第一八一条)

・強姦(刑法第一七七条)、同未遂(同第一七九条)、同致死傷(同第一八一条)

・強盗強姦、同致死(刑法第二四一条)、同未遂(同第二四三条)、常習強盗強姦(盗犯等ノ防止及処分ニ関スル法律第四条)

・わいせつ目的の略取・誘拐、同未遂(刑法第二二八条)

(五)　再犯防止措置対象者

子ども対象・暴力的性犯罪により懲役または禁錮の刑を執行された者のうち、再犯防止に向けた措置を組織的かつ継続的に講ずる必要があるものとして、警察庁が登録する者

（「懲役または禁錮の刑を執行された者」を挙げて、刑務所に収容された者に限っている点に関して、犯罪の態様、行為者の悪性の両面について一般により悪質であり、そのような態様の犯罪の発生を防ぐ必要性が高く、かつ、そうした者について再犯防止措置を講じる必要性も高いと考えられる、(4)「警察庁が登録する者」としている点に関して、出所後の期間、動向等からみて再犯防止措置の対象とする必要が認められないような者については再犯防止措置を中止することを想定したものであり、子ども対象・暴力的性犯罪を犯して刑務所に収容された者については、原則として警察庁が登録することとなる、と説明されている(5)）。

（六）　再犯防止措置実施の仕組み

・刑事施設の長（法務省）が、出所者の釈放予定日からおおむね一か月前に、本人の氏名、釈放予定日、入所予定日、帰住予定地その他の出所情報を警察庁へ通知する。
・警察庁は、刑務所に収容されている者を再犯防止措置対象者として登録し、出所情報を帰住予定地の都道府県警察本部へ通知する。
・都道府県警察本部は、この情報を、帰住地を管轄する警察署へ通知する。
・警察署は、対象者に関する情報を把握するため、対象者の出所後の住居を確認する。
・住居を確認したときは、その後も定期的に住居を確認する。
・対象者が転居したときは、転居先の警察に住居確認の事務を引き継ぐ。
・住居確認の措置は、原則として五年、別に性犯罪の前科があれば一〇年以上をめどにして終了する(6)。
・対象者の所在が不明となったときは、警察署長から、警察本部長を経て、警察庁へその旨が通知され、警察庁は、警察本部長へ対象者に係る情報の収集を指示する。
・子どもに対するつきまとい・声かけ等の事案が発生したときは、対象者に係る情報が捜査情報として活用される。

・警察本部長が対象者について再犯のおそれが低いと判断したときは、警察庁に対し登録の解除を求め、警察庁は、別段の事情がない限り登録を解除する。
（「登録の解除」に関して、複数の前科前歴があるような場合には、初犯者に比べて登録の解除までの期間は長くなること、出所後に子どもへの声かけ事案等を行っている場合には、特異動向のない者に比べて解除までの期間は長くなることがいえるのではないかと思われる、と説明されている[7]）。
・再犯防止措置の実施に当たる者は、対象者の更生・社会復帰等の妨げにならないように、また本人の家族、親族、近隣住民等関係者に知られないように配慮し、関連情報の秘密を厳守するものとする。
（「更生への配慮」等が必要であることには、論を異にするものではないが、他方、これによって再犯防止に向けた措置の実効性という点でかなりの制約を受けることも事実であると考えている、とされ、前歴者自身に警察への住所の届出義務を課する法制や、情報を地域住民に公表する法制等についても、冷静で地に足のついた議論がなされることを期待したい、と説明されている[8]）。

（七）　実数

上野正史防犯抑止対策室長が行った二〇〇八年八月末現在の手集計によれば、法務省から情報提供を受けた者は五〇四人、うち子ども対象・暴力的性犯罪で捕まった者は二二人で、全体（五〇四人）の中で四・四％に当たる、そしてこの四・四％という数字がこのまま低いところで収まっていくのであれば、この制度には再犯防止の上で意味があったということになる、とされている[9]。

（1）　平成二〇年版『警察白書』九五頁。
（2）　松坂規生「子ども対象・暴力的性犯罪の出所者による再犯防止を含む子どもを犯罪から守るための対策について」警察学論集

第五八巻第九号一―三〇頁（二〇〇五年）。

（3）松坂前掲一五頁。

（4）松坂前掲一五頁。

（5）松坂前掲一五頁。

（6）通達には年数の規定はないが、松坂前掲二〇頁は、「科学警察研究所の調査結果を踏まえると、初犯者の場合で出所後五年、再犯者の場合には最低でも出所後一〇年程度は措置の継続が必要ではないかと考えている」とされている。また、上野正史「警察における性犯罪対策―子どもに対する犯罪への対策を中心に」警察学論集第六二巻第三号一一七頁（二〇〇九年）は、「平穏に過ぎれば、原則として五年、性犯罪の前科が他にある場合は一〇年以上をめどとして、居住確認の措置は終了する」とされている。

（7）松坂前掲二〇頁。

（8）松坂前掲二〇頁。

（9）上野前掲一一八頁。

第二節　「旧通達」による再犯防止に向けた措置に対する評価と提言

旧通達に示された性犯罪前歴者の所在確認制度について、現在の法制下でなし得る対策としては一定の評価ができるとして、前向きの表明が示される一方で、次のような課題も提示されている。

・出所確認の方法に関して、出所者側には、所在場所や転居について警察に報告する義務はなく、警察側で住居確認を行わなければならず、かつ確認に当たっては、出所者の更生を妨げるような行為は許されないため、確実な確認ができない場合がある。この制度では、確認作業の負担を一方的に警察側が負うことになり、場合によっては、対象者の様子を家の外から調べなければならないこともある。

・所在確認の頻度に関して、一般的なケースでは、年二回程度としているが、極端な場合、確認の次の日に対象者が引っ越してしまうと、半年間、対象者の所在を把握しないままになり、「対象者の所在を警察が把握しておく」という制度の趣旨が長期間損なわれることになる。

・行方不明者に対する措置に関して、居住が確認できない場合には、警察活動の中で確認できた時に再度登録することになっているが、再度その行方が確認できる対象者は少なく、多くの場合は、本人が別の犯罪で捕まったときである。

・対象犯罪の範囲に関して、子ども対象・暴力的性犯罪の特質から、犯罪で検挙され、服役した者だけを対象としており、刑の執行猶予を受けた者は対象とならない。また、性犯罪の中で大半を占める一三歳以上に対する性犯罪の前歴者も対象でない。所在確認がなされる性犯罪前歴者は、全体からすれば一部に過ぎないのが現状である[1]。

また、次のような疑問も提示されている。

・対象犯罪に関して、子どもに対する暴力性犯罪の四種類に限られることについての合理性について検討する必要がある。事案の重大性、再犯の可能性、再犯防止の可能性という何れの点においても、出所情報提供制度を子どもを対象とする性犯罪者に限定する根拠は曖昧ということになる。

・再犯防止の実効性に関して、満期釈放者は勿論、仮釈放者でさえ、五年以上、一〇年以上といった長期間に亘って所在を確認し続けることは容易ではなく、所在不明者のリストが増えていくといったことになりかねない。再犯のおそれが低いと判断するときは、警察庁が登録を解除するというが、再犯のおそれの判断も、遠くから行動の確認をとるなどの方法に依るしかない以上、かなり感覚的なものにならざるを得ない。再犯防止措置が本人の更生や社会復帰等の妨げにならないようにするだけでなく、家族や近隣、職場関係者に知られることにならないように配慮しなければならないため、相当の人員を割かなければ実効性が上がらないであろう。

・再犯防止措置対象者のプライバシーを侵害したり、その更生を不当に阻害することが全くないとも言えない。

そして、出所者情報提供制度の意味を認めつつも、対象者の社会復帰やプライバシーに気を遣いながら、「遠慮しがちに」動静観察を行う方法に問題があるとして、刑事施設における矯正処遇に続き、社会内復帰を含めた総合的な対応として、性犯罪者の再犯防止を行うべきであり、仮釈放対象者であろうと満期釈放者であろうと、社会内での処遇期間を設けて、保護観察所が、刑事施設や警察と連携をとりながら、犯罪者の処遇と監督にあたっていくことが望ましい、とする提言が示されている(2)。

(1) 上野正史「警察における性犯罪対策―子どもに対する犯罪への対策を中心に」警察学論集第六二巻第三号一一八―一一九頁(二〇〇九年)。
(2) 太田達也「我が国における性犯罪者の再犯防止措置―現状と課題―」警察学論集第六二巻第三号一二七―一三九頁(二〇〇九年)。

第三節　「子ども対象・暴力的性犯罪の出所者による再犯防止に向けた措置の実施について」(「新通達」)

「旧通達」の実施から五年が経過し、子ども対象・暴力的性犯罪の出所者の中には所在不明となり、再犯に及ぶ者も少なくないことが明らかとなったことから、警察庁は、再犯の防止に向けた措置の運用について見直しを行うこととなった。そして、二〇一一年(平成二三年)四月一日から「新通達」が実施され、それに伴って、「旧通達」が廃止された。

これまでは、「子ども対象・暴力的性犯罪」の出所者の再犯防止に向けた措置について、「旧通達」によって実施され、前歴者への接触は、人権上の配慮から、これを控えており、外部から確認するなどの本人の様子を見守る方法が取られてきた。しかし、出所者の中には、所在不明となる者や、再犯に及ぶ者も少なくないことが明らかとなったことから、警察庁による二〇一一年（平成二三年）一月一三日の国家公安委員会への報告において、一三歳未満の子どもに対する強姦等の暴力的性犯罪の前歴のある出所者に対し、本人の同意を条件にして、警察官が定期的に自宅訪問や面談を行う新たな取組みを四月から開始することが決定された。「新通達」の趣旨は、次のとおりである。

第一　目的

この通達は、法務省から子ども対象・暴力的性犯罪を犯して刑務所に収容されている者について出所情報の提供を受け、これらの者が、出所後に再び子ども対象・暴力的性犯罪を犯すことを防止し、または子ども対象・暴力的性犯罪その他の性的犯罪が発生した場合における迅速な対応を図るために必要な措置について定めることを目的とする。

第二　子ども対象・暴力的性犯罪

子ども対象・暴力的性犯罪とは、次のいずれかに該当する罪であって、被害者が一三歳未満の者であるものをいう。

(1)　強制わいせつ（刑法第一七六条）、同未遂（同法第一七九条）および同致死傷（同法第一八一条）
(2)　強姦（同法第一七七条）、同未遂（同法第一七九条）および同致死傷（同法第一八一条）
(3)　集団強姦（同法第一七八条の二）、同未遂（同法第一七九条）および同致死傷（同法第一八一条）
(4)　集団強姦、同致死（同法第二四一条）および同未遂（同法第二四三条）ならびに常習強盗強姦（盗犯等ノ防止及処分ニ関スル法律第四条）
(5)　営利目的等略取及び誘拐（刑法第二二五条）のうちわいせつ目的のものおよび同未遂（同法第二二八条）

第三　再犯防止措置対象者

再犯防止措置対象者とは、子ども対象・暴力的性犯罪により懲役または禁錮の刑を執行された者のうち、再犯防止に向けた措置を組織的かつ継続的に講ずる必要があるものとして、警察庁が登録する者をいう。

第四　再犯防止措置の仕組み

一　警察庁が、法務省から子ども対象・暴力的性犯罪を犯して刑務所に収容されている者について出所情報の提供を受けたときは、この者を再犯防止措置対象者として登録した旨を、出所後の帰住予定先等を管轄する警察本部長に通知する。

二　警察本部長は、帰住予定先を管轄する警察署を再犯防止措置実施警察署に指定する。

三　指定された警察署の署長は、再犯防止担当官を指定する。

四　再犯防止措置の実施体制

・警察本部長が本部再犯防止措置担当課長を指定し、担当課長は、再犯防止措置対象者に関する情報の把握、再犯防止措置に必要な関連情報の集約・分析を行い、再犯防止措置実施警察署長を指導する。

・再犯防止措置実施警察署長は、措置を実施する上で関係を有する警察署長と連携し、措置の実施に当たる。

・再犯防止担当官は、再犯防止措置実施警察署長の指揮を受けて、措置の実施と関係所属との連絡調整に当たる。

第五　再犯防止に向けた措置の実施

一　所在の確認および面談

⑴　出所後の所在確認

再犯防止措置実施警察署長は、再犯防止措置対象者が帰住予定先に居住しているかどうかを確認する。

⑵　継続的な所在確認

再犯防止措置実施警察署長は、本人が継続して当該住所に居住しているかどうかを定期的に確認する。

⑶　面談の実施

所在確認を行う際、必要に応じて、本人の同意を得た上で、同人と面談を行う。

二　再犯防止措置対象者に係る情報の活用

警察本部長は、子どもに対するつきまとい、声かけその他犯罪の前兆ともみられる事案（前兆事案）についての情報の収集に努め、再犯防止措置対象者に係る情報を活用して、子どもに対する犯罪の発生の未然防止に努め、再犯防止措置担当部門と捜査部門との情報の共有等の密接な連携に配慮する。

三　再犯防止措置対象者が仮釈放者である場合における措置

再犯防止措置対象者が仮釈放者である場合にあっては、本部再犯防止措置担当課長は、本人の保護観察を司る保護観察所との緊密な連携に努める。

四　再犯防止措置対象者が転居した場合等における措置

(1)　再犯防止措置対象者が転居した場合において、転居先が判明しているときは、再犯防止措置実施警察署長は、警察本部長に転居先を報告し、報告を受けた警察本部長は、警察庁および転居先都道府県警察本部長にその旨を通知する。報告を受けた転居先の警察本部長は、転居先を管轄する警察署において継続して再犯防止措置が実施されるように必要な措置を行う。

(2)　再犯防止措置対象者の所在が不明となった場合においては、再犯防止措置実施警察署長は、警察庁に所在不明を報告し、報告を受けた警察庁は、各都道府県警察本部長に対し、所在不明の再犯防止措置対象者に係る情報の収集を指示する。

第六　登録の解除

再犯防止措置対象者が性的犯罪により再検挙されずに一定期間経過したときは、警察庁は、再犯防止措置対象者の登録を解除し、警察本部長に対し、その旨を通知する。

第七　再犯防止措置実施上の留意事項

(1)　再犯防止措置対象者の更生への配慮

再犯防止措置の実施に当たる者は、再犯防止措置対象者の更生、社会復帰等にとって妨げとならないように、厳に配慮しなければならない。

再犯防止措置対象者が出所者であることを知らない本人の家族、親族、近隣住民、勤務先その他関係者に、その旨が知られないように、必要がない限りこれらの者への接触を避けるなどの配慮に努めなければならない。

(2)　関連情報の秘密の厳守

関連情報は、適正に管理し、その秘密を遵守する。

なお、第一〇において、警察本部長が、子ども対象・暴力的性犯罪以外の犯罪を犯して、懲役または禁錮の刑を執行された者について、当該犯罪の動機、手口その他の状況から見て、再犯防止措置対象者と同様の措置を講ずる必要性が高いと認めるときは、警察庁に対し、再犯防止措置対象者としての登録の必要があるものとして通知するものとし、通知を受けた警察庁が、登録する必要があると認めるときは、法務省に対し出所情報の提供を求め、その提供を受けたときは、再犯防止措置対象者として登録するものとする、と定めている。

さて、以下には、「旧通達」と「新通達」の「子ども対象、暴力的性犯罪の出所者による再犯防止に向けた措置」と対比して、イギリス「二〇〇三年性犯罪法」に定める、性犯罪前歴者に対する所定事項の届出要求を紹介することとする。

第四節　イギリス「二〇〇三年性犯罪法」に定める性犯罪前歴者への届出要求

一　性犯罪前歴者への届出要求の立法の経緯

（一）　性犯罪前歴者に対する届出要求は、性犯罪者、とりわけペドファイル（小児性愛者）が刑務所から釈放された後に、彼らが性犯罪を再発させるのではないかとの不安が公衆の間に高まり、出所した性犯罪者の所在を把握するために、行政上、性犯罪者登録が必要であるとの要求に応えて、「一九九七年性犯罪者法」第一章に導入された。「一九九七年性犯罪者法」は、第一章で「性犯罪者に関する届出要求」を、また第二章で「連合王国外で行われる性犯罪」を規定し、第三章に定める「補則」と併せて、三部をもって構成されている。同法附則一で、第一章の規定が適用される性犯罪の種類を列挙し、附則二で、第二章の規定が適用される性犯罪、即ち連合王国外で行われる性犯罪について、それが連合王国内で行われたとすれば性犯罪に当たるとされる性犯罪を列挙した。

（二）　その後、「二〇〇〇年刑事司法及び裁判所業務法」（法律第四三号）（Criminal Justice and Court Services Act 2000）(c.43)によって同法が改正され、「二〇〇三年性犯罪法」に定める届出要求が、「二〇〇〇年刑事司法及び裁判所業務法」による「一九九七年性犯罪者法」の改正を引き継ぐ形で、「二〇〇三年性犯罪法」が、性犯罪前歴者に対する届出要求を包括的に整備した。以下において、「二〇〇三年性犯罪法」に定める届出要求を紹介することとする。

二　イギリス「二〇〇三年性犯罪法」に定める届出要求

（一）　届出要求に服する者（第八〇条・第八一条）

届出要求に服する者は、「二〇〇三年性犯罪法」において「関係犯罪者」（relevant offender）と呼称され、第八〇条により、同法の施行日以後に、附則三中に列挙した性犯罪（後述）について次のいずれかに該当する者が届出要求に服する。

(1)　有罪宣告を受けた者
(2)　責任無能力により無罪と認定された者
(3)　行為無能力の状態で告発された行為を行ったと認定された者
(4)　イングランド・ウェールズ・北アイルランド地方で注意を受けた者

「有罪宣告を受けた」について、「二〇〇〇年刑事裁判所権限（量刑）法」（法律第六号）（Powers of Criminal Courts (Sentencing) Act 2000）(c.6)第一四条第一項は、犯罪者に条件付き釈放命令を下すことになった有罪宣告は、その命令を下す手続以外の手続では有罪宣告とみなしてはならないとしているが、「二〇〇三年性犯罪法」第一三四条により、「二〇〇〇年刑事裁判所権限（量刑）法」第一四条第一項の規定を適用しないとしているので、条件付き釈放を受けた者は有罪宣告を受けた者とみなされ、届出要求に服することになる。

「行為無能力の状態で告発された行為を行ったと認定された」ことの中には、「二〇〇三年性犯罪法」第一三五条により、その罪を審理することが不適格であること、この者が責任無能力であるために、その罪についてこの者を審理することが不能であること、この者が告発された行為を行ったということを審理することが不適格であることが含まれる。

また第八一条により、「一九九七年性犯罪者法」の施行日に当たる一九九七年九月一日以後に同法の届出要求に服していた者は、「二〇〇三年性犯罪法」の施行日以後も、「届出続行期間」（後述）が終了するまでの間は、「二〇〇三年性犯罪法」の届出要求に服する。これは、新法（「二〇〇三年性犯罪法」）の届出要求は、旧法（「一九九七年性犯罪者法」）の届出要求に服していた者にも適用される旨を定めたものである。

（二）　届出続行期間（第八二条）

関係犯罪者は、犯した罪の量刑に応じて、不定期間または一定期間、登録を続行して届出要求を遵守することが義務づけられる。届出続行期間は次のとおりである。

表一　届出続行期間

関係犯罪者	関係日を起算日とする届出続行期間	一八歳未満の関係犯罪者
終身拘禁、「二〇〇三年刑事司法法」第二二五条に基づく公衆の保護のための拘禁、「二〇〇八年刑事司法（北アイルランド）命令」第一三条第四項a号に基づく不定期拘束刑または三〇か月以上の拘禁が言い渡された者	不定期間	
「一九九五年刑事手続（スコットランド）法」第二一〇条F第一項に基づく命令（終身行動規制命令）を受けた者	不定期間	
行動規制命令に服して病院へ収容許可された者	不定期間	
六か月を超え、三〇か月未満の拘禁が言い渡された者	一〇年間	二分の一
六か月以下の拘禁が言い渡された者	七年間	二分の一
行動規制命令に服さないで病院へ収容許可された者	七年間	二分の一
注意を受けた者（譴責・警告を含む）	二年間	二分の一
条件付き釈放命令を受けた者（スコットランド・犯罪者指導監督要求を課するコミュニティー返済命令を受けた者）	条件付き釈放命令の期間（スコットランド・犯罪者指導監督要求のための所定の期間）	
その他の者	五年間	二分の一

Kim Stevenson, Anne Davies, Michael Gunn, *Blackstone's Guide to the Sexual Offences Act 2003*, Oxford 2004, para. 11. 3 中の表を基にし、これに、その後の改正部分を追加した。

届出続行期間は、有罪宣告、認定、注意を受けた日（「関係日」（relevant date）と呼称されている）から起算する。表中の前三者については、届出続行期間は不定期間、即ち終身である。不定期間を終結または軽減する規定はない。条件付き釈放命令を受けた者・犯罪者指導監督要求を課するコミュニティー返済命令を受けた者は、条件付き釈放の期間中・犯罪者指導監督要求のための所定の期間中、届出要求に服する。これらを除く者は、それぞれ一〇年、七年、五年、二年の期間中、届出が要求されるが、一八歳未満の犯罪者については、期間が二分の一に軽減される。

また、行為無能力の状態で告発された行為を行ったと認定された場合において、その後に、その罪について審理を受けたときは、認定に関係する届出続行期間は、審理の終結と同時に終了する。例えば、認定によって行動規制命令に服し、病院へ収容許可されたときは、不定期間の届出続行期間に服するが、その後の審理により有罪宣告を受けて一二か月の拘禁が言い渡されたときは、不定期間の届出続行期間は、審理の終結と同時に終了し、新しい届出続行期間は、有罪宣告を受けた日から起算して一〇年となる。

(三)　最初の届出事項（第八三条）

関係犯罪者は、関係日から起算して三日以内に、次に掲げる事項を警察へ届け出なければならない。

(1)　出生日
(2)　国民保険番号
(3)　関係日に使用していた氏名、複数の氏名を使用していたときはそれらの氏名
(4)　関係日に居住していたホーム住所
(5)　届出日に使用していた氏名、複数の氏名を使用していたときはそれらの氏名
(6)　届出日に居住していたホーム住所
(7)　届出の時点に定期的に居住または滞在していた、連合王国内の他の敷地の住所

(8)　旅券の所持の有無、所持している旅券の発行機関、番号、発行日と満期日、旅券所持者として記載された氏名と誕生日（(8)はスコットランド地方に適用）

(9)　所定の情報（主務大臣が定めた規則で定める）

関係犯罪者が前に有罪宣告、認定、注意を受けて、既に三日以内に関係事項を届け出ていたときは、再度の届出は必要でない。

「ホーム住所」（home address）とは、連合王国内の本人の単一居住地または主たる居住地をいい、本人が居住地を有しないときは、連合王国内の、通常本人を発見することができる場所の住所であって、その場所が二か所以上あるときは、その者が選択することができる場所をいう。例えば、シェルター、友人の家、キャラバン、公園のベンチ等が挙げられる。この立法を批判する立場からは、通常発見することができる場所の指定を犯罪者に要求することによって警察が本人の発見を容易にすることを確保し、犯罪者に責任を転嫁したものであると主張している。

（四）　届出事項の変更（第八四条）

関係犯罪者が警察に届け出ていなかった氏名を使用した場合、ホーム住所を変更した場合、敷地の住所を警察に届け出ていなかった場合における敷地（例えば、友人や親戚の家またはホテル等）に七日間（「適正期間」（qualifying period）と呼称されている）居住または滞在した場合、勾留・拘禁・病院への収容から釈放された場合には、それぞれ、その日から三日以内に、その氏名、新ホーム住所、敷地の住所、釈放されたという事実を警察へ届け出なければならない。

（五）　**定期の届出**（第八五条）

関係犯罪者に届出の変更がない場合でも、次に掲げる時点から一年以内に、そしてその後も毎年、最初の届出として記載した事項を警察へ届け出なければならない。

・本法の施行日から関係犯罪者であった者について、本法の施行の時点
・関係犯罪者が最初の届出を行った時点または変更の届出を行った時点
・前回変更の届出を行った時点

関係犯罪者が最初の届出から一年以内に二回以上変更の届出を行ったときは、最後の届出から一年以内に再度の届出が開始される。

次に掲げる期間中に定期の届出の期間が終了してしまったときは、それぞれの勾留、服役、収容から釈放された日または連合王国へ帰国した日から三日後までに届出を行うことができる。

(1)　裁判所命令によって勾留に付されていた期間中
(2)　拘禁刑を服役していた期間中
(3)　病院に収容されていた期間中
(4)　連合王国外に居た期間中

（六）　**連合王国外への旅行の届出**（第八六条）

関係犯罪者が海外旅行をする場合や海外で就労する場合には、海外での性犯罪の発生を防止するために、出国に先立って、規則によって次に掲げる事項の開示が義務づけられ、また帰国について、規則で定めた情報の開示が義務づけられている。

関係犯罪者が出国に先立って開示が義務づけられている事項は、次のとおりである。

(1)　出国日

(2)　旅行先の国（二以上あるときは最初の国）およびその到着地

(3)　出国、帰国または連合王国外に居た期間内の移動について本人が保有しているその他の情報

制定時には、規則で、人により異なる規定を定めることができると規定されていた。それ故、注解書では、これにより、少年犯罪者について他の犯罪者と異なる旅行期間の届出規定を定めることができる旨を例示していたが、この規定は、「二〇一〇年刑事司法及び許可（スコットランド）法」（法律第一三号）（Criminal Justice and Licensing (Scotland) Act 2010）(asp13) 第一〇二条第三項と「二〇〇八年刑事司法及び移民法」（法律第四号）（Criminal Justice and Immigration Act 2010）(c.4) 附則二八第四章により削除された。

(七)　届出の方法と条件（第八七条）

最初の届出、変更の届出、定期の届出は、関係犯罪者の地方警察地域内の警察署へ出頭し、口頭で警察官に対して行う。

「地方警察地域」(local police area) とは、本人のホーム住所がある警察地域、ホーム住所がないときは、最後に届け出たホーム住所がある警察地域、ホーム住所も最後の届出もないときは、附則三中に列挙した性犯罪その他について最後にこの者を取り扱った裁判所がある警察地域をいう。ホーム住所に変更が生じて、変更の届出を行う者は、そのホーム住所がある警察地域内の警察署で届出を行うことができる。

関係犯罪者が各届出において警察官等から本人の身分を確認するために本人の指紋採取か写真撮影を行うように要請を受けたときは、関係犯罪者は、それを認めなければならない。「写真撮影」(photograph) の中には、画像を

作成する過程も含まれる。

（八）　少年犯罪者に関する特則（第八九条・第九〇条）

関係犯罪者が少年（一八歳未満、スコットランド地方では一六歳未満）であるときは、有罪宣告や認定について少年を取り扱う裁判所が、各届出について、その親権者に対し、本人が成人に達するまで届出要求を遵守するように指示することができる。そして少年犯罪者が届出を行うときは、親権者が少年に付き添って出頭するものとする指示を行うことができる。また少年犯罪者や親権者は、その裁判所に対し、その指示を変更し、更新し、または取り消す命令を求める申立てを行うことができる。例えば、父親が裁判所から少年犯罪者に代わって届出を行う指示を受けた場合において、その後に両親が離婚して少年犯罪者が母親と生活するようになった場合には、指示の変更を要求することができ、両親が少年犯罪者を管理することができなくなり、少年犯罪者に付き添って届出を行うことを確保することができなくなったときは、命令の取消が必要になる場合が生ずる。

（九）　届出要求に違反する罪（第九一条）

「合理的な免責事由」(reasonable excuse) なくして届出要求を遵守しなかった者、または虚偽の届出を行った者は、略式起訴に基づく有罪宣告の場合にあっては、六か月以下の拘禁もしくは法定上限以下の罰金に処せられ、または両者が併科され、正式起訴に基づく有罪宣告の場合にあっては、五年以下の拘禁に処せられる。ただし関係犯罪者が事故により入院していたために、要求された期限内に届出を行うことができなかったときは、合理的な免責事由があったものとされる。届出要求の不遵守が継続している期間中は、犯行が続行しているものとされる。ただし要求の不遵守により有罪宣告を受けた後に、再度同一の要求について不遵守があったときは、新たな罪を犯したものとみなされる。

（一〇）情報の提供（第九四条―第九六条）

警察局長その他の警察組織は、主務大臣や、主務大臣へ役務を提供する者、例えば主務大臣に代わって、社会的安全・児童支援・雇用・訓練に関する職務、パスポートに関する職務、道路交通法に基づく職務（これらは「関係職務」（relevant function）と呼称されている）を執行する者に対し、届出要求に服して警察へ届け出た情報を、第一章に基づく性犯罪の防止・探知・調査・訴追のために、情報を確認する用途に使用する目的で、提供することができることとした。提供する情報の中には、関係犯罪者の出生日・国民保険番号・氏名・ホーム住所・その他の住所が含まれる。また主務大臣等から得られた情報が含まれる報告書を、主務大臣等が警察局長等へ提供することも可能である。警察は、これらの情報を保有して、性犯罪の防止等のために使用するほか、他の罪の防止等のために使用することもできる。例えば、関係犯罪者が強盗の指名手配を受けている場合において、本人の所在を特定する情報を、性犯罪ではなく、強盗罪の調査のために使用することができる。

さらに、関係犯罪者が拘禁刑を服役している場合や病院に収容されている場合において、主務大臣は、規則によって、本人のために責任を有する者（例えば病院長や刑務所長）が規則で定めた者（例えば地方警察局長）に対し、犯罪者の釈放や他の施設への移送について通知するように要求することもできる。(2)

（一一）届出要求に服することとなる対象性犯罪（附則三）

届出要求に服することとなる対象性犯罪は、「二〇〇三年性犯罪法」の附則三中に列挙されており、イングランドとウェールズ地方について、制定時には、附則三第一条から第三五条までに、「一九五六年性犯罪法」から「二〇〇三年性犯罪法」までの法律中に定める罪を、加害者の年齢に伴う量刑や被害者の年齢等に限定する「枠付け」を付して、記載していた。現時点の調査では、附則三第三五条Ｂ（「二〇〇九年検視官及び司法法」（法律第二五号）（Coloners and Justice Act 2009）（c.25）第六二条第一項に基づく罪（児童を対象とする被禁止画像の所持）まで規定している。表二には、届出要求に服することとなる対象性犯罪のうち、「二〇〇三年性犯罪法」中の関係する罪のみを掲げておく。

表二　届出要求に服することとなる対象性犯罪（イングランド・ウェールズ地方）

「二〇〇三年性犯罪法」（第四二号）

一　強姦（第一条）、膣またはアヌスへの挿入による暴行（第二条）

二　性的暴行［加害者が一八歳未満であったときは一二か月以上の拘禁の言渡しを受けた場合、または被害者が一八歳未満か、加害者が有期拘禁の言渡しを受けたか、病院に収容されたか、もしくは一二か月以上の地域社会刑に服したかのいずれかの場合］（第三条）

三　同意を得ないで人に対し性的行為を行うように強制する罪（第四条）、一三歳未満の児童を対象とする強姦（第五条）、一三歳未満の児童を対象とする、膣またはアヌスへの挿入による暴行（第六条）

四　一三歳未満の児童を対象とする性的暴行［加害者が一八歳以上か、一二か月以上の拘禁の言渡しを受けた場合］（第七条）

五　一三歳未満の児童に対し性的行為を行うように強制または勧誘する罪（第八条）、児童との性的行為（第九条）、児童に対し性的行為を行うように強制または勧誘する罪（第一〇条）、児童の面前で性的行為を行う罪（第一一条）、児童に対し性的行為を見つめるように強制する罪（第一二条）

六　児童または少年が行う児童性犯罪［加害者が一二か月以上の拘禁の言渡しを受けた場合］（第一三条）

七　児童性犯罪の犯行を準備または促進する罪［加害者が一八歳以上か、一二か月以上の拘禁の言渡しを受けた場合］（第一四条）

八　児童と会って、性的グルーミング等を行う罪（第一五条）

九　信用ある地位の濫用：児童との性的行為・児童に対し性的行為を行うように強制または勧誘する罪・児童の面前で性的行為を

行う罪・児童に対し性的行為を見つめるように強制する罪［いずれの罪も、加害者が一八歳以上か、一二か月以上の拘禁の言渡しを受けた場合］（第一六条―第一九条）

一〇　家庭内の児童性犯罪：家庭内の児童構成員との性的行為・家庭内の児童構成員に対し性的行為を行うように勧誘する罪［いずれの罪も、加害者が一八歳以上か、一二か月以上の拘禁の言渡しを受けた場合］（第二五条・第二六条）

一一　対精神障害者性犯罪：精神障害者との性的行為（単純接触［性的接触］、加重接触［加害者の身体の一部または物を被害者のアヌスまたは膣へ挿入、加害者のペニスを被害者の口へ挿入、被害者の身体の一部を加害者のアヌスまたは膣へ挿入、被害者のペニスを加害者の口へ挿入］、精神障害者に対し性的行為を行うように強制または勧誘する罪、精神障害者の面前で性的行為を行う罪、精神障害者に対し性的行為を見つめるように強制する罪）（第三〇条―第三三条）、勧誘・脅迫・詐害による対精神障害者性犯罪（第三四条―第三七条）

一二　ケアワーカーによる対精神障害者性犯罪［加害者が一八歳未満であったときは一二か月以上の拘禁の言渡しを受けた場合、または加害者が有期拘禁の言渡しを受けたか、病院に収容されたか、もしくは一二か月以上の地域社会刑に服したかのいずれかの場合］（第三八条―第四一条）

一三　児童の性的サービスに対して利益給付を行う罪［被害者（一方当事者）が一六歳未満であって、かつ加害者が一八歳以上か、一二か月以上の拘禁の言渡しを受けた場合］（第四七条）

一四　児童を売春またはポルノグラフィーへと強制または勧誘する罪［加害者が一八歳以上か、一二か月以上の拘禁の言渡しを受けた場合］（第四八条）

一五　児童売春者またはポルノグラフィーにかかわった児童を管理する罪［加害者が一八歳以上か、一二か月以上の拘禁の言渡しを受けた場合］（第四九条）

一六　児童の売春またはポルノグラフィーへのかかわりを準備または促進する罪［加害者が一八歳以上か、一二か月以上の拘禁の言渡しを受けた場合］（第五〇条）

一七　性的行為を行う目的の薬物投与（第六一条）

一八　性犯罪を行う目的で罪を犯す行為・性犯罪を行う目的の敷地侵害［加害者が一八歳未満であったときは一二か月以上の拘禁の言渡しを受けた場合、加害者が意図した罪が一八歳未満の者に対する罪であった場合、または加害者が有期拘禁の言渡しを受けたか、病院に収容されたか、もしくは一二か月以上の地域社会刑に服したかのいずれかの場合］（第六二条・第六三条）

一九　親族関係にある成年者との性交：膣またはアヌスへの挿入・膣またはアヌスへの挿入についての同意［加害者が一八歳未満であったときは一二か月以上の拘禁の言渡しを受けた場合、または加害者が有期拘禁の言渡しを受けたか、病院に収容された場合］（第六四条・第六五条）

二〇　性器の露出［加害者が一八歳未満であったときは一二か月以上の拘禁の言渡しを受けた場合、被害者が一八歳未満であった場合、または加害者が有期拘禁の言渡しを受けたか、病院に収容されたか、もしくは一二か月以上の地域社会刑に服したかのいずれかの場合］（第六六条）

二一　のぞき行為［同］（第六七条）

二二　獣姦・屍姦［加害者が一八歳未満であったときは一二か月以上の拘禁の言渡しを受けた場合、または加害者が有期拘禁の言渡しを受けたか、病院に収容された場合］（第六九条・第七〇条）

イギリス「二〇〇三年性犯罪法」附則三を基にして作成した。一四、一五、一六に掲げた罪は、「二〇〇七年「二〇〇三年性犯罪法（附則三及び附則五の改正）命令」（法律的文書第二九六号）［S.I. 2007/296］中の第二条「二〇〇三年性犯罪法附則の改正」によって追加された。

（1）「二〇〇〇年刑事司法及び裁判所業務法」の解説について、横山　潔『イギリスの少年刑事司法』（成文堂、二〇〇六年）中の、第八章「イギリスにおける対児童犯罪・少年犯罪・性犯罪に対する最近の立法措置―イギリス「二〇〇〇年刑事司法及び裁判所業務法」による資格剥奪命令・コミュニティー命令・「一九九七年性犯罪者法」改正―」参照（同一名称の初出論文　外国の立法第二一八号三四―四六頁（二〇〇三年）、同号四七―五七頁には抄訳も掲載）。

（2）届出要求に関する解説は、主として Kim Stevenson, Anne Davies, Michael Gunn, *Blackstone's Guide to the Sexual Offences Act 2003*, Oxford 2004, 11 Sex Offenders : Notification Requirements（para. 11.1-11.7）; Sexual Offences Act 2003 *Explanatory Notes*, para. 149-192 に依拠した。

第五節　我が国の性犯罪前歴者確認措置とイギリス「二〇〇三年性犯罪法」による届出要求との対比

表三は、我が国の性犯罪前歴者確認措置とイギリス「二〇〇三年性犯罪法」に定める届出要求中の主要事項を対比したものである。この表では、イギリス法が採用する個々の届出要求事項は除いた。我が国では、警察が性犯罪前歴者の所在を確認するという仕組みに伴って、前歴者の人権を配慮するなどの制約が生ずるのに対し、イギリス

では、前歴者自身が届出を行うという基本的な相違により、当然、対比する事項にも相違がある。

我が国では、対象となる性犯罪は暴力的性犯罪に限られ、対象者は懲役または禁錮の刑が執行された者、被害者は一三歳未満の者、所在確認期間は五年が原則とされる。これに対しイギリスでは、対象となる性犯罪が、必ずしも暴力的性犯罪に限られないこと、対象者は有期刑の執行を受けた者に限られず、また有罪宣告を受けた者の中には、条件付き釈放を受けた者も含まれる。被害者は一三歳未満の者に限られない。届出続行期間は二年間から不定期間まであり、定期の届出は、一八歳未満の者には、その二分の一に軽減される。

表三　性犯罪前歴者に対する再犯防止措置（我が国［平成一七年通達および平成二三年通達］とイギリスとの対比）

事項	我が国	イギリス
規制措置（通達／法律）	子ども対象・暴力的性犯罪の出所者による再犯防止に向けた措置（平成一七年通達） 子ども対象・暴力的性犯罪の出所者による再犯防止に向けた措置（平成二三年通達）	「二〇〇三年性犯罪法」（法律第四二号）
規制の仕組み	警察による性犯罪前歴者の所在確認ほか（平成一七年通達） 第一節中の二（六）「再犯防止措置実施の仕組み」参照 警察による性犯罪前歴者の所在確認と本人の同意を得た上での面談ほか（平成二三年通達） 第三節中の枠内第四「再犯防止措置の仕組み」と第五「再犯防止に向けた措置の実施」参照	性犯罪前歴者に対する届出要求

対象となる性犯罪	暴力的性犯罪（平成一七年通達） 第一節中の二（四）「対象となる暴力的性犯罪」参照 暴力的性犯罪（平成二三年通達） 第三節中の枠内第二「子ども対象・暴力的性犯罪」参照	暴力的性犯罪に限られない（表二参照）
対象者	子ども対象・暴力的性犯罪により懲役または禁錮の刑を執行された者のうち、再犯防止に向けた措置を組織的かつ継続的に講ずる必要があるものとして、警察庁が登録する者（平成一七年通達） 第一節中の二（五）「再犯防止措置対象者」参照 子ども対象・暴力的性犯罪により懲役または禁錮の刑を執行された者のうち、再犯防止に向けた措置を組織的かつ継続的に講ずる必要があるものとして、警察庁が登録する者（平成二三年通達） 第三節中の枠内第三「再犯防止措置対象者」参照	有罪宣告を受けた者 責任無能力により無罪と認定された者 行為無能力の状態で告発された行為を行ったと認定された者 イングランド・ウェールズ・北アイルランド地方で注意を受けた者 第四節中の二（一）参照
被害者	一三歳未満の者（平成一七年通達） 第一節中の二（三）「被害者」参照 一三歳未満の者（平成二三年通達） 第三節中の枠内第二「子ども対象・暴力的性犯罪」参照	一三歳未満の者に限られない（表二参照）
住居確認の期間／届出続行期間	平成一七年通達には、期間の規定はない。資料では、原則として五年、別に性犯罪の前歴があれば一〇年	二年間から不定期間（一八歳未満の者は定期の二分の一）（表一参照）

以上としている。
第一節中の二（六）「再犯防止措置実施の仕組み」と同節中の注⑹参照
平成二三年通達には、期間の規定はない。

小　括

奈良市の女子誘拐殺害事件を契機にして、性犯罪前歴者による性犯罪の再犯を如何に防止するかを検討してきた。性犯罪前歴者の所在確認を柱とする仕組みに対しては、ここに紹介したように、いくつかの課題が提示されている。我が国が採用した性犯罪者の所在確認措置は、目下の事件を前提にして、早急にこれに対処することが要求される喫緊の課題に対する一つの方向が示されたものと解釈される。情報共有制度の創設に携わった担当者からも、このたびの再犯防止措置について「中途半端の感を否めない[1]」とされているところから推察するに、今後の実務上の経過を慎重に観察しつつ、その実効性が検討されていくものと思われる。平成二三年の「新通達」は、「旧通達」の運用について見直しを行い、対象者の様子を外部から見守るという確認方法を改めて、本人の同意を条件にして、定期的に警察官が自宅訪問や面談を行うという新たな取組みが決定された。そして、諸外国の法制を検討するに当たっても、冷静な議論を行うことが要望されている。本章では、我が国の性犯罪前歴者所在確認措置と対比して、対処方法を異にするイギリスの前歴者届出要求について考察してきた。比較刑事法制を論ずるに当たっては、まずは、検討の対象とされる関係法制の正確な理解が要求される。その法制について具体的な例が示されていれば、その法制の内容を理解することが一層容易となるであろう。本章を執筆するに当たっては、とりわけ指摘されている事例に留意して、専ら、同国の届出要求の正確な内容の把握に徹することとした。警察による性犯罪前歴者の所在確認と、性犯罪前歴者自身に対する所定事項の届出要求は、いわば対極に立つ方策と思われるだけに、両制度の実績が注目されることになるであろう。

（1）松坂規生「子ども対象・暴力的性犯罪の出所者による再犯防止を含む子どもを犯罪から守るための対策について」警察学論集第五八巻第九号二七頁（二〇〇五年）。

第一〇章　イギリスにおける性犯罪者の再犯防止措置

―「二〇〇三年性犯罪法」に定める対性犯罪前歴者裁判所命令と刑務所・地域社会における性犯罪者処遇プログラム―

はじめに

平成一六年一一月に奈良市において、元新聞販売員による小学一年生の女児誘拐殺害事件が発生した。奈良地方裁判所は、平成一八年九月、被告人に対し、求刑どおり死刑を言い渡した。これに対し弁護側が控訴したが、同年一〇月、被告人が控訴を取り下げて、死刑が確定した。この事件を契機にして、関係方面において、性犯罪前歴者から如何にして児童を守るかが、喫緊の課題として認識されることとなった。

法務省は、平成一七年六月一日から、一三歳未満の児童に対する強姦や強制わいせつ等の所定の性的暴力犯罪について、受刑者の刑務所出所予定日や居住予定地等の情報を警察庁へ提出する制度を発足させ、警察においては、性犯罪前歴者の居住状況を事前に把握して、性犯罪の再犯防止を図ることになった。

また、性犯罪者の処遇について、平成一七年四月を第一回として、併せて五回の性犯罪者処遇プログラム研究会が開催され、「性犯罪者処遇プログラム」を一八年度から運用することを予定して、ワーキング・グループによる具体的な作業が進められてきた。(1)

性犯罪前歴者の再犯防止措置の検討に当たっても、また性犯罪者の処遇プログラムの策定に当たっても、アメリカ、イギリスその他の主要国の制度や実態についての綿密な調査が進められており、既にすぐれた成果が発表されている。(2)

本章は、イギリスにおける性犯罪者の再犯防止措置として、イギリス「二〇〇三年性犯罪法」（法律第四二号）(Sexual Offences Act 2003)（c. 42）を素材とする、性犯罪前歴者に対する裁判所命令と刑務所・地域社会における性犯罪者処遇プログラムについて検討することとする。性犯罪前歴者に対する裁判所命令に関しては、著者がこれまでまとめてきたものに手を加える形で、また、性犯罪者処遇プログラムに関しては、入手し得た資料を紹介する形で執筆したものである。(3)(4)

（1）「性犯罪者処遇プログラム」について、名取雅子・鈴木美香子「性犯罪者処遇プログラムの成立経緯とその概要」法律の広場第五九巻第六号四―一六頁（二〇〇六年）、性犯罪者処遇プログラム研究会（矯正ワーキンググループ、保護ワーキンググループ）「刑事施設及び保護観察における性犯罪者処遇プログラム」法律の広場第五九巻第六号二五―二七頁（二〇〇六年）、『性犯罪者処遇プログラム研究会報告書』（平成一八年三月）一―八五頁（二〇〇六年）、藤本哲也「我が国の性犯罪者処遇プログラム」法学新報第一一四巻第五・六号一―二九頁（二〇〇八年）（藤本哲也『性犯罪研究』日本比較法研究所研究叢書七五（中央大学出版部、二〇〇八年）所収）参照。

（2）最近の資料では、法務総合研究所『研究部報告三八　諸外国における性犯罪の実情と対策に関する研究―フランス、ドイツ、英国、米国』（二〇〇八）がある。

（3）私は、拙著『イギリスの少年刑事司法』（成文堂、二〇〇六年）中の、第九章「イギリス「二〇〇三年性犯罪法」の成立と性犯罪被害者の保護―旧性犯罪法律の包括的整備―」の中で、「二〇〇三年性犯罪法」を解説し、性犯罪者から公衆を保護するために「二〇〇三年性犯罪法」第二章で定めた、性犯罪前歴者に対する届出要求と裁判所命令を紹介した。これを基にした上で、さらに「刑務所における性犯罪者の処遇」と「地域社会における性犯罪者の処遇」をも追加して、財団法人矯正協会附属中央研究所特別研究課題として調査を行ってきた。本章は、これに手を加えて執筆したものである。

（4）本書における「又は」「若しくは」「及び」の表記方法について、法律名と法文を引用する場合には、「又は」「若しくは」「及び」を使用し、それ以外では、「または」「もしくは」「および」を使用した。

第一節　「二〇〇三年性犯罪法」の成立とその構成

一　「二〇〇三年性犯罪法」の成立

イギリスにおいて「二〇〇三年性犯罪法」の成立前に性犯罪規制立法の中核となっていた法律は、「一九五六年性犯罪法」（法律第六九号）(Sexual Offences Act 1956)（c. 69）であった。この法律は、その制定以前の性犯罪に関する諸法律を整備・統合したものであったが、それが成立した後の五〇年の経過の中で、社会情勢の変化に合わせるために、同法を基礎にして新法を制定し、また、法律改正を行うという方法が採用されてきた。しかし、これまでのように、法律の改正を重ねるという弥縫策では、もはや、近時の性犯罪者に対応する、児童や社会的弱者の保護を維持することが困難であることが認識されてきた。

イギリス政府は、この認識を踏まえて、二〇〇二年一一月に、内務大臣から議会に宛てて『公衆の保護―性犯罪者に対応する保護の強化と性犯罪に関する法律の改革―』（『二〇〇二年白書』と略称する）[1]と題する報告書を提出し、この中で、性犯罪に関する新たな法規制が提案されることを要望した。こうした経緯を経て、これまでの性犯罪に関する法律が集大成され、新たに編成されて、二〇〇三年一一月二〇日に、「二〇〇三年性犯罪法」が成立し、二〇〇四年五月一日に施行された。

「二〇〇三年性犯罪法」は、第一章では、児童と社会的弱者の保護に向けた各性犯罪の要件と量刑を規定し、第二章では、性犯罪前歴者に対する届出要求と裁判所命令を規定している。(2) 届出要求については、本書第九章「性犯罪前歴者に対する性犯罪の再犯防止に向けた取組み―我が国の新旧通達による性犯罪前歴者確認措置とイギリス「二〇〇三年性犯罪法」による性犯罪前歴者届出要求―」において、我が国が採用する性犯罪者の所在確認措置と対比させて、これを紹介し、検討した。本節では、二〇〇三年法に定める四種の裁判所命令について紹介することとする。

裁判所命令は、「マジストレート裁判所」（治安判事裁判所）（Magistrates' Courts）が、警察局長の申立てにより、性犯罪者の再犯防止に向けて、性犯罪前歴者に対して命ずる命令であって、関係する命令は、「二〇〇三年性犯罪法」の第二章「届出及び命令」中に規定されているが、これらの命令は、同法の第一章「性犯罪」や「附則」の規定にもかかわりがあるので、まず、同法の全体を一覧表示することとする。「二〇〇三年性犯罪法」は、成立後、現在までに、幾多の改正が施されている。現行の「二〇〇三年性犯罪法」は、次のような構成をとっている。

二　「二〇〇三年性犯罪法」の構成

本文

第一章　性犯罪

強姦（第一条）

暴行（第二条・第三条）

同意を得ないで性的行為を強制する罪（第四条）

一三歳未満の児童を対象とする強姦及びその他の罪（第五条—第八条）
児童性犯罪（第九条—第一五条）
信用ある地位の濫用（第一六条—第二四条）
家庭内の児童性犯罪（第二五条—第二九条）
選択能力に支障がある精神障害者に対する罪（第三〇条—第三三条）
精神障害者に対する勧誘等（第三四条—第三七条）
精神障害者のためのケア・ワーカー（第三八条—第四四条）
児童を対象とする品位を欠く写真（第四五条・第四六条）
売春及びポルノグラフィーによる児童虐待（第四七条—第五一条）
売春の搾取（第五二条—第五四条）
売春に関係する改正（第五五条・第五六条）
人身売買（第五七条—第六〇条C）
予備的犯罪（第六一条—第六三条）
親族関係にある成年者との性交（第六四条・第六五条）
その他の罪（第六六条—第七一条）
連合王国外での罪（第七二条）
補則及び通則（第七三条—第七九条）

第二章　届出及び命令

届出要求（第八〇条—第九三条）

確認のための情報（第九四条・第九五条）
釈放又は移送についての情報（第九六条・第九六条A）
ホーム住所への立入り及び当該住所の捜索（第九六条B）
届出命令（第九七条―第一〇三条）
性犯罪防止命令（第一〇四条―第一一三条）
外国旅行禁止命令（第一一四条―第一二二条）
性的危害禁止命令（第一二三条―第一二九条）
附則三及び附則五を改める権限（第一三〇条）
通則（第一三一条―第一三六条）

第二章A　閉鎖命令
基本的定義（第一三六条A）
閉鎖通知（第一三六条B・第一三六条C）
閉鎖命令（第一三六条D・第一三六条E）
執行（第一三六条F・第一三六条G）
閉鎖命令の延長及び猶予（第一三六条H―第一三六条J）
閉鎖命令等に対する上訴（第一三六条K）
他の敷地への出入り（第一三六条L）
費用の補填、補償等（第一三六条M―第一三六条O）
通則（第一三六条P―第一三六条R）

第三章　通則（第一三七条―第一四三条）

附則

附則一　性別が特定されている売春の罪の適用拡大
附則二　第七二条の規定［連合王国外での罪］を適用する性犯罪
附則三　第二章の規定［届出及び命令］の適用のための性犯罪
附則四　廃止された同性愛の罪について届出要求を終了する手続
附則五　第二章の規定の適用のためのその他の罪
附則六　小改正及び派生的改正
附則七　廃止及び削除

第二節「対性犯罪前歴者裁判所命令」で検討する、再犯防止措置に関係する裁判所命令は、「二〇〇三年性犯罪法」第二章「届出及び命令」中に定める「届出命令」(Notification Orders)、「性犯罪防止命令」(Sexual Offences Prevention Orders)、「外国旅行禁止命令」(Foreign Travel Orders)、「性的危害禁止命令」(Risk of Sexual Harm Orders) の四種の裁判所命令である。そして「届出命令」の発令対象者は、附則三中に列挙した性犯罪を行った者であり、「性犯罪防止命令」の発令対象者は、附則三中に列挙した性犯罪を行った者または附則五中に列挙した暴力犯罪を行った者、「外国旅行禁止命令」の発令対象者は、附則三中に列挙した性犯罪に関係する罪を行った者である。「性的危害禁止命令」には、附則三中に列挙した性犯罪や附則五中に列挙した暴力犯罪は指定されていない。この命令の発令対象者は、二回以上、児童にかかわる所定の性的行為を行った一八歳以上の者である。

「附則三中に列挙した性犯罪」と「附則五中に列挙した暴力犯罪」については、第二節「対性犯罪前歴者裁判所命令」で述べることとして、本章と直接かかわりのない第二章A「閉鎖命令」、および附則三と附則五以外の附則規定について、概要を述べておくこととする。

第二章A「閉鎖命令」は、「二〇〇九年警備及び犯罪法」（法律第二六号）（Policing and Crime Act 2009）（c. 26）附則第一条により追加された章であり、所定の売春とポルノグラフィーの罪に関係する行為のために使用される敷地について、警視以上の階級にある者（「権限を有する担当官」）が有する閉鎖通知の発付を許可する権限や、マジストレート裁判所の閉鎖命令の発令その他の事項を規定している。(3)

附則一は、第五六条に定める、性別が特定されている売春の罪の適用を拡大する旨の規定を受けて、「一九五六年性犯罪法」（法律第六九号）、「一九五九年街頭犯罪法」（法律第五七号）、「一九八五年性犯罪法」（法律第四四号）中の規定の性別が特定されている文言を、特定されない文言に改めている。その後の改正により、現在効力を有している関係条項は、「一九五六年性犯罪法」第三六条と「一九五九年街頭犯罪法」第一条のみである（本書第七章「「二〇〇三年性犯罪法」における売春および人身売買の罪について―「二〇〇三年性犯罪」と関係法律・関係提言との対比―」中の第四節四（三）〔三〇四頁以下〕参照）。

附則二は、第七二条に定める、イギリス公民またはイギリスに居住していた者が連合王国外で行った性的行為を連合王国の法律に基づく罪に当たるものとする規定を受けて、関係する性犯罪を定めている。

附則四は、第九三条「同性愛の罪の廃止」の規定を受けて、同性愛の罪により届出要求に服している関係犯罪者について、届出要求を終了するための手続を定めている。

附則六は、第一三九条「小改正及び派生的改正」の規定を受けて、関係法律の改正を列挙している。

附則七は、第一四〇条「廃止及び削除」の規定を受けて、本法の施行に伴って廃止される法律と削除される条項を一覧表示している。

（1）制定時の『二〇〇二年白書』の解説について、横山　潔『イギリスの少年刑事司法』（成文堂、二〇〇六年）中の、第九章第一節「デーヴィッド・ブランケット内務大臣の表明と『二〇〇二年白書』の概要」、第二節「性犯罪に関する法律を改革する必要性」、第三節「性犯罪に関する法律の改正提案」参照。

（2）制定時の「二〇〇三年性犯罪法」本文（第一章—第三章）の邦訳について、横山　潔「イギリス「二〇〇三年性犯罪法」（法律第四二号）（共同研究）」（一）—（三・完）比較法雑誌第三八巻第二号（第一三〇号）（二〇〇四年）—第四号（第一三二号）（二〇〇五年）参照。同法の改正を含む邦訳については、横山　潔『イギリス二〇〇三年性犯罪法』（成文堂、二〇一七年）参照。

（3）第二章Ａ「閉鎖命令」については、本書第七章「「二〇〇三年性犯罪法」における売春および人身売買の罪について—「二〇〇三年性犯罪法」と関係法律・関係提言との対比—」中の第四節六「売春・ポルノグラフィーにかかわる、「二〇〇三年性犯罪法」中への第二章Ａ「閉鎖命令」（Closure Orders）の追加」〔三〇八頁以下〕をも参照。

第二節　対性犯罪前歴者裁判所命令

一　対性犯罪前歴者裁判所命令の意義

（一）「二〇〇三年性犯罪法」は、性犯罪前歴者に対し、マジストレート裁判所が発する四種の裁判所命令について規定している。まず、四種の裁判所命令の意義について説明する。「二〇〇三年性犯罪法」は、①連合王国外で「附則三中に列挙した性犯罪」に相当する罪を行った者について、警察局長の申立てによって、所定の条件を具備していることが立証されたときは、マジストレート裁判所は、この者に「届出命令」を下さなければならないこととし、②連合王国内外で「附則三中に列挙した性犯罪」や「附則五中に列挙した暴力犯罪」またはそれに相当する罪を行った者について、マジストレート裁判所が公衆を保護するために「性犯罪防止命令」を下すことが必要であると認めたときは、この命令を下すことができることとした。また、③連合王国内外で、附則三中に列挙した性犯罪を行った者について、マジストレート裁判所が児童を保護するために「外国旅行禁止命令」を下すことが必要であると認めたときは、この命令を下すことができることとし、④二回以上児童を対象として性的行為を行った者について、マジストレート裁判所が児童を保護するために「性的危害禁止命令」を下すことが必要であると認めたときは、この命令を下すことができることとした。性犯罪防止命令は、「一九九八年犯罪及び秩序違反法」第二条中に定める「性犯罪者命令」(Sex Offender Orders)を引き継いだものである。[1]

(二)　四種の裁判所命令の発令について対象となる「附則三中に列挙した性犯罪」と「附則五中に列挙した暴力犯罪」について説明する。

1　「附則三中に列挙した性犯罪」は、「届出命令」「性犯罪防止命令」「外国旅行禁止命令」の発令について対象となる性犯罪である。これらの性犯罪は、イングランドとウェールズ地方について、現時点において、同附則中に、第一条から第三五条Bまでの規定で列挙されており、附則三中に列挙した性犯罪中の約半数は、「二〇〇三年性犯罪法」第一章中に定める性犯罪である。「附則三中に列挙した性犯罪」は、届出要求に服することとなる対象性犯罪と同一である。本書第九章「性犯罪前歴者に対する性犯罪の再犯防止に向けた取組み―我が国の新旧通達による性犯罪前歴者確認措置とイギリス「二〇〇三年性犯罪法」による性犯罪前歴者届出要求―」の第四節「イギリス「二〇〇三年性犯罪法」に定める性犯罪前歴者への届出要求」において、表二「届出要求に服することとなる対象性犯罪(イングランド・ウェールズ地方)」に、届出要求に服することとなる、「二〇〇三年性犯罪法」中の対象性犯罪を掲載した（「附則三中に列挙した性犯罪に関係する三裁判所命令の発令について対象となる二〇〇三年法中の性犯罪について同表（三九六頁以下）」参照）。

2「附則五中に列挙した暴力犯罪」は、「性犯罪防止命令」の発令について対象となる暴力犯罪である。これらの暴力犯罪は、イングランドとウェールズ地方について、同附則の冒頭に、謀殺、故殺、略取・誘拐、不法監禁を規定しており、この四罪の後に、「二〇〇七年「二〇〇三年性犯罪法」（附則三及び附則五の改正）命令」（法律的文書第二九六号）（Sexual Offences Act 2003（Amendment of Schedules 3 and 5）Order 2007）[S.I 2007/296] 第三条第二項によって「公共の秩序を破壊する罪」が追加された。これらの罪を含む、同附則中の暴力犯罪のうち、「二〇〇三年性犯罪法」第一章中に定める暴力犯罪として、「売春及びポルノグラフィーによる児童虐待」の見出し中の、被害者や一方当事者が一六歳以上であった場合における第四七条「児童の性的サービスに対して利益給付を行う罪」に基づく罪が挙げられ、これに加えて、上記二〇〇七年命令の第三条第一一項によって従前の規定が読み替えられて、次に掲げる罪、即ち「売春及びポルノグラフィーによる児童虐待」の見出し中の第五一条から第五三条までの規定に基づく罪（売春者・売春の定義、公道で売春を勧誘する罪、利益を得る目的で売春を強制または勧誘する罪、利益を得る目的で売春を管理する罪）と「人身売買」の見出し中の第五七条から第五九条までの規定に基づく罪（性的搾取を目的とする連合王国内への人身売買、性的搾取を目的とする連合王国内での人身売買、性的搾取を目的とする連合王国外への人身売買）も、暴力犯罪に挙げられている。

「附則三中に列挙した性犯罪」と「附則五中に列挙した暴力犯罪」について、表一にまとめておく。

二　各裁判所命令の要件と効果

次に、各裁判所命令について、その要件と効果を紹介することとする。

(一)　届出命令（第九七条―第一〇三条）

被告人について、(1)連合王国外の国で効力を有する法律に基づく罪を構成する行為を行い、それが連合王国内で行われたとすれば附則三中に列挙した性犯罪を構成する行為（「関係犯罪」(relevant offence) と呼称されている）に当たると思料され、(2)その被告人が警察局長の警察地域内に居住しているか、所在しているか、またはその警察地域へ来る意思がある、と警察局長が思料した場合において、(3)その被告人が関係犯罪について、①有罪宣告を受けたこと（処罰を受けたか否かを問わない）、②裁判権を行使する裁判所によって、責任無能力により無罪の認定に等しい認定を受けたこと、③裁判権を行使する裁判所によって、行為無能力の状態で告発を受けた行為を行ったとの認定に等しい認定を受けたこと、または④注意を受けたこと、(4)届出続行期間が終了していないことの各条件を具備している、と警察局長が認めたときは、その警察局長は、マジストレート裁判所に対し届出命令を求める申立てを行うことができる。その申立てによってこれらの条件を具備していることが立証されたときは、マジストレート裁判所は、その被告人に届出命令を下さなければならない。

この命令は、その被告人が連合王国へ帰国したときに、その被告人を届出に服させるために導入したものである。

（二）　性犯罪防止命令（第一〇四条―第一一三条）

(1)附則三中に列挙した性犯罪または附則五中に列挙した暴力犯罪について、①有罪宣告を受けた者、②責任無能力により無罪の認定を受けた者、③行為無能力の状態で告発を受けた行為を行ったとの認定を受けた者、または④注意を受けた者である、と警察局長が認めた場合において、また、(2)連合王国外の国で効力を有する法律に基づく罪を構成する行為であって、それが連合王国内で行われたとすれば附則三中に列挙した性犯罪または附則五中に列挙した暴力犯罪を構成する行為に当たると思料される行為について、①有罪宣告を受けた者（処罰を受けたか否かを問わない）、②裁判権を行使する裁判所によって、責任無能力により無罪の認定に等しい認定を受けた者、③裁判権を行使する裁判所によって、行為無能力の状態で告発を受けた行為を行ったとの認定に等しい認定を受けた者、または④注意を受けた者である、と警察局長が認めた場合において、(3)その被告人が自己の警察地域内に居住しているか、所在しているか、またはその警察地域へ来る意思があると思料したときは、その警察局長は、マジストレート裁判所に対し性犯罪防止命令を求める申立てを行うことができる。その申立てによって、マジストレート裁判所が、被告人による、附則三中に列挙した性犯罪の犯行によって生じた重大な性的危害（重大な身体的・精神的危害）から連合王国内の公衆全体または特定の公衆を保護するためにその命令を下すことが必要であると認めたときは、マジストレート裁判所は、その被告人に対し性犯罪防止命令を下すことができる。

性犯罪防止命令が下されたときは、被告人は、その命令中に定める五年以上の固定期間中、または他の命令が下されるまで、その命令中に定める行為を行うことが禁止される。この中には、例えば、犯罪者が被害者と接触すること、児童との密接な接触が含まれるようなスポーツ活動に参加すること、一六歳未満の女子と一つの世帯の中で生活すること等の禁止が含まれる。

(三) 外国旅行禁止命令（第一一四条―第一二二条）

1 ⑴附則三中に列挙した性犯罪について、①有罪宣告を受けた者、②責任無能力により無罪の認定を受けた者、③行為無能力の状態で告発を受けた行為を行ったとの認定を受けた者、または④注意を受けた者である、と警察局長が認めた場合において、また、⑵連合王国外の国で効力を有する法律に基づく罪を構成する行為を行い、それが連合王国内で行われたとすれば上記の罪を構成する行為に当たると思料される行為について、①有罪宣告を受けた者（処罰を受けたか否かを問わない）、②裁判権を行使する裁判所によって、責任無能力により無罪の認定に等しい認定を受けた者、③裁判権を行使する裁判所によって、行為無能力の状態で告発を受けた行為を行ったとの認定に等しい認定を受けた者、または④注意を受けた者である、と警察局長が認めた場合において（これらの者は「適格犯罪者」（qualifying offender）と呼称される）、⑶その被告人が自己の警察地域内に居住しているか、所在しているか、またはその警察地域へ来る意思があると思料したときは、その警察局長は、マジストレート裁判所に対し外国旅行禁止命令を求める申立てを行うことができる。その申立てによって、マジストレート裁判所が、連合王国外での被告人の行動による重大な身体的・精神的危害から一八歳未満（「二〇〇九年警備及び犯罪法」（法律第二六号）第二三条第一項a号により、「一六歳未満」を「一八歳未満」に読替え）の児童全体または特定の児童を保護するためにその命令を下すことが必要であると認めたときは、マジストレート裁判所は、その被告人に対し外国旅行禁止命令を下すことができる。

外国旅行禁止命令が下されたときは、被告人は、その命令中に定める六か月以下の固定期間中、その命令中に定める連合王国外の国への旅行が禁止される。

2 「二〇〇三年性犯罪法」第一一四条「外国旅行禁止命令：申立て及び理由」の解釈を定めた同法第一一五条は、「附則三中に列挙した性犯罪」について、児童を対象とする品位を欠く写真に関する罪、意図した罪が一八歳未満の者に対する罪、罪の被害者が犯行時に一八歳未満の者に対する罪等に分類している。ここでは、イングランドとウェールズ地方について、附則三中に列挙した性犯罪に関係する罪で、⑴児童を対象とする品位を欠く写真に関する罪、⑵「二〇〇三年性犯罪法」中の罪で、意図した罪が一八歳未満の者に対する罪、⑶「二〇〇三年性犯罪法」中の罪で、罪の被害者が犯行時に一八歳未満の者に対する罪のうちのいくつかを紹介する。

⑴児童を対象とする品位を欠く写真に関する罪

・「一九七八年児童保護法」（法律第三七号）（Protection of Children Act 1978）（c. 37）
児童を対象とする品位を欠く写真等［その写真を一六歳未満の者に提示して、「二〇〇三年性犯罪法」第二章の施行前に有罪宣告、認定、注意を受けた場合、または加害者が一八歳以上の場合か、一二か月以上の拘禁の言渡しを受けた場合］（第一条）【附則三第一三条】

・「一九七九年関税及び消費税管理法」（法律第二号）（Customs and Excise Management Act 1979）（c. 2）
税等の詐欺的回避に対する刑に基づく罪［「一八七六年関税統合法」（第三六号）第四二条（品位を欠く物又はわいせつ物）に基づいて輸入が禁止される物品につき、その物品中に一六歳未満の児童を対象とする品位を欠く写真があった場合において、「二〇〇三年性犯罪法」第二章の施行前に有罪宣告、認定、注意を受けた場合、または加害者が一八歳以上の場合か、一二か月以上の拘禁の言渡しを受けた場合］（第一七〇条）【附則三第一四条】

・「一九八八年刑事司法法」（法律第三三号）（Criminal Justice Act 1988）（c. 33）
児童を対象とする品位を欠く写真の所持［その写真を一六歳未満の者に提示して、「二〇〇三年性犯罪法」第二章の施行前に有罪宣告、認定、注意を受けた場合、又は加害者が一八歳以上の場合か、一二か月以上の拘禁の言渡しを受けた場合］（第一六〇条）【附則三第一五条】

(2)「二〇〇三年性犯罪法」中の罪で、意図した罪が一八歳未満の者に対する罪・性犯罪を行う目的で罪を犯す行為・性犯罪を行う目的の敷地侵害［加害者が一八歳未満であったときは一二か月以上の拘禁の言渡しを受けた場合、加害者が意図した罪が一八歳未満の者に対する罪であった場合、または加害者が有期拘禁の言渡しを受けたか、病院に収容されたか、もしくは一二か月以上の地域社会刑に服したかのいずれかの場合］（「二〇〇三年性犯罪法」第六二条・第六三条）【附則三第三一条】

(3)「二〇〇三年性犯罪法」中の罪で、罪の被害者が犯行時に一八歳未満の者に対する罪・性器の露出［加害者が一八歳未満であったときは一二か月以上の拘禁の言渡しを受けた場合、被害者が一八歳未満であった場合、または加害者が有期拘禁の言渡しを受けたか、病院に収容されたか、もしくは一二か月以上の地域社会刑に服したかのいずれかの場合］（「二〇〇三年性犯罪法」第六六条）【附則三第三三条】

（四）性的危害禁止命令（第一二三条―第一二九条）

(1)成年（一八歳以上）の被告人が、二回以上、①児童を巻き込んで性的行為を行ったか、または児童の面前で性的行為を行ったこと、②児童に対し、ある者が性的行為を行っている状況を見つめるように、または性的な活動画像や静止画像を閲覧するように強制・勧誘したこと、③性的行為に関係している物か、または性的行為への関連を含む物を児童に与えたこと（例えば、児童にコンドームや性具を与えた）、④児童に性的な通信を行ったこと（例えば、インターネットを経由して児童にポルノ画像を送信した）を警察局長が認めて、(2)その被告人が自己の警察地域内に居住しているか、所在しているか、または自己の警察地域内へ来る意思があると思料したときは、その警察局長は、マジストレート裁判所に対し性的危害禁止命令を求める申立てを行うことができる。その申立てによって、マジストレート裁判所が、被告人の行動による身体的・精神的危害から児童全体または特定の児童を保護するためにその命令を下すことが必要であると認めたときは、マジストレート裁判所は、その被告人に対し性的危害禁止命令を下すことができる。

性的危害禁止命令が下されたときは、被告人は、その命令中に定める二年以上の固定期間中、または他の命令が下されるまで、その命令中に定める行為を行うことが禁止される。

（五）性犯罪防止命令、外国旅行禁止命令、性的危害禁止命令の違反に対する罰則

性犯罪防止命令、外国旅行禁止命令、性的危害禁止命令に違反した者は、正式起訴に基づく有罪宣告の場合にあっては、五年以下の拘禁に処せられ、略式起訴に基づく有罪宣告の場合にあっては、六か月以下の拘禁もしくは法定上限以下の罰金に処せられ、または両者が併科される（第一一三条、第一二二条、第一二八条）[2]。

届出命令、性犯罪防止命令、外国旅行禁止命令、性的危害禁止命令の要件と効果、および後三者の命令違反に対する罰則について、表二にまとめておく。

（1）「性犯罪者命令」について、「一九九八年犯罪及び秩序違反法」（法律第三七号）（Crime and Disorder Act 1998）（c. 37）第二条参照、また横山　潔『イギリスの少年刑事司法』（成文堂、二〇〇六年）第二章「イギリス「一九九八年犯罪及び秩序違反法」解説」参照。

（2）届出命令、性犯罪予防命令、外国旅行禁止命令、性的危害禁止命令に関する解説は、「二〇〇三年性犯罪法」の正文を基にして、主として Kim Stevenson, Anne Davies, Michael Gunn *Blackstone's Guide to the Sexual Offences Act 2003*, Oxford, para.12.1-12.7 と、Sexual Offences Act 2003 *Explanatory Notes*, para. 193-204, 205-233, 234-251, 252-261 に依拠した。

表一　「附則三中に列挙した性犯罪」と「附則五中に列挙した暴力犯罪」

「附則三中に列挙した性犯罪」

・「届出命令」「性犯罪防止命令」「外国旅行禁止命令」の発令について対象となる性犯罪

・イングランドとウェールズ地方について、同附則中に、第一条から第三五条Bまでの規定で、関係性犯罪を列挙

・「附則三中に列挙した性犯罪」は、届出要求に服することとなる対象性犯罪と同一であるので、「届出命令」「性犯罪防止命令」「外国旅行禁止命令」の発令対象となる性犯罪についても、性犯罪の例示として、本書第九章の第四節「イギリス「二〇〇三年性犯罪法」に定める性犯罪前歴者への届出要求」中の表二に掲載した「届出要求に服することとなる対象性犯罪（イングランド・ウェールズ地方）」〔三九六頁以下〕を参照

「附則五中に列挙した暴力犯罪」

・「性犯罪防止命令」の発令について対象となる暴力犯罪

・イングランドとウェールズ地方について、次のような暴力犯罪を列挙

暴力犯罪の例示

謀殺、故殺、略取・誘拐、不法監禁

公共の秩序を破壊する罪

「二〇〇三年性犯罪法」第四七条「児童の性的サービスに対して利益給付を行う罪」に基づく罪（被害者や一方当事者が一六歳以上であった場合）

同法第五一条から第五三条までの規定に基づく罪（売春者・売春の定義、公道で売春を勧誘する罪、利益を得る目的で売春を強制または勧誘する罪、利益を得る目的で売春を管理する罪）

同法第五七条から第五九条までの規定に基づく罪（性的搾取を目的とする連合王国内への人身売買、性的搾取を目的とする連合王国内での人身売買、性的搾取を目的とする連合王国外への人身売買）

ほか

表二　届出命令、性犯罪防止命令、外国旅行禁止命令、性的危害禁止命令の要件と効果および後三者の命令違反に対する罰則

届出命令

マジストレート裁判所が届出命令を下す要件

次のすべてに該当したときは、警察局長は、マジストレート裁判所に対し届出命令を求める申立てを行い、これらの各条件を具備していることが立証されたこと

一　被告人が連合王国外の国で効力を有する法律に基づく罪を構成する行為を行い、それが連合王国内で行われたとすれば附則三中に列挙した性犯罪を構成する行為に当たると思料される

二　被告人が自己の警察地域内に居住しているか、所在しているか、または警察地域へ来る意思がある、と警察局長が思料した

三　被告人が関係行為について有罪宣告を受けたこと、責任無能力により無罪の認定に等しい認定を受けたこと、行為無能力の状態で告発を受けた行為を行ったとの認定に等しい認定を受けたこと、または注意を受けたこと

四　届出続行期間が終了していないこと

効果

被告人が連合王国へ帰国ときに、被告人を届出に服させる

性犯罪防止命令

マジストレート裁判所が性犯罪防止命令を下す要件

次のすべてに該当したときは、警察局長は、マジストレート裁判所に対し性犯罪防止命令を求める申立てを行い、マジストレート裁判所が、附則三中に列挙した性犯罪の犯行によって生じた重大な性的危害から公衆を保護するために性犯罪防止命令を下すことが必要であると認めたこと

一　被告人が附則三中に列挙した性犯罪または附則五中に列挙した暴力犯罪について、有罪宣告を受けた者、責任無能力により無罪の認定を受けた者、行為無能力の状態で告発を受けた行為を行ったとの認定を受けた者、または注意を受けた者、と警察局長が認めた

二　被告人が連合王国外の国で効力を有する法律に基づく罪を構成する行為を行い、それが連合王国内で行われたとすれば附則三中に列挙した性犯罪または附則五中に列挙した暴力犯罪を構成する行為に当たると思料される行為について、有罪宣告を受

けた者、責任無能力により無罪の認定を受けた者、行為無能力の状態で告発を受けた行為を行ったとの認定を受けた者、または注意を受けた者、と警察局長が認めた

三　被告人が自己の警察地域内に居住しているか、所在しているか、警察地域へ来る意思がある、と警察局長が思料した

効果

命令中に定める五年以上の固定期間中、または他の命令が下されるまで、命令中に定める行為を行うことが禁止される

外国旅行禁止命令

マジストレート裁判所が外国旅行禁止命令を下す要件

次のすべてに該当したときは、警察局長は、マジストレート裁判所に対し外国旅行禁止命令を求める申立てを行い、マジストレート裁判所が、連合王国外での被告人の行動による重大な身体的・精神的危害から一八歳未満の児童を保護するために外国旅行禁止命令を下すことが必要であると認めたこと

一　被告人が附則三中に列挙した性犯罪について、有罪宣告を受けた者、責任無能力により無罪の認定を受けた者、行為無能力の状態で告発を受けた行為を行ったとの認定を受け者、または注意を受けた者、と警察局長が認めた

二　被告人が連合王国外の国で効力を有する法律に基づく罪を構成する行為を行い、それが連合王国内で行われたとすれば上記の罪を構成する行為に当たると思料される行為について、有罪宣告を受けた者、責任無能力により無罪の認定に等しい認定を受けた者、行為無能力の状態で告発を受けた行為を行ったとの認定に等しい認定を受けた者、または注意を受けた者、と警察局長が認めた

三　被告人が自己の警察地域内に居住しているか、所在しているか、または警察地域へ来る意思がある、と警察局長が思料した

効果

命令中に定める六か月以下の固定期間中、命令中に定める行為を行うことが禁止される

性的危害禁止命令

マジストレート裁判所が性犯罪防止命令を下す要件

次の両者に該当したときは、警察局長は、マジストレート裁判所に対し性的危害禁止命令を求める申立てを行い、マジストレート裁判所が、被告人の行動による重大な身体的・精神的危害から児童を保護するために性的危害禁止命令を下すことが必要であると認めたこと

一　成年の被告人が、二回以上、児童を巻き込んで性的行為を行ったか、または児童の面前で性的行為を行った、児童に対し、ある者が性的行為を行っている状況を見つめるように、または性的な活動画像や静止画像を閲覧するように強制・勧誘した、

性的行為に関係している物か、または性的行為への関連を含む物を児童に与えた、児童に性的な通信を行った、と警察局長が認めた
二　被告人が自己の警察地域内に居住しているか、所在しているか、または警察地域へ来る意思がある、と警察局長が思料した
効果
　命令中に定める二年以上の固定期間中、または他の命令が下されるまで、命令中に定める行為を行うことが禁止される
性犯罪防止命令、外国旅行禁止命令、性的危害禁止命令に違反した者は、正式起訴に基づく有罪宣告の場合にあっては、五年以下の拘禁に処せられ、略式起訴に基づく有罪宣告の場合にあっては、六か月以下の拘禁もしくは法定上限以下の罰金に処せられ、または両者が併科される。

第三節　刑務所における性犯罪者処遇プログラム

一　イギリスにおける性犯罪者の処遇

(一)　性犯罪者の処遇

イギリスではこれまで、性犯罪者の処遇のほとんどは、地域社会内において、保護観察業務による指導監督計画のもとで行われ、犯罪者が自己の犯罪行動に直面することが要求されてきた。しかし一九九〇年代初頭になって、性犯罪者に対し、国家が制度として特別処遇計画を提供することが望ましいと認識されるようになり、一九九〇年

代を通して、拘禁中の性犯罪者と地域社会内の性犯罪者の両者のための処遇プログラムが開発されてきた。これらのプログラムは、当初は矯正局と保護局でそれぞれ別個に開発され、各プログラムは、刑務所収容の持つ拘禁的要素と地域社会的要素との間のスムーズな移行のための枠組みを提供することを謳ってきたが、二〇〇二年に、矯正局と保護局の両者間の緊密な作業関係の一部として、将来のプログラムを合同で開発することが合意された。現在、独立の「認可委員会」(Accreditation Panels) で認可されている処遇プログラムは、「矯正局性犯罪者処遇プログラム」(Prison Service Sex Offender Treatment Programme) と、保護局が運営する三つの公認プログラム (C-SOGP, TV-SOGP, N-SOGP) である。これらのプログラムは男性性犯罪受刑者用のものであるが、女性性犯罪受刑者用プログラムの開発も進められている。性犯罪者は、刑務所内のプログラムに参加して処遇の成果を積み上げ、釈放後は保護観察用プログラムに参加することが理想的とされている。(1)

(二)　刑務所における性犯罪者処遇の背景

刑務所内の性犯罪者を保護することが必要であるということは、以前から認識されていたが、一九八〇年代までは、事実上、これについてあまり取組みが行われていなかった、とのことである。その理由の一つに、内務省の管理構造が性犯罪に関する一貫した政策を開発することの障壁となっていたとされている。「刑務所改革トラスト」(Prison Reform Trust) は、事案に関して全く責任を持たない者にまで事案の記録が回覧されなければならないことになっていたという構造に注目したとのことである。また別の理由に、英国刑務所システムの基礎にある構造上の問題が挙げられている。一九七〇年代と一九八〇年代の間での刑務所人口の増大、建物の老朽化、労使関係の不安に対する不満、一連の暴動等のすべてが、性犯罪への一貫した対応に必要な一連の戦略的計画の達成を不可能にしていたと論じられた。

しかし一九八〇年代に入ると、受刑者の社会復帰に新たな関心が寄せられ、受刑者、とりわけ性犯罪受刑者のための治療体制の提供が望ましいとする意見が注目され始めた。一九九〇年の刑務所改革トラストの報告によれば、英国刑務所システム内での種々の方法から、性犯罪者に対する治療作業が性犯罪者の積極的な態度の変化を生み、性累犯を減少させることができるというアメリカ合衆国やカナダの研究と同様の結果が得られたということである。ただこれらの方法は、断片的な方法で開発されたものであった。刑務所改革トラストは、性犯罪者の犯罪行動に取り組むために適切な施設を提供することを含めて、刑務所内の犯罪者のニーズを満たすための一貫した統合的政策を開発するべきである旨を勧告した。刑務所改革トラストのこの勧告は、受刑者を社会復帰させるために刑務所へ送致するべきであるということを主張するものではなく、刑務所内に専門家施設を設置することを要求することであり、そのことが、二つの事項、すなわち、第一は、刑務所内での専門家施設の設置を経験することによって、積極・消極を問わず、人々に効果を及ぼすことができるということ、第二は、人々の態度と行動に積極的な影響を及ぼすことができる技術が存在するということを認知することである、と表明した。

一九九一年初めには、性犯罪者を対象とする刑務所職員の委員会が組織され、性犯罪者との手続に関係する諸機関間との増大する調整作業と協力作業のために、委員会が招集された。刑務所暴動調査報告書は、性犯罪者が暴行を受けたときは、性犯罪者が被害者に何をしたかではなく、彼らが被害者であって、自分達の状況に自己の注意を向けることが正当であるという感覚を彼らに起こさせた。また報告書は、性犯罪者が、自己の犯罪行為を直視することが要求されること、そして再犯回避の支援を受けることが必要とされることを強調した。

これらの要求に応えて、一九九一年に、当時のケネス・ベーカー（Kenneth Baker）内務大臣は、刑務所内性犯罪者の処遇のための新たな措置を定めた「性犯罪者処遇プログラム」（Sex Offender Treatment Programme）を発表した。

二　刑務所における性犯罪者処遇プログラム

(一)　刑務所における性犯罪者処遇プログラムの適用

刑務所における性犯罪者処遇プログラムは、性犯罪か性的要素を伴う暴力犯罪により有罪宣告を受けた男性性犯罪受刑者であって、このプログラムを終了することができる程度の長期刑に服している者に提供される。当初の基本構想では、四年以上の刑期に服する受刑者に性犯罪者処遇プログラムを優先的に提供することが原則とされたが、資源不足がプログラムの実施にかなりの圧力になって、一九九二年までに、四年以上の受刑者の大部分がこのプログラムに参加する機会を持つことを希望するけれども、まずは七年から無期までの拘禁受刑者を優先し、四年未満の受刑者は、危険度が特に高い場合に限ってプログラムへの参加を認めることとした。しかし、一九九八年までに、これよりも短期の受刑者もこれに参加することが可能となり、このプログラムを終了するのに十分な期間の刑に服する受刑者に適用されている。

受講資格を有する受刑者が刑務所内に多数居るときは、再犯の危険、罪の重さ、釈放の接近度、処遇に応答する可能性の高さを基礎にして優先度が決められる。受刑者各人の処遇のニーズを査定するために、全受刑者は、処遇プログラムのグループ作業に参加するに先立って、処遇ニーズの査定を受けることになる。査定によってベースラインも用意され、これによって、処遇中の変更を判断することができる。矯正局は、資源を強化して専門家を開発することができる、限られた数の刑務所に性犯罪者を集中させようと努め、当初は一四の刑務所に性犯罪者処遇プログラムを設置したが、二〇〇二年までに二七の刑務所にまで性犯罪者処遇プログラムを増設し、毎年およそ一〇〇〇人の受刑者がプログラムの処遇を受けてきた。二〇〇三年から二〇〇四年までの性犯罪者処遇プログラム終了受刑者の主要実績指数目標は一一六八であったが、実際のプログラム終了指数は一〇四六であった。

(二)　認知行動グループ療法

性犯罪者処遇プログラムは、グループ作業を構成し、必要に応じて、個々の受刑者との作業を行うという構造を採用する。用いる方法は、「認知行動」(cognitive behavioural) 療法である。「認知」の側面の中には、違法な性的行為を意図させる歪んだ思考パターンを認識することと、性的虐待行為によって被害者に及ぼす影響力を理解することが含まれ、「行動」の要素の中には、児童や成人との性的行為を強制する不適切な空想への性的誘惑を削減することが含まれる。処遇グループ作業は、詳細な処遇マニュアルで明示された一連の行為を通して行われる。

(三)　処遇チームの職員

職員は「チューター」(tutor) と呼称され、三人で処遇チームを構成し、八人の犯罪者グループと作業を行う。作業は、一般的には二人のチューターがそれぞれの「授業」(session) を担当し、必要に応じて、もう一人のチューターがこれをバックアップする方法で行う。処遇チームは、保護観察官、教師、心理士、教誨師、刑務官等の混成職員で構成され、その中で、刑務官が最大グループである。すべてのチューターは、犯罪者との信頼関係の維持と、チームの運営を図るために、人格、態度、能力を考慮した慎重な手続に従って選考される。チューターの能力は、認知行動の理論と概念の理解、認知行動技術の応用、温情と共感、公平性、明瞭な言語使用、柔軟な行為様式、討論の指導技術と表明技術、チーム作業、議題選定技術、フィードバック技術、質問技術、境界域の維持、固執性、プロ意識、心構え、参加様式と率直な対応様式を含む一連の適性に基づいて査定され、チューターには、二週間の泊まり込みコースのあるプログラムの国家訓練コースを終了することが義務づけられている。また、特殊な話題に関する最新の追加コースに出席することも、期待されている。

(四)　処遇チームの指導監督

処遇チームの作業は、①職員、受刑者、施設の適性について、およびこれらに関連する実務について責任を有するプログラム管理者、②査定事項について、およびプログラムの適切な運用の確保について責任を有する処遇管理者、③グループ犯罪者に関係するプログラムと保護局間の接触について責任を有する「矯正保護間調整管理者」(throughcare manager)で構成される管理チームの指導監督のもとで行われる。

三　性犯罪者処遇プログラムの要素

性犯罪者処遇プログラムは、⑴中核プログラム、⑵適応プログラム、⑶拡大プログラム、⑷個別追加プログラム、⑸釈放前プログラム、の五つの要素で構成されている。それぞれの各要素について紹介する。

⑴　「中核プログラム」(Core Programme)

中核プログラムは、一週三・四回の授業を六か月から八か月間続行し、全九〇回の授業で構成される。このプログラムは、次のような一連の犯罪行動に取り組む。

① 受刑者が自己の行動について言い訳をし、それを正当化するために用いる思考様式を改善させること

② 受刑者に対し、被害者の観点からその犯罪がどのように見られるかということを理解させ、また、性犯罪によって一連の人々がどのような影響を受けているかを理解させること

③ 受刑者に対し、将来、罪を誘発するおそれのある危険因子を認知する能力を開発し、その後に罪を犯すことなく

良好な生活を営むための方策を立てる能力を開発すること

(2)「適応プログラム」(Adapted Programme)

適応プログラムは、一週三・四回の授業を六か月から八か月間続行し、全八五回の授業で構成される。このプログラムは、中核プログラムで要求される言語能力や識字能力に困難さが見られる受刑者に対し、次のような取組みを行う。

① 性的知識を増大させること

② 受刑者が自己の行動について言い訳をし、それを正当化するために用いる思考様式を変えさせること

③ 危険因子を認知する能力を開発し、その後に罪を犯すことなく良好な生活を営むための方策を立てる能力を開発すること

(3)「拡大プログラム」(Extended Programme)

拡大プログラムは、一週三回の授業を六か月間続行する全七四回の授業と、心理士との個別作業で構成される。このプログラムは、中核プログラムや次に述べる個別追加プログラム、またはこれと同等の受刑者行動作業を終了しているが、別の作業を終了することによって利益が得られる者を対象とし、次のような作業を行う。

① 犯罪行為に関係して、他の生活領域に発現する特定の思考様式に働きかけること

② 罪に関係する感情的な状態を有効に管理すること

③ 親密な関係を良好に管理することを支援する技術を開発すること

④ 罪に関係する性的空想の役割を理解し、これを管理する技術を開発すること

このプログラムには、将来、罪を誘発するおそれのある事項を認知するために必要な技術の開発を続行するというねらいもある。

（4）「個別追加プログラム」（Rolling Programme）

個別追加プログラムへの参加は、個々の処遇のニーズによって決定される。このプログラムに参加する期間の平均は、一週三回の授業で三か月から四か月間である。このプログラムは、中核プログラムと同一領域の犯罪行動に取り組むものであるが、グループのメンバーが適宜に出入りする個別追加形式で行われる。このプログラムには、二つの目標グループがあって、それが一つのグループ内に混在している。目標グループの一つは、危険度が低く、逸脱度が低い犯罪者グループ、他の一つは、既に中核プログラムか拡大プログラムを終了しており、より満足度を高めるには追加作業が必要とされる、危険度が高い犯罪者グループである。犯罪者処遇プログラム管理者は、最初の査定で、中核プログラムが適しているか個別追加プログラムが適しているかを決定する。

（5）「釈放前プログラム」（Booster Programme）

釈放前プログラムは、一週三回の授業を二か月から三か月間続行する、全三五回の授業で構成され、中核プログラム、個別追加プログラム、拡大プログラムまたはこれらと同等の受刑者行動作業を終了して、一八か月以内に釈放される受刑者を対象にしたプログラムである。このプログラムは、中核プログラムや個別追加プログラムの構想を復習し、釈放のための計画を立て、準備させるものである。

（1）「刑務所における性犯罪者の処遇」に関する解説は、主として *Cathy Cobley, Sex Offenders Law, Policy, and Practice*, 2nd edition Jordans 2005, para. 5.43-5.58 に依拠した。

第四節　地域社会における性犯罪者処遇プログラム

一　認可性犯罪者処遇プログラム

（一）三つの認可性犯罪者処遇プログラム

一九九一年のケネス・ベーカー内務大臣による性犯罪者処遇プログラムの導入が反映して、地域社会で行われる性犯罪者の処遇プログラムの開発が促進され、一九九三年に内務省が委託した調査（「性犯罪者処遇評価プロジェクト」（Sex Offender Treatment Evaluation Project）―「STEP」と略称される）によれば、イングランド・ウェールズ地方の一三の保護局を除くすべてが、何らかの形態の性犯罪者処遇プログラムを実施していたとのことであった。そして保護局が指導する六三の性犯罪者処遇プログラムのうち、三つの処遇プログラムが五年以上実施されており、これは、一九九〇年代初頭において、地域社会を基礎にした処遇の提供が急速に進展したことを示すものであった。一九九六年には、プログラムの認可制が導入され、保護局は、二〇〇二年までに三つの性犯罪者処遇プログラムを認可した。これらのプログラムはすべて、認知行動療法を基礎にしており、地域社会内で生活し、非拘禁刑として指導監督に服している性犯罪者や、刑務所からの釈放後に許可書に基づいて指導監督に服している性犯罪者のニーズを満たすために作成されたものである。(1)

(二)　認可性犯罪者処遇プログラムの適用資格

二〇〇三年末の時点において、イングランド・ウェールズ地方の全保護観察地域で、次に掲げる三つの認可性犯罪者処遇プログラムのいずれかが実施されており、二〇〇四年九月には、およそ二〇〇〇人の受刑者が、二〇〇五年三月までにこれらのプログラムの指導を受けることになるであろうと試算された。しかし、性犯罪者のすべてに現行プログラムが適しているわけではないことも認識されて、新プログラムの開発が進められており、二〇〇六年から二〇〇七年までに、新たに一〇〇〇人の受刑者が認可プログラムに追加されることを目標にしている。

各プログラムには、受刑者の査定された危険度と逸脱度のレベルにより、また、受刑者が拘禁中に性犯罪者処遇プログラムを終了したか否かにより、受刑者に対する取組みが異なってくる。受刑者が釈放された保護観察地域での性犯罪者処遇プログラムについて責任を有する処遇管理者が、地域社会を基礎にしたプログラムの取組みをも含めて、受刑者が示す危険度に最も適した取組み方法を決定することになる。

二　認可性犯罪者処遇プログラムの概要

保護局が認可した三つの性犯罪者処遇プログラムの内容は、おおむね、次のとおりである。

(1)　「地域社会性犯罪者グループ・プログラム」(C-SOGP)

このプログラムは西ミッドランズで開発され、現在は、ロンドン、ウェールズ、東西ミッドランズで採用されている。このプログラムは、三つの主要な要素で構成されている。

①　第一要素—五〇時間の誘導モジュール

閉鎖グループで、五日を単位として開始し、その後に毎週二時間三〇分の授業がある。受刑者が自己の罪に対してより大きな責任を持つこと、および受刑者に往々見られる自己の判断における過小評価を削減することを援助することがねらいである。

②　第二要素―長期処遇プログラム

次に掲げる、七六週を超える全九〇時間の五つのモジュールで構成される。

・歪んだ思考方法を改善すること
・不適応関係の様式と中核となる信念を確認すること
・自己管理を改善する新しい技術を学習すること
・逸脱した空想が犯罪行為に及ぼす役割とこの空想を制御する技術を理解すること
・被害者感情、再発防止技術、新しい生活様式目標を開発すること

③　第三要素―五〇時間の再発防止プログラム

この中には、思考方法の歪み、被害者感情、再犯防止、生活様式の変化を改善する作業が含まれる。

(2)　「テームズ・ヴァレー性犯罪者グループ・プログラム」(TV-SOGP)

このプログラムはテームズ・ヴァレー地域で開発され、現在は、西ロンドン南東部、南西部で採用されている。

このプログラムは、全一六〇時間の五つの主要な要素で構成されている。

①　第一要素―六〇時間の基礎ブロック

二週間の全時間を単位として、犯罪の詳細、犯罪に向かう態度、犯罪パターンの確認、逸脱した性的思考方法の役割等の犯罪特有の領域に取り組むこと

② 第二要素—被害者感情ブロック

基礎ブロックを経た後に、このブロック中で、週二回で八回の二時間授業を行う。このブロックで、受刑者は、予測技術の習得に向けて作業を行い、これを被害者に対する性的虐待の予測に関係づけること

③ 第三要素—生活技術ブロック

二〇回四〇時間の授業で構成される。このブロックには、問題認識、技術の解法、技術の対処、関係技術その他、犯罪に特化していないが、個々の犯罪行動に積極的に作用した諸要素に関する作業が含まれる。

④ 第四要素—再発防止ブロック

週一回二時間のグループ授業で行う。性的な犯罪行為のない、より満足度の高い生活を営むための戦略を学習し、実行する。

⑤ 第五要素—パートナー・プログラム

三六時間のプログラムで、受刑者との関係を続行する意思のある女性パートナーを対象としている。このプログラムは、特に、危険度や逸脱度の低い家庭内性犯罪者のパートナーに適している。逸脱度の低い受刑者は、基礎ブロック、被害者感情ブロック、再発防止ブロックを終了していることが要求される。

(3) 「ノーザンブリア性犯罪者グループ・プログラム」(N-SOGP)

このプログラムはノーザンブリアで開発され、現在は、イングランド北東部、北西部、ヨークシャーで採用されている。このプログラムは、二つの主要な要素で構成されている。

① 第一要素—中核プログラム

このプログラムは、各八週の四つのブロックで構成される個別追加プログラムである。グループ授業によって、

「個人」作業と「主題」作業が組み合わされる。個人作業には、受刑者が自己の個人作業をグループに提示することも含まれ、「自己の罪」「犯罪行為のサイクル」「何が変化したか」「危険因子」を含んだ、中核プログラムを構成している四つのブロックが基礎になっている。主題作業は、すべてのグループに関係し、この作業の中には、性的空想と逸脱間のリンク、認知の歪み、被害者感情、危険の認知と管理、問題解決、社会的技量に関係する作業が含まれる。

② 第二要素―再発防止プログラム

閉鎖グループで、一二週を超える一週三時間の作業を行う。社会生活に即応した新しい行動方法の確認と犯罪のない生活様式に関係する積極的な感情の強化を強調するためには、中核プログラムを終了した全受刑者が、このプログラムを終了することが期待される。危険度や逸脱度の低い受刑者は、通常は、再発防止プログラムが終了した後に、各自の準備作業を行う。

（1）「地域社会における性犯罪者の処遇」に関する解説は、主として Cathy Cobley, *Sex Offenders Law, Policy, and Practice*, 2nd edition Jordans 2005, para. 5.59-5.65 に依拠した。

第五節　性犯罪者の再犯防止措置の検討

性犯罪をめぐり、如何にこれに対処するかについて、性犯罪を取り扱う関係機関における各領域で、種々のかかわり方が検討されることになるであろう。本章では、イギリスの現状を調査対象として、性犯罪を規制する立法の対応、性犯罪者の再犯防止に向けた警察と裁判所の対応、矯正業務における性犯罪者の矯正処遇の方法、そして地域社会における性犯罪者の保護の取組みを取り上げてきた。

立法の対応については、改正による新正文を含む「二〇〇三年性犯罪法」を紹介し、社会情勢における近時の変容に沿って立法中に取り込まれた、児童と社会的弱者の保護を主眼とする性犯罪行為を提示した。

警察と裁判所の対応については、単に連合王国内にとどまらず、国外において自国民が生ぜしめた性犯罪への対応にも配慮するとともに、「二〇〇三年性犯罪法」上の性犯罪行為に限らず、他の性犯罪法律中に定める性犯罪行為をも対象に加えて、性犯罪前歴者に対する裁判所命令の目的に沿った「枠付け」が行われ、さらに特定の暴力犯罪も対象犯罪とされていることを紹介した。

矯正業務における矯正の対応については、認知行動療法に基づく「性犯罪者処遇プログラム」の処遇作業の取組みを紹介した。

最後に、地域社会内で生活し、保護当局からの指導監督に服している性犯罪者に対して実施されている「性犯罪者処遇プログラム」を紹介した。

各方面において取り組まれる性犯罪者の再犯防止措置について、規準が提示され、処遇の方策が明示されている中で、個々の性犯罪者に向き合った個別の対応に良好な成果が得られることが、期待されている。

小　括

警察と裁判所が対応する裁判所命令は、附則三中に列挙した性犯罪や附則五中に列挙した暴力犯罪、また児童を巻きこむ性的行為その他を対象として発令されるが、本章は、その中心的検討課題とする「二〇〇三年性犯罪法」第二章に定める性犯罪を軸にして、同法に定める発令要件を中心に検討した。刑務所の性犯罪者処遇プログラムは、そのプログラムが必要と認識されるに至った経緯やその実施方法と要素を紹介し、地域社会の性犯罪者処遇プログラムは、現在執行されている三つの認可性犯罪者処遇プログラムの実施方法を紹介した。今後の課題は、これらの再犯防止措置がどのような成果を挙げているかということである。これらの措置の実際に対する分析評価が、待たれるところである。

参考文献

Sexual Offences Act 2003 (c. 42).

Sexual Offences Act 2003 Explanatory Notes.

Kim Stevenson, Anne Davies, Michael Gunn, *Blackstone's Guide to the Sexual Offences Act 2003*, Oxford.

Cathy Cobley, *Sex Offenders Law, Policy, and Practice*, 2nd edition Jordans 2005.

横山　潔『イギリスの少年刑事司法』（成文堂、二〇〇六年）。

四方　光『社会安全政策のシステム論的展開』（成文堂、二〇〇七年）。

藤本哲也『性犯罪研究』日本比較法研究所研究叢書七五（中央大学出版部、二〇〇八年）。

高木勇人「犯罪対策と情報―イギリスの性犯罪者法、犯罪・秩序違反法―」警察学論集第五二巻第九号一七四―一九六頁（一九九九年）。

横山　潔「一九九八年犯罪及び秩序違反法 Crime and Disorder Act 1998（chapter 37）」外国の立法第二〇五号一四六―二二九頁（二〇〇〇年）。

横山　潔「イギリスにおける対児童犯罪・少年犯罪・性犯罪に対する最近の立法措置―イギリス「二〇〇〇年刑事司法及び裁判所業務法」による資格剥奪命令・コミュニティ命令・「一九九七年性犯罪者法」改正―」外国の立法第二一八号三四―四六頁（二〇〇三年）。

横山　潔「イギリス「二〇〇三年性犯罪法」の成立と性犯罪被害者の保護―旧性犯罪法律の包括的整備―」比較法雑誌第三八巻第二

号三二五―三三五頁（二〇〇四年）。

財団法人矯正協会文化事業部「連合王国二〇〇三年性犯罪法が成立」CAニュースレター第一号Ⅰ―Ⅲ頁（二〇〇四年）。

横山　潔「イギリス「二〇〇三年性犯罪法」（法律第四二号）（共同研究）（一）」比較法雑誌第三八巻第二号（一三〇号）三三七―三七五頁（二〇〇四年）。

横山　潔「イギリス「二〇〇三年性犯罪法」（法律第四二号）（共同研究）（二）」比較法雑誌第三八巻第三号（一三一号）一九一―二二四頁（二〇〇四年）。

横山　潔「イギリス「二〇〇三年性犯罪法」（法律第四二号）（共同研究）（三・完）」比較法雑誌第三八巻第四号（一三二号）二二九―二九四頁（二〇〇五年）。

（「二〇〇三年性犯罪法」（法律第四二号）の改正を含む邦訳については、横山　潔『イギリス二〇〇三年性犯罪法』（成文堂、二〇一七年）。

藤本哲也「諸外国における性犯罪の前歴者情報の活用に関する制度について」警察学論集第五八巻第五号七二―九九頁（二〇〇五年）。

多久島晶子「英国における性犯罪者処遇について」《刑事政策の窓》罪と罰第四三巻第二号（第一七〇号）（二〇〇六年）。

四方　光「英国の性犯罪者対策―二〇〇三年性犯罪法及び多機関連携公衆保護協議会の運用を中心に―」警察学論集第五九巻第二号九八―一三三頁（二〇〇六年）。

警察政策学会・警察政策研究センター「性犯罪対策を考える―英米の実践を学ぶ」〈警察政策フォーラム〉警察学論集第五九巻第一〇号一・二頁（二〇〇六年）。

マシュー・ラクストン　四方　光・黒川浩一「公共の安全―性犯罪者に対する英国の法的対応（PROTECTING THE PUBLIC: The legislative response to sexual offending in the United Kingdom）警察学論集第五九巻第一〇号三―一九頁（二〇〇六年）。

警察大学校警察政策研究センター『英国の性犯罪者対策関係資料集（平成一八年三月）』（財）社会安全研究財団（二〇〇六年）。

守山　正「イギリス性犯罪対策の概要」犯罪と非行第一四九号一二一―一三五頁（二〇〇六年）。

『性犯罪処遇プログラム研究会報告書（平成一八年三月）』一―八五頁（二〇〇六年）。

名取雅子・鈴木美香子「性犯罪者処遇プログラムの成立経緯とその概要」法律の広場第五九巻第六号四―一六頁（二〇〇六年）。

性犯罪者処遇プログラム研究会（矯正ワーキンググループ、保護ワーキンググループ）「刑事施設及び保護観察所における性犯罪者処遇プログラム」法律の広場第五九巻第六号二五―三七頁（二〇〇六年）。

清野憲一「英国刑事法事情（四）」刑事法ジャーナル第六号六三―六八頁（二〇〇七年）。

横山　潔「イギリスにおける相手方の同意のない性的行為の罪について」ＪＣＣＤ第一〇〇号（ＪＣＣＤ機関誌百号記念論文集）八四―九九頁（二〇〇七年）（本書第一章「「二〇〇三年性犯罪法」における「強姦」「膣又はアヌスへの挿入による暴行」「性的暴行」「同意を得ないで人に対し性的行為を行うように強制する罪」について」参照）。
藤本哲也「我が国の性犯罪者処遇プログラム」法学新報第一一四巻第五・六号一―二九頁（二〇〇八年）。
法務総合研究所『研究部報告三八　諸外国における性犯罪の実情と対策に関する研究―フランス、ドイツ、英国、米国―』（大場玲子・明石史子「三　英国」）一〇一―一五四頁（二〇〇八）。
崎山　慶「英国・性犯罪前歴者による再犯の防止対策（上）―多機関連携地域保護協定（ＭＡＰＰＡ）制度を中心に」警察学論集第六一巻第一〇号一二五―一五二頁（二〇〇八年）。
崎山　慶「英国・性犯罪前歴者による再犯の防止対策（下）―多機関連携地域保護協定（ＭＡＰＰＡ）制度を中心に」警察学論集第六一巻第一一号一六九―一九三頁（二〇〇八年）。
横山　潔「イギリス「二〇〇三年性犯罪法」における対精神障害者性犯罪について」ＪＣＣＤ第一〇四号（会長八木國之博士追悼記念論文集）二八―五三頁（二〇〇九年）（本書第五章「「二〇〇三年性犯罪法」における対精神障害者性犯罪について」参照）。
守山　正『イギリス犯罪学研究Ｉ』（成文堂、二〇一一年）中の「第七章　性犯罪対策の概要―「子どもの安全」を確保する―」一二一―一四三頁。
ロイ　レディンガム・渡邉一郎「英国における多機関公衆保護制度による性犯罪者の再犯防止」警察学論集第六五巻第六号一〇七―一九二頁（二〇一二年）。
五十嵐禎人「英国における性犯罪対策―最近の動向」罪と罰第五〇巻第四号六五―八〇頁（二〇一三年）。
小長井賀與「イギリスの性犯罪対策」女性犯罪研究会編『性犯罪・被害―性犯罪規定の見直しに向けて』（尚学社、二〇一四年）所収。
法務総合研究所『研究部報告五五　性犯罪に関する総合的研究』（二〇一六）。

結　語

(一)「性犯罪の罰則の在り方」をめぐる議論

本書は、イギリス「二〇〇三年性犯罪法」中に定める性犯罪規定を検討対象にして、同法第一章に規定する各種の性犯罪を理解することを目標に、関係条項を考察してきた。まず、本法の全体像を把握するために序章を置き、この中で、イギリス性犯罪の認知件数、性犯罪の量刑と罪名一覧、「二〇〇三年刑事司法法」に定める終身拘禁の最低期間算定方法、強姦の量刑に関するガイドライン、本書各章に掲げた論文のあらましを掲載した。これに続けて、第一章から第八章までの各章において、「二〇〇三年性犯罪法」中の性犯罪の配列に沿って、関係する性犯罪を考察してきた。そして第九章では、性犯罪者の再犯防止措置として、同法中に定める性犯罪前歴者への届出要求を検討し、第一〇章では、「二〇〇三年性犯罪法」中に定める対性犯罪前歴者裁判所命令、および刑務所と地域社会における性犯罪者処遇プログラムの取組みを考察した。

さて、イギリス性犯罪法の動向から、我が国の性犯罪法の動向に目を転ずれば、我が国では、「性犯罪の罰則の在り方」をめぐって議論が交わされてきた。その成果が、平成二七年八月六日に、『「性犯罪の罰則に関する検討会」取りまとめ報告書』として公表された。この報告書の検討経過によれば、検討会における検討論点を別紙六のとおり確定した、とされた。

別紙六による「性犯罪の罰則の在り方に関する論点整理」に示された項目と論点は、次のとおりであった。

性犯罪の罰則の在り方に関する論点整理

第一　性犯罪の構成要件及び法定刑について

一　性犯罪の法定刑の見直し

現行法において、強姦罪の法定刑の下限が強盗罪のそれよりも低いこと、強姦致死傷罪の下限が強盗致傷罪のそれよりも低いことなどにつき、強姦罪の法定刑を強盗罪と同じ又はそれより重いものとするなどの見直しをすべきか、また、被害者が年少者である場合に刑を加重するなどすべきか。

二　強姦罪の主体等の拡大

現行法では、強姦罪の行為者は男性、被害者は女性に限られているところ、行為者及び被害者のいずれについても性差のないものとすべきか。

三　性交類似行為に関する構成要件の創設

現行法では、強姦罪で処罰される男性器の女性器への挿入以外の性的行為は強制わいせつ罪で処罰されるところ、肛門性交、口淫等の性交類似行為については新たな犯罪類型を設けるなどし、強姦罪と同様の刑、あるいは、強制わいせつ罪より重い刑で処罰することとすべきか。

四　強姦罪等における暴行・脅迫要件の緩和

現行法及び判例上、強姦罪等が成立するには、被害者の抗拒を著しく困難ならしめる程度の暴行又は脅迫を用いることが要件とされているところ、この暴行・脅迫の要件を緩和すべきか。また、準強姦罪等の成立要件についても、見直すべきか。

五　地位・関係性を利用した性的行為に関する規定の創設

親子関係等の一定の地位や関係性を利用して、従属的な地位にある者と性的行為を行う類型について、新たな犯罪類型（近親姦処罰規定を含む。）を設けるべきか。

六　いわゆる性交同意年齢の引上げ

現行法では、暴行・脅迫がなくても強姦罪等が成立する範囲は被害者が一三歳未満の場合とされているところ、この年齢を引き上げるべきか。

七　配偶者間における強姦罪の成立について
　現行法では、配偶者間における強姦罪の成立について特段の規定がないところ、配偶者間においても強姦罪が成立することを明示する規定を置くべきか。

第二　性犯罪を非親告罪とすることについて
　現行法では、（準）強姦罪及び（準）強制わいせつ罪については親告罪とされているところ、この規定を廃止し、告訴がなくても公訴を提起することができることとすべきか。

第三　性犯罪に関する公訴時効の撤廃又は停止について
　特に年少者が被害者である性犯罪について、一定の期間は公訴時効が進行しないこととすべきか、あるいは公訴時効を撤廃すべきか。

第四　刑法における性犯罪に関する条文の位置について
　強姦罪及び強制わいせつ罪等について条文の位置を見直すべきか。

論点の確定後、次のような順序で議論が行われ、報告書が取りまとめられた。

一　性犯罪を非親告罪とすることについて
二　性犯罪に関する公訴時効の撤廃又は停止について
三　配偶者間における強姦罪の成立について
四　強姦罪の主体等の拡大及び性交類似行為に関する構成要件の創設
五　強姦罪等における暴行・脅迫要件の緩和
六　地位・関係性を利用した性的行為に関する規定の創設
七　いわゆる性交同意年齢の引上げ
八　性犯罪の法定刑の見直しについて

九　刑法における性犯罪に関する条文の位置について

本書は、比較刑事法の検討素材の一つとして、イギリス「二〇〇三年性犯罪法」を研究対象として選択し、その法文の訳出、解釈、事案への適用、改正提言の参酌等を含む立法論を検討してきた。外国法の研究は、主要な課題の一つとして、その国の法制と自国法を対比した場合において、比較する法制の基本的な相違を踏まえて、外国法制の在り方が自国法の在り方にどのような影響を及ぼすかが検討される。

目下、我が国において、「性犯罪の罰則の在り方」をめぐって議論が交わされてきたさなかにあって、既に検討会において検討済みであることを理解したうえで、著者自身のイギリス法の把握を確認し、整理するべく、「性犯罪の罰則の在り方」に関する上記の論点の中に我が国の性犯罪法をめぐる喫緊の課題が集約されていると理解し、この論点にイギリス「二〇〇三年性犯罪法」の採用する法制度を比較・対置させることをもって、本書の締め括りの結語に代えたい、と考えた。

「性犯罪の罰則の在り方に関する論点整理」中には、第一から第四までに、併せて一〇の論点が提示されている。報告書で取りまとめられた九つの論点は、「論点整理」に挙げられた論点が基礎になっている。

本書は、「二〇〇三年性犯罪法」に定める法文の配列に沿って、論を展開してきた。それが、同法を把握するのに適した方法であると考えたが故であった。しかし、外国法制の我が国へのかかわりを検討するには、視点を変えて、自国法の課題に挙げられた論点を基本にして、それに対する外国法の対応を知ることが重要である、と考える。検討会は一〇の論点を掲げているが、検討会第四回会議（平成二六年一二月二四日）によれば、イギリスについて、親告罪制度は存在しない（「性犯罪の親告罪に関する主要国の法制度の概要」（配布資料一三））とされ、また、性犯罪について公訴時効なし（「性犯罪の公訴時効に関する主要国の法制度の概要」（配布資料二〇））とされている。それ故、「論点整理」の一〇の論点中、親告罪と公訴時効を除く八の論点を基礎にして、それらの各論点について、それらが我が国の法律制度にどのようにかかわるのか、それに対し両法制の対比が可能かどうか、どのように対応しているのかなどを踏まえて、検討してみたいと思う。

(二)　性犯罪の法定刑の見直し（「性犯罪の罰則の在り方に関する論点整理」第一の一）

1　「性犯罪の罰則に関する検討会」において、強姦罪、強盗罪、強姦致死傷罪、強盗致傷罪の各法定刑の下限の見直し、被害者が年少者である場合に刑を加重すべきか、強姦犯人が強盗をした場合と強盗犯人が強姦をした場合の科刑の見直し等が検討された。

2　イギリス「二〇〇三年性犯罪法」は、強姦罪について、第一条に「強姦」、第五条に「一三歳未満の児童に対する強姦」を規定し、ともに「終身拘禁」に処するとしている。本書の序章第三節において、「二〇〇三年刑事司法法」に定める終身拘禁の最低期間算定方法について記載した。イギリスでは、「二〇〇三年刑事司法法」第七章に定める「終身刑の効力」と同法附則二一に定める「必要的終身刑に関する最低期間の決定」により、「終身拘禁」における最低期間の決定に関するガイドラインが提示されている。裁判所は、必要的終身刑（量刑が法律に固定されている状況において言い渡される終身刑）に関する最低期間を決定する「起点」を選択し、これに加重要素と減軽要素を考慮して、最低期間が加重・減軽される。さらに本書の序章第四節には、解説書中に掲載されていた「強姦の量刑に関するガイドライン」を記載した。量刑について論ずるには、我が国の強姦罪に関係する罪数論と、「終身拘禁」を量刑とするイギリスの強姦罪の最低期間を算定する量刑論を対置させて、その相違に注目することが必要となるであろう（本書第一章「「二〇〇三年性犯罪法」における「強姦」「膣又はアヌスへの挿入による暴行」「性的暴行」「同意を得ないで人に対し性的行為を行うように強制する罪」について」、および序章「イギリス「二〇〇三年性犯罪法」について」中の第三節

「二〇〇三年刑事司法法」に定める終身拘禁の最低期間算定方法」〔八頁以下〕と第四節「強姦の量刑に関するガイドライン」〔一九頁以下〕参照）。

（三）　強姦罪の主体等の拡大および性交類似行為に関する構成要件の創設（「性犯罪の罰則の在り方に関する論点整理」第一の二および三）

1　我が国における問題提起とイギリスの立法措置

現行法は、男性器を女性器へ挿入することをもって強姦罪として処罰し、それ以外の性的行為を強制わいせつ罪で処罰しているところ、「性犯罪の罰則に関する検討会」において、肛門性交、口淫等の性交類似行為について新たな犯罪類型を設けて、強姦罪と同様の刑で処罰することとすべきか、強制わいせつ罪より重い刑で処罰することとすべきか、が問題提起され、また検討会において、加害者と被害者のいずれについても性差のないものにすべきか、が議論された。

我が国におけるこれらの問題提起に関係して、強姦罪の主体等の拡大および性交類似行為に関する構成要件の創設について、イギリス「二〇〇三年性犯罪法」がどのような立法措置を講じているかを整理してみることとする。

2　強姦罪の主体等の拡大

イギリス「二〇〇三年性犯罪法」は、第一条「強姦」と第五条「一三歳未満の児童を対象とする強姦」において、「強姦」の場合には同意を得ないで、「一三歳未満の児童を対象とする強姦」の場合には児童の同意の有無を問わず（児童の同意があっても）、加害者が故意に自己のペニスを他人の膣、アヌスまたは口へ挿入することをもって罪とし、終身拘禁に処するとしている。イギリスでは、制定当初の「一九五六年性犯罪法」第一条で、「男性が女性を強姦することをもって重罪とする」と定めていたが、その後の改正で「膣であるとアヌスであるとを問わず」「男性が女性又は他の男性を強姦することをもって罪とする」と改め、「膣であるとアヌスであるとを問わず、性交の時点に、同意を得ていない者と性交した場合において、性交の時点に、この者が性交に同意していないことを男性が知っていたか、この者が性交に同意しているか否かに関して、男性が顧慮しなかったときは、性交したものとする」とした。そして二〇〇三年法第一条「強姦」と第五条「一三歳未満の児童を対象とする強姦」で、ある者が自己の「ペニスを他人の膣・アヌス・口へ挿入」することをもって罪する、と定めて、性交の範囲を拡大した（後述の「4　性交類似行為に関する構成要件の創設」〔四五〇頁以下〕と関連する）。これによって、制定当初の「一九五六年性犯罪法」のもとでは、加害者は男性に限られ、女性は、強姦罪の「共犯」（accessories）となるに過ぎないとされていた。改正後の一九五六年法と「二〇〇三年性犯罪法」では、加害者は同様に男性に限られるが、被害者については女性に限定されず、男性も被害者となるとされた。

イギリス性犯罪法の改正に伴う強姦罪の主体（加害者）や客体（被害者）の拡大を表に示せば、次のようになる（表一）。

表一　イギリス性犯罪法の改正に伴う強姦罪の主体等の拡大

「一九五六年性犯罪法」第一条「強姦」〔終身拘禁〕（正式起訴）
　男性が女性を強姦することをもって重罪とする。
　　主体は男性　客体は女性

改正「一九五六年性犯罪法」第一条「女性又は男性に対する強姦」〔終身拘禁〕（正式起訴）
　男性が女性または男性を強姦することをもって罪とする。
　膣であるとアヌスであるとを問わず、性交の時点に、同意を得ていない者と性交

主体は男性　客体は女性または男性
「二〇〇三年性犯罪法」第一条「強姦」［終身拘禁］（正式起訴）
・加害者が自己のペニスを被害者の膣・アヌス・口へ挿入
・被害者がその挿入に同意しなかった
　主体は男性　客体は女性または男性
「二〇〇三年性犯罪法」第五条「一三歳未満の児童を対象とする強姦」［終身拘禁］（正式起訴）
・加害者が自己のペニスを被害者の膣・アヌス・口へ挿入（同意の有無を問わない）
　主体は男性　客体は一三歳未満の児童（女子または男子）

表一では、主体・客体と加害者・被害者の語を使用したが、以後においてイギリス性犯罪法を論ずるときは、加害者・被害者の語を使用することとする。

3　「親族関係にある成年者との性交」（第六四条・第六五条）の罪における性交の主体等の拡大

「性犯罪の罰則の在り方に関する論点整理」に示された「強姦罪の主体等の拡大」および「性交類似行為に関する構成要件の創設」に関連して、「二〇〇三年性犯罪法」第六四条と第六五条に定める「親族関係にある成年者との性交」の罪における「性交の主体等の拡大」についても指摘しておきたい。「二〇〇三年性犯罪法」第六四条「親族関係にある成年者との性交：膣又はアヌスへの挿入」は、①加害者（一六歳以上）が自己の身体の一部または物を被害者（一八歳以上）の膣またはアヌスへ挿入すること、②自己のペニスを被害者の口へ挿入することのいずれかをもって罪とし、第六五条「親族関係にある成年者との性交：膣又はアヌスへの挿入についての同意」は、①被害者（一八歳以上）が自己の身体の一部または物を加害者（一六歳以上）の膣またはアヌスへ挿入し、加害者がその挿入に同意すること、②自己のペニスを加害者の口へ挿入し、加害者がその挿入に同意することのいずれかをもって罪とするとして、性交の範囲を拡大した（後述の「4　性交類似行為に関する構成要件の創設」〔四五〇頁以下〕と関連する）。前者（第六四条）の罪中の①は、加害者・被害者とも、男性または女性であるが、②は、加害者は男性、被害者は女性または男性である。後者（第六五条）の罪中の①は、加害者・被害者とも、男性または女性であるが、②は、加害者は女性または男性、被害者は男性である（表二）。

表二　親族関係にある成年者との性交：膣またはアヌスへの挿入（第六四条）と親族関係にある成年者との性交：膣またはアヌスへの挿入についての同意（第六五条）

親族関係にある成年者との性交：膣またはアヌスへの挿入［加害者が一六歳以上］（第六四条）［二年以下の拘禁］（正式起訴）、［六か月以下の拘禁もしくは法定上限以下の罰金または両者の併科］（略式起訴）
次のいずれか
・加害者が自己の身体の一部または物を被害者の膣またはアヌスへ挿入
　加害者・被害者とも、男性または女性
・加害者が自己のペニスを被害者の口へ挿入
　加害者は男性　被害者は女性または男性

親族関係にある成年者との性交：膣またはアヌスへの挿入についての同意［加害者が一六歳以上］（第六五条）［二年以下の拘禁］（正式起訴）、［六か月以下の拘禁もしくは法定上限以下の罰金または両者の併科］（略式起訴）
次のいずれか
・被害者が自己の身体の一部または物を加害者の膣またはアヌスへ挿入し、加害者がその挿入に同意
　加害者・被害者とも、男性または女性
・被害者が自己のペニスを加害者の口へ挿入し、加害者がその挿入に同意

加害者は女性または男性　被害者は男性

4　性交類似行為に関する構成要件の創設

(1)「二〇〇三年性犯罪法」で「強姦」の罪名が付されている罪は、上記の二か条（第一条と第五条）のみである。そして、強姦行為をもって、加害者が自己のペニスを被害者の膣、アヌスまたは口へ挿入する行為であるとしている。「二〇〇三年性犯罪法」は、ペニスをアヌスや口へ挿入する行為をも強姦行為とし、さらに同法には、強姦行為のほか、性交類似行為やその強制・勧誘を含む多数の罰則規定が存在する。強姦行為の拡大に関連して、この機会に、これらの性交類似行為の罰則の要件と量刑を整理しておきたい。

(2)性交類似行為に関する罪として、「二〇〇三年性犯罪法第二条「膣又はアヌスへの挿入による暴行」と第六条「一三歳未満の児童に対する、膣又はアヌスへの挿入による暴行」の罪（表三）が挙げられる。両条は、加害者が自己の身体の一部または物を被害者の膣またはアヌスへ挿入する行為をもって、終身拘禁（正式起訴）とした。

表三「膣又はアヌスへの挿入による暴行」の罪（第二条・第六条）

加害者が自己の身体の一部または物を被害者の膣またはアヌスへ挿入（第二条）［終身拘禁］（正式起訴）
加害者が自己の身体の一部または物を一三歳未満の児童の膣またはアヌスへ挿入（第六条）［終身拘禁］（正式起訴）

(3)「二〇〇三年性犯罪法」は、性交類似行為を行うように強制する行為について第四条を設けて、「同意を得ないで人に対し性的行為を行うように強制する罪」を置き、強制される性的行為の中に、次に掲げる挿入のいずれかが含まれていたときは終身拘禁に処することとした。

・被害者のアヌスまたは膣へ挿入
・人のペニスを被害者の口へ挿入
・被害者の身体の一部を、または被害者が物を人のアヌスまたは膣へ挿入
・被害者のペニスを人の口へ挿入

「二〇〇三年性犯罪法」には、この種の加重性的行為（性交類似行為）（第四条第四項）と同類の行為が規定されている（本書の序章「イギリス「二〇〇三年性犯罪法」について」の第二節中の表二「「二〇〇三年性犯罪法」の量刑と罪名一覧」（四頁以下）において、これと同類の性交類似行為を「加重性的行為＊」と呼称した）。上記の罪を含めて、これと同類の罪を表四中に列挙しておく（量刑の重さと条項の順序に沿って配列）。

表四　「同意を得ないで人に対し性的行為を行うように強制する罪」の加重性的行為（性交類似行為）（第四条第四項）、およびこれと同類の罪

「同意を得ないで人に対し加重性的行為＊（性交類似行為）を行うように強制する罪」（第四条第四項）［終身拘禁］（正式起訴）

一三歳未満の児童に対し加重性的行為＊を行うように強制または勧誘する罪（第八条第二項）［終身拘禁］（正式起訴）

精神障害者に対し加重性的行為＊を行うように強制または勧誘する罪（第三一条第三項）［終身拘禁］（正式起訴）
精神障害者に対し勧誘、脅迫または詐害によって加重性的行為＊を行うように、または加重性的行為＊を行うことに同意するように強制する罪（第三五条第二項）［終身拘禁］（正式起訴）
児童に対し加重性的行為＊を行うように強制または勧誘する罪（第一〇条第二項）［一四年以下の拘禁］（正式起訴）
ケア・ワーカーが精神障害者に対し加重性的行為＊を行うように強制または勧誘する罪（第三九条第三項）［一四年以下の拘禁］（正式起訴）

(4)「二〇〇三年性犯罪法」第三〇条「選択能力に支障がある精神障害者との性的行為」は、加害者が精神障害の被害者に性的に接触した場合において、その接触の中に、次に掲げる挿入のいずれか（序章中の表二「「二〇〇三年性犯罪法」の量刑と罪名一覧」において「加重性的接触＊＊」と呼称した）が含まれていたときは終身拘禁に処することとした。

・加害者の身体の一部または物を被害者のアヌスまたは膣へ挿入
・加害者のペニスを被害者の口へ挿入
・被害者の身体の一部を加害者のアヌスまたは膣へ挿入
・被害者のペニスを加害者の口へ挿入

上記の罪を含めて、これと同類の罪を表五中に列挙しておく（量刑の重さと条項の順序に沿って配列）。

表五「選択能力に支障がある精神障害者との性的行為」の加重性的接触（性交類似の接触）（第三〇条第三項）、およびこれと同類の罪

選択能力に支障がある精神障害者との加重性的接触＊＊（性交類似の接触）（第三〇条第三項）［終身拘禁］（正式起訴）
精神障害者との加重性的接触＊＊を得るための勧誘、脅迫または詐害（第三四条第二項）［終身拘禁］（正式起訴）
児童との加重性的接触＊＊（第九条第二項）［一四年以下の拘禁］（正式起訴）
家庭内の児童構成員との加重性的接触＊＊［加害者が一八歳以上］（第二五条第四項a号）［一四年以下の拘禁］（正式起訴）
家庭内の児童構成員に対し加重性的接触＊＊を行うように勧誘する罪［加害者が一八歳以上］（第二六条第四項a号）［一四年以下の拘禁］（正式起訴）
ケア・ワーカーによる精神障害者との加重性的接触＊＊（第三八条第三項）［一四年以下の拘禁］（正式起訴）

(5)「二〇〇三年性犯罪法」第四七条「児童の性的サービスに対して利益給付を行う罪」は、加害者が、故意に自己のために一三歳未満の児童の性的サービスを得て利益給付を行った場合において、性的サービスの中に、次に掲げる挿入のいずれか（序章中の表二「「二〇〇三年性犯罪法」の量刑と罪名一覧」において「加重性的サービス＊＊」と呼称した）が含まれていたときは終身拘禁に処することとした（第三項）。

・加害者の身体の一部または物を被害者のアヌスまたは膣へ挿入

・加害者のペニスを被害者の口へ挿入
・被害者の身体の一部を、または被害者が物を加害者のアヌスまたは膣へ挿入
・被害者のペニスを加害者の口へ挿入

同条は、加害者が、一三歳以上一六歳未満の児童の加重性的サービス＊＊＊を得て利益給付を行った場合においては、一四年以下の拘禁に処するとしている（第四項a号）（表六）。

表六　「児童の性的サービスに対して利益給付を行う罪」（第四七条第三項・第四項a号）

一三歳未満の児童の加重性的サービス＊＊＊に対して利益給付を行う罪（第四七条第三項）［終身拘禁］（正式起訴）
一三歳以上一六歳未満の児童の加重性的サービス＊＊＊に対して利益給付を行う罪（第四七条第四項a号）［一四年以下の拘禁］（正式起訴）

5　二〇〇三年法による強姦罪の主体等の拡大および性交類似行為に関する罪の要約

「二〇〇三年性犯罪法」における強姦罪および性交類似行為に関する罪を、同法中に定める性犯罪の配列に沿って要約すれば、次のようになる。

(1)「強姦」（第一条）と「一三歳未満の児童を対象とする強姦」（第五条）は、「自己のペニスを他人の膣へ挿入」のほか、「肛門性交と口淫」（本書では「アヌスへ挿入」と「口へ挿入」と記載した）という性交類似行為もこれに当たるとして、「ペニスを膣・アヌス・口へ挿入」を「強姦」の行為に取り込んだ。量刑は終身拘禁である（表一）。

(2)「膣又はアヌスへの挿入による暴行」（第二条）と「一三歳未満の児童を対象とする、膣又はアヌスへの挿入による暴行」（第六条）は、「自己の身体の一部または物を他人の膣またはアヌスへ挿入」するという性交類似行為をもって、「強姦」と別個の罪名とした。量刑は「強姦」と同一の終身拘禁である（表三）。

(3)「同意を得ないで人に対し加重性的行為＊を行うように強制する罪」（第四条第四項）・「一三歳未満の児童に対し加重性的行為＊を行うように強制または勧誘する罪」（第八条第二項）およびこれと同類の罪は、性交類似行為の罪を定め、量刑は終身拘禁か一四年以下の拘禁である（表四）。

(4)「選択能力に支障がある精神障害者との性的行為」（第三〇条第三項）およびこれと同類の罪は、加重性的接触＊＊（性交類似の接触）の罪を定め、量刑は終身拘禁か一四年以下の拘禁である（表五）。

(5)「児童の性的サービスに対して利益給付を行う罪」（第四七条）は、「一三歳未満の児童の性的サービスに対して利益給付を行う罪」（第三項）と「一三歳以上一六歳未満の児童の性的サービスに対して利益給付を行う罪」（第四項a号）において、加重性的サービス＊＊＊（性交類似のサービス）に対して利益給付を行う罪を定め、量刑は、前者は終身拘禁、後者は一四年以下の拘禁である（表六）。

(6)「親族関係にある成年者との性交の罪」（第六四条・第六五条）は、「加害者が自己の身体の一部または物を被害者の膣またはアヌスへ挿入」（第六四条）と「被害者が自己の身体の一部または物を加害者の膣またはアヌスへ挿入」「加害者がこれらの挿入に同意」（第六五条）を定め、量刑は二年以下の拘禁（正式起訴）、六か月以下の拘禁もしくは法定上限以下の罰金または両者の併科（略式起訴）である（表二）。

(四)　強姦罪等における暴行・脅迫要件の緩和（「性犯罪の罰則の在り方に関する論点整理」第一の四）

1　現行法と判例上、強姦罪の成立に、被害者の抗拒を著しく困難ならしめる程度の暴行または脅迫を用いることが要件とされているところ、「性犯罪の罰則に関する検討会」において、暴行・脅迫の要件を緩和すべきか、準強姦罪の成立要件についても見直すべきか、が問題提起された。

2　イギリス「二〇〇三年性犯罪法」の冒頭の四か条のうち、第一条「強姦」は「強姦」の見出しのもとに置かれ、第二条「膣又はアヌスへの挿入による暴行」と第三条「性的暴行」は「暴行」(assault) の見出しのもとに置かれている。そして第四条「同意を得ないで人に対し性的行為を強制する罪」は「同意を得ないで性的行為を強制する罪」の見出しのもとに置かれている。「強姦」は「ペニスを膣・アヌス・口へ挿入」と規定し、「膣又はアヌスへの挿入」と「性的暴行」を「暴力行為」と捉え、「同意を得ないで人に対し性的行為を強制する罪」の「加重性的行為」は「膣・アヌス・口へ挿入」と規定されていることから、これらの四罪は性的暴力行為と解釈され、すべて被害者の同意を得ないことが要件とされている。イギリス性犯罪法は、「不同意」が要件とされ、挿入を含む性的行為は「暴力行為」であって、その暴力行為は加重性的行為と単純性的行為に区別されるが、暴力行為の程度（我が国でいう暴行の程度）は問われていないと解される（本書第一章「二〇〇三年性犯罪法」における「強姦」「膣又はアヌスへの挿入による暴行」「性的暴行」「同意を得ないで人に対し性的行為を行うように強制する罪」について」参照）。

(五)　地位・関係性を利用した性的行為に関する規定の創設（「性犯罪の罰則の在り方に関する論点整理」第一の五）

1　強姦罪等において暴行・脅迫を要件とする我が国において、暴行・脅迫を用いないか、これらが軽微である場合に、これらの要件に代えて地位・関係性を要件とする新たな構成要件を創設するべきか、創設するべきとした場合において、どのような要件が必要とされるかにつき、「性犯罪の罰則に関する検討会」において、親子関係等の一定の地位や関係性を利用して、従属的な地位にある者と性的行為を行う類型について、近親姦処罰規定を含む新たな犯罪類型を設けるべきか、が問題提起された。

2　検討会は、地位や関係性の利用について、親子関係（近親姦処罰規定）を例示した犯罪類型を設置するべきかとしているが、検討会における地位や関係性の利用の検討において、強姦罪を不同意性交と捉えて、加害者である扶養者と被害者である被扶養者との関係のほかに、教師と生徒、雇用者と被用者、施設の職員と被収容者、医師と患者等との関係が挙げられている。「二〇〇三年性犯罪法」は、扶養者と被扶養者との関係について、(1)「家庭内の児童性犯罪」（第二五条―第二九条）を設けるとともに、(2)「親族関係にある成年者との性交」（第六四条・第六五条）を設けて、家族関係内や親族関係内の性犯罪を定めているほかに、(3)「信用ある地位の濫用」の見出しのもとに、児童に関して信用ある地位にある者がその地位を利用して児童に対し性的行為を行う罪（第一六条―第二四条）を規定している。

(1)「二〇〇三年性犯罪法」は、「家庭内の児童性犯罪」の見出しのもとに、「家庭内の児童構成員との性的行為」の罪（第二五条）と「家庭内の児童構成員に対し性的行為を行うように勧誘する罪」（第二六条）を定めている。両罪は、「加害者と被害児童との性的接触」（第二五条）と「加害者の被害児童に対する性的接触の勧誘」（第二六条）をいい、両当事者が「家族関係」にあることが要求され、加害者が一八歳以上か、一八歳未満か、接触が単純性的接触か加重性的接触か、勧誘が単純性的接触の勧誘か加重性的接触の勧誘かによって、量刑が区別されている。また「家族関係」は、「親族関係にある成年者との性交」（後述）にいう「親族関係」とは異なり、第一から第三までの三つのカテゴリーに区分されている。

(2)「親族関係にある成年者との性交」は、「膣又はアヌスへの挿入」（第六四条）と「膣又はアヌスへの挿入についての同意」（第六五条）を定めている。この罪は、被害者が加害者と親族関係にある成人であるが、被害者が未成年時に受けた年長の家族構成員からの性的抑圧が、成年になった後の近親相姦関係に影響を及ぼすおそれがあり、成年対象者に近親相姦に対する真の合意がある、とみなすことができないことが指摘されて、この立法が認められたとされている。前者（第六四条）の罪は、一六歳以上の親族関係にある加害者が故意に自己の身体の一部か物を一八歳以上の親族関係にある被害者の膣かアヌスへ挿入するか、または自己のペニスをその被害者の口へ挿入することをいい、後者（第六五条）の罪は、一八歳以上の被害者が故意に自己の身体の一部か物を一六歳以上の親族関係にある加害者の膣かアヌスへ挿入することについて加害者が同意するか、または自己のペニスを加害者の口へ挿入することについて加害者が同意することをいう。後者は、女性が加重性的行為についての同意の罪の主体となることがある罪である（(1)(2)について本書第四章「二〇〇三年性犯罪法」における家庭内性犯罪について―「家庭内の児童性犯罪」と「親族関係にある成年者との性交」を中心にして―」参照）。

(3)「地位・関係性の利用」について、「二〇〇三年性犯罪法」は、第一六条から第二四条までの規定において、「信用ある地位の濫用」の罪を設けて、一八歳以上の加害者が、一八歳未満の児童に対し、「信用ある地位」を濫用して、「児童との性的行為」「児童に対し性的行為を行うように強制又は勧誘する罪」「児童の面前で性的行為を行う罪」「児童に対し性的行為を見つめるように強制する罪」を行ったときは、五年以下の拘禁（正式起訴）、六か月以下の拘禁か法定上限以下の罰金または両者の併科（略式起訴）に処するとしている。そして、第二〇条において、「信用ある地位」が生ずる一一の状況が列挙されている。「地位・関係性の利用」について、従属的な地位にある者への「地位・関係性の利用」に当たるか否かを解釈に委ねるか、「地位・関係性の利用」の状況を法律上に列挙するかは、立法上の課題であるが、イギリス法は後者を採用した（本書第三章「「二〇〇三年性犯罪法」における「信用ある地位の濫用」の罪について―児童接触業務への就業不適切者名簿の作成および「信用ある地位の濫用」の罪―」参照）。

（六）いわゆる性交同意年齢の引上げ（「性犯罪の罰則の在り方に関する論点整理」第一の六）

1　現行法が強姦罪の成立に暴行・脅迫を要件とし、被害者が一三歳未満の場合には暴行・脅迫がなくても成立するとされているところ、「性犯罪の罰則に関する検討会」において、強姦罪につき、性交同意年齢を引き上げるべきか、が問題提起された。

2　イギリス「二〇〇三年性犯罪法」にいう性犯罪は、被害者の「不同意」が要件とされ、挿入を含む性的行為は「暴力行為」と解釈し、我が国の判例における暴行・脅迫の程度は、要件とされていない。イギリス法は、二か条に強姦の規定（「強姦」〔第一条〕・「一三歳未満の児童を対象とする強姦」〔第五条〕）を置き、一三歳未満の児童に対しては、同意の有無を問わず（同意があっても）、故意に自己のペニスを児童の膣、アヌスまたは口へ挿入することをもって強姦罪が成立するとし、終身拘禁に処するとしている。それ故、法律上、強姦罪が不成立とされる性交同意年齢は一三歳とされる。一三歳以上の児童および成人を対象とする強姦（第一条）は、（所定の要件を具備していることを条件にして：以下同じ）被害者の同意があれば成立しない。

3　検討会が問題提起した「性交同意年齢の引上げ」問題を契機にして、「二〇〇三年性犯罪法」に定める「一三歳未満の児童を対象とする強姦及びその他の罪」につき、被害児童の同意年齢を見ておきたい。

「一三歳未満の児童を対象とする強姦及びその他の罪」の見出し中に規定する罪は、一三歳未満の児童を対象とする「強姦」「膣又はアヌスへの挿入による暴行」「性的暴行」「性的行為を行うように強制又は勧誘する罪」（第五条―第八条）である。被害者が一三歳未満の児童であれば、同意があっても、これらの罪が成立する。一三歳以上の者について、本人の同意があればこれらの罪（第一条―第四条）は成立しない。イギリス法は、強姦罪のほか、「膣又はアヌスへの挿入による暴行」「性的暴行」「性的行為を行うように強制又は勧誘する罪」について、被害者が同意することによって罪が不成立となる同意年齢は、我が国と同じく一三歳である（本書第一章「「二〇〇三年性犯罪法」における「強姦」「膣又はアヌスへの挿入による暴行」「性的暴行」「同意を得ないで人に対し性的行為を行うように強制する罪」について」、および第二章「「二〇〇三年性犯罪法」における対児童性犯罪について――「一三歳未満の児童を対象とする強姦及びその他の罪」と「児童性犯罪」を中心にして―」参照)。

(七)　配偶者間における強姦罪の成立について(「性犯罪の罰則の在り方に関する論点整理」第一の七)

1　現行法では、配偶者間における強姦罪の成立について規定がないところ、「性犯罪の罰則に関する検討会」において、配偶者間においても強姦罪が成立することを明示する規定を置くべきか、が問題提起された。

2　イギリス「一九五六年性犯罪法」第一条「強姦」は、「男性が女性を強姦することをもって重罪とする」(第一項)とし、「男性が既婚女性に対しその夫を装って自己と性交するように勧誘したときは、強姦したものとする」(第二項)と定めていた。その後、「一九七六年性犯罪(改正)法」第一条第一項は、一九五六年法第一条にいう「強姦」の意味について、男性が、性交の時点に、「不法な性交」(unlawful sexual intercourse)に同意していない女性と性交した場合において、男性が、性交の時点に、その女性が同意していないことを知っていたか、女性が性交に同意しているか否かに関して、男性が顧慮しなかったときは、男性は、強姦したものとする、と定めていた。「強姦」を「不法な性交」に同意していない女性と性交することと定義したことにより、「不法な性交」が「婚姻外の性交」を意味するという解釈の余地を残していたとされている。一九七六年法第一条第一項は、「一九九四年刑事司法及び公共の秩序法」附則一一によって削除された。「不法な性交」が「婚姻外の性交」を指すものと解釈することができれば、強姦をもって同意のない「不法な性交」とする規定が削除されたことにより、配偶者間においても強姦罪が成立する余地が残される。そして一九九四法第一四二条により、一九五六年法第一条の見出しが「女性又は男性に対する強姦」に改められ、「男性が、女性又は他の男性を強姦することをもって罪とする」(第一項)とし、「男性が(膣であるとアナルであるとを問わず)性交の時点に、同意を得ていない者と性交した場合において」(第二項a号)、「性交の時点に、この者が性交に同意していないことを男性が知っていたか、この者が性交に同意しているか否かに関して、男性が顧慮しなかったとき」（第二項b号）は、性交したものとするとし、「男性が既婚女性に対しその夫を装って自己と性交するように勧誘したときも、強姦したものとする」（第三項）、と定めた。

（八）刑法における性犯罪に関する条文の位置について（「性犯罪の罰則の在り方に関する論点整理」第四）

1　我が国の刑法における強姦罪、強制わいせつ罪等における位置付けの見直しが、「性犯罪の罰則に関する検討会」において問題提起された。

2　検討会において、強姦罪等の罪の条文を刑法中のどこに位置づけるかにつき、変更の要否が検討された。変更を求める意見のほか、我が国の刑法が第二二章に性的な条項をまとめていることに合理性がある、との見解も示されている。強姦罪、強制わいせつ罪等における刑法上の位置付けは、我が国独自の問題であるが、強姦罪と強制わいせつ罪に相当するイギリス性犯罪法上の罪の位置付けについて見てみよう。「二〇〇三年性犯罪法」は、これまで、多岐に亘って定められていた性犯罪の諸法律を整備・統合して、一つの法律にまとめたものである。我が国では、強姦罪、強制わいせつ罪等の性的な条項が刑法の同一の章中に置かれ、「男性器を女性器へ挿入」を処罰する「強姦罪」と、その挿入以外の性的行為を処罰する「強制わいせつ罪」という両罪に分けられるが、イギリスでは、「二〇〇三年性犯罪法」の冒頭の四か条とそれに続く四か条の「一三歳未満の児童を対象とする強姦及びその他の罪」において、性的挿入を「ペニスを膣・アヌス・口へ挿入」と「身体の一部か物を膣・アヌスへ挿入」に区分して、前者を「強姦」（第一条・第五条）とし、後者を別罪の「膣又はアヌスへの挿入による暴行」（第二条・第六条）とした。ただし、両者の量刑はともに終身拘禁とした。また、「性的行為を行うように強制する罪」（第四条）と、一三歳未満の児童を対象とする場合には「性的行為を行うように強制または勧誘する罪」（第八条）を置き、その性的行為が挿入に関係する加重性的行為であった場合の量刑も終身拘禁とし（第四条第四項・第八条第二項）、その性的行為が挿入に至らない単純性的行為であった場合と量刑を区別した（第四条第五項・第八条第三項）。そして、「膣又はアヌスへの挿入による暴行」に至らない暴行として「性的暴行」（第三条・第七条）が置かれている。「二〇〇三年性犯罪法」の冒頭の八か条についての行為の態様を区分すれば、性的挿入行為と挿入以外の性的行為に分けられる。そして性的挿入行為については、我が国の「強姦」と同じ見出しが付けられた「ペニスを膣・アヌス・口へ挿入」を定めた強姦の罪、「身体の一部か物を膣・アヌスへ挿入」を定めた「膣又はアヌスへの挿入による暴行」の罪、そして加重性的行為を強制（強制または勧誘）する罪があり、挿入以外の性的行為を強制わいせつ罪とした場合には、これに相当する「性的暴行」の罪と単純性的行為を強制する罪が存在する。これらの関係を表七に示しておく。

表七　日本とイギリスの強姦等の対比（刑法第二二章・「二〇〇三年性犯罪法」）

刑法第二二章	強姦等（第一条—第四条）「二〇〇三年性犯罪法」	一三歳未満の児童を対象とする強姦等（第五条—第八条）「二〇〇三年性犯罪法」
強姦（第一七七条） 三年以上の有期懲役	強姦（第一条） 終身拘禁（正式起訴） 膣またはアヌスへの挿入による暴行（第二条） 終身拘禁（正式起訴） 同意を得ないで人に対し加重性的行為を行うように強制する罪（第四条第四項） 終身拘禁（正式起訴）	強姦（第五条） 終身拘禁（正式起訴） 膣またはアヌスへの挿入による暴行（第六条） 終身拘禁（正式起訴） 加重性的行為を行うように強制または勧誘する罪（第八条第二項） 終身拘禁（正式起訴）

強制わいせつ（第一七六条） 六月以上一〇年以下の懲役	性的暴行（第三条） 一〇年以下の拘禁（正式起訴） 六か月以下の拘禁もしくは法定上限以下の罰金または両者の併科（略式起訴） 同意を得ないで人に対し単純性的行為を行うように強制する罪（第四条第五項） 一〇年以下の拘禁（正式起訴） 六か月以下の拘禁もしくは法定上限以下の罰金または両者の併科（略式起訴）	性的暴行（第七条） 一四年以下の拘禁（正式起訴） 六か月以下の拘禁もしくは法定上限以下の罰金または両者の併科（略式起訴） 単純性的行為を行うように強制または勧誘する罪（第八条第三項） 一四年以下の拘禁（正式起訴） 六か月以下の拘禁もしくは法定上限以下の罰金または両者の併科（略式起訴）

イギリス「二〇〇三年性犯罪法」は、制定時の法文にも幾多の改正が施されている。本書は、これまで発表してきた拙稿に手を加え、改正箇所を追加し、さらにまた、新たに稿を起して、一冊にまとめたものである。これからも、検討するべき課題として積み残されている諸問題について、皆様からのご叱正を得て、調査、研究に精進するべく、励んでいく所存である。

追　記

二〇一七年（平成二九年）六月二日に、衆議院本会議において、強姦罪の構成要件と法定刑を改めて強制性交等罪へと名称変更、監護者性交等罪と監護者わいせつ罪の新設、強姦罪等の非親告罪化その他、性犯罪の厳罰化を盛り込んだ刑法改正案が審議入りし、六月一六日に、参議院本会議において、全会一致で可決され、改正刑法が成立した（「性犯罪厳罰化へ大改正」『読売新聞』二〇一七年（平成二九年）六月三日四頁、「性犯罪厳罰化きょう成立」『朝日新聞』二〇一七年（平成二九年）六月一六日夕刊一頁、「性犯罪を厳罰化」『朝日新聞』二〇一七年（平成二九年）六月一七日一頁・「性暴力撲滅へ「大きな一歩」」同三四頁参照）。

著者紹介
横山　潔（よこやま　きよし）
［略歴］
昭和15年　愛知県に生まれる
昭和40年　立教大学法学部卒業
昭和45年　中央大学大学院法学研究科博士課程刑事法専攻修業年限終了退学
同　　年　国立国会図書館入館（調査及び立法考査局に勤務）
平成12年　専門調査員（法令議会資料調査室主任）
平成13年　国立国会図書館退職
平成22年　瑞寶中綬章叙勲
平成29年　春の園遊会へのお招きにあずかる
財団法人矯正協会附属中央研究所客員研究員、八洲学園大学講師、桐蔭横浜大学法科大学院講師等を経て、犯罪と非行に関する全国協議会（JCCD）理事・副会長、鶴ヶ島市立図書館協議会委員、敬愛大学総合地域研究所特別研究員
日本刑法学会特別会員、日本被害者学会会員、世界被害者学会終身会員（Life Member）
［主要著作］
『西ドイツの刑事補償法』（調査資料76-1）（国立国会図書館、昭和51年）
『イタリア刑法典』（調査資料79-1）（国立国会図書館、昭和54年）
『イギリスの少年刑事司法』（成文堂、平成18年）
『イギリス二〇〇三年性犯罪法』（成文堂、平成29年）

イギリス性犯罪法論

2017年11月20日　初版第１刷発行

著　者　横　山　　　潔
発行者　阿　部　成　一

〒162-0041　東京都新宿区早稲田鶴巻町514番地
発行所　株式会社　成　文　堂
電話 03（3203）9201（代）　Fax 03（3203）9206
http://www.seibundoh.co.jp

製版・印刷　藤原印刷　　製本　弘伸製本

ISBN978-4-7923-5225-7　C3032

定価（本体10,000円＋税）